ストリートのコード

インナーシティの作法／暴力／まっとうな生き方

イライジャ・アンダーソン＝著
田中研之輔・木村裕子＝訳

ハーベスト社

Elijah Anderson

Code of the Street

Decency, Violence, and the Moral Life on the Innere City

Japanese translation rights arranged with W. W. Norton & Company Inc.
through Japan UNI Agency, Inc., Tokyo

This book is dedicated to the cherished memory of

Samuel
Roosevelt
Ed Lee
Perry
Robert
Leonard
L. C., Sr.
Leighton, Sr.
James T.
David
Freddie
Charlotte
James T.
Arlene
Jesse L.
Augusta
Shang
Jerlene
J.B.
Philip
Bernice
Annette

And with profound and ardent hope for the lives and dreams of

Sydney
Muffin
Michael Torrance
Benjamin
Timothy
Michael
Taura
Luke
Shemika
Jada
Delisa
Jamila
Carla
Billy
Terriam
Gabriele
Kendrick
Mariah
Malik
Anita
Christopher
Ruby
Robert Earl, Jr.
Joe, Jr.
Nuabe
Stacy
Camille
Caitlin
Syreeta
Fiona
Jeremy
Tamika
Terry
Wilson (Junebug), Jr.
Jesse, Jr.
Hashid
James T., Jr.
Roderick
Melanie
Anjanette
Joel
Robert T.

目次

翻訳担当
田中＝「まえがき」「序説」「３章」「５章」「６章」「結論」
木村＝「まえがき」「序説」「１章」「２章」「４章」「７章」

まえがき

本研究は、前著の *Streetwise: Race, Class, and Change in an Urban Community* (1990)（邦訳『ストリート・ワイズ――人種／階層／変動にゆらぐ都市コミュニティに生きる人びとのコード』）で取り組んだ民族誌的研究を進展させたものである。『ストリート・ワイズ』では、二つの都市コミュニティ――黒人貧困コミュニティと、多様な人種構成をもつ中産階級と中上層階級から成るコミュニティ――が、ある同一地域の内部にいかに共存し、公共空間を巡る交渉を続けているのかという問題を取り上げた。それに対して本書では、より直接的に、対人暴力、とりわけインナーシティの若者たちの間で生じている暴力について取り上げる。若年層の暴力は、様々な階級と人種の若者たちを巻き込み、全国規模の問題になっているが、本書の関心は、なぜこれほど多くのインナーシティの若者たちがお互いに攻撃的になり、暴力を振るい合う傾向を見せているのかということにある。本研究から得られた教訓によって、若者の暴力という一般的問題に対する理解が深まれば幸いである。

暴力という問題を取り上げた結果、私の関心は、インナーシティのゲットーにおける公共生活の本質、とりわけそこでの社会組織の在り方に絞られていった。そしてこの問題に取り組むため、過去四年間、私はフィラデルフィアのインナーシティのゲットー地域のみならず、富裕地区にも足を踏み入れて実地調査に取り組んできた。

市内でも最も深刻な経済的困窮状態におかれ、ドラッグや犯罪が蔓延する地区の中には、民法に定められた規則の効力が著しく弱められ、その代わりに「ストリートに生きる人々のコード」がしばしば幅を利かせている場所が見られる。「ストリートのコード」の核心にあるのは、必死になって人々の尊敬を勝ち得ようとする行動を支配する一連の規則、禁則、つまりインフォーマルな掟である。こうして求められる敬意こそ、非常に多くの住人たち、とくに若い男女の間の公共の場における社会的関係、特に暴力が絡む関係を支配しているものなのだ。尊敬されること――そして敵討ちをするという確かな脅威を相手に与えること――は、普通の人間をストリートの対人暴力から守る盾になるため、非常に大事なものだとされている。貧困と窮乏状態が延々と続く社会状況のもとで、一般社会の諸機関からの疎外が進み、刑事裁判制度からの疎外は特に顕著である。ストリートのコードは、警察の影響力が及ばなくなり、ここからは自分の安全は自分で責任を持たなければならないのだと個人が考え始めるところに現れる。こうして「ストリートの正義」に基づくある種の「人々の法」が生まれる。このコードには実に原初的な形式の社会交換が含まれる。すなわち、「目には目を」の報復、つまり何らかの「仕返し」を約束することで、悪事を働こうとする者に逸脱行為に対する責任を負わせるのである。この倫理に基づいて、「度胸」や「勇気」を繰り返し見せつければ、自分の報復能力に対する確かな評判を築くことができる。あるいはその評判をさらに高めることになる。そしてこの評判が、インナーシティのストリート上で大きな不安の種になっている攻撃的行為や無礼な振る舞いの標的に自分がされることを抑止する効果を持つのである。

これら入り組んだ問題の輪郭を辿りながら、本書では、人に対する公の振る舞いに関する社会学――暴力、十代の妊娠という現象の理解につながる社会学――を具に観察するだけでなく、インナーシティの祖母や「良識的ある父親」の変わり行く役割、同地区内に住む良識派とストリート派の家族との相互作用、そしてドラッグ文化の引き起こす悲劇についても詳述する。ジョン・ターナーの経験談の部分では、これらのテーマの多くが同時に現れてくる。そして本書の結論となる「役割モデルの転換」では、ストリートのコードの複雑性とそれが日常生活に与える影響についてさらに説明を加える。

これらの現象を民族誌的に描き出すという目的を達する方法として、私は直接的な観察を含む参与観察に取り組むとともに、徹底したインタビュー調査も実施した。また、印象に基づく素材は、最も裕福な人々の住む環境から最も経済的に恵まれない人々の住む環境まで、市内で出会う様々な社会的場面――持ち帰り専門の飲食店、人々が「ちょっと立ち寄っていく」店、コインランドリー、酒場、プレイグラウンド、公立学校、「ギャラリー」として知られるセンターシティ地区にある室内型モール、刑務所、そして街角など――から集めてきた。これらの場面で私は、思春期の少年たち、若い女性たち（この中には拘禁中の身である者もいた）、年配の男性たち、十代の母親たち、祖母たち、学校教師の男女、黒人と白人、ドラッグ・ディーラーたち、犯罪常習者たちなど、実に幅広く多様な人々に出会った。これらの研究対象となった人々のプライバシーと秘密性を保護するために、個人名については仮名を使用するものとし、事実の詳細は一部変えてある。

本研究の主要目的は、対人暴力という、現在、都市のあまりに多くのところで人々の生活の質を蝕んでいる問題の社会文化的ダイナミクスを民族誌的に描写することである。この目的を達するために、私は、次のような問題を設定した。すなわち、その場面の当事者たちは自分の置かれた状況をどう見ているのか。人々が意思決定を行う際、どのような先入観念を持ち出してくるのか。

こうした行為に起因してどのような行動パターンが生まれてくるのか、そしてそうした行動はどのような社会的影響や結果をもたらすのか、といった問題である。したがって、本書は、ストリートのコードを民族誌学的に描出し、さらに、厳しい社会的経済的状況――家族生活を維持していける仕事は一段と見つかりにくくなり、公的扶助はますます削減され、日常の現実として人種差別があり、一般の公的機関はしだいに機能しなくなり、法が定めた掟はしばしば無視されるか信頼に値しないとされ、多くの住人が強いフラストレーションを募らせている状態――においてストリートのコードが暴力とどのように関係しているかを論じる。

　民族誌家としての私の仕事のさらなる目標は、できるだけ客観的であることだ。これは容易なことではないし、単純なことでもない。客観的であるためには、研究者は、何が道徳的に許容されるべきことで、許容されないこととは何なのかについて、自らが持っている価値基準や先入観念から離れる努力をしなければならない。つまり、ある状況を眺めるときに、普段は自身のプリズムを通して見ているとすれば、このプリズムを放棄しなければならないということなのだ。当然ながら、ある人がもつ先入観念は、その人の物事の捉え方の根本にあるものなので、先入観念の影響を見出すのは不可能とはいえないまでも難しいといえるだろう。しかし、民族誌に関わる研究者というものは、自分自身や研究対象の持つ先入観念を見つけ出し、認識するように訓練されている。そして自分の先入観念を覆し、研究対象のそれを明るみに出すように努めるのである。続く本文において、私はそうできるようベストを尽くした。

　本書の幾つかの部分の古いヴァージョンは、*Atlantic Monthly*、*Public Interest*、*Annals of the American Academy of Political and Social Science* の各誌、及び、Michael B. Katz・Tomas J. Sugrue 編 *W.E.B.DuBois, Race, and the City*、Thomas R. Swartz・Kathleen M. Weigert 編 *American's Working Poor,* Christopher Jencks・Paul Peterson 編 *Urban Underclass*、Joan McCord 編 *Violence and Childhood in the Inner City* の各書ですでに発表済みである。暴力とインナーシティのストリートに住む人々によるコードに関する研究の初期段階で財政的に支援していただいた Harry Frank Guggenheim Foundation に感謝の意を述べたい。

　最後になったが、この場を借りて、長年に渡りあらゆる形で私を支援してくれた、ここに名前を挙げる同僚、友人たち――William Pryor、Alison Anderson、Harold Bershady、James Short、Victor Lidz、Acel Moore、Robert Washington、Tukufu Zuberi、故Marvin Wolfgang、William Gipson牧師、Renee Fox、William J. Wilson、William Labov、Herman Wrice、Nancy Bauer、

Mori Insinger、Tom Gavin、Eric Cheyfitz、Cara Crosby、Karen Kauffman、Ronald Mincy、Howard S. Becker、Jack Katz、Gerald Jaynes、Joel Wallman、Robert Alsbrooks、Joan McCord、James Kurth、C. B. Kimmins、Richard Greene、Fletcher Bryant牧師、Christine Szczepanowski、Hilary Hinzmann、Gerald D. Suttles、Andrew Roney ――に感謝の意を表しておきたい。彼らは、本書のための研究を進める私の議論の相手となり、研究助手を務め、編集上のアドバイスを与え、また、ただ心の支えとなってくれた。また、本書の出版にあたり、W. W. Norton社の編集スタッフ、中でもStarling Lawrence、Patricia Chui、Nancy Palmquist、Otto Sonntag各氏に細やかな心遣いをいただいたことにとても感謝している。いつものことながら、私は、Nancy Andersonに恩義を受けている。彼女は、長きにわたっていつも変わりなく私を支えてくれている。彼女の支えがなかったら、本書はもっとつまらないものになっていたかもしれない。さらに、私の自慢の十代の子供たち、CaitlinとLukeにもお礼を言いたい。二人とは、ここで扱う問題の多くを話し合った。そして、プライバシー保護のためにここで名前を挙げることはできないが、自分たちの生活のありのままを私と共有してくれた、インフォーマントの人々に感謝の意を表したい。

序説　ジャーマンタウン通りを下って

ジャーマンタウン通りは、フィラデルフィアの主要幹線道路であり、その歴史は植民地時代にまで遡る。全長八・五マイル、ほぼ南から西へと走るこの幹線は、北西部に位置する郊外住宅地区とフィラデルフィアのインナーシティの中心部を結んでいる。また、ジャーマンタウン通りは社会的に変化に富む地域を横切って伸びている。ジャーマンタウン通りはアメリカの主要都市の社会生態学の見事な典型例として見ることができる。この通りに沿って、都市社会の多様な社会層を構成する人々——つまり、裕福な人々、中産階級に属する人々、ワーキングプア、そして極めて困窮している人々が暮らしている。それゆえ、ジャーマンタウン通りについて語られることは、多くの点で、街全体を表現するものと言えるのである。「ストリートのコード」に関する本書の出発点として、まずは、ジャーマンタウン通りの散策を通じて、ストリートの様々な世界を紹介することから始めよう。

今日、都市生活に顕著な特徴として多くの人々が思い浮かべることの一つは、相対的に見て暴力が氾濫した状態である。ジャーマンタウン通りを辿るわれわれの旅は、途中通り抜ける様々なコミュニティの社会組織における暴力の機能に注目し、なおかつ、この通りのいろいろな地点に住む人々が相互に作用し合うとき、暴力がどのように姿を現してくるのかに焦点を当てて進んでいく。これから見ていくように、ジャーマンタウン通りは自然に変化していくスペクトルであり、その一端は主に礼儀正しさを求めるコードによって、もう一端は主に暴力の脅威により統制される振舞いのコード——ストリートのコード——によって特徴付けられる。しかし、このスペクトルに沿って住む人々は、礼儀正しさもストリートの要素も同様に身に付けているのである。

それでは、チェスナットヒルと名づけられた丘の頂から出発することにしよう。チェスナットヒルは、北西の方角からフィラデルフィアに入ってきたときに、最初に出会う地区である。ここは「都市の中の郊外」としばしば称される住宅街で、主に裕福で学歴の高い白人たちがコミュニティを形成している。ただし、近頃はしだいに人種、民族的構成が複雑になりつつある。この辺りの家の多くは大きな一戸建てで、芝生や木々に囲まれている。ジャーマンタウン通り沿いのビジネス・ショッピング街には、市内のあちらこちらから買い物客が訪れる。丘陵の天辺には、書店「ボーダーズ」の大型店舗が建つ。道を隔てたところには鉄道のローカル線の駅があり、この地域の図書館が隣接している。ここからジャーマンタウン通りを南東に下っていくと、バラエティに富んだ高級志向の小規模店舗が目に入ってくる。ここにはグルメ志向の食材店、カメラ屋、眼鏡店、スポーツ用品店、銀行、宝飾品店、それにブティックが立ち並んでいる。ここの建物の多くは年代物であるか、あるいはそう見えるように建てられている。建材には自然石が使われ、傾いたスレートの屋根が付けられており、この一帯に古き良き時代の趣を与えている。ここではあらゆる種類の人々に出会う。お年寄りも若い人も、黒人も白人も、お金持ちも中産階級の人々も労働者階級の人々もいる。乳母車を押す女性。手を繋いで歩くカップル。皆がお互いに礼儀正しく、くつろいでいる様子を見せている。歩道ですれ違うときには、人々はお互いに視線を合わせるかもしれない。また、時にはストリートに背を向けたまま、歩道にぼんやり立っている人たちもいる。ここでは人々が互いに敵愾心を持っているようには全く感じられないし、危害を加えられたり、侮辱されたり、略奪の被害に遭ったりしまいかと人々が警戒している様子もない。和やかな雰囲気——礼儀正しさを重んじる空気——が辺りを包んでいる。

このジャーマンタウン通りの出発点付近では、公の人間関係において、コミュニティは人種的に統合されているように見える——あるいは意識的にそうされているのかもしれない。プレイグ

ラウンドでは、人種的に統合された幼い子供たちのプレイグループを見掛ける。銀行では、黒人の窓口係と白人の顧客がお互いにくつろいだ態度で話している。黒人と白人が混ざった友人グループを目にすることもある。ボストン・マーケットレストランでは、黒人と白人が一緒に食事をしていることもあれば、隣り合わせに座っていることもある。黒人男性が運転するレンジローヴァーが通り抜けていったかと思えば、着飾った二人の黒人女性が黒塗りのレクサスで乗り付けてくる。中産階級を形成する黒人たちは、服装や車には、際立って高価なスタイルや色を選んでいる。こうして表現することで、自分の中産階級のステイタスを主張しているのである。中産階級の白人たちは、おそらくもっと古い車に乗り、着古した服を着ているだろう。

この辺りの高級志向の店には、普段は、防犯に対するあからさまな懸念は見られない。日中は、大きなショーウィンドウに人目を引くようなディスプレイがなされているし、商品を無防備に歩道に並べている店さえある。

とはいうものの、チェスナットヒルでも、時たま暴力沙汰が起こっている。真っ昼間の銀行で強盗事件が起こり、歩道での銃撃戦という結果を招いたのは、それほど前のことではない。犯人たちは黒人だった。そしてまた最近、黒人の男性二人がこの通りの居酒屋で略奪行為に及び、店内で銃を乱射した。このような事件

が起こるため、ここの住人たちは、黒人は犯罪に関わり、白人は関わらないものだと考えるようになっている。この見解は単純化されすぎているが、根強く保たれている。とはいえ、ここの白人たちは、通りで通常見掛ける黒人が自分たちから物を奪おうと襲い掛かってくると決めてかかっているわけではない。ここの白人の多くは見識が高く、黒人なら誰でも犯罪に気持ちが向かっていると信じるには至らないのである。しかし、黒人たちが銀行強盗を働いたのは事実であるし、この地域で起こる犯罪の多くは黒人によるものである。このことは人種関係に特殊な緊張感を与えている。そして、ストリートで起こる犯罪がある人種的特徴を示している現実は、黒人と白人の関係に影響を及ぼしている。あの単純化された見解が存在していることは周知の事実なので、中産階級の黒人であろうとも、このステレオタイプの影響を打ち消すように意識して努めなければならない——もっとも白人たちもまたそうしてはいるが。どちらのグループも、犯罪を働くのは、若い黒人の男性であることが多いという現実を知っている。富による分け隔て——そして黒人は一般に最初から機会を奪われているが、白人はそうではないという事実——が、人々の心の奥で作用しているのである。

店に入っていった黒人の男性は、この現象を見ることになるかもしれない。特に、宝飾品店ではある種の反応を見ることになるだろう。売り場の店員たちは、入店した人々に特別な注意を払い、自分たちの審査を通過したと感じるまで目を離さない。黒人男性にはいつであってもとりわけ厳しい視線が注がれる。昼間、仕事のためにこの地区に通ってくる黒人たちもいるが、チェスナットヒルにいる黒人のほとんどが中産階級か富裕層に属する人たちある。けれども白人の中には、人を見分けること——特に、犯罪行為を働こうとしている者とそうでない者の区別——ができない人たちがいて、多くの黒人住民を悩ませているのである。

「こちら」の人々は、この通りを下って行けば貧しい黒人たちがいることを知っているため、「あちら」から来る人々に対して身構えている。セキュリティガードは往々にして、店の周りをうろうろする若い黒人男性につきまとう。彼らが「こちら」ではなく「あちら」から来た人間だという象徴や印となるものを探しているのだ。夜になると、店の外に取り付けられた防犯装置が作動する。ただしこれらの装置は、装飾的に見えるように工夫されてはいるが。

こうした要素がチェスナットヒルの人種間の礼接に傷をつけてしまうこともあるが、ほとんどの場合はそういうことは起こらない。実際、人々は仲良くやっている。このことは、通りをちょっと外れたところにある、「ファーマーズマーケット」を見れば一目瞭然である。この市場は、地元のコミュニティの住人たちに食料を提供しているのだが、同時に、何マイルも離れたところからも買い物客を引き寄せている。市場は、木曜日から土曜日まで開かれる。毎週土曜日は、マーケットはことさら活気に満ちる。全体として人々は互いに友好的な雰囲気を保っている。花屋があり、八百屋、肉屋、コーヒーの小売業者、中東の食料品を売る店が立ち並び、鮮魚を売るアジア系の女性の姿も見える。顧客層はお金に余裕のある人たちなので、商品やサービスの質は高い。買い物に来るのは主に裕福な白人女性たちで、時には、くたびれたテニスシューズに虫の食ったセーターといっただらしない格好をした夫も一緒である。土曜の朝方、この場所は、活動的で賑やかな、ちょっとした社会的な舞台になる。若いカップルも年配のカップルも買い物や談笑を楽しんでいる。ここには遠方から買い物客が集まってきているのだが、人々はここで友人や自分の近所に住んでいる人々にばったり出くわしたりもする。コーヒーカウンターの隣にちょうど良い具合に設えられた椅子とテーブルは、ショッピングの合間の休憩所や、友人との社交の場になっている。また子供たちがここに腰掛けて親たちを待っていることもある。ストリートの暴力は、どの人の心の中でも遠くかけ離れた世界のものである。この市場には、この地区のコミュニティの人種的な多様性が見て取れる。アメリカの人種、民族関係については悲観的なステレオタイプがあるが、ここでは人々はお互いを尊重し、礼儀をわきまえた態度で接している。人種間の緊張は存在しない。互いへの礼節と善意が重んじられているのである。そして、ここの誰もが法を遵守するといっても差し支えない。ここで出会う人々はほとんど白人なのだが、ユダヤ系、イタリア系、イラン系、アイルランド系、アーミッシュなど、ほぼ全てのエスニック集団が顔を見せている。また少数だが中産階級の黒人の姿も常に見掛ける。ここに来る黒人は中産階級と決まっている。彼らはここで、僅かに慇懃無礼なところのある応対を受けているとは言えないにしても、丁重に扱われている。全般的には、黒人たちはここのこういう状態が好きだ。しかしよく見てみると、あることに気づかされる。黒人を雇っている店はほとんどなく、カウンター越しに黒人の顔が見えることは稀だ。この事実を気にする人もいるかもしれないが、ほとんどの黒人買い物客は敢えて問題にはしない。これは気づかれながらも人々の心の中に仕舞われ、静かに受け入れられている現実である。この背景知識があるために、人によってはここで文句なく歓迎されているとは思えずにいる。

さて、またジャーマンタウン通りに戻ると、角のところに、チェスナットヒル・グリルという屋外レストランがある。ここでは黒人や白人、あるいはある多様性を示す人々がそれぞれに食事を楽しんでいる光景をよく見掛けるし、時にはこれらの人々が一緒のテーブルについているところも目にする。こうした場面に出会うと、人種関係は非常に緊迫しているという広く抱かれているイメージが覆される。ジャーマンタウン通りでもこの周辺では、人種やエスニシティに纏わる問題は影をひそめている。ここで人々が共有するテーマはむしろ、社会的調和である。

坂道を下って、ボストンマーケットを越えると、クレシュハイム・ヴァリー・ロードがある。ここが次の地区との境界線である。境界を越えてマウントエアリーに入ると、社会的環境が変わったことに気がつく。そこここに黒人の持ち家が白人の持ち家の間に散見し、ジャーマンタウン通りの通行人の中にもより多くの黒人の姿を見掛けるようになる。マウントエアリーそのものは、チェスナットヒルより人種的に統合された地区で、ここに住む黒人はほぼ中産階級の人々である。ぞんざいに観察しただけでは、ジャーマンタウン通りのこの辺りは主に黒人地区であるという印象を受けるかもしれない。それだけ通りには黒人の往来が目立つ。通りに並んだ様々な店の利用客に目を向けると、白人より黒人のほうがずっと多い。とはいえ、高級志向のレストラン、ダンススタジオ、バーベキューグリルなど、人種的にも経済的にも多様な客を相手にしているところも多いのだが、やはり一般的には、この近辺に住む白人や黒人中産階級の大人たちは、チェスナットヒルにある店をよく利用する。チェスナットヒルの店のほうが、より自分たちの好みに合った商品やサービスを提供してくれると見ているからである。結果として、マウントエアリーの商店には黒人が目立つようになっている。年に一度のマウントエアリー・デイ・フェアの日には、ジャーマンタウン通りに溢れかえった人々は、この通りの人種的多様性と調和を具現している。しかし通りをさらに下っていけば、この情景は唐突に変化する。

われわれはもはや異質な社会的環境に入ってきている。その兆候として、まずは州営の酒屋のような商業施設を皮切りに、店の窓枠には鉄格子、ドアには防犯シャッターが取り付けられているのを見掛けるようになる。そしてピザ・パーラー、空手道場、テイクアウト専門のビール販売店、それに商店街の中に開かれた近隣の住民向けのヘルスケアセンターなどの施設が現れる。これらはチェスナットヒルでは見られなかったものだ。それに中産階級の黒人たち、並びに職に就いている労働者階級やそれよりも貧しい黒人たちを相手にする各種ディスカウントストアや黒人向けの理髪店をはじめ、様々な商業施設が軒を連ねている。中産階級の黒人の若者たちが、ストリートを利用して友人たちとたむろし、おしゃべりをしているのも頻繁に目にするが、彼らが身に付けているのは、通りをさらに下って行ったところに住む、より貧しい人々のスタイルを採り入れたものだ。そのため、黒人とあまり接触のない人々の目には、誰が法を遵守する黒人で誰がそうでないのか見分けがつかないこともある。その結果起こる混同が、警察や地元の店主たちにとっては常に悩みの種になっているようである。またこのことが、暴行や略奪行為を恐れる中産階級の住人たちに、自己防衛の必要を感じさせているのかもしれない。しかし、この混同がストリートで彼らを守ってくれると期待されるので、多くの若者たちは、混同されていることを気にしていないようだし、時にはそれを助長しようとしているようでもある。

続けて通りを下って行くと、われわれはマウントエアリー・プレイグラウンドを通り過ぎることになる。ここにはバスケットボール用のコートも設置されていて、気候が穏やかなときにはいつも賑わう場所である。夕方や週末になると黒人の若い男性たちがたくさん集まってきて、即席試合に興じている。それを見物する若い女性たちを見掛けることもある。ここに存在するのは、実に社会的に異質なものの組み合わせである。このスポットには、中産階級の家庭、労働者階級の家庭、そして貧困黒人家庭と、様々な境遇に暮らす若者たちが集まってきているのだ。都市で暮らす若い男性たちのベーシックなユニフォーム、スニーカーとぶかぶかのジーンズという姿があちこちに見られる——そしてこのスタイルは、他の人々、特に(この通りの公共空間を避ける傾向にある)白人たちを戸惑わせる。とはいえ多くの意味で、ここには気楽な雰囲気が漂っている。ここは犯罪蔓延地区ではなく、ほとんどの黒人たちは必ずしもこの場所には恐れを抱いていない。ただし、同

じ通りのずっと上のほうに見られた、似た状況ながらここほどの人種的複雑さはない環境に比べると、この場所にはある種の不穏な空気が感じられる。ここでは慎重になるのは賢明なことだ。この辺りでは、ストリートにいる人たち皆が、法律——刑法に記され、警察によって執行されている法律——に定められた規則を受け入れ、尊重しているわけではないからである。

とはいえ、このプレイグラウンドに隣接するフリー・ライブラリーの分館はフィラデルフィアでも最も良く整えられた部類に入る図書館であり、主に、マウントエアリー地区の教養ある人々が——黒人も白人も——ここを訪れている。実のところ、時として、ストリートそのものを見るより、図書館利用者を眺めていたほうが、コミュニティの社会的人種的構成がよくわかることがある。この部分のジャーマンタウン通り沿いには、マウントエアリーが誇る多くの美しく古い建物が立ち並ぶ。しかしこれらの建物に入っているピアノの修理店、サンドイッチ店などの店舗には、窓枠の鉄格子や防犯シャッターが目立つ。これは、この場を支配しているのは礼接の概念ではないというサインである。ここで出現してくるのは、それとは対照的な物の捉え方であり、犯罪が蔓延した状態を前提とするものである。ほとんどの場合、犯罪者たちにとって重要なのは、それが合法かということではなく、それでことが上手く運びそうかということである。今から十年ほど遡

れば、鉄格子が取り付けられた窓枠はこれほど多く見られなかったし、建物は今より良い状態に保たれていた。今日では、より社会的に疎外された貧困黒人たちが公共空間を占有する度合いが高まっている。今でも、店主や様々な施設の経営担当者たちの中には白人もいる。しかし屋外の公共空間に目を向けると、白人たちは、より貧しい黒人たちに追い出されてしまっている。さらに、ここからまた通りを下って行けば、状態の良い建物を見掛けることはより一層少なくなる。例えば、塗装が施されていたとしても、建築上のディテールに十分配慮した形跡もなく、いい加減に塗られているといった具合である。

この区域には、「保険金詐欺は刑務所行き」と警告する大きな掲示板が立っている。（このような掲示はチェスナットヒルには全く見られない。）落書き、もしくは最近落書きが消された跡も見られる。より一層荒れ果てた建物が並び、まるで全く手入れされていないかのように見える。しかしそういう中にも歴史的建物があり、人々がその歴史的意味をきちんと評価していることを示すような方法で管理されているものもある。その中の一つが、独立戦争中に「ジャーマンタウンの戦い」の現場となった家であり、もう一つは、地下鉄道の停留所である。

マウントエアリーを通過してジャーマンタウンに入ってくると、ビールやチーズステーキなどの軽食類を売る小さなテイクアウト専門店が増え、同時に、チェック・キャッシング・エージェンシー、ポケットベル販売店が並び始める。ここではより多くの窓が板で覆われ、防犯シャッターや窓枠の鉄格子が標準装備になっている。これが目に入ると、ストリートの利用者はある程度用心深くならざるを得ない。

表通りを見ると、ジャーマンタウンは、人種隔離された、黒人労働者階級の居住地区である様相を呈している。しかし、この印象に惑わされてはならない。実際には、黒人中産階級の人々に加えて多くの白人が住んでいるし、中産階級の白人たちもいる。ただこれらの人々は、付近の商業地区にはあまり足を向けたがらない。もしくは、単にこの辺りの店には、この種の人々の心を魅くものがない。ジャーマンタウン通りには、スーパーマーケットに、家具店、洋品店など、あらゆる種類のディスカウントストアが並んでいる。そしてここでは、すれ違う者たちが、「ストリートの小集団」の一部である可能性がぐっと高くなる。人々は気を引き締めているし、周囲に自分をどう見せるかにより神経を使っている。誰かが襲ってくるのではないかといつ何時も心配しているというわけではないが、人々は同じスペースを共有している他人により意識を向けている。その中の誰かが、略奪行為を働いたり、ただ脅したりしようと、弱そうな標的を探している最中であるかもしれないのだ。

ジャーマンタウン高校は、かつては、人種的に統合され、質の良い教育を提供する学校の模範だった。しかし現在では、生徒はほとんど黒人ばかりになり、以前のアカデミックな校風はもはや幻影となっている。生徒の多くは貧困生活を強いられており、ストリートの小集団と付き合っている。ストリートの小集団と関わっていない生徒たちでさえ、そのほとんどにとっては、ストリートで上手くやっていけることを周りに見せ付ける必要がある。実際に、学校の廊下は、いろいろな意味でストリートの延長線上にある。高校の向かいにはビールを売る店があり、若者たちはそこでしばしばたむろしている。

さらに通りを下っていくと、小規模ビジネスが連なる区画が続く。そこに並ぶのは、居酒屋、テイクアウト専門の中華料理店、床屋、ヘアーサロン、コインランドリー、店の間に立つ教会、質屋などである。いくつもの若者グループが街角をぶらついている。この周辺では、空き地や、窓やドアに板が張られた建物——中にはかつては立派な建物だったと明らかにわかるものもある——も見掛けるようになる。黒焦げになったマクドナルドの看板が、草が生い茂った空き地にそびえ立っている。曲がり角には警察の車が停車し、ストリートの動きをじっと見張っている。しばらく経つと、警官たちを乗せた車はゆっくりと通りを下っていく。

ジャーマンタウン通りと交差する大きな幹線、チェルトン通りのちょうど手前でヴァーノン公園にぶつかる。公園管理のための市の財源は乏しく、ここに集まってくる人々は公園の維持には無頓着だったり、時には破壊行為を行ったりさえする。けれどこの公園には、誰に雇われたわけではないが、公園を維持管理のために働いている人がいる。隣接する建物の側面には、壁画が描かれている。花も植えられている。暖かな日には、カップルがベンチや彫像前の階段、公園の端に沿って止めた車のボンネットに腰掛けてひとときを楽しんでいる。だがそうかと思うと、昼間から公然と紙袋から取り出して酒を飲んでいる男たちもいる。夜になると公園は、ドラッグの取引やその他の怪しげなビジネスが横行する危険な場所に様変わりする。ここは「ステージングエリア」である。そう呼ばれるのは、ここで行われている活動が、また別の活動のお膳立てをするからである。次の活動が繰り広げられるのは、場所を移さず、ここに集まってきた人々の目の前であるかもしれないし、もっと人目につかないどこか別の場所かもしれない。ヴァーノン公園で始まった口論は、表通りを外れたところでの——ピストル騒ぎが絡むこともあるし、そうでない場合もある——格闘で決着が付けられるかもしれない。ここでは人々は、自分自身の「プロフィールを書く」。つまり、自分は何者であるのか、誰とどのような関係にあるのかなど、自分が他人にどのような人間として知られたいのか、その自己イメージを自ら「表現する」

のである。

公園周辺のストリートでは、合法的なものであれ、非合法のものであれ、様々な活動が進行し、騒々しい。目に余るような法を無視した行為が堂々と行われている。十代の少年が、栓の開いたビール瓶を手に、好きなときにぐいっと飲みながら歩いている。

ある二十代の若い男は、もう一人の若い男との商談を終えると、通りを横切って黒塗りのBMWの新車に乗り込み、車で彼を待っていた彼女の横にすべり込む。彼は、背中に大きく「ヒルフィガー」のロゴが描かれたこざっぱりした白のTシャツに、真っ赤なストライプがサイドに入った黒のサテンのショートパンツ、高価な白いスニーカーという出で立ちである。彼が車にすべり込む様は人目を引き、他の者たちはそれを注視している。彼の動作には自信がみなぎっている。彼は、自分が望み通りの立場にいること、そして少なくともこの瞬間だけは、他の者も羨む立場に自分がいることをよく承知している。そして、彼はこの自己プレゼンテーションによって、誰かが自分とやり合う気があるのだったら、きちんと自己防衛できるということを周囲に宣言しているのだ。

ここ、ジャーマンタウン地区の公共空間は、多様な階級と人種からなるエリアである。ここでは通常、チェスナットヒルの生活の根底にある丁重な振る舞いのコードは軽視されている。ジャーマンタウンの住人たちは、丁重な振る舞い——信頼と法の支配に基づいた振る舞い——の信奉者である。けれども人々は、このコミュニティ内のいくつかの小地区では、穏やかな外観のすぐ裏に暴力が待ち構えているという感覚も持ち合わせている。そこで、動作や行動、ストリートの行き来の仕方に慎重さが要求されるというわけである。いつも人に決闘を申し込む必要はないかもしれないし、いつも相手を叩きのめそうという姿勢でいる必要もないだろうが、ここの人々が口にしているように、「今がいつなのかわかっている」ことは重要だ——ただし、ここで言う時とは、時計の上で刻まれている時ではなく、人の心、場所柄、状況を読むことで判断される時である。その上、これから何が起ころうとしているのかについての公共のシグナルを掴むことが重要なのだが、そのときこういった状況に上手く対処する術を心得ていることを示さなければならない。本書でこれから論じていくように、こうした形での、公的場面における社会的相互作用の統制が、ストリートのコードを作り上げている。絶えず試されているわけではないが、その状況を迎えたときにはそれを受けて立つ準備ができていなければならないことを、人々は理解している。黒人コミュニティの長老である、ドン・モーゼス氏は、ストリートのコードについてこう説明した。「いつも目を見開き、耳を研ぎ澄ませておくんだ。二歩進んだら、後ろを振り返りなさい。油断してはだめを表すものである。火曜の朝になると、食糧切符を受け取りに来た人々の長蛇の列が、チェルトンとグリーンストリートの交差点付近を進んでいく。それに、ここには「一般庶民」が個人的に営む小事業があるが、中にはすぐに潰れてしまうようなものもある。これらの事業は、かろうじて生存できる程度の暮らしをしている人々を相手にして、共存している。そしてこのような生活の苦しさゆえに、チェルトン通り沿いでは食うか食われるかというメンタリティが助長されてしまっている。けれども、ここではまた、この他にもたくさんの活動が行われている。特に、夏の暖かい昼や夜には、カーニバル的な雰囲気がこの辺りを包む。この地域の人種的社会的な多様性が、ジャーマンタウンの貧しい黒人住民たちの間に広がっている社会的孤立感を、いくらか和らげる働きをしている。

時折、車に乗ったチェスナットヒルの住民たちが、ジャーマンタウン通りのこの辺りまで来る。そこで目にするこの地区の光景は、彼らの意識に確実に影響を与える。彼らは、表面の下にあるものを敢えて見ようとはせず、たくさんの黒人たちの顔、騒音、見たところの無秩序、貧しさを頭に入れる。そして都市の暴力に関する本を読むときには、このような場所を思い浮かべる。実際には、この地区は、チェスナットヒルの住民たちが思っているほど暴力的な場所ではない。たしかに、詐欺を働く商売人、売春婦、

だ。言葉でも身体でも応戦できるようにしておくんだぞ。たとえ杖をついて歩いていようとも、何かを持ち歩かなければならんのだ。年寄りたちは、銃をケースにおさめて隠し持っているぞ。年寄りはもう身体を張って闘うことはできない。だから銃を持ち歩いているんだ」。

この辺りの住民たちは、油断してはならないと感じている。というのも、ここでは何だって起こり得るし、警察を呼んだところで、警官は間に合うように到着しないかもしれないからだ。強盗や発砲事件は白昼に公然と起こるものであると知られてきた。人々はこの場所で危険な目に遭っているのだが、それでも人々はここでくつろぎもするし、自分のやるべきことにも勤しむ。一般に、チェルトン通りとジャーマンタウン通りの交差点付近の公共生活には、チェスナットヒルでは見つけ出すことがないような緊張感がある。

二ブロック離れたところには、中産階級の住宅地がある。とはいえ、チェルトン通り自体に立ち並んでいるのは、ディスカウントのチェーン店や、ファーストフード店である。こうした店が近隣の数区画を占拠しているあたり、チェスナットヒルや、マウントエアリーとは対照的である。またここには、警察署、州の職業安定所、福祉事務所がある。チェーン店もそうであるが、これらの機関は、政府や大規模ビジネスが属する一般社会との繋がり

ドラッグ・ディーラーの存在は際立っている。だが、正当な職に就き、努めてトラブルを避けつつ生きている人々がこうした人々と共存し――数で勝っているのである。

チェルトン通りを過ぎると、今度はもっと静かな一画を通り抜けることになる。この周辺は住宅地なのである。ここでは、こうした住宅が並ぶ通りと商店街が交互に現れる。店舗の多くは、スキンサロン、ヘアーサロン、ネイルサロンなどである。この地区の貧しい少女たちがよく抱く夢は、美容学校に行って美容師になることである。

それからジャーマンタウンの旧市街の広場を通り過ぎる。広場を囲む家々は、古く、由緒ある歴史的建造物である。この通りを長いこと下っていくと、あちこちにこういった家が散在しているのを見掛ける。中には、すぐに修理が必要なほど状態が悪いものもある。広場のすぐ近くに、ジャーマンタウン・フレンズ・スクールという、創立百五十年を迎えた私立学校がある。学校創立当時は街外れだったこの場所も、今では街の中になっている。

さらに通りを下っていくと、窓やドアに板が張られた建物が次々現れ、さらに多くの空き地を見掛けるようになる。実際、見捨てられた土地という印象を与えるところもある。泥の山や伸びっ放しの草に覆われた空き地、辺りにはぽつんぽつんと離れて立ついくつかの建物。通りには車はめったに通らず、歩道を歩く人影もほとんどない。ここを進んでいくと、「フォーティーズ（四十オンスのビール）」、タバコ、その他の種類のアルコール飲料の広告版を見かける。この街の風景全体を通じて、そこここに立つ教会の存在が際立つ。ジャーマンタウン通りのこの付近に沿って立つ教会の中には、非常に大規模でよく知られたものもある。そうした教会には豊かな歴史があり、建築物としてもチェスナットヒルやマウントエアリーにある教会とよく似ている。しかしその他にここにあるのは、店の間に立つ教会で、牧師と共に現れて消えてしまうようなものが多い。

人々は一日中ひっきりなしにストリートを行き来している。朝の遅い時間、街角に立ち、ストリートの往来をじっと見ている若い男性たちの集団がちらほらと目に付くことがある。朝方は通常、一日で最も安全な時間帯である。夕方に近づくと暴力が発生する可能性が高まり、日没後には、ストリートのコードがこの通りの下のほうの区域全体を支配する。このルールの下では、最も頑強で、大きくて、大胆な者たちが優勢を誇る。さらに下っていくと、学校がちょうど休憩時間中である。子供たちが群れを成してにわか作りの食堂に入っていく。そこで子供たちは、ホットドッグや骨付き肉を焼いて貰い、買っていく。遊びながら身体技術を磨いている小さな子供たちの姿も見える。この子たちは、対戦相手とやり合い、お互いに軽くパンチし合い、じゃれ合いながら相手の強み、弱みを探り合っている。このような儀礼的な対決ごっこ、コードに基づく遊びは、一般的に行われているものである。

さらにストリートを下っていくと、傷み具合も様々な廃車の山に囲まれた、自動車修理店――元はガソリンスタンド――が並んで立ち、それを過ぎると楽器店やナイトクラブが現れる。ここでジャーマンタウン通りは、フィラデルフィアを南北に走る主要幹線道路であるブロードストリートにぶつかる。そのすぐ近くで、ブロードストリートと、東西に延びるエリー通りが交差している。これらのストリートによって形成される三角地帯が、ノースフィラデルフィアのゲットーの一つの中心である。通りのずっと上のほうに住む人々とは対照的に、この辺りに住む多くの人々は極めて貧しい。ジャーマンタウンの中心には相当な数の労働者階級の住民に加えて、中産階級の人々も住んでいるのに対して、ここにはゲットーの貧困が集中している。市内のこの場所は、インナーシティ深部――いわゆるハイパーゲットー――にあり、ここに住む人々はアメリカの主流社会から遠く離れたところで社会的に孤立している。

ブロードストリートを過ぎると再び商店街が目に入ってくる。ここにも、われわれがこれまでこの通りの上のほうで見てきたのと同じような種類の店が並び、衣類、スニーカー、家具、電化製品などが売られている。ここでは多くの店が、予約割賦購入制を取り入れている。加えて、質屋やポケットベルショップなど、主に犯罪者階級のニーズに対応するビジネスが見られる。質屋とは、ある意味で、泥棒たちのための銀行である。ここでは、ほとんど余計な質問をされることなく、盗品を現金に換えることができるのだ。この辺りでも引き続きよく見掛けるチェック両替所でも、ほとんど何も聞かれない。ただし、小切手を現金化するのに法外な手数料を取られる。チェスナットヒルで見たように、商品がしばしば歩道に並べられているが、ここでは、仏頂面の警備員が、絶えず商品を見張っている。またこの辺りでは、騒音がぐっと酷くなる。ここを通り過ぎる車は、ステレオを大音量で轟かせている。さらに下っていくと、若者たちがストリートをぶらついているか、誰かの家の玄関前の階段に集まって、低音を効かせた大型ステレオラジカセを鳴り響かせている。ここに近接するストリートでは、ドラッグの売買が戸外で行われ、売春婦たちも商売をしている。少年たちはサイコロ賭博をしている。そうかと思うと、小さな子供たちはごみだらけの空き地で遊んでいる。これが、ずっと変わらない都市の貧困の様相である。

ここもまた「ステージングエリア」である。人々はここに突っ立って、本人たちいわく、「ものごとを見渡している」のだ。ここでは、「油断大敵」のような文句が文字通りの意味を持つようになる。仲間たちは、「お前の身は守ってやる」と言い合って絆を深め、互いを安心させる。ここではいつも、他者の領分を侵害しようと狙っているか、あるいは単に人を上手に欺く機会を窺っている人間が近くにいるからである。ここではたいてい、人に対して良識的に振る舞うことにはほとんど敬意が払われない。ある男は、接近してきているものがあっても、自分にぶつかれるものならやってみろとでもいうように、自分の車のドアを開ける。同じ区画の下のほうに目を遣ると、一人の女が道の真ん中で車を止め、床屋から出てくる彼氏を待っている。交通を妨げながら、彼女は一〇分ほど停車している。文句を言う者はいないし、車のクラクションを鳴らす者もいない。人々はただ彼女をよけていく。不満を言えば口論になる危険があり、少なくとも乱暴な言葉が返ってくることがわかっているからである。人々はこの女性の怒りを買うのは避けたいのだ。彼女を激しく怒らせれば、大喧嘩に発展することもある。一般的に礼儀正しさを基調とするチェスナットヒルでは、人々がそのように振る舞う他者を「咎める」かもしれない。けれどもここでは、一般的に行使される暴力が、苛立ちの抑制に資している――ただしそれも「気が触れている」者たちの間では通用しないが。このように、ストリートのコードは社会を秩序立てている一要素であり、実際、突発的に暴力が振るわれる確率を下げる役割を果している。さきほどの女性の彼氏が現れたとき、彼はただ助手席側に回り込み、他者に何の気遣いも見せずに車に乗り込む。そして二人は、車を走らせる。どうやら自分たちがしたことは当然の権利であると信じているようなのだ。

ティオガストリートにあるテンプル大学病院の緊急治療室には、ほぼ毎晩、銃で撃たれた者や、刃物で刺された犠牲者が運び込まれる。ここでは、ストリートのコードが極めてはっきりと感じられる。午前中や午後の早い時間には、この周辺地区は、十分に平穏である。だが夜になると、危険度が増す。特に週末になると、抑え込めなくなった緊張状態が一気に溢れ出す。ドラッグ取引が激しくなる。見たところ降って湧いたように、抗争が勃発する。緊急治療室が、騒ぎの中心地となる。時には、犠牲者は病院に立ち寄ることもない。発見されたときには、死体保管所以外に運ぶところがないのである。近くには酒屋や、冷えたビールを売るデリカテッセンがある。人々はそこで酒を買い、ストリートで飲んでいる。それが、一触即発のストリートシーンにおける緊張度を高めている。

裏通りには今にも崩れ落ちそうな家屋が並び、盗難車がごろごろと捨てられている。その躯を漁り、使えそうな部品を探す貧しい住人たちの影が絶えない。そういったものに囲まれて、子供たちは「駆け回り」、ダブルダッチ(縄跳びを使った遊び)やスティックボール(訳注：路上などで子供たちが行う野球を真似た遊び)に興じている。街角の店には、幼い子供たちが出入りしている。子供たちはたいてい、（親や知り合いの大人に頼まれた）タバコ、キャンディ、スリムジム（訳注：ビーフジャーキー）、ポテトチップス、パン、ソーダを買っていく。

夏場のストリートには、子供たちや、時には子供たちの母親、祖母、姉、従姉妹たちなどが姿を見せる。ここはほぼ、女性と子供から構成される最貧地区である。ここに住む者たちが作っている親族ネットワークは、その構成員を支える非常に重要な役割を持つ。さらに助けが必要なときには、親戚ではない者も親戚のような存在として、協力を求められる。住民たちのうち仕事に就いている者は、皿洗い、修理工、家政婦その他の未熟練労働者として働いている。ワーキングプアの者たちの中には、親族と同居し、家事や緊密な家族生活を――喜びも困難も――共有して生きしのいでいる者もいる。女性たちの多くは福祉に頼っており、その多くが、「福祉改革」に懸念を抱いている。彼女たちの生活の中で、結婚に適した男に出会うことは滅多にないようだ。

彼女たちの生活に男性が関わっているとすれば、彼らは、甥、従兄弟、父親、おじ、ボーイフレンド、息子として存在している場合がほとんどである。しかし夫の役割を担っている者はほとんどいない。現役を退いた年配の二、三名の男性が、玄関先に座り、友人たちと談笑している。男性たちの中には、援助を申し出、サポートを必要している女性を助けてやる者もいる。時には、交渉した金額と引き換えに、あるいは性的な見返りのために、もしくはただ友人として、お使いに出掛けていく女性たちの運転手役をする。

危機的場面を迎えると――例えば、子供のいる若い女性がクラックなどのドラッグを常用して母親として機能できなくなるところまで来た場合――友人や親戚の者が救いの手を差し伸べるかもしれないが、最も追い詰められた状況に置かれれば、年長の子供が母親に代わって、食料の調達、食事の準備から、家事の一切を担うこともあるだろう。その他、祖母たちが、クラック中毒になった娘に代わって家事を引き受け、娘の子育てに介入する場合もある。この近隣では、この手の話がよく聞かれる。クラック中毒の若い母親たちが、パイプを吸うことのほうが大事で、子供を虐待してしまうというのだ。ここの誰もが、何らかの形でドラッグに生活を蝕まれた麻薬常用者を、直接あるいは間接的に知っている。

住民たちのほとんどが貧困と格闘している一方で、堅実に暮らしている労働者階級の核家族も多少は見受けられる。そうした家族の中には、まだ地元の工場に雇われている男性がいることもある。だが、こうした状態は稀である。ここを出ることができる労働者階級の住民たちは、犯罪や、無作法、永続的な貧困によって行く末を定められたこの地区を離れて行ってしまっていることが多いのだ。

七歳や八歳のストリートの子供たちが小さな集団を作り、街角や小さな路地でたむろしている。多くの子供たちは見て見ぬふりをしているが、子供たちは人々の往来をじっと見つめ、頻繁に行われるドラッグの売買を観察している。ストリートで伝えられている話によると、子供たちの中には、クラック・ハウスの見張り役として、あるいは新しく入荷されたドラッグが引き取り地点に着いたときにディーラーたちにシグナルを送る役目のために、地元のドラッグ・ディーラーに雇われている者がいるというのだ。

夏の日には、住人たちはそよ風にあたろうと窓から身を乗り出す。あるいは玄関先の階段に腰掛けて、通りの往来を見つめている。この辺りには、老若男女を包み込んだ様々なストリートの生活がある。ストリートを歩いていると、たくさんの若い妊婦が、一人二人の子供を連れて歩いている、あるいは何もせず突っ立っているのを目にする。彼女たちの若々しい表情は大きく膨れたお腹にそぐわない印象を与えるが、彼女たちは自分の道を進んでいく。

ストリートは騒々しく、社交的に暮らす人々の活気が溢れている――わめき声、金切り声、大きな笑い声と話し声、車の甲高いブレーキ音、ラップミュージック、クラクションの音が耳に入ってくる。車が止まり、クラクションを鳴らして、この車を待っていた人に合図する。人々は基本的に人に丁寧に接し、他人を怒らせたくないと思っている。ここには笑顔と、ある程度の仲間意識がある。ここでは誰もが知り合いである。他人のために、できるだけ周囲に警戒しておいてやろうとする者もいる。

しかし多くの者は、自分の身を守るために用心するだけで精一杯である。かつてはアルミニウム製の下見がそうであったように、今では装飾を施した鉄格子が、この近隣でのステイタス・シンボルになった。住民たちは、泥棒や「ゾンビ」(クラック中毒者)への防犯対策として、階下の窓やドアに鉄格子を取り付けるようになった。こうした住民たちは、少しでも疑わしいところのあるよその人間には誰に対しても、心からの懸念を見せる。

時折、高価な運動着に、白のスニーカーを身に付けた若い少年に出会う。白いスニーカーはたいてい新しく、これを四、五足持っている少年もいる。ある特定の街角や路地では、小集団に分かれた少年たちが、真っ昼間からぶらぶら時を過ごしている。彼らは、はっきりと目立つ様式化されたポーズを体現、あるいは表現している。彼らはほぼいつも、失業中の身であることを忘れさせるようなお金をかけた服装をしている。これを見た人々は、容易に、少年たちはドラッグで「商売して」(働いて)いるのだろうとの結論に至る。少年たちの家族は息子のドラッグ取引への関与「について知っている」場合もある、というのがストリートの街角にたむろする男たちの間での一般的な見方になっている。なぜなら、家族は息子が「稼いできたお金を幾らか貰って」家計の足しにしているからである。親たちが自分の息子のドラッグ取引への関わりを暗黙のうちに受け入れていること、それについて進んで無知でいることは、街角のならず者たちの間で話題になっている。とはいっても、親たちは、息子に対する、時々起こる通り掛かりの車による手当たりしだいの銃撃や、時に自然発生的に始まるドラッグ紛争に対する懸念、それに息子が警察に捕まる可能性についての懸念を口にするかもしれない。警察はしばしば親たちの心配の種である。息子が投獄されるからというだけではない。場合によっては、家族がドラッグから得られたお金に頼って生活するようになっているからである。

貧困の進んだインナーシティ地区では、ドラッグ取引はどこにでも見受けられる。そして、貧困の経験からドラック文化を切り離すことは、以前にも増して難しくなってきている。この地区では、廃墟と化した建物や誰かの家の中に、クラック窟が散在している。新聞売りの少年たちのように、この街角でもあの街角でも若い男たちがドラッグを売っている。彼らの素早い見極めを通過した者たちに、彼はこう声を掛ける。「なあなあ。ちょっと知らせがあるんだけどな。いい知らせだぜ。コカインやってみろよ。テレポーテーションだ、スコッティ！」これは内情に通じた者ならば容易に理解できる暗号化された言葉である。時には彼らは、通り掛った車の運転者にドラッグを売る。運転者たちは、白昼堂々車を止め、売買の間交通を妨げる。それでも、警察はこうした取引に無関心なようであり、あるいは、自分たちが守るべき住民たちを手酷く扱うこともある。客たちが車で乗り付けてきたとき、後部座席に小さな子供たちが乗せられていることもあるが、売り手も買い手もこれに気後れすることはないようである。ドラッグを売っている若い男たちの中には、ポケットベルを持ち歩き、電話と連係させて使っている者もいる。実際、地元のクラック・ハウスや戸外のストリートでの売買に圧力が掛かるようになり、ポケットベルと電話の重要性が増している。商売をしていない若者たちにとっては、ポケットベルは、お金、向こう見ずな気質、かっこよさ、ドラッグの所有を象徴するステイタス・シンボルである。

この辺りのストリートに生息する者は皆、ここを情け容赦のない場所と認めている。この地区では、最も強い者が生き残り、不注意な者やストリートで生きる術を知らない者——ストリート・ワイズでない者——は、自分に害を及ぼそうとする人間の計略に落ちてしまうかもしれないのだ。他人の持っている物に感心した少年たちは、さっさとそれを奪おうとするかもしれない。これには、スニーカー、ジャケット、帽子、その他の個人の身の回りの品々をり品が含まれる。こうした意味で、公共空間は無礼な空気を漂わせている。特に夜にはそれが顕著である。その結果として、多くの人々が、若者は粗野だと感じているのである。しかし、若者たちの考え方は、上の世代の人々の考え方とは区別されなくてはならない。後者は時折、今の子供たちが「勝手に育っているだけ」であるのに対し、自分たちは違った条件の下で「育てられた」のだと誇らしげに主張して見せる。つまり、今の若者とは異なったシステムのもとで、異なった機会を与えられ、またそれを現実のものとする、今の若者にはない能力を持っていたと言うのだ。上の世代の人々は、良識的で法律を遵守するという自分たちの価値観に適った生き方をしようと努力している。しかし、これらの価値観がこの地区において引き続き重要であり続けているとしても、若い世代は一般に、年上の住民たちほどこれに傾倒しているわけではなさそうである。

ここから通りをさらに下っていくと、軒並みに、何も建っていない空間が一層多く目にとまるようになる。これらの空き地は、かつてあった建物が焼け落ちたり、取り壊されたり、あるいは単に崩壊したりした跡地であることを意味する。抜け殻状態になった建物もあり、窓や、壁の大部分はすでに無く、骨組みだけが晒されている。さらに窓やドアに板張りがしてある建物もある。いずれは崩れ落ちるのかもしれないし、建て直されるのかもしれない。実際、この崩壊した建物の間に、再生の兆しが見えている。手入れの行き届いた家、新たに色も塗り替えられた家があちこちに見受けられる。外壁が剥き出しになっている建造物の中には、その部分に色鮮やかで陽気な壁画が描かれているものもある。その多くが、宗教的なテーマで描かれている。そして次に現れる大きな建物は、落書きアートで派手に彩られた車の修理工場である。落書きの中には、描かれて間もない、ストリートの暴力の犠牲者となった若者への「記念碑」もある。さらに下っていくと、時間単位で部屋を貸すホテルの前を通り過ぎる。

ここでも続いて、この通りの過去の生活を物語るサイン――ヨーロッパからの移民たちが世紀転換期に建てた大きな教会、古い墓地、時々で現れる歴史的建造物――に出会う。この辺りには、空き地や草の生い茂った小さな公園などの何もない空間がたくさんあり、この曲がりくねった古いハイウェイの特質を強調している。この蛇行するハイウェイは、碁盤目状に伸びる街路――ジャーマンタウン通りがメイン道路としての地位を確立したずっと後に正式な計画の下で作られたパターン――を突っ切って進んでいるため、こうした空間が生まれるのだ。

そして次の商業地区が姿をみせる。ここには特に貧しい人たち が日常的に訪れる店が軒を連ねる。徒歩で巡回している二人の警官が通り過ぎていく。ここもまた、「ステージングエリア」である。

商店街に引き寄せられて人が集まってくるため、暴力沙汰が起こる機会を増やしている。多くの人々が外に出ていて、女性や子供だけでなく、朝のうちから、若い男性の姿も目立つ。

われわれが次に出会うのは、しっかりと建っている建物よりも、空き地や中が丸見えの空き家のほうが多く目に付くようなエリアである。空き地には、瓦礫の山になっているところもあれば、雑草が茂り、あるいは廃車が取り散らされたところもある。ここは交戦地帯ではないかとの思いが一瞬頭をかすめる。現に、幾つかの建物には弾痕が残っている。ここで黒人ゲットーからヒスパニックのゲットーへと変わる。住民の顔は変わるが、行動様式は同じである。とはいえ、荒廃の只中に、スペイン調のゲート付きコミュニティが新しく建設された。そこを越えるとすぐに、ノリスストリートに行き着く。この交差点に面した四つの角地のうち三つが、広い空き地になっている。しかしまた、コミュニティガーデンに姿を変えたオープンエリアもある。春も終わりに差し掛かった今、育ち始めた野菜が目にとまる。

これで今、われわれはフィラデルフィアのダウンタウンのすぐ北までやって来た。ここはかつて、忙しく賑やかな商業地区であった。ビールからレースまでありとあらゆるものを生産する工場があり、製品は出荷されるまで巨大な倉庫に保管され、やがて、今でもはっきりとその痕跡をとどめている鉄道で運ばれていくか、

あるいは近くのデラウェア川の港から送り出されていった。そうした建物の巨大な形骸の幾つかが、そこかしこに倒れずに残っているのだが、一つまた一つと、放火の犠牲になっている。

そしてついに、ジャーマンタウン通りのもう一方の端に辿り着く。ここは、川から一区画という距離で、平らな土地の真ん中に位置し、高架の州間幹線道路の影に隠れている。ハイウェイを通る運転手たちは、今やノースフィラデルフィアの街中を通り抜けるのではなく、その頭上を走っていくことができる――そして、ストリートの生活、そこに住む人々、そして人々が抱える様々な問題に目を向けることなく走り去っていくのである。

ストリートに生きる人々のコード

貧しいインナーシティの黒人コミュニティを悩ませている様々な問題の中でも、対人間の暴力と正当な理由のない攻撃ほど、緊迫した問題はない。この現象は、コミュニティの住民たちの生活を日々破壊し、次第にダウンタウンや中産階級の住宅地にも波及するようになっている。強盗、押し込み、車の盗難、ドラッグ絡みの銃撃戦、これらのどれもが、犠牲者や罪のない傍観者を死に至らしめる可能性がある。今日これらのことは巷に溢れ、全ての都市居住者や多くの郊外居住者を案じさせるほどである。

人々をこうも暴力に向かわせているのは、ゲットーの貧困層の生活環境である。具体的に言えば、ここには生活賃金が支払われるような仕事がなく、提供される基本的公共サービス（緊急時の警察の対応、建物のメンテナンス、ごみの回収、街の照明を始めとする、中産階級地区の住民が当然のものと考えているいろいろなサービス）も限られている。それに人種に関するスティグマ、薬物使用の蔓延と薬物不正取引による悪影響もある。そしてこれらのことの結果として、社会的孤立が深まり、将来への希望も抱けなくなっている。ここに住む若者たちは、ただこのような環境に住んでいるというだけで、乱暴な行動の犠牲になる特別高い危険に晒されている。コミュニティにはしばしば、ネガティブな影響を打ち消すことができるいろいろな力が存在する——中でも圧倒的な力を持つのは、中産階級の価値観への傾倒を見せる、強固で、愛情に満ちた、（インナーシティの住民の言い方によれば）「良識的な」な家族である。しかし絶望は深く浸透していき、敵対文化、すなわち主流社会の規範にしばしば意識的に逆らう規範を打ち出す「ストリート」の文化を生んだ。これら二つの志向——良識派とストリート派——がコミュニティを社会的に体系付けているのであり、両者がいかに共存し、相互に作用するかが、住民たちに、特にインナーシティで成長する子供たちに重要な結果をもたらす。とりわけ深刻なのは、この環境で生きていく以上、家に帰れば主流社会の価値観に沿った家庭生活を送る若者たちでさえ——そしてコミュニティのほとんどはそういった家庭なのであるが——ストリート志向の環境で上手く生きていく術を身に付けていなければならないということである。

なぜならば、ストリート文化が「ストリートのコード」を育んできたからである。このコードとは、公的場面で人に対していかに振る舞うかについて、特に暴力の行使に関して定めたインフォーマルな一連の規則のことである。この諸規則は、妥当な振る舞いとは何か、挑戦を受けたときにはどう対応するのが適当か、の両方を規定している。これらの規則は、暴力の使い方を統制する。他者を攻撃しようとする者は、これによって理論的根拠を与えられ、正当に認められた方法で、暴力沙汰を起こすことができるのである。これらの諸規則は、主にストリート志向の者たちによって確立され、施行されてきた。けれどもストリートでは、ストリート派と良識派の区別はしばしば何の役にも立たない。誰もが知っているように、規則が破られたときには罰則が科せられる。よって、このコードについての知識は、主として身を守るために必要なものであり、公的な場で生活していくには、文字通りなくてはならないものなのである。それゆえに、ストリートのコードの価値観には通常対立的な立場を取っている良識志向の家族であっても、しぶしぶではあるが、子供たちをその掟に馴染ませようとすることが多いのである。子供たちがインナーシティの環境で生き抜いていくためには必要なものだからだ。

このコードの本質にあるのは、尊敬の念、敬意の問題である。尊敬される、敬意を表されるということの意味はここでは緩やかに定義されており、「正しい」扱いを受けること、「分相応の敬意」(与えられるのが妥当であるもの)、または然るべき敬意が払われること、を指す。しかし、問題だらけのインナーシティの公的環境に置かれた人々は、もはや自分では制御できない力に振り回されているとの思いを強めており、それにつれて、ある人がどれほどの尊敬に値するかは、より一層厄介で不確かな問題になっている。こうした状況があるため、敬意の問題は時として激しい個人間の交渉を招き、ついに激論に至ることもある。ストリート文化においては、特に若者の間で、敬意は外界に属するもののように見られている。それを勝ち得るのは困難であるのに、失うのは簡単である——だからこそ、絶えず守り続けていかなければならないものなのだ。実際に、敬意を巡る交渉の枠組みを決めているのは、ストリートのコードに含まれる諸規則である。きちんと敬意を払われる存在でいられれば、公衆の面前で、人に煩わされずに済む。こうして安全を確保することは重要である。なぜなら、他者に煩わされるということは、身が危険に晒されるかもしれないというばかりでなく、名を汚された、あるいは「侮辱された」(敬意を払われなかった)、ということだからだ。侮辱的なものとされる行為のほとんど(例えば、視線を長く合わせ過ぎたというものなど)は、中産階級の人々には、些細なこと思われるかもしれない。だが、ストリートのコードにどっぷり漬かっている人々にとってこのような行為を受けることは、顔面を平手打ちされたのも同然で、行為者の意図を示す深刻な出来事として受け取られるのである。その結果、これらの人々は、人がこちらに向かってくることや無礼な言動には非常に敏感になっている。それらが、身体的攻撃や対峙が差し迫っていることの警告となっていることもあり得るのである。

ストリートの世界の厳しい現実の起源を辿ると、貧困インナーシティのたくさんの黒人たち、とりわけ、若者たちを苛む主流社会やその諸組織からの深い孤立感に行き着く。実のところ、ストリートのコードは、警察や司法制度への——そしてそれぞれ自分の身の安全を守ろうと必死になっている他者たちへの——根深い信頼の欠如に対する文化的適応として現れている。例えば、警察は、支配的白人社会の代表であり、インナーシティの住民の保護などに構うことはないと考えられていることがほとんどである。通報を受けたところで、警察は対応しないかもしれない。このことは、多くの住民が、攻撃性を持つ人間から自分自身や愛する人々を守るために、特別な手段を取る備えがなければならないと感じている一つの理由である。警察が責務を怠っていることは、実際、地元のステイタス制度の中に組み込まれてきている。「自分の身は自分で守る」能力があると信じられている人に対しては、一定の敬意と尊敬の念が向けられる。このとき、その当人は、自分には身体的、心理的な支配力があると感じる。こうして、警察の影響力が及ばなくなり、ここからは自分の安全には自分で責任を持たなければならないのだと個人が考え始めるところに、ストリートのコードが現れる。この爆発の危険を孕んだ状況は、ドラッグの拡散や、簡単に銃を手にすることができる現状によって激化させられ、ストリート志向のマイノリティ（あるいは、効果的に「悪の路線を狙っている」者たち）に、公共空間を支配する能力を身に付けさせるという結果を生んでいるのである。

1 良識派とストリート派の家族

貧しいインナーシティ地区に住む人々は、ほとんど誰もが苦しい経済状態の中で生きている。そのためここの住人たちは、自分たちを除いた部分のアメリカからは、一定の隔たりを感じているものである。しかし人々が抱く疎外感の度合いは一様ではなく、その程度の違いは、「良識的」「ストリート」「ゲットー」という社会的類型を示す用語で言い表されている。良識派の家族やストリート派の家族と呼ばれるものが現実的な意味で象徴しているのは、価値基準の方向性の両極、つまり二つの対照的な概念のカテゴリーである。住人たち自身が使っている「良識的」「ストリート」というレッテルは、価値判断を下す働きをしており、これによって地元の住人のステイタスが決められる。このレッテルによる分類は、たいてい、その地区に住む個々人や家族の間で起こる社会的な競争の結果を反映している。それぞれの志向の人々が、一つの複合家族に共存していることもあるだろう。さらに言えば、良識派の住人たちは、他者をストリート派の人間であると評するか

たわら、自らを良識派と評価しているのかもしれず、またストリート派の人々は、自分たちとさらなる他者との間に線引きをしつつ、自らは良識派を名乗ることも多い。それに、状況に応じた行動が取られることもよくある。つまり同じ人間が、その時々の状況によって、良識的志向とストリート志向のいずれも見せることがあるということである。こうした呼び方が生まれたのは、激しい社会的な競争の結果ではあるが、各々の概念的カテゴリーを定義している具体的な特徴というものは確かに存在する。そしてここに一つの社会的な類型システムが形成されている。

こうして生み出されたレッテルを、インナーシティ・コミュニティの住人たちは、自分自身の特徴やお互いの特徴を言い表すために使っている。これらのレッテルを理解すれば、インナーシティ地区の生活の一部を理解できたことになる。ほとんどの住人は良識派であるか、そうなろうと努力している人たちである。一つの家族の中に、良識、礼儀正しさを熱心に目指している者がいる一方で、ストリート流――そしてそれが含意する全てのこと――を目指す者もいるというのも、ありがちなことだ。それに、「コードの切り替え」も多く行われる。つまり、その場の状況次第で、どちらの規則群に従って行動するか決める者もいるのだ。良識派の人々、中でも特に若い人々は、たいてい、コードを切り替える能力に非常に高い価値を置いている。良識的な人々は、一

般白人社会の中産階級的な価値観の多くを共有しているが、ストリートでこうした価値観をおおっぴらにしても、ほとんど何の影響力ももたないことも承知している。要するに、それでは「自分の身は自分で守れる」と周囲に伝えることにはならないのである。そういうわけで、これらの人々は、この安全確保の役割を果たす行動のレパートリーを広げている。ストリートの世界と深く結び付き、一般社会との接触がより少ない人々には、コードを切り替えるのは難しいかもしれない。ストリートのコードにすっかり染まっている彼らは、良識的振る舞いのルールを知らない。あるいは知っていても、そんな知識を披露することにほとんどの何の価値も見出さないという場合もあるだろう。

　ストリート志向のグループの末端には、犯罪分子を構成する人々がいる。このクラスに属す人々の存在は、社会経済システムが生んだ人的損害の深刻さの証左であり、彼らはストリートのコードを完全に自分のものとしている傾向にある。これらの人々の中には素晴らしく知的な人もいるが、多くの場合、彼らはまともな教育を受けていない。彼らに欠落しているのはそれだけではない。彼らはまた、現在置かれている状況のずっと先を見据えることを可能にするような人生観をもっていない。むしろ、「悪党の暮らし」に誇りをもっている者たちも多く、一般社会における慣習はもとより、法律にさえも積極的に歯向かっていく。時には、地元で成功を収めているドラッグ・ディーラーや、トゥパック・シャクール、スヌープ・ドギー・ドッグらラップアーティストをお手本にする。そして、既存の制度に立ち向かい、自分自身の立場を守るプロのスポーツ選手たちからは勇気をもらっている。彼らのものの見方では、警察官、役人、企業の幹部は尊敬に値せず、道徳的権威としての意味をほとんどもたない。激しい疎外感と怒りに苛まれた彼らは、物事のより一般的な体制に対して、また自分たちには軽蔑の眼差ししか向けないていないと彼らが確信している制度に対して、全般的な侮蔑の気持ちを滲み出させている。

　このグループのメンバーは、インナーシティでも、最も捨て鉢になっていて、最も疎外された人々の中に見つけられる。彼らは、目の前の人間や状況には、それを搾取の対象、またどこかに「上手く解決するこつ」があるかもしれない難題ととらえて向かっていくのが一番よいと考えている。そしてほとんどの状況において、彼らが目標とするのは、自分が「罠に嵌められる」のを回避することである。彼らはシニカルなものの見方をし、他人を信頼する気持ちが酷く欠けている。自分と近い関係にある人間すら彼らは信頼しない。彼らはどんな人や状況に向き合うときでも、一貫して、それらを人生の障害物の一部、征服するべきもの、あるいは「乗り越える」べきものと考えて近づいていく傾向がある。障害を乗り越えるために、彼らは、上手い「騙しの手口」や「戦略」

を考え出す。「言葉巧み」に話し、知恵を働かせて人を出し抜いて、自分が優位に立つのである。裏を返せば、相手側の動向にも常に用心していなければならないということになる。相手が自分と関わるのは、ただ、その状況から利益を得たいがためだと考えておかなければならない。

こうして、公的生活はしばしば乏しい社会的な財を求める激しい競争に彩られることになる。ここでは競争の「勝者」が「敗者」を完全に支配することになり、敗北を喫すれば死よりも悪い運命を招きかねない。だから常に警戒を怠ってはならないのだ。いつも人を完全に信用するというわけにはいかない。これは、しくじれば社会的に失うものがあまりに多いためでもあるのだが、同時に、ここでは誰もがあまりに恵まれない状況に置かれていると考えられているためでもある。このような環境では、家族内でも、学校でも、ストリートでも、暴力が相当な広がりを見せ——そして、ストリートのコードの支配下に置かれた公的生活を生き抜く道となっている。

良識派とストリート派の家族は、様々なやり方で、ストリートのコードに対処している。そこで、このコードのダイナミクスを理解するには、これらの家族のダイナミクスを理解しておくことが肝要になる。ここで理解しておかなければならないのは、人を生み出す家族と、人がストリートで見つける「家族」は別のものだということである。特にストリート志向の人々について言うと、ある個人の忠義、忠誠心を引き付けようと、外の世界の家族が、その人の血縁の人々と競っている。それでもやはり、優先されるのはいつも血縁者たちである。実際、ストリートではこう言い伝えられている。もし友達のために闘い、友達の「味方をしてやる」のだったら、自分の兄弟、いとこ、甥、おば、姉妹、母親のためになら、どれだけのことをするだろうか——そして立場が入れ替わってもまた同じことなのだ。血は泥より濃いのである。

良識派の家族

良識派の家族は、ほとんど四六時中、本気で将来の心配をしている。そして将来にある程度の希望も抱いている。こうした態度は、「あるもので間に合わせよう」と努力する一方で、「何かを手にする」、あるいは「良い生活を築く」ために頑張ろうとする推進力になって表される。つまり、一生懸命働き、ものを買うために貯蓄し、子供たち——「自分の手に触れる子供」全て——を育て、自分の人生において何かを達成しようとしているのだ。良識派の家族は、ストリート派の家族に比べて、主流文化の価値基準をより完全に受け入れる傾向にある。そして子供たちにその価値観を教え込もうとしている。良識的家族の使命を、その家族のメンバー及び外部の人々の見方に最も沿った形で言い表せば、おそらく、家族の中の若い世代に「気骨」と責任感を植え付けること、となるだろう。この目標に向かって努力する良識派の親たちは、ストリート志向の親たちより、学校や教会といった外部組織と手を組むことにはるかに長けているし、また進んでそうしようとしている。そして熱心に働くことや自分自身を頼みにすることを尊び、子供のためには喜んで犠牲を払う。自分たちの将来には望みがないにしても子供たちには今より良い未来をと、希望を心に抱いているのだ。多くのこうした良識派の人々は、目の前の苦難や不公平に捕らわれてずっとくよくよ不満を言い続けるよりも、むしろ困難な状況を神から与えられた試練と見て、信仰や教会コミュニティから大きな支援を引き出していることが多い。この姿勢は、増加中の、孫を育てている祖母たちの間に特によく見受けられる(第六章参照)。

「一家の主である男」の役割は重要だ。労働者階級の黒人家族は、伝統的に男の権威というものに高い価値を置いてきた。一般的に、男性とは、パートナーとしての女性、従属者としての子供たちを従えた「世帯主」であると考えられてきた。男性の役割には家族を様々な脅威から守ることも含まれ、時には、ストリートで放たれる銃弾に文字通り身を晒すことにもなる。その見返りとして、彼は自分が家を支配し、家族の他の者から敬意を表されることを期待する。そして息子たちにも、同じ期待を胸に成長するように促す。一家の稼ぎ手や優れた扶養者であることは、たいてい、道徳的な問題である。家族を扶養できない男性はパートナーの軽蔑を招いてしまう。家族を養う手立てを持たない多くの若い男性たちは、しばしば、「ままごとなんてしていられるか」と言って、家族を形成することから手を引く。ことによると、女性と子供たちを後に残していくかもしれない。こうして残された女性と子供は、独力で生活していくことになる。

無傷の核家族は、貧しいインナーシティでは少数派ではあるが、力強い役割モデルを提供している。夫も妻も低賃金の仕事に就き、時にはそれぞれが仕事を掛け持ちしているというのが、こうした家族の典型である。十代の子供がパートタイムで働き、家計を助けていることもある。多くの場合、こうした家族は、近くに住む他の同じような家族と共に、子供たちをストリートから遠ざけようと絶えず警戒している。

このような完全な形の家族が、公の場で衆目を集めていることがある。女性と子供たちを従えた男性が、自分の完全な支配力を見せつけようと骨を折っている場面がそれである。インナーシティのストリートでは、この場面を見せることが、彼が保護者としての役割を果たす助けになるのであり、彼は、特に他の男性たちが近くにいるときに、自分の家族に心を配っている様子を誇張して示すことがある。彼は行動と言葉で――例えば幼い子供たちにおとなしくするように大きく低い声で命じることで――見知らぬ人々に「これは俺の家族で、俺の管理の下にあるんだ」と知らしめているのだ。自分には家族を守る力があり、彼の家族に余計な手出しはできないというシグナルを送っているのである。

　ある土曜日の午後、私はギャラリーでそのような一幕を目にした。そこは屋内型ショッピングモールで、客として訪れるのは主に黒人とヒスパニック系、それに労働者階級から中産階級の白人たちである。ラシード・テイラーと妻のイーシャ、二人の子供のロンダ、ジミー、マリッカは、ごった返すフードコートの中を、座って食べる場所を探してうろうろしていた。そのうちやっと彼らは私の隣にテーブルを見つけた。席に着く前に、テイラー氏は私にこの席は空いているかと尋ね、私は空いていると答えた。そこで彼が家族を呼ぶと、家族はてきぱきと整然とした様子で進み出てきて着席した。片側に三人の子供たちが並び、その対面に親たちが並んで座った。テイラー氏は子供たちに何が食べたいか聞いた後、目つきを鋭くして、彼と彼の妻が食べ物を持って戻ってくるまで座っていなさいと命じた。子供たちはこれに注意深く頷いた。大人たちが席を離れると、子供たちはリラックスしたようで、先ほどより自由に話したり、ふざけ合ったりした。親たちが戻ってくると子供たちは再び姿勢を正した。食べ物を受け取り、食べ始め、その間ずっと大人しく礼儀正しい態度を示し続けた。この家族がテイラー氏の管理下にあり、皆が彼に徹底して服従し、敬意を表していることは、そこで見ていた誰の目にも非常に明らかだった。

　良識派の親たちは、自分たちが住んでいる環境の問題の多さ、そしてしばしば危険性を、極めて強く意識している。そのため子育ては厳しくなりがちで、子供たちに、権威者を敬い、真っ直ぐに道徳的な道を歩むように懸命に教えている。親たちは時に、あらゆるトラブルについてほとんど度を越した懸念を見せ、子供たちにトラブルにつながる可能性がある人間や状況を避けるようにと言い聞かせる。しかしこれはとても難しいことである。良識派とストリート派の家族があまりに近いところに暮らしているからだ。マージは、このような地区に暮らす、か細い体つきをした四十三歳の既婚者で、五人の子供がいる良識派の親である。彼女は自分の経験を次のように語っている。

　だけど今は何が起きていると思う？　私には子供が五人いるわ。いえ、五人いたのよ。長男は自動車事故で死んでしまったから。私の子供たちはいつだって違っていたわ［良識的だった］。けど、私たちも他の人たちがやってるようなあっちの［ストリートの］やり方で行動しないといけないことが時々あるの。私たちは脅されたりしないってわからせるためよ。うちの子供は買い物にも行くし、外に出て遊ぶし、学校にも行くっていうことをわからせなくちゃね。そんなやり方はしたくないけど。でも、あの人たちに言葉でわからせようとしてもだめなの。だって私はやってみたのよ。「ねえ、子供たちのことじゃないの。頑張って仲良くさせましょうよ」と話しにいったこともあったわ。何年も前のことだけど、こんなことがあった。私の息子たちは高価な野球のミットやバットを持っていたの。貰いものだったんだけどね。私が買ってあげたんじゃなくて、リーさんがくれたのよ。野球チームをやっている人だったからね。それで息子たちに野球のバットだとかグローブだとかをくれたってわけ。今、二十七番通りとジラード通りにある公園は、その頃はフレッド・ジャクソン・スタジアムだった。今はルース・ブルームと呼ばれているけど。息子たちがそこで野球をしていたら、一人の小さい男の子がグローブを何個かとバットを借りたいと言ってきた。私は子供たちに「その子にグローブやバットを渡しては［使わせては］だめよ」と言ったわ。だけど、結局うちの子たちは、その子に渡してしまった。その子は、使い終わったらうちのポーチに置いておくから、と言ったそうなんだけどね。私は子供たちに、二度とそのグローブとバットにはお目にかかれないわよ、と言ったわ。そしてポーチには何も戻ってこなかった。だから、私はその子の母親のところに行って、その人は近所の人だったのだけど、その母親にとても感じ良く話してみたの。「ジョニーがね、テリーとカーティスのグローブとバットをまだ持ってきてくれていないのよ」とね。そうしたら、その母親ったら、私に悪態をついたのよ！　ショックだったわ。「何だって、うちの子が、かくかくしかじかのバットだとかボールだとかを返さなきゃいけないのさ」。［と、この母親は言った。］この女性の対応に、私は本当にショックを受けたし、傷ついたわ。私は「忘れて頂戴。もう忘れて頂戴」と繰り返した。彼女は本当に無知な人間だった。だけど私は——そこに息子がいたから、無知な真似［彼女と同じレベルに身を落とすこと］はしなかったけど——それでも私は、彼女に多少は良くないことを言って、自分がショックを受けたっていうことを知らせなきゃならなかったわ。けどね、私はここに来て［この地区に住んで］二十二年になるのだけど、二十二年の間に少なくとも十回、違う別々の事件が起こって、私はそのたびに人に話しをつけに行かなければならなくて、ついには、子供たちに「もうたくさんよ」と言ったわ。誰かが怪我をするのは目に見えているじゃない。あの人たちは、引き際を知らないものね。

今度は、娘のアネットの話だけど、彼女はジャーマンタウン高校に通っていたの。そのとき九年生くらいで、そのときまで一度も喧嘩なんかしたことがない子だった。この子がある日買い物から帰ってきて、しつこくいじめる女の子がいるって言うのよ。ポーチを上がってきて、「お母さん、出てきて。私をずっといじめてる子がここにいるわ」って言ったの。もちろんよ。子供たちを困らせている人間がいたら、私はいつだって一体誰なんだか見ておきたいわ。その子たちの親に会いに行くとか何とか、しなくちゃいけないかもしれないじゃない。それで私は出て行って、ポーチの手すりの上から見下ろした。娘と二人で通りのその子のいる方向を見下ろしたわ。「攻撃的行為と取られかねないので」その子を直視しないようにしながらね。その女の子はこちらに向かってきて「ちょっとあんたたち、何を見てるのさ」と言った。私は娘に一言「あんたは黙っていなさいよ」と言ってから、そっちの女の子に「うちにお帰りなさい。さっさと帰ったほうが身のためだよ!」と言ってやった。そう。その子は家に帰って行った。その午後のことよ。娘はポーチの階段に腰掛けて本を読んでいたの。この子はね、一度も喧嘩をしたこともなかったし、学校の成績も良いのよ。飛びっきりいい子に育ったと思っているわ。今は生物化学者になっているの。その娘が階段に腰を下ろして、ちょっとした本を読んでいたの。そこにあの女の子がやって来て、娘に何か言ったらしいわ。私はそこに居合わせてもなくて、息子たちが呼びに来たときには、娘とその子がやり合っていた。娘にとってはこれが生まれて初めての喧嘩よ。そのとき九年生だったんだけど。そこで私が出て行って二人を引き離したの。相手の女の子は去って行った。その子はそれからまた戻って来たんだけど、今度は二十人もいろんな人たちを引き連れてきたのよ。だけど、私にはこれからどういうことになるかわかっていたの。だからね、私は息子に野球のバットを廊下から持って来させた。さっき話していたのと同じバットよ。で、こう言ったわ。「こっちはポーチから降りないよ。でも、もしそうしなきゃならなかったら、もしあっちが向かってきたら、こっちも何かしなきゃならないからね」。その人たちが戻って来たから、私は本当に、何とかして、その連中を追っ払わなくちゃならなかった。ちょっと乱暴に振る舞って、こんなこと許さないよ、とでも言うようにね。それから息子たちに、「もしあいつらがここまで来たら、目に物見せてやるわよ」とかいろいろ言ったわ。こうやって私はそいつらを追い払ったの。二十人位いたんだけど、友達とか、家族とか、近所の人たちとかだったわ。

すでに述べたように、自らを良識派であると定義する人々は往々にして、礼儀正しく、人に思いやりをもって接し、子供たちにも同じように振る舞うように教えるものである。けれど時には、主として居住地区の社会環境が原因で、この方針を貫くことが困難になり、良識派の人々は、しばしば「無知な真似をする」——つまり攻撃的に振る舞い、暴力に訴える用意があることを見せて脅すことさえする——必要も認める。なぜなら、ある子供がいじめの対象になるかどうかは、その子供自身の評判だけで決まるわけではない場合もあるからである。同じ位に重要なのは、その子供の家族がどれだけ「悪い」家族として知られているかということである。その子供が自分を守ってもらうために、あるいは復讐するために、どれだけ多くの人間を集められるかということが、しばしば決定的な要素になる。このように、社会的関係は、個人の身の安全がいかに守られるかという実際的な問題になりうる。いつ暴力行為が発生してもおかしくない状況の中、多くの人々が、自己防衛の態勢を整えておく必要を痛感しているのである。

家庭で、仕事で、教会で、良識派の親たちは、前向きな心の状態と協力の精神を維持しようとして努力している。子供のしつけには体罰を使う傾向があるが、いきなり子供を怒りつけているところがよく見受けられるストリート派の親たちとは違って、なぜ叩くのか理由を説明しているかもしれない。こういう親たちの十代の子供に対する気遣い、愛情は、ストリートと結び付く可能性のある「いい加減な」行動（暴力、ドラッグの使用、深夜に及ぶ外出）の一切から子供たちを防衛しようとする姿勢になって表される。この点で、親たちは絶えず警戒を怠らず、子供たちの同輩にも観察の目を光らせ、時には友達のいる前で価値評価を行って、子供たちを当惑させたりもする。

しかしこの同じ親たちは、若者たちがストリートで生き残るためには、いくらかの現金、それに持つべき人気商品を所持していることが不可欠だということにも気づいている。そこで親たちは、お金に窮しているときにさえ、子供に高い物を買ってやることがあるだろう。これは、子供たちがお金欲しさに、ドラッグ取引などの地下経済に手を染めたい誘惑に駆られにくくするためである。

良識派のシングルマザー

インナーシティの貧困地域で良識派の家族の大半を占める、母親と子供たちというタイプの家族では、シングルマザーたちはストリートの誘いを中和するためになお一層の努力しなければならない。シングルマザーの主な手段は、厳しくすること、子供に良識派の価値基準を教え込むことである。シングルマザーは、自分の母親やその他の親戚、友人と住んでいることもあれば、ただ複合家族の手を借りて子育てをしている場合もあるだろう。子供を育てるにあたって、シングルマザーは、他の者たちに自分の権威に従うように主張しなければならないことが多々ある。しかし、一家を取り仕切る男の存在——特に少年たちにとって、敬意を表すべき対象とされる存在——を欠いている状況では、シングルマザーは幾分、分が悪い。このことは、自分の息子や娘との関係においてもストリートにいる若い男たちとの関係を考えても当てはまる。ストリートの若い男たちは、娘をデートに誘おうとしたり、息子をストリートに引き寄せようとしたりして、シングルマザーが一家を管理する能力を試しに掛かってくるかもしれない。一人で奮闘しなければならない母親は、しばしば、絶えず警戒を怠ってはならない、そして強い決意を見せ付けていなければならないと感じているのである。

シングルマザーのダイアンはこの適例である。彼女の四人の息子のうち三人はもう成人している。四十六歳になるダイアンは、身長は平均的、がっしりした体つきで、肌は褐色である。息子のうち一人は公益事業会社の夜間警備員で、もう一人はダウンタウンの店の警備員だ。ダイアン自身はデイケアセンターの助手として働いている。彼女に自分の状況を話してもらったところ、彼女はこんなことを語っている。

本当にこの辺りは相当酷いところなんですよ。子供を育てているおばあちゃんがかなりたくさんいます。母親たちはクラック中毒なんですから。そういう母親がかなりたくさんいるんです。ドラッグはとんでもないものですよ。今、私には十五歳の男の子がいるから、私は彼をお行儀よくさせておくために精一杯やっています。なぜって、その連中［ドラッグ・ディーラーやユーザー］はすぐそこの街角で待ち構えているんですから。自分は無関係だなんて言っちゃいられません。だって、私たちはみんなこんなところに住んでいるんですものね。連中はすぐそこの街角で待ち構えていますから。そういう奴らは、アパートの前に座り込んでクラックをやっています。いつも、毎日ですよ、私は子供たちから目を離さず、何も問題が起こってないか見張ってないといけません。本当にどうしようもない状態で、ここまで酷いのは見たことがありませんよ。私は八一年からここにいますけど、ここまで酷いのは見たことがない。夜になると、そういう連中は通りをうろうろ行ったり来たりして、人の家のドアの前にキャップ［使用済みのクラックの空き瓶］を捨てていくんです。子供たちが表で遊ぶときなんかは、そういうものをすっかり掃いてしまわないとね。十五歳の息子をしっかりコントロールしておくのは、前より難しくなったと感じます。今は、うちの息子は車いじりが好きで、人の車にラジオを取り付けたりしているんです。こういうことに興味を持っていてくれる限りは、安心していられるんですけどね。けど、一日として、私が恐れを感じなかった日はありません。だって、今、息子にはクラックを売っている友達がいるんですよ。その子たちは、お金でも何でもたくさん持っているでしょ。それで、私は［パートタイムでしている用務員の仕事に］息子を連れて行って床のモップ掛けをさせて、ちょっとお小遣いをやっているんですが。「住むところがあれば、十分でしょ」と言い聞かせて。

このご時世に子供を育てようとするっていうのは、ずっと必死で頑張るってことですよ。そりゃもう、大変なことです。あの子たち［ストリートの少年たち］は、息子に「おい、何でお前は家に帰っちまうんだよ」と言うんです。そして、うちの玄関前の階段のところに座り込んで動かないんですからね。息子がどこかに出掛けるときには、どこに誰と行くのか、ちゃんと私に言わなきゃ 出しません。で、彼らは息子に声をかけ続けるんです［自分たちと一緒に来いと］。息子は「無理だよ、俺はこの階段から は動けないんだ。母さんと揉めるのはごめんだよ」と答えています。私はもう十五年間ずっと、シングルマザーなんですよ。これまでのところ、何の問題もありません。息子が四人いますが、成人してないのは一人だけ、この十五歳の子だけになりました。他の子はみんなもう大人ですよ。一番上は三十五歳です。私は必死に頑張っていますよ。そんなに簡単なことじゃありませんけれども。ようやくあと一人というところまできたんです。その後はもう安心です。もし助けが必要になったら、年上の子達が手を貸してくれるでしょう。たいてい、私は自分でこの子を見張っていますがね。息子には、もしディーラーをやっているのを見掛けたらただじゃおかないよ、と釘をさしてあります。それに、私はほとんどのドラッグ・ディーラーを知っているんですよ。息子がやるのは許しません。やったらただじゃおかないわ。そいつらが息子にドラッグを渡すのも絶対許しません。息子がそういう連中と組んで何かやるのは、私は許しません。息子に言っているんですよ。「お前の友達にディーラーをやってる子がいるのは知ってるわ。その子たちと話しなさい［話すのは構わない］。でもお前がその子たちと角でたむろしているのを見たら、承知しないからね。母さんはお前をちゃんと育てようと本当に頑張ってきたんだから。お前が自分の人生を台無しにするなんて許さないよ」と。

私と夫が七九年に別れたとき、私は自分が頑張らなきゃならないと覚悟したんです。父親はトラック運転手で、家には寄り付きませんでした。私は子供たちに生きていくのに必要なことだとかあれやこれやと、教えてやらなくちゃならなかった。私は、「一人で子供を育てていかなきゃならないんだったら、やるわ」と誓ったんです。以前の敵はギャングで、喧嘩をすれば、それで片が付いたんです。だけど今は、もし喧嘩したら、相手がやり返しにきて殺されてしまうかもしれないんですよ。今は全然違います。どうにかこうにかやっていくには、ストリートで賢く立ち回れなければだめです。私の息子は喧嘩が嫌いなんですよ。私は息子に学校を辞めさせて、自宅学習コースに入れました。学校関係者は、やりたいようにやっているだけですよ。［その人たちは］ただ働いて給料を貰って帰るだけですね。

私、息子に教えてるんです。親は子供の友達を選べないでしょう、だから自分にできることをする。私は息子に「悪いの［ストリートの子供たち］と一緒にいても、その子たちと同じことをしちゃだめ。ちゃんと自分で考えなきゃ」と教えたいんです。毎日、起きたときにお祈りをしなかったら、私は乗り切っていけません。とても無理だわ。

私は息子を注意して見張っている。彼がどこかに行くときには、どこにいるのか私は把握していなきゃならないんです。私が息子から目を離すとき、息子がガールフレンドたちの家に行くときなんかは、そこの親たちに「もしお宅で責任持って見ていてくれないのでしたら、息子はそちらに伺えないわ」と言っておくんですよ。私は、十代の子たちに子供を作るような真似はさせませんから。

インナーシティに住む、ある良識派の親が、自分のコミュニティで今現在起こっている、礼儀、秩序、道徳の崩壊をどう理解し、それにどう対処しているのか。そういったことをこの発言から知ることができる。ダイアンが子供の頃、それにダイアンが年長の息子たちを育てていた頃でもまだ、日常的に起こるギャングの抗争は、事態収拾のための喧嘩騒ぎの形を取るのが一般的だった。今日では、コミュニティの多くの住人たちが、ギャングやある個人と揉め事を起こせば、誰かに殺されるかもしれないと感じている。果たすべき責任をすでに放棄してしまったとみなされている諸機関の中に、学校が含まれていることに注目して欲しい。これは多くのインナーシティの親たちの間で広く信じられていることである。

ストリート派の家族

良識派と違って、ストリート派の家族には、他人への配慮が欠けているところが頻繁に見受けられるし、家族やコミュニティについてもかなり表面的にしか考えていないことが多い。子供たちを愛しているのかもしれないが、しばしば、親として身体的感情的に要求されることに上手く対処することも、自分自身の要求と子供たちの要求とに折り合いをつけることも、難しいと感じている。良識派の人々と比べ、この種の家族のメンバーはストリートのコードに完全に染まっており、子供たちにはそれに順応していくような社会化教育を精力的に、規範に従う形で行うことがある。これらの人々はより完全にこの掟の有効性を信じているし、この価値基準に従って自分自身も他者も評価している。

実際のところ、インナーシティのコミュニティに暮らす家族のうち圧倒的多数が、良識派家族のモデルに近づこうとしている。しかし、違った方向性を示す多くの家族は、良識派の家族が最も恐れていることをはっきりと形にしてみせている。彼らは財政的に極めて厳しい状態にあるというだけではなく、ほんのわずかなお金を持っていたとしても、簡単に使い方を誤ってしまうかもしれない。ストリート志向の人々の生活を特徴付けるのは、たいてい、無秩序である。最も望みのない境遇にあるとき、人は、物事の優先順位や自分の取る行動の結果について、限られた範囲でしか理解できていないことがままある。そして生活費や食べ物のことで、時には酒やタバコ、ドラッグのことで欲求不満を募らせていく。中には自己破壊的な行動に走りがちな人もいる。現にたくさんのストリート志向の女性が、クラック中毒（「パイプ依存」）やアルコール中毒になり、あるいは自分を虐待する男とややこしい関係を持っている。

しかも、給料の良い仕事が不足していること、人種差別が執拗に続いていることが主因となって、こういった状況はどうにも改善し難いもののように見えており、この閉塞感が、最も追い詰められた状況にある最貧層の黒人の中の多くの人々に、特に若い世代に、根深い苦々しさと怒りの念を生んできた。こういった人々は、多少は支配力を持っているという実感と、激しく当たり散らす相手を必要としている。この両方の要求はしばしば、大人たちとその子供との関係に映し出されている。最も控え目に言っても、ずっと続いている貧困状態に関連して生じる欲求不満のために、これらの人々は怒りっぽくなっている。それで、大人であろうと子供であろうと、自分をいらいらさせる者には我慢がならないのだ。

ストリートという概念に適合している人々は、たいてい、特に「良識派の人々」からは、下層階級の人間だとか、「悪党」だとかとみなされていて、コミュニティに悪影響を与える者、近所の人たちの厄介者以外の何者にもなれない、としか見てもらえないのが普通である。例えば、人種的に統合された、中産階級が中心に住む地区のはずれに位置する、ウェスト・オーク・レインの比較的閑静なある街区には、貧しい人々が住む家が並んで立つ箇所がある。そこの住人の一人は、ジョー・ディケンズという、がっしりした体格の三十二歳の黒人男性である。ジョーは借家に三人の子供たち——娘が二人（七歳と五歳）と三つになる息子——と一緒に住んでいる。彼の家の煉瓦の壁にはところどころ当て板が張られ、ポーチの屋根部分を支える柱は傾き、表玄関のドアにはペンキも塗られていないベニヤ板が使われている。そんな彼の家は、この区画で悪目立ちしている。通りに面した窓には鉄格子がはめられている。ささやかな前庭はくずが散乱し、雑草が生い茂る。また家の脇に置かれたごみ箱はいつも溢れている。

家の外観よりさらに人目を引くのは、この一家のライフスタイルである。ディケンズの妻は、今の一家の生活からは消えてしまっている。噂によれば、クラック常用癖が完全に制御不可能になり、彼女はストリートの世界へと堕ちていった。クラックのために売春をするようになった妻を、ディケンズは許せず、彼女を放り出した。そして彼は、家の切り盛りと子供たちの世話を引き受け、全力を尽くした。子供たちの衣食住の面倒を見ているという範囲においては、彼は親としての責任を果たしているとみなされてもよいのかもしれない。

ところが近所の多くの人々の目には、彼がちゃんと責任を果たしているようには映らない。彼が子供たちを怒鳴りつけたり、罵倒したりしているのを、近所の人々は目にしている。ただしそれも、彼が子供に注意を向けているときは、の話である。たいてい彼は、子供たちが誰の監督も受けずに四六時中ストリートを「駆けずり回り」、三輪車のビッグ・ウィールズを乗り回し、大騒ぎしているのを、ただ放っておく。そこに、やはり大人の監督を受けずにストリートや歩道で遊んでいる近所の子供たちが加わる。ディケンズ本人の気持ちは、子供たちのことよりも、自分の仲間たちの方に向いている。仲間たちはいつも彼の家に——暖かい日にはポーチに——集まり、たむろしているように見える。彼らはここで、ラップミュージックを大音量で流し、ビールを飲み、トランプをして遊んでいる。

普段のディケンズの一日は、午前十一時頃に始まる。彼はまず、訪問客たちのためのチーズステーキ・サンドイッチとビデオを求めて出掛けて行くことから一日を始めるかもしれない。実際、この家では延々とパーティが続いているような印象を受ける。近所の人々は常に騒音に悩まされており、時にはたまりかねて警察を呼ぶこともある。ただし、警察は滅多に苦情に対応してくれず、近所の人々はいらいらを募らせ、沈んだ気持ちになる。ディケンズは、近所の人々には全くといっていいほど無関心のようで、ご近所の気持ちなど気にかける様子もない。これはストリート志向の人間に顕著な特徴である。

近所に住む良識派は、ディケンズに立ち向かうのを怖がっている。ディケンズやその仲間たちといざこざを起こすことを恐れているのだ。彼らの目に映るディケンズは、力のある者が正しいのだと信じ、気に入らない人間は痛い目に遭わせようとするような人間だ。その上、近所の人々は、ディケンズはクラックのディーラーではないかと疑っている。彼らがこれを確かめることは不可能なのだが、いずれにしろ中にはそう確信している人々がいる。それに彼の家の周りで起こっていることを見ていれば、この結論の正しさがわかるというものだ。昼も夜もあらゆる時間に人の出入りがある。多くの場合、訪問者は車のエンジンを切らずに家に駆け込んでいき、すぐに出てきて車で走り去っていく。勿論、ディケンズの子供たちはこういった人々の動向の多くを目にしている。時々、子供たちが外に出され、ポーチに立たされているところを見掛けるが、おそらくその間に家の中では取引が進行しているのであろう。この子供たちが、実例から学んでいるものは、タフで自己本位な振る舞いをよしとする価値観である。つまり、騒がしく、荒々しく、誇らしげに無礼な態度を取り、作法をわきまえない、要するにストリートの行動規範を学んでいるのだ。

もう一つの例として、マクシーンの家族を見てみよう。良識派の家々がなんとか多数派を保ってきたある街区に、一軒、しばらく空き家のままになっている家があった。ある日、別のところに住む家主がやってきて簡単な補修を始め、ポーチの手すりにペンキを塗り、ごみ袋を運び出していった。それから少しして、今度は大柄で茶色の肌をした女性が裏庭を掃く姿が見掛けられた。彼女がマクシーンである。その傍らには、彼女に手を貸すがっしりした中年の黒人男性の姿もあった。この区画の住人たちの視線が注がれる。この家は売られたのだろうか。家主が新しい借り主を見つけたのだろうか。それはどんな人々なのだろうか。そしてついに引越しの日になった。マクシーンとその友人が、六人の子供を連れてこの街区に現れた。乗り付けられた古いブルーの小型トラックには、ベッドにテーブル、ランプ、それに中身がぎっしり詰まった黒いビニール袋の数々など、古ぼけた家具類がどっさり積み込まれていた。近所の人々は不安そうに、トラックから荷が降ろされ、家の中に運び込まれるのを見守った。

引越しの後、最初にこの街区に存在感を示したのはマクシーンの子供たちだった。子供たちは誰の監督も受けずに、一日のほとんどを表で騒がしく遊んで過ごしていた。しかし、まもなくもっと大きな問題が起こった。中年の男性がこの家に引っ越してきたらしいのだが、マクシーンとこの男の関係は不明だった。この引越しがあってから、昼夜問わずいろいろな時間に人の出入りが続くことに周りの人々は気づき始めた。それに、家の正面のポーチや歩道、ストリートで、何やらやり取りが行われていた。住人たちはこの取引が何であるか正確には知らなかったが、近所の人々はドラッグが関連しているのは確かだと思った。ここで起こっている全てのことが、それに合致しているように思われたからである。その上、夜になると、マクシーンの家から一番近くに住んでいる人々は、突然大騒ぎが始まったり子供たちが金切り声をあげたりするのを耳にすることもあった。間違いなく、この街区は以前ほど平穏ではなくなってしまった。そして以前よりも汚くなった。ごみ収集日には、マクシーンの家から出されるごみがきちんと収納されていないことがたびたびあった。ごみの一部は地面に落ち、そのまま放置されて風に舞った。また時々、マクシーンと子供たちは、食べ終わって空になったお菓子の袋や、飲み終わったソーダのボトルをそのままポーチから投げ放り、辺りを散らかした。これを見た近所の人々は、ますます動揺した。

しかしその何より人々を動揺させたのは、明らかにマクシーンの家の中で行われているドラッグ取引だった。そして五月のある土曜日の午後一時頃、ついに事態は山場を迎えた。この穏やかな春の日の午後、この街区の平穏を破ったのは一人の若い男だった。彼は泣き叫びながら、マクシーンの家の正面玄関のドアをバンバン叩いた。辺りには用事があって外に出ている住人数名と、小さな子供たちが遊び、三輪車や自転車に乗って通りを行き来する姿があった。「ヤクをよこせ、このあま！　俺のヤクをどこにやった？」若い男はこう叫びながらドアを叩いた。表に出ていた隣人たちはマクシーンの家に目を遣った。この騒ぎを聞き、状況を見抜いた一人の女性が駆け出してきて、マクシーンの家の前で三輪車に乗っていた幼い娘を連れ去っていった。突如、オンボロで窓のない茶色のワゴン車が、すごいスピードで角を曲がってきて、マクシーンの家の前でキキーッと音を立てて止まった。二人の若い黒人の男たちが車から飛び出して、マクシーンの家の表玄関のドアに向かい、ノックもせずに家に入っていった。まるで今さっき騒いでいた若い男と取引をするために呼ばれてやって来たかのようだった。しかし二人の男は家の中に消えたと思ったらすぐにまた現れ、走り出してくると、近くの木々や車の後ろに屈んで身を隠した。明らかに、彼らは何かが飛んできてぶつかることを恐れていた。あるいは銃で撃たれることを恐れていたのかもしれない。このときまでには、この大騒動を聞き付けた人々が、小さな人だかりを作っていた。やがて警察が呼ばれてやって来た。警察は、乗ってきたヴァンを茶色のワゴン車の近くの路上に止めると、表玄関のドアへと進んで行った。警察官たちは中に入って行き、数分後には最初に騒いでいた若い男と一緒に現れ、彼を警察のヴァンに乗せた。この時点でこの男は叫び声を上げ始め、マクシーンに向かってわめいた。「覚えていろよ、このあま！　このままで済むと思うなよ。覚えていやがれ」。彼は叫んだ。「俺が出てきたらすぐに、お前をやっつけてやる！」警察のヴァンは走り去って行き、近所の人々が最も恐れていたことが現実となっていた。かつて閑静だったこの街区に、マクシーンがストリート流のライフスタイルを築いたのだ。

ストリート志向の女性たちは、母としての務めをさぼりがちだ。最も無責任な女性たちが、地元のバーやクラックハウスにいるところを見掛けることがある。彼女たちはここでハイになり、他の大人たちとの交際にうつつを抜かしている。子育てを放棄するクラック中毒者の話は、ドラッグが蔓延したインナーシティのコミュニティではありふれたものになった。典型的なケースでは、捨てられた子供を発見するのは近所の人か親戚である。子供たちはたいてい、お腹をすかせ、母親の不在に取り乱した状態で見つかる。その後も母親のいない状態が繰り返されると、友人か親戚、特に祖母が助けに入り、子供の世話をすることが多い。このとき、母親が生活保護を受給している場合には、子供の保護者として自分が代わりに受取人になれるよう当局に申請することもある。しかしその頃までには、子供たちは、ストリートの最初の教訓を胸に刻んでいることだろう。生存できること、まして尊重されることは当たり前のことではないのだ。この世界に自分の居場所を求めて闘わなければならないのである。場合によっては、子供たちは自力で生きていく術を学ばなければならず、食べ物やお金を手に入れるために、どんなことでもするようになる。時には、子供たちがドラッグ・ディーラーに雇われることもある。また、子供自身が中毒になることもある(第三章を参照のこと)。

ストリートに生きる子供たちは、ほとんど誰の監督も受けずに育ち、「無情な性格に育つ」と言われている。周りにいる怒りっぽい大人たちを役割モデルに、子供たちはたいてい、早いうちから喧嘩することを覚えていく。ストリート志向の家庭は、怒りの感情や言葉の上での争いや身体的な攻撃で満たされ、さらには制御を失った混乱状態に陥っていることもある。この状況の被害者にされる子供たちは、自分に逆らう者には攻撃を仕掛けることを早々に覚える。

マクシーンやジョー・ディケンズらが示している一連の全般的な文化的障害――社会的な洗練や、礼儀正しい立ち振る舞いの規範に従おうという心掛けが根本的に欠けている状態――を、良識派を名乗る人々は「無知」と呼ぶ。良識派は、無知こそが、比較的つまらない社会的違反行為を雪だるま式に深刻な争いへと発展させてしまう、暴力的気質の背後にあるものだと見ている。そして良識派の信じるところでは、ストリート志向の者たちは、言い争いが起こるとほぼどんな場合でも、すぐに暴力に訴えるものなのである。

概して礼儀正しく、社会的意識が高く、独立独行の精神を持つ良識派の男女は、近所の通りなどの公共の場所を、ストリートと結び付いている人々、つまり周囲への配慮に欠け、無知で、自暴自棄になっている人々と共有している。この事実により、「善良な」人々の方が、特別な危険に晒されている。こうしたコミュニティに生き、生活していくためには、良識派はストリートの現実に順応しなければならない。ストリート社会の現実を支配しているのは、たいてい、最も控えめな言い方をしても、何らかのことで非常に苦しんでいる人々であり、こういう人々は、言い争いを解決するためにすぐに暴力に訴える傾向にある。これに順応するプロセスとは、ストリートを支配しているコードを学び、それを守っていくことを意味する。良識派の人々は、ストリート志向と思われる部分のある人に対しては、そしてとりわけそれが見知らぬ人である場合は、簡単に譲歩することがある。映画館などの公共の場所でこういった人々に出くわしたとき、大声で話し、度を超えた騒音を立てていたとしても、それを指摘して正そうとはしたがらない。酷い言葉で罵られた揚句、暴力に繋がる可能性を恐れているのである。これと同じように、駐車スペースや交通違反

嫌がらせを続けてきて、このたび、ついに上手くいったんだからな。それでも私はこれだけしか言わなかった。「いいですか。これはあなたが首を突っ込むことじゃない。このことで、私からあなたにお話しすることは何もありませんよ。あなたに嫌な思いをさせたくないからね。あなたに失礼なことは言いたくない。あなたのほうが年上ですからね。嫌なことは一切起こって欲しくないんだ。お宅の娘さんや息子さんとも問題を起こしたくないんですよ」。すると、ポーチにいた息子が敵対的な態度を見せた。「母さんに何を言っているんだ」。私は答えた。「私は何も言っとらんよ。侮辱的な言葉も使ってない。声も荒げてない。失礼な態度も取っていない。まあ、君のお母さんは、私に大変失礼だったと思うがね」。私がこう言うと、彼は手すりから飛び降りて、家の中に入っていくじゃないか。私は何も起こって欲しくなかった。彼は急に立ち上がって、家の中に入ってしまったよ。さて、彼は何度も人に銃を向けたことがある人間だ。だから私は彼が銃を持って現れるんじゃないかと思っていたんだが、そうはならなかった。彼はもう家から出て来なかったな。それからは――これがあったのは一年前のことだが――まあ落ち着いたよ。私たちはまたちょっと話をするようになった。ご近所と喧嘩をするのは嫌なものだからね。

ドンが説明してくれたように、相手に対する尊敬の念、敬意は、コミュニティではとても大事な問題である。ある男性または女性が、自分に対して然るべき敬意を払われていない、と判断したら、トラブルが発生することがある。このケースでは、ドンに借金をした男性が、お金を返さなかった。そこで彼の姉が介入してきた。借りたお金を返さない弟がドンを蔑ろにしているものと見られてしまう可能性を、よくよく承知したうえでのことだったかもしれない。それからポーチで、ドンの母親に不適切な接し方をしていると思ったこの男性は、ドンに「敵対的態度を取った」のだが、事態は沈静化し、暴力は回避された。一方で、ドンはいまだにお金が返ってくるのを待っている。彼は、お金を借りた男が自分から進んで返してくれるのを待つつもりだ。彼がこういう姿勢になるのは、主として、この人物が暴力的な――ストリート流の――行動を取る可能性があり、ドンはこの男に、暴力で応えなければならないほど不当な扱いを受けた、と言わせる口実を与えたくないからである。さしあたり、借金を返してもらう「代償」は高すぎるものになるだろうとドンは思っている。

　インナーシティ・コミュニティの経済状態は、実際はなかなか多様である。かなり暮らし向きの良い人々も大勢いる一方で、非常に貧しいながら良識的な人々もいる。さらには、完膚無きまでに深く傷つけられ、疎外感を味わい、怒りの感情に翻弄されている人々もいる。このような社会環境の中で、良識派の家族が傷を負わされず、安全に暮らしていくためには、舵取りを誤らずに難所を上手く切り抜けていかなければならない。こうした状況から良識派の家族が抱える大きなジレンマが生まれている。良識派の家族は、ストリートの困難を切り抜けていかなければならないにしても、子供たちを良識派のままでいられるように育てようとしている。こうした親たちは、子供たちに、教育、仕事、そして将来というものに高い価値を見出して欲しいと思っている。しかし同時に親たちは、子供たちが分相応に尊敬され、それに伴う敬意を払われるようにと――そして侮辱されたり、攻撃されたり、銃撃の的にされたりすることがないようにと――願っているのだ。

イヴェットの経験談

イヴェットは、ドラッグが蔓延する地区の良識派の家庭に育った若い女性である。両親は、公的環境から彼女を徹底して保護し、行くべきところがある場合以外は、イヴェットがストリートに出ることを禁じたほどだった。この家族自体もワーキングプア層に属していたが、その複合家族は極めて貧しく、良識派の人々が、ストリート社会と結び付けている特徴の多くを呈していた。そのためイヴェットの両親は、本人の親戚たちからイヴェットを守ろうとした。両親の努力は、極端だったとはいえ、功を奏したようである。今ではイヴェットは、医者になるという将来設計をもった優秀な大学生だ。イヴェットの経験談は、これまでのところで出された多くの論点を、はっきりした形で見せてくれる。

私は今二十歳です。これまでずっとノースフィラデルフィア――二十五番通りとジラード通りが交差するところ――に暮らしてきました。ここは相当荒れた地区です。私の子供時代には、この辺りも今ほど犯罪だらけではなかったんですけれども。私が小さかった頃は、むしろ良識派の地区だったと言えると思います。私の家のある街区には年配の人たちがたくさん住んでいるんです。だから私の周りには〔良識派の〕価値観の持ち主がたくさんいたんですよ。だって、その人たちはちゃんと自分の家にいてくれましたから。ポーチに座っていることも多かったし。今ではすっかり様子が変わってしまいましたが。この街区には、私の遊び相手になるような人たちはあまりいませんでした。ここには子供があまりいなかったし、それに私は、母にほとんどいつも家の中に閉じ込められているような状態でして。良くない連中とでも言うか、そういう人たちと私を一緒にしたくなかったんですね。

私は、ヴァリー・キリスト教学校という、私立の学校に行っていました。母は私をこの学校に入れようと一生懸命だったのですが、彼女がそうしたかったのは、私が公立の学校に行かなくてすむようにするためです。母は、公立の学校にいるのは悪い連中ばかりだと思っていて、私を一緒にしたくないと思っていました。そこで私はそちらの学校に通ったんです。そのときからです。私の家族全体が、「さあこれは問題だ。イヴェットは私立の学校に行くことになったから、自分が誰より立派だと思うようになるぞ」と考えるようになりました。いとこたちは公立の学校に行っていて、トラブルを起こし、停学処分を受けたりしていました。私はそうはなりませんでした。私立の、キリスト教系の学校に行っていましたから。それに私は何も言わなくてもよかったんです。ただ私が私立の学校に行っているというだけで、私の家族——おじやおばたちは、私に何やら異変が生じている、と確信してしまったのです。私はコミュニティにはあまり友達がいませんでした。さっき言ったように、母が私を家の中に閉じ込めていたもので。私は学校から帰ると机に向かいました。勉強が終わると、十分位電話の時間があって、テレビをちょっとだけ見て、そうするともう寝る時間でした。これが私の日課でした。あまり外出することはありませんでしたね。

家族のほとんどの人たちは福祉に頼って暮らしていまして——生活保護の受給者なんですよ。仕事のある人たちは——おじは配送会社のUPSに勤めています。別のおじは、どこだかの工場勤務です。それに用務員やメンテナンスの仕事をしている家族もいて——要するに、みんな低熟練の仕事に就いています。私の家族では教育は全く重視されていません。ほとんどの人間は高校さえ出ていません。私の母はわずかな例外の一人ですけど。母方の親戚で高校を卒業しているのは母だけです。

母は五十五歳で、今は持ち家に住んでいます。だけど家を買うときですら、ひと騒動でした。あのときは、母も家族の批判の的になりました。私の家族の人間は、私だけじゃなく母も、私たち二人とも裏切り者だと思っています。私の母はホワイトカラーの仕事に就いているものですから。母の仕事はただの事務員で、そんなに高級な仕事ではありませんけれど、家族の他の人たちは、自分たちがやっていることと比べて、感じてしまうのです——自分たちはブルーカラーで、母はホワイトカラーだから、違う種類の仕事だと感じてしまうんですね。ホワイトカラーの仕事には、違う敬意が伴う。家族の人たちは、母がホワイトカラーだから、母が自分たちから距離を置こうとしているとでも思っているのです。どう説明したらいいのかいい言葉が見つかりませんけど。それで、母が家を買おうとしたときのことですが——家族の人は誰一人、自分の家なんか持っていません。それで、「ほらね、まただよ。あの人は自分のほうが私たちより偉いと思っているんだ」と言われてしまった。母がちゃんと生活しているっていうだけで、自分の人生でちゃんと何か達成しているっていうだけで、家族の他の人たちは、不都合を感じるんです。

私がすごくよく覚えているのは、おばの一人のことです。このおばは私のあらさがしをして、本当にどっちでもいいようなことで、私を非難しようとして——普通の子供なら誰でもやりそうなことを、おばは大袈裟に言い立てたものです。それで、おばと私の母が本当につまらないことで喧嘩していたんです。今彼女たちは当時を振り返って「喧嘩の原因は何だったのかしら？　何がいけなかったんだろうね？」と思っているようですが、何ていう言い草でしょう。教会でも私たち家族のことは噂になっています。敵意というものはいろんな形で現れるものですよね。このおばは、ほぼ十年間、福祉のお世話になっていたんです。今、彼女はダウンタウンでメンテナンスの仕事をしています。彼女には子供が三人いて結婚していますが、夫は他界しました。今は、まあ裕福とも言えるんです。おじにいくつか保険を掛けていたもので。だから、今はお金持ちなんですよ。ただお金をたくさん手に入れたところで、価値観は変わっていませんけれどもね。相変わらず、以前と同じ敵意を私と母に対して持ち続けていますよ。彼女は六年生までしか学校に行っていないんです。だから私が大学に行くのが気に入らないんですよ。「何でそんなことをするのよ？　私より偉くなろうっていうわけ？」などと言ってきます。そして目下、彼女は、仕事があるということ、時給十二ドルのメンテナンスの仕事——これはとても良い仕事と言えます——に就いているということ、それに保険金を受け取ったということを笠に着て、私に言うんです。「まあ、あんたは私より自分のほうが上だって思っているかもしれないわ。大学に行っていて、学位を取ろうしていて、医者なろうとしているからってね。だけど違うわよ。あんたなんか、全然大したことない」。これが日々現れてくるメンタリティです。皆がそういうことを言っているのをよく耳にするし、こういう陰口は後を絶ちません。

この夏、事件がありました。私はこのおばの二人の子供の数学と科学を家で見てやっていたんです。落第しかけていたから、助けてあげたいと思って。一人はサイモン・グラーツ高校に行っていて、もう一人はジェイムズ中学の生徒です。私は子供たちを助けてやりたかったんです。ある日、母がいないときに、おばが私を捕まえて「ちょっとイヴェット、あんたは本当に嫌な人間ね」だとか言うんです。私は、「わからないわ。私が何かした？」と答えたと思います。すると今度は「わざわざここにやってきてさ。あんたは他の誰より自分が偉いと思ってるんだからね。くどくど」なんて言う。そうやってただ、滔々とまくしたて続けるのです。だけど、それで私がわかったことはただ——私は何も悪くないってことなのですけどね。私は子供たちを助けてやろうとしたのに、おばは、私が自分の子供たちを助けてやろうとするのを見て、私が自分はおばよりも偉いと思っているんだと感じたわけです。それは曲解というものです。考え違いも甚だしいわ。だから私はこのおばとはもうあまり話しません。もううんざりだわ。私は救いの手を差し伸べようとしたのに、どうも間違って解釈されてしまうみたいですから。

他のおばたちもみんな同じように感じています。このおばほど激しい感情ではないようですが。いとこたちだって同じです。いとこたちが、私をやっつけてやるんだって脅してきたこともありました。ただ［その子たちが言うには］私が自分のほうがいとこたちより偉いと思っているから、っていう理由で。いとこたちは私よりも年上なんですよ。今、一人は二十六歳で、一人は二十三歳なのですけど、そのときはみんな学校に行っていて――いとこたちが高校生で、私は中学生で――そして二人は中退したんです。いつものことですよ。だってうちの家族じゃ誰も教育なんて大事にしませんから。でも私はまだ学校を続けていました。そうしたらこんなふうに言ってきました。「あんたをやっつけてやりたいわ。あんたってほんとガリ勉だから」。こんなことばかり言われていたんです。私が勉強ばかりで、学校に行っているからって。私は良い成績を取ろうと頑張っています。私は十四歳のときまで、ベビーシッターを付けられていたんですよ。おばたちが私のベビーシッターだったのですけれど。だからいとこたちは、私が自分の家にやってきて勉強するのを見ていたわけですね。このときですよ。いとこたちが、私のことをガリ勉だと言って、私が勉強することにすごく腹を立てていたのは。自分たちは学校を中退していますから、これといって先の展望もない。そこに私が来て勉強しているんですからね。その子たちから見れば、私は敵なんですよね。

私の母は、私に自由に遊びに行くことを禁じていました。私の宗教もです。私には、人生の目標というものがある。誰にも邪魔はさせません。これが、道を失わないための唯一の方法です。私には目標がありますから、そうするんです。人は私をくじけさせようとしてくるけど。私は言われていますから――母に言われているんです。人はいろんな悪い考えを巡らして、私の邪魔をしようとするだろうって。だけど私は前に進まなきゃいけないって。そのことだけなんです。私にあるのはそれだけ。私の家族は、ちっとも支えになんかなりません。

もう一つ、私が他の人たちと違っていることは、私が一人っ子だったことです。私には兄弟も姉妹もいません。いとこたちは、何人もいるうちの――五人きょうだいや六人きょうだいのうちの――一人。うちは私だけです。私に全部の注意が向けられている。私の生物学上の父は――私は父を知りませんでした。父はふらふらしっ放しだったと聞かされています。私には、別の女性が生んだ兄弟姉妹がいるんですが、見たこともありません。両親は、私が生まれて二、三ヵ月のときに離婚したんですけどね。母は、父親役がいないところで私が育っていくのを嫌がって、それで――ちょっと変に聞こえると思いますが――私のおじの一人にとっても良い人がいて、母はこのおじに私のために父親役になってくれないかと声を掛けて、来て貰ったんです。私は十三か十四歳になる頃まで、この人が自分の父親じゃないなんて、全然知りませんでした。このことは秘密にされていたんですね。二人は同じ家に住んでいて——寝室は別でしたし、何かと不自然なことはあったのでしょうが、そんなこと私は気にも留めませんでした。私の知る限り、私には母がいて、父がいて、うちは幸せな家族だったんです。そして私は私立の学校に行っていました。ね、とても素敵な家族でしょう？　私は本当に知らなかったわ。とっても素敵ないとこの一人がぶち壊そうとするまでは。いとこたちはこんなふうに言ってきました。「イヴェット、あの人はあんたの父さんじゃないって知ってるよね。あれはあんたのおじさん。あんたに父さんはいないの」。いとこたちのやり方がとても意地悪だったから、私はもう本当に気が動転してしまったんです。母も動揺していました。私の父、実はおじだった私の父の動揺ぶりは大変なものでした。このことがあったので、その後一年程の間、私の家族はお互いに敵意を持つようなことが多くなってしまいました。喧嘩して、言い合いをして。だけど、私には二人が揃った状態のこの土台が必要だったのだと思います。お陰で十三歳になるまでには、私には人生の目標が出来ていました。私は医者になろうと決めて、学校ではオールAを目指して頑張りました。そのときにはもう、しっかり方向が定まっていたんです。もし二人揃っていてくれなかったら、私はその段階にまで達していなかっただろうと思います。

それに私の父は、私が大事なことに気づくのを助けてくれた一人でした。「イヴェット、お前は頑張って何かちゃんとしたことをしないといけないよ。いとこたちを見てごらん。何にもしてないあの子たちを」と言って。父はいとこたちが私を発奮させる一つの材料になればいいと思っていたんですね。本当のことがわかった後も、私がこの人を父だと思わなくなることはありませんでした。何しろ遅すぎました。彼は本当にたくさんのことをしてくれたし、ずっと傍にいてくれた。彼はいつだって私のお父さんでした。彼は四年ほど前に亡くなったのですが、彼の死亡記事にだって、私は彼の娘として載っていますよ。だってそれが私なのですから。それに彼の友人たちもみんな、私を彼の娘だと認めてくれています。ただね、私の素敵な家族は、あのときの敵意と一緒に消えてしまいました。私のおばの一人には子供が三人いるんですが——私に一番強い敵意を持っているあのおばのことなのですけど——このおばの夫はアルコール中毒で、ほとんど家に寄り付きませんでした。だから、この子たちには父親はいたけど、名ばかりの父親だったのです。おばが赤ちゃんを生むたびに、この男はこれは自分の子じゃない、と言いたがりました。どうしたって自分の子なのに。だって、みんな彼にそっくりなんですよ。彼はいつもいつも酔っ払っていました。だから彼はまさしく名ばかりの父親だったんです——私の父と違って、子供のために時間を割くことも、一生懸命何かしてやるっていうこともなかった。私に言わせれば、彼は［まさに］精子の提供者だわ。私は彼のことをそう思っているんです。私の生物学上の父親のことも同じように思っています。私にとって、そういう人間は父親ではありません。思うに――そのうえ、私の家族では父親の印象は希薄です。責任感というものが、そこには全く伴っていない。女たちにほとんど任せてしまいますから。だから、いとこたちは嫉妬していたのでしょうね。私には、現に学費を払って私をあの学校にやってくれて、現に毎日学校に迎えに来てくれて、宿題を手伝ってくれる人がいるということに。いとこたちにはそういう人の存在はなかったのですから。

　私の住んでいる地区では、上の世代だと、母、父、子供と揃っていることが多いのですが、もっと若い世代になるとそういうわけにはいかなくて、母親が全て背負い込むようになっているのを見掛けます。自分の子を社会でちゃんと生きていけるように育てたいと思ったら、母親は自分が本当に強くならなきゃだめです。一人で頑張るのは、本当に大変なことですよ。私の住んでいる街区では、今もうみんな［年齢が］六十代や七十代になっています。住民の入れ替わりはありますが、概してこの街区には若い人はいません。四十代から七十代の人ばかりです。私の家から通りを隔てたところに、セクション・エイト［と呼ばれる政府助成金を受けている］住宅があります。そこに入っているのは、さらに低い階級の、生活保護を受けている母子家庭です。母親たちは自分の子を全くコントロールできないんですよ。赤ちゃんみたいな子たちが、ストリートをうろうろしている。まだ小さな、幼い子たちです。もっと目を配ってやらなきゃならないのに。母親たちは家の中でぶらぶらしています。電話で話したりだとか、だらだら過ごしているんです。車が絶えずここを通って行くのも見掛けますね。車から男たちが出てきて、家にちょっと寄っていくんです。パンパースの袋をぽんと渡して、帰ってしまいます。私にはこれが生産的なことだとは思えませんが。これでも、うちの街区やジャーマンアベニュー近辺で目にする、良識派の行動に一番近いことですよ。彼らはこんな調子なんです。「ほら、パンパースを持ってきてやったぞ。どうだ？　これで何とかしろよ」。子供のことはどうでもいいのでしょうか？　子供たちは父親を必要としている。母親を必要としているのに。母親は目を配ってやることすらしないんですから。全く不当なことだわ。私はこれには本当に憤りを感じるんです。

　私の母は強い人です。ユーモアのセンスはあるけど、生きることに関しては真剣です。目標を持って生きなければならない、そうでなければ先行きは暗いと信じています。母にも悲惨な過去がありました。母の父という人も、やはりアルコール中毒でした。母の母には子供が八人いたのですけど、実質的には子供はみんな彼女一人で育てたようなものでした。私の祖父が亡くなって、子供たちと一緒に残されてしまったので。祖父は生きている間も、いつも飲んだくれていました。そして、私の母は十歳のときに、母親を失いました。祖母が階段から落ちて亡くなってしまったので。こうして八人の子供たちは、子供だけで残されてしまいました。子供たちはばらばらにされて、おばだとか、おじだとかに引き取られ、それぞれ別のところで育てられました。辛い経験をした母は、「よし、私の娘にはこんな思いはさせないわ」と誓ったのです。これが、母が私に話してくれたことです。それで、私の生物学上の父がろくな人間ではないとわかったとき、母は「それなら、この子のためにどうにかしっかりした環境を作ってやらなきゃならない。この子には私と同じ苦労をさせたくないもの」と決意したんです。だから、母は私にいつだってまず何より、ちゃんとした価値観を教え込もうとしていました。「目標を持たなきゃだめよ」といつも言われました。こうして私は目標を持つことができたし、ちゃんとした価値観も身に付けたし、しっかりした家族の中で育てて貰えた。今ここまで来られたのは、そのお陰です。

今でも母は、自分の目標に向かって進んでいます。母は、ここまでやったらもう満足だと感じることはありません。母は今、白人ばかりの部署で働いているのですが、この部署では、差別がすごいんです。母は、毎日毎日仕事に行って、これにじっと耐えているのですから、本当に強い人ですよ。これは彼女にとってはまさに闘いなんだと思います。母は家に帰って来ると、絶えずこのことを話していますからね。母に何かできることがあるでしょうか。母はひたすら辛抱強く頑張っている。私はそのことでは母をただ尊敬するばかりです。だって、母は本当に大変なことをしているのですから。

母は他の家族の人たちとは基本的に——原因は双方にあるのですが、基本的には、お互いに関係を絶ってしまっています。母は孤立してしまっていると言えるでしょうね。母は自分の姉妹のうちの一人とは話をしているのですが。七人いる他の兄弟姉妹の中で、母が話すのは姉妹の中の一人とだけです。うちの家族はお互いに強い敵意を持っていますので。母が自分の他の兄弟姉妹のことを耳にするときは、いつも母のおばを通じてです。こういう状態なので、私たちが集まったりすることはあまりありません。母はこれをよしとしてきたんです。母は家族の他の人たちのことで落ち込んだりしません。そういうことから逃れるための一番いい方法は、すっぱり関係を絶ってしまうこと。これを母はまさに実行したんですね。私は他のみんなみたいな複合家族に憧れているから、本当はちょっと悲しいですけれど。だけど無理なんです。うちは嫉妬心や敵意だらけですから。私たちが集まれば、必ず誰かが何か嫌なことを言い出す。私たち［イヴェット本人とその母親］はお互いに支え合っています。神様との強い繋がりもあります。神が私たちを支えてくださっているのです。何と言ったらよいのか——心の中にあるものなのです。私たちには支えになってくれるものが、あまりありません。ほんとにないのです。そういうものはここにはありません。

私の母はこの街区の住民の中では、若い方に入ります。ここの人たちの年齢層は四十代から七十代で、母は五十五ですから。私たちは、通りを隔てたあちら側で起こっていることと闘おうとしているけれど、あまり上手くいっているとは言えません。生活保護を受けている母親たちについては——一つの家の中に八人の母親とその子供たちがみんなで住んでいるような状態ですが——どんな家なのか私にはわからないんです。ベッドルームは四つ程あるのでしょうか。少なくとも、ここが市営住宅ということは確かです。ここの通りには政治家が住んでいますからね。この女性ならここがどんな種類の住宅で、住人が何をしている人たちなのか、正確に知っているはずですよ。もしかすると、子供がいるホームレスの女性たちかもしれない。生活保護を受け取り、お金を貯めて、ここを出て自分で家を見つけるなり何なりするということなのでしょう。だけどここにみんな集まっているし、それも大人数になっています。それに彼女たちの見せる一定のタイプの行動は、本当に無茶苦茶なんです。この街区の住民として私たちが懸念しているのは、基本的には子供たちのことなんです。子供たちに全く注意が向けられていないんですからね。

私のいる地区にドラッグが蔓延していることは、疑いようもありません。それに暴力も。誰かが撃たれる場面を見たことはないですけど、私はいつも、何かことが起こった直後の現場に居合わせるみたいです。去年の夏、私が住んでいる街区の角のところで、若い男の子が三人、殺されたばかりです。三人ともドラッグ・ディーラーで、ドラッグの縄張り争いだか何だかがありました。盗難もよくあって——クラック喫煙者たちが、我が家のポーチにセメントでくっ付けられていた植木鉢を持っていってしまったこともありました。何だってこんなことをしたのか私にはわからないけど、とにかく盗まれたんです。止まっている車があると、二、三日のうちに消えてしまいます。もう四台も盗まれているんです。滅茶苦茶でしょう。車ごと盗むことができなければ、ボンネットを開けて、バッテリーを持っていってしまいます。何かを盗っていくんです。何でもかんでも盗まれてしまう。それに強盗もあります。喧嘩になることはそんなに多くないんです。自分が撃たれるか、何か盗まれるか、どっちかです。基本的にはこの二つに一つですね。

母は我が家の防備を固めているんです。表口にも裏口にも鉄製のドアを取り付けました。窓はスチール製にして、鉄格子がはめてあります。私たちの家はまるで小さな監獄ですよ。母はこれを防犯設備だと言いますけど。彼女はここを出て、引っ越したいとは思っていません。そのつもりになれば出て行くこともできるけれど、そうしたくないんです。自分のコミュニティにとどまりたいのです。彼女は負けずに闘ってみようと思っているのです。近所の人たちもみんな同じ気持ちです。ここのみんなも負けずに闘いたいと思っています。自分のものを守りたいのです。これは難しい闘いになるでしょうね。現時点では、こちら側が勝つようには見えないけれど、ここから出て行って自分のものからから離れたくはないのです。

以前は、ここはもっと平和でした。福祉住宅［セクション・エイト］の問題が出てきたのは三年くらい前のことで、毎年毎年、別の女性たちが入ってきます。女性たちがここに住むのは一年限りで、次にはまた新しい人たちが入って来る。彼女たちはお金を貯めて生活を立て直すのに一定の時間を与えられていて、それを過ぎると出されてしまう。この街区はもともと大して良いところでもないのですが、この住宅がまた一つ問題を加えている。この他にも、ドラッグのこともありますし——私たちの地区は問題だらけです。

私の育った環境は、どちらかと言うと厳しかったと思います。私の母も父も、私にずっと家の中で過ごすように言っていましたからね。私は同じ街区には友達がいなくて。そんなふうに私はとても厳しい環境で育てられていたんです。ある面では私は、普通じゃない、と見られていたかもしれません。私は外に遊びに出ることを許されていなかったから。私に許された唯一の遊ぶ時間は、学校にいる間だけで、運動場などでは遊びました。両親は、私が誰と友達になるか、厳しく監視していました。私の友達は、通っていた私立の学校にいた人たちでした。白人の友達もいたし、アジア系の友達もいたし。どんな人とでも友達になりました。黒人の友達だけじゃなくて。当時、カルヴァー・ストリートなど、近くのストリートから他の子たちが私を誘いに来てくれました。「遊べる?」と言って。私の家族はみんな同じ地域に住んでいましたので。それで、いとこたちや、友達が誘いに来ても——「イヴェット、出て来られる?」「だめなの」。こんなやり取りをして、私は家から出ませんでした。こんなふうに、私はガリ勉になるように育てられていたのだと思います。私のおばが私のベビーシッターになって、私の面倒を見てくれるようになるまで、こんな状態が続きました。それから私は少しだけ自由になりました。けれどルールがあって、ポーチから離れてはいけない、と決められていました。外に出るのはいいけど、ポーチから離れるのはだめ。ポーチの階段に座ったりだとかはしてもいいことになっていました。自分の家にいるときは、私は家の中で過ごしていました。このおばの子供たちが、私をやっつけてやる、と脅してきた子たちです。こうしておばは私をしばらく見ていてくれたけど、そのうちおばもいとこたちも私を妬むようになったんです。だから私はもうそこにはいられなくなってしまいました。

けど、私は完璧に保護されていたわけではありません。高校に行くときには、この守られた環境から放り出されました。私が行ったのは、グラント工学科学高校——公立の特別教育課程設置校です。ここに行ったことは、私にとって転機でした。この学校には、六、七百人程の生徒がいました。他の公立高校に比べるとそんなに大きい学校とは言えませんが。黒人の生徒は六割程度でした。私は、全校生徒がおそらく二百人程度という学校に慣れていました——私がその前に通っていた学校はそれ位の規模だったんです。ここでも私はまた、ガリ勉と見られてしまいました。喧嘩を吹っ掛けられても、私にはどうしていいかわかりませんでした。私はあまりにも守られた環境にいましたから、そういう状況に面したことがなかったのです。それでたいてい、私は言葉でその場を切り抜けていました。「喧嘩する価値もないことだわ。これはくだらないことよ」というふうに言って。話をして喧嘩しないようにしたんです。他の子たちも私を放っておいてくれるようになりました。自分がくだらないと思うことでは、私は喧嘩する気が全然ないっていうことがわかったからです。もしこの子たちが私に手を上げたとしたら、もちろん、私はやり返していたでしょうね。叩かれたら叩き返せと教えられていますから。実際にはそのような状況には一度もなりませんでしたけれども。

母は私に、誰かが自分の邪魔をしようとしたら、負けずに闘いなさい、どかしてやりなさい、と言っていました。あなたには目標があるんでしょ、そこに辿り着かなきゃいけない、って。今でも母は私にそう言うんですよ。私が、「ああやだやだ、大学はどうしてこんなに大変なの。ストレスでどうにかなりそう」などと言えば、母は、

「あなたには目標があるんでしょ。それに向かって頑張りなさい」と返してくる。これで良かったと思うことは、私には、両親との間にコミュニケーションのラインが開かれていたということですね。これは、多くの人が持っていないものだと思います。私たちは何だって話し合っていました——母と、父と、私で。家族みんなで、話し合っていました。そしてこのことが私を本当に助けてくれました。本当に。自分一人の心の中に閉まっておくのではなく、ひたすら奮闘するのでもなく、私は両親に相談に乗って貰いました。両親は、その状況ではどうしたらいいか、私が方向を見つけられるように、手を貸してくれたんです。そうですね、私は嫌われ者で、みんな私のことをガリ勉で、お高くとまっていると思っています。どうかわからないけど、私は両親に相談していました。

私にも人数は多くないけれど友達がいました。みんながみんなガリ勉というわけでもなく、Aの成績を取る人ばかりでもありませんでした。だけど、私は仲間を見つけたんです。誰にでも自分にぴったりの居場所があると思います。新入生はいつだって一番辛い思いをするんです。自分はどこに属しているのか、そもそも果たしてどこかに属しているのか、わからないんですから。私の性格では、人に望まれたように自分を変えようとすることは、まずありません。だから、私にはぴったりの居場所はありませんでした。私の場合、自分の居場所を自分で作ったようなものです。少人数の私の友人た

ちは、私のような人間なんです。その人たちだけです。つまり、クラスではみんな私のことを知っていたけど、私が本当に友達と呼べるのは七、八人だけでした。友人たちのほとんどがウェスト・フィラデルフィアの出身で、私と同じような苦労を経験していて、だから共通の素地があったんですね。それにこの人たちは、私の支えにもなってくれました。私たちは、自分たちの置かれた状況だとか、いろんなことを、話し合っていましたから。そして私がもし学校で難しい状況に巻き込まれるようなことがあれば、この友人たちが助けに来てくれたんです。

私はいろんな問題にぶつかったけれど、どんなことでもとことん話して解決していました。私はコミュニケーションを重視する人間です。よくよくそう教え込まれてきたんです。親は子供の支えになってくれるものですが、親が助けてやれるのは、子供に何が起こっているのかわかっているときだけです。子供が自分だけで抱え込んでいたら、親は助けられない。このことでも私は恵まれていると思います。私に両親がいなかったら、私を支えてくれるものが一つ減ってしまうということですから。

イヴェットの話には、近所の人々ばかりか親戚の人々もストリート派に傾倒している中で、あまりに多くのストリート派の人々に囲まれながら一生懸命生きようとしている良識派の家族がぶつかる困難の数々が強調的に描かれている。十代の少女たちが、集団的喧嘩、個人的喧嘩に関わることがますます多くなっている。こういう少女たちは、ほとんどの場合、ストリートと繋がっている。少女たちの喧嘩は多くの点で、少年たちの喧嘩と大差がない。喧嘩の目的は、たいてい同じであり――敬意を勝ち取ること、自ら一定の基準を設定し、それを保っていく能力があると認められることである。この目的を達成するために、少女たちが、人目によく映ろうと自己演出したり、人を口汚く罵ったり、言い争いの解決手段としてすぐに暴力をふるったりなど、これまで広く若い男性の行動を連想させてきたような手段に訴える姿がよく見られる。しかし、少女にとって争点となるものは通常、少年のそれとは異なっている。縄張りやステイタスを巡って争うことは少女たちの間でもあるが、少女たちの言い争いは、主として、次のような問題から発生しているように思われる――すなわち、美しさの評価(ある集団の中で「一番魅力的」なのは誰か)、ボーイフレンドの取り合い、少女本人あるいは彼女に近い人たち――友人、兄弟姉妹、両親など――の振る舞いについての他人の知識や意見をコントロールしようとする試み、といったことが少女たちの喧嘩の種を作っているようである。イヴェットのケースに示されているように、嫉妬が問題になることも多い。窮乏状態が広がる中で生きている一部の若い人たちにとって、社会的に自分と同等であると想定されていた人間が上昇を果たすのを目の当たりにするのは、時に極めて辛い「経験」である。多くの貧しい若者たちの間では、他の誰かのステイタスの向上を窺わせるいかなる兆候も、脅威と受け取られ、懸念を呼ぶことがあるのだ。そこで、せめて「対等のままでいよう」とする闘いが起こるのである。

この文脈で、少女たちの揉め事の主要な原因になるのは、「あいつがこう言った、あの子がああ言った」という噂話、とりわけ人に汚名を着せるような陰口である。こうした行動は、学校に行き始めてまもなくの時期に現れ始め、高校生活まで続けられていく。これが実際に起こるのは、子供たち、特に少女たちが、他人について人前で話し、それによって他人にとっての個人的な「問題をおおっぴらに」したときに起こる。通常、まず一人の少女がグループ内の別の少女について何か侮蔑的なことを言う。このときこの発言は、ほとんどの場合人前で、そして「本人のいないところで」でなされる。こうした悪口はいずれ本人の耳に届く。悪口を言われた少女は自分で仕返しをするかもしれないし、その友達が彼女の「味方をして」やらなければと思うかもしれない。要するに、こうした形のグループ内で交わされる噂話の中で、個人について否定的な評価がなされるのである。噂話は往々にしてそうであるように、ここで話された事柄は真実であるかもしれないしそうでないかもしれないが、重要な点は、そのようにして咎められれば、その者の名前に傷がつくことがあるということだ。中傷された少女は、その謂れ無い非難に対して自己弁護しなければならず、その過程で論争や喧嘩に発展していくことがあるが、たいてい実質的な内容はほとんど争点にならない。ここでも再び、自尊心が問題になっているのがわかる。自尊心の低い若者は、軽蔑的な言動に対して非常に敏感になり、すぐに「侮辱された」と感じて傷つきやすくなっているのだ。

ストリート分子が公共空間を支配する力は相当なものなので、良識派の人々でさえ、余計なことに煩わされずに生き残っていくためには、ストリート派の倫理と折り合う姿勢を見せなければならない。その結果、ほとんどの良識派の親たちは、自分の子供に、もし相手が向かってきたら、とりわけ追い詰められたときには、やり返せと教えている。反撃せずにいるのは難しい。こういう場合、たいてい、自分のステイタスや自分に対する尊敬の念が危機に晒されているからである。そのため、マージの家族で、人との対決(「そういうこと」)は言葉で乗り切るべき、またはその場から立ち去るべきと教えているのは、かなり例外的と言える。とはいえ、多くの若い人たちはこのような方針も試し、最後の手段として喧嘩を始めるのである。暴力行為を犯した少年のための留置施設にいた十三歳の少女は、私にこう話してくれた。「人に干渉されるのが嫌だったら、闘わなくちゃ。話すだけで、いつもそういうことから逃れられるっていうわけじゃないんだから」。イヴェットのケースでは、母親は分別を持って自己防衛しなさいと教えていたが、本人は喧嘩には消極的だった。

上昇移動を果たそうと努力することは、自分のコミュニティに対して「無礼な」行為だと見られてしまう向きがあるため、良識派の人々、特に良識派の子供たちが上を目指したいと思えば、たいてい苦しい闘いを強いられる。実際、イヴェットの話が示しているように、ストリート志向の人々は、コミュニティの良識派が「裏切ったり」あるいは「白人のように振る舞ったり」しないように――つまりコミュニティを去って、社会経済的なステイタスがより高い人々のコミュニティに入っていくことがないように――取り締まろうと必死になっていることがあると言われても仕方がない。上昇指向の者たちに対するこのような報復が示すのは、インナーシティ・コミュニティで散見される深い疎外感であり、報復行為は時には暴力的な形を取ることもある。それゆえ、多くの住人たちは現状維持に向かうのであり、そこから抜きん出ようとする者たちには、通常、克服すべき多数の障害がたくさん待ち構えているのである。

イヴェットの両親は娘をストリートに晒すまいと必死になっていたが、この両親の努力は、この力学の作用をはっきり示すものである。彼女の話は、インナーシティに住む良識派がストリートに対して抱いている一般感情を表している。つまり、ストリートは危険で魅力的なので――一つ間違えればどこまでも転落していくことになる。よって子供たち、特に感じ易い年頃の子供たちをストリートから守ってやる必要があるのだ。しかし、次の章で紹介するタイリーの経験談で示唆されるように、特に若い男性にとっては、ストリートとの接触、関わりを回避することなど、ほぼ不可能に近いのである。

や台本を試して演じてみる。このとき子供たちは、自分の才能やこれまで受けてきた社会化教育が試される過程の中にいる。この過程には、少なからずの運——幸運であれ悪運であれ——が関わってくるかもしれない。子供たちは、この変化の激しい環境の中で、油断せず、他者とのトラブルを招く可能性のある状況を予測し、それを乗り切る術を学んでいく。こうしてストリートとの相互作用が蓄積された結果が、最終的に、一人一人の子供の人生にどんなチャンスが待っているかを決定付けていくこととなるのだ。

たくさんの喧嘩や口論が意味するもの——概してくだらないように見える、表向きは降って湧いたように見える原因の陰に「隠れている」本当の意味が見出されるのはこういう状況の中においてである。例えば、ガールフレンド、ボーイフレンドの取り合いや、「舌戦ゲーム」などの悪口の応酬を含む、「あいつがこう言った、あの子がああ言った」と噂して人に汚名を着せる陰口がこれに当たる。古今東西、人は青年期を迎えると不安定になり、何とか個々のアイデンティティを確立しようとするものである。しかし、中産階級や上層階級の若者たちであれば、普通は、自分の存在価値に自信があることを表現するための手段をいろいろともっている。彼らも折衝を重ねるうちに攻撃的になることがあるかもしれないが、言葉による争いで終わることが多く、この点でより限られた表現手段しかもたない若者たちとは違っている。インナーシティの貧困地区では、アイデンティティを確立するためには言葉巧みであることが重要なのだが、腕力も自己主張の手段としてかなり一般的に使われている。腕力で示す自己主張の強さはまた、曖昧さを許さない。誰かを殴り倒したとき、誰かを自分の縄張りから追い出したとき、その人は「勝った」のだ。そこには既成事実があり、勝者は誰の目にも明らかなのである。

こうして人々の尊敬を勝ち得ようとキャンペーンを展開し、様々な競り合いを重ねていく間に、実際に尊敬されるには自分の周囲を少なくとも部分的に身体的な力で支配している必要があるということの関係性が、内面に刻まれていく。ここにストリートのコードの起源がある。子供たちが成長し、コードについて理解を深めていくと、それが彼らの実際の世界観の一部になる。こうしてこの子供たちが大人になるまでには、ストリートのコードが、公的な社会秩序の重要な要素として現れてくるのだ。身体的争いのルールとそれが個人にどのような影響を及ぼすかが、非常にはっきりしてくる。子供たちはどのような状況で暴力を使うことが適切かを学び、またこのコードが自分と自分の同輩たちとの関係をどのように決めているのかも学ぶ。こうして子供たちは、公然と行われる人生のギブアンドテイク、交渉の過程における価値を、それが社会的アイデンティティに及ぼす影響の重要性と共に、認めるようになっていく。そしてある程度、主に身体的闘争で揉め事に決着をつけることも学ぶ。この方法で、少なくとも当面は、誰が一番タフなのか、そして誰が、何を、誰に対して、どんな状況で、甘んじて受け止め、我慢する立場に回るのかといった問題が解決される。実際、ここで子供たちが学んでいるのは地元の同輩集団の社会秩序である。そしていつでも変化する可能性のあるこの秩序こそ、若者たちが喧嘩にかくも強い興味を示す主要な理由の一つなのである。

インナーシティの生活のこうした現実は大方、ストリートの世界に吸収されている。ここで子供たちは、ストリートの言葉で言えば、貴重な「ストリートの知」を得る。ストリート志向の家族のもとにいる子供たちは、幼い時から、多くは学齢にも達しないうちから、大人の監督をろくに受けることもなく、ストリートに引き寄せられていく。このとき、同輩たちと「たむろする」準備、同輩たちと競い合いながら共に時を過ごす準備ができていなければならない。行動の制約をほとんど受けないこの子供たちは、ストリートを縦横無尽に駆け回ることができる。彼らはたいてい、学校から帰宅すると教科書を放り出し、ただちにまた出掛けて行く。明日は学校という夜にも、たくさんの八歳、九歳児たちが九時、十時まで表に出ている（十代ともなればいつ帰宅しようと本人の自由かもしれない）。ストリートでは、子供たちは集団に分かれて遊ぶ。これが多くの場合、主要な社会的絆のもとになるのである。

ストリートの世界で一緒に遊ぶことを通じて、子供たちは個々の生活で経験したことを共通の知識プールに注ぎ込んでいく。ここでそれぞれが家庭で観察してきたことが混ぜ合わされ、否定され、肯定され、確認され、あるいはより精緻なものにされていく。また子供たちは、ここで各自のもつスキルを競い合わせる。それに加えて、子供たちは喧嘩することを学ぶ。とりわけ、喧嘩が社会的に何を意味するかを学んでいく。このような環境ではほんの小さな子供たちでもお互いを試し合い、他の子供を押しのけ、自分が気に入らないことがあればすぐに殴りかかりそうな勢いを見せる。逆に、自分もいつ殴られてもおかしくない。一番強い子供が勝つのである。さらに、殴る、罵るなどの暴力的な方法で揉め事を解決したことが社会的に是認されると、それを経験した子供は、体を張って自尊心を要求することに強力な理論的根拠が与えられる世界へと、より一層深く引き入れられることになる。

暴力的行為の発生は、その時々の状況によって、決定的に左右される。したがって、各個人がこうした状況をどのように定義し、解釈するか、それぞれが取る多様な方法が重要になる。こうして人前で受ける試練が幾度となく繰り返される。やがて結果が積み上げられていくと、個々のパターンが築かれていく。一人の若者にとって上手く働き、かつ同輩たちにも認められた振る舞いは、暴力的なものであれ丁重なものであれ、その後も繰り返される可能性が高い。特にその行為者が「名」を上げ始めている、つまりタフであるとの評判を築き始めている子供である時には、この傾向が強い。

さらに年少の子供たちは、年上の子供たちの言い争いを観察して、コードについての理解を磨いていく。年上の子供たちは、たいてい、悪態をつき、相手を罵倒して争いに決着をつけている。ときには攻撃性を露わにし、暴力を振るうこともある。年少者たちは、ある者が他者のより優れた身体的、精神的な能力の前に屈するのを目にする。その上、小さな子供たちは、大人たちが時折口論や取っ組み合いをしてみせるのを、油断なく注意深く観察している。その後で仲間たちと、互いが目撃してきたことを比べ合い、その出来事をどう解釈するべきか話し合うだろう。勝者になるのは、ほぼ決まって、激論を腕力で制した人物だ。そしてたいてい、この人物が周りで見ていた者たちに高く評価され、彼らの敬意を勝ち得ている。こういった経験は、多くの子供たちがすでに家で学んできている教訓に裏づけを与える。つまり、力は正義である。タフであることは美徳であり、謙虚であることは美徳ではない、という教えだ。この子供たちが勝敗のもたらす本当の結果を理解するようになると、争うことの社会的な意味が明確になっていく。そしてこの少年、あるいは少女のコードについての理解はさらに磨きがかかるのだが、同時にそれが、その子供の実際的世界観において一層重要な位置を占めるようになるのだ。

子供たちが家庭やストリート上で接触するストリート志向の大人たち——母親、父親、兄弟、姉妹、ボーイフレンド、いとこ、近所の人々、友人たちなど——が、このコードについての子供たちの理解の形成とその補強を助けている。大人たちは、子供たちが公的な場所での経験を通じて受け取っているメッセージを、言葉にして伝える。「油断するな」。「自分の身は自分で守るのよ」。「ビビるな」。「自尊心をもちなさい」。「ばかにされたら、相手に思い知らせてやれ」。子供に攻撃性が足りないとき、制裁を加える親たちは実際に多い。例えば、子供が喧嘩に負け、動揺して家に帰ってきたとする。そのとき親はこう言うかもしれない。「ここに帰ってきて、誰かにやっつけられただとか言って、泣くのはおよし。さっさと戻ってそいつをこっぴどくやっつけて来なさい。弱虫を育てた覚えはないよ。相手をコテンパンにしないでまた帰ってきたら、私がお前をコテンパンにしてやるよ」。これによってこの子供は、タフに振る舞い、度胸を見せつけることの正しさをさらに確信する。

泣きながら喧嘩をする子供もいる。まるで、自分がしていることが正しいのかためらう気持ちを振り切れないか、そうでなければそれよりもっと消極的な気持ちを抱えて喧嘩をしているかのようだ。自分の意志に反して喧嘩しているのかもしれないが、それでも喧嘩しなければならない、そうしなければその結果に向き合わなければならないと感じているのかもしれない。喧嘩を避ければ、同輩たちだけでなく、自分の面倒を見てくれている大人たちや親たちが黙ってはいない。負けを認めた自分をさらに殴りつけるかもしれない。大人たちの中には、こういう教訓を自分も親から与えられたことを覚えていて、今度は自分の子供たちを鍛えるために、同じことをするのが正しいのだと主張する者たちもいる。身を守る一つの方法として、自分のことは自分で守る能力があるように周りの目に見せなくてはならない。これは、ストリート志向、良識志向の区別なく、自分の子供の安全を心配する大人たちの心を占めているテーマである。しかし自分の身を自分で守るために、必ずしも体を張った喧嘩が必要になるとは限らない。時には、頭を使って敵の裏をかき、「事なき」を得る方法もあるのだ。これはインナーシティの良識的な親たちが勧めるやり方である。前章で紹介した、働き者の良識派で、五人の子供の母親でもあるマージは、次のように話している。

　私の息子は今、ワルになっているわ。カーティスという子よ。以前はリンデン中学校に行っていた。当時八年生だったわ。テリーっていう息子も同じ学年だった。テリーはカーティスより一つ年下だけど、カーティスは二年生でダブっているものだから。二人ともそれまで喧嘩したことなんかなかったわ。

　その子〔カーティス〕が、ある日私が仕事中に電話をかけてきて、嫌がらせされていると言うの。息子は怖がっていた。十三歳か十四歳の時のことよ。先生に言うのも怖いんだって言った。先生に言いつけたりしたら、そいつらにもっといじめられるからって。そのときの彼には、頼りにできる男性が誰もいなかった——私の夫は、彼の父親じゃなかったわ。だからこれもまた問題だったんだけど。それで私は彼に「じゃあどうしたいの？　学校から帰りたい？」と聞いたの。彼は学校から帰るのも怖いって言った。学校を出ても、奴らはまだつきまとってくるだろうって。だから私はこう言ったのよ。「カーティス、じゃあ、こうしなさい。母さんは今日、仕事から早く帰るわ。いい？　今から言う通りにしなさい。できるだけ酷い言葉で言い返すのよ。怖がっているような素振りを見せてはだめ。いじめっ子たちは母さんのことを知らないでしょ。あんたのクラスの子は誰も母さんを知らないでしょ」。「言う通りにして。外に出てきなさい。そしてできるだけ酷い口をきくの。だけど、人に手を挙げてはいけない。そしてさっさとその場を去りなさい」。それと「もしも取っ組み合いになったら、母さんが出て行って止めてあげるからね」と言った。息子は私が言った通りにしたわ。するといじめっ子たちは立ち去っていったの。わかる？　いい？　息子は度胸のあるところを見せなければならなかった。これは男の子にとっては、とっても大事なことよ。女の子だったらここまで大変な思いをしなくていいんだけど。まったくこの辺りの男の子たちときたらね……。みんなと同じことをしなければだめだし、それか、ちゃんとした物を着ていないっていうだけでもだめなのよ。ちゃんとした物っていうのは、息子の頃はジョーダッシュのジーンズとか、セルジオだったけど。そういう物を持っていない子はいじめられるし、何かと嫌がらせされるわ。

多くの良識的な親たちは、喧嘩をふっかけてくるかもしれない相手には敢然と立ち向かうようにと子供たちに教えているが、また同時に、トラブルを避けるようにとも言い聞かせている。良識派の親たちは、より優れた対処手段と、学校や教会などの諸組織を含めた一般社会への繋がりを持っている。そのため、現在居住している地区を越えたところにも、自分たちの居場所を見出すことができる。つまり典型的なストリート志向の人間と比べて、「別の自分になる」方法をよりたくさん知っていることが多い。この態度の違いは、主として社会階級の違いと関係が深い。したがって、良識派の親は、子供たちに、言葉で意志を伝えるか、背を向けて歩き去るかして、争いを避けるように教育していることが多い。しかしすでに指摘したように、いつもこれが通用するわけではなく、良識派の親に育てられている子供たちは、万策尽きた時には、逃げずに自分の立場を固守するよう教えられているのが普通である。

「ジュース(敬意)」に基づく自己イメージ

ティーンエイジャーになる頃には、ほとんどの若者たちの内面にストリートのコードがしっかり刻まれている。あるいは、若者たちは少なくともそのルールに合わせて身を処することができるようになっている。すでに見たように、このコードの要は、自分自身のプレゼンテーションの仕方にある。そこで基本的に要求されることは、ある程度の暴力的な性向を見せていることである。人前で見せる態度は、自分は暴力に訴えることができる、状況によっては大暴れするかもしれない、つまり自分自身を守る力がある、というメッセージを、場合によってははっきりした形ではなくても、疑いの余地なく伝えるものでなければならない。このコミュニケーションの性質は、ほぼその場の状況の要求にしたがって決められる。しかし、顔の表情、歩の進め方、直接の会話も——それらが攻撃を抑止するという目的に合わされているときに——、伝達手段の一部になり得る。服装、宝飾品、身繕いなどの外見も、その人間がどう見られるかを決める大事な要素である。尊敬される対象となるためには、それに相応しい見た目であることが不可欠なのである。

そうはいっても他者から挑戦を突き付けられないなどという保証はどこにもない。周りの人間から表される敬意――ストリートでは時々「ジュース（juice）」と呼ばれるもの――の自分の取り分を増やそうと、喧嘩のチャンスを求めている人々がいるためである。さらには、攻撃を受けた者が仕返しをすることが、敵の見地からだけでなく彼の「仲間たち」から見ても、必須になる。そうしなければ、彼は、どれほど他人に「試される」（挑みかかられる）、あるいは「襲い掛かられる」（身体的攻撃を受ける）危険を冒すことになるかしれないのだ。現に、気をつけていなければ、自分の仲間たちからの敬意も失うことになることもあり、そうなれば、仲間内の一人が自分の力を試しにかかってくるという事態を招くかもしれない。これは考慮を要する重大な問題である。なぜなら、「窮地」に追い込まれたときに身を守ってもらう頼れる仲間、あるいは「ダチ」の存在がなければ、その者は第三者から襲い掛かられやすい状態になるからである。ある人が何によって守られているのかを考える際、喧嘩で襲い掛かられたとき彼の名誉回復のための仇討をしてくれるとあてにできる人間が何人いるのか、そして、彼を守ってくれているのはどんな人たちなのか――つまり、彼らはストリートでどんなステイタスにいる人々か――、この二点がそれを部分的に決めているのである。ストリートにたむろするタフな集団に属しているだけでなく、ストリートによく溶け込んでいることで知られる家族や複合家族――いとこ、おじ、父親、兄弟から構成される一団――の一員でもある人々は、この環境の中で最もしっかりと守られている人間の中に数えられる。こういう家族のメンバーであれば、特に家族の評判が確かなものである場合は、「どこにだって行けるし、誰に煩わされることもない」。

一般に、若い男が自分の名誉を維持するためには、個人としての彼が、「ちょっかいを出されたり」、ばかにされたりするような人物ではないことを、人目に明らかにしていなければならない。そのために、「滅茶苦茶な振る舞いをして」――つまり短気な人間であるとの評判を取って――このことを示す場合もあるかもしれない。とはいえ一般的には、自分の友達も含めた周囲の人間たちの間で尊敬される立場を守っていくことで、「自分の立場を維持」しなければならない。これは、根本的に、自己イメージを巧みに操作することが必要とされる作業である。この自己イメージとは、同輩たちとの関係において自分は他人にどう評価されているのか、についての彼自身の考えによって形作られる。

自己イメージを築くにあたって、物が重要かつ複雑な役割を果たしている。ジャケットやスニーカー、ゴールドの宝飾品に、時には高価な銃といった物品が映し出すのは、嗜好だけではない（どの社会階級の若者の間でも、嗜好は厳しく統制されているものである）。同

が競って、限られたところから少しでも支持を勝ち取ろうとするのである。この結果、敬意を渇望するようになった人々は、神経過敏になり、かっとなりやすくなる。人に服従する態度を見せられると大いに慰められ、安心感、心地よさ、自信、自尊心がもたらされる。狼藉を働かれたのに反撃できなければ、こういった気分は減じられていく。その結果、さらなる狼藉を誘発することになると信じられている。よって、狼藉を甘受する人間だという印象を与えることさえないように、常に警戒心を緩めてはならない。若い人々の自尊心は特に傷つけられやすく、若者の間では殊更軽蔑されることに対する懸念が強い。とりわけインナーシティの若い男たちは、尊敬されることを渇望しており、敬意を勝ち得て維持するために命をも懸けるのである。

したがって、すでに述べたように、敬意の問題は、ある人が暴力的な行動を取る性向を備えているか——そして、たとえ犠牲者の立場に置かれているときにもそうする傾向があるか——ということと深く結び付いている。一般社会の人々、特に中産階級の人々も、暴力的行為を受ければ、面目を失った、弱みにつけこまれたとはっきり意識するだろうが、その後に身体的な報復をする必要は感じないかもしれない。彼らとて攻撃を受けている最中には必死に自分を守る必要を感じるだろうし、暴力行為を抑止するように振る舞う必要を強く感じているだろう。しかし彼らは、ストリート志向の人々に比べるとはるかに高い割合で、口論が勃発するかもしれない状況から、自尊心を傷つけられることなく歩き去ることができると感じている。自尊心が損なわれるなどと考えもせず、その場から逃げ去ることのできる強い心を持った人々もいるかもしれない。

だが、貧困化したインナーシティの黒人コミュニティでは、とりわけ若い男性たちの間では、そのような逃亡行為は極めて難しいであろう。おそらく若い女性たちの間でも、この傾向が強まってきていると思われる。逃げ出すということは、おそらく、自尊心がずたずたのままになるということであり、さらなる軽蔑を招くことにもなる。よって多くの場合彼らは、攻撃を受けている間は倒れずに、少なくとも抵抗を試みなければならないと感じている。またそればかりでなく、自分の身体に見事な攻撃を受けたときには、後から「仕返し」する——復讐を試みる——必要を感じているのである。復讐は、武器を調達することや、親戚や友人を巻き込むことさえ伴うかもしれない。しばしば、自分のアイデンティティそのものや自尊心、己の名誉が、このような対決の最中と事後にストリートでいかに振る舞うかと、複雑に結び付いているのである。そして、仕返し、敵討に来るという確かな評判も含めたこのアイデンティティこそが、今後の自分への攻撃を抑止するものだと強く信じられている。

ステージングエリア

他の都市でもそうだが、フィラデルフィアでも、若者たちは特に、市内のどの場所の出身か、どのストリート、どの街区の出身かということに結び付けて見られるようになっている。それぞれの出身エリアの「性格」に基づいた評判を得るようになるのである。人々はおそらく、「悪い」地域の出身者は悪だと決めてかかるだろう。地区の評判は、若者たちが通う地区内の学校、特に高校の評判に影響する。学校の評判を形成するのは、スポーツチームの成績などの学校の歴史、生徒たちの業績、そのエリアと結び付けられている暴力や不変永続的な貧困の程度、そして校内及びその周辺のステージングエリアの数である。

ステージングエリアというのは、様々な理由で雑多な人々が集まってくるたまり場のことだ。尊敬を勝ち得るための活動が繰り広げられるのは、ほとんどの場合ここにおいてである。ステージングエリアは三つのタイプに分類できる。一つ目はかなり地域限定的なもので、持ち帰り専用飲食店、酒店、バーなど地区内の商業施設を中心とする。この種のステージングエリアは、屋内にあることもあるし、屋外のストリート・コーナー、または大人の監視の目がほとんどあるいは全く届かないハウスパーティがその場を提供することもある。こういったパーティでは、アルコールやドラッグに手を伸ばすこともできる。第二のタイプは、ストリート志向の労働者階級に属す貧しい人々を客にする商店街である。がやがやと活気に溢れたこの場所には、より広範な地域から人々が引き寄せられてやってくる。第三のタイプには、複合映画館、スポーツの試合、コンサートなどがあり、市内全体から大勢の人々が集まってくる。ここには一触即発の気配が漂っている。中でも、ローラースケートリンクやダンスパーティといった、音楽、アルコール、ドラッグ、それに粗暴な若者たちの集団で溢れた場所は別格である。こういった場所に集まる若者たちは、これまで人がやるのを見聞きしてきたことを「行動に移そう」としているのだ。

地区外からステージングエリアにやってきて自己を披露する人々は、自分自身と、自分が生まれた「世界」あるいは「居住地域」の両方を「体現」していると言われている。体現するということは、自分の出身地区の評判を懸け、市内の他の地区と比較して、「おい、これが俺にとって大事なもの〔俺の人格〕、それに俺の住んでいる場所だ」と外部の者たちに呼び掛けるということである。最も大胆不敵な若者たちは、自分の身を危険に晒す。実際には、喧嘩腰になり、やれるものならやってみろと相手を挑発するのである。つまり、敬意を求めて活動を展開しているのだが、そこに大胆に相手に挑戦状を叩きつける姿勢が加わる。たいてい、ステージングエリアはたくさんの若者で溢れかえり、暴力行為が勃発するのに必要なだけの、危機的な量の負のエネルギーが充満している。この暴力は自分たちと同類の人間に対してだけでなく、ステージングエリアにいる別の種類の人々に対しても向けられる。こうして暴力の発火点が作り出される。(学校の威信が懸かっていることもある)スポーツの試合に、または複合型施設で見る映画などその他の公共のイベントの場には、喧嘩の機会をうかがう人々がうろつき、その場に紛争の火種を捲いている。

こうして自己表現を行うとき、物質的な物が、自己イメージの確立に重大かつ複雑な役割を果たす。若者たちが重視する物の典型は、アイウェア、レザージャケット、高級スニーカー、その他ステイタス・シンボルとして重要なアイテム。こういった物を獲得できる貧しいインナーシティの若者は、自分が偉くなったような気分になり、他の者たちを感心させることができる。しかし次には、この他の者たちが、彼の所持品を奪おうとするかもしれない。彼らも自分が偉くなったように感じ、さらにまた他の者たちを感心させたいのだ。この地区に住む賢い若者たちは、値段の高い品物は持ち歩くべきではないことを理解している。そのようなことをすれば、窃盗、強盗の標的になってしまうとわかっているからだ。しかし悪の路線を狙う若者にとって、ステージングエリアはこれみよがしに振る舞い、自己表現する場であり、自分に手出しできるものならやってみろと他者に挑むための場所でさえある。ステージングエリアを訪れるだけで、彼らは相当満足感を覚えるだろうし、同時にそれは危険な行動でもある。今一番流行っている物は何か、何が起こっているのか、誰が誰と何をしているのか、誰が誰に何をしたのか、それはいつだったのか。そういったことを知るために、その「街区」、あるいはステージングエリアに出掛けていくのだ。

しかしステージングエリアは、若者が集まって一緒に時を過ごし、同世代の異性との出会いを探す、人口密度の高い場所でもある。「流行に乗って」「かっこよく」きめようとここに集まってきた若い男女は、煙草をふかし、「フォーティーズ」(四十オンスのビール)などの酒を呷る。あるいは「ブランツ」(ドラッグ入り煙草)でハイになるために来ている者もいるだろう。各々が自己を表現しようとするとき、彼らの行いが挑戦状のような役目を果たすことがある。若い男たちは冗談を言って他人を嘲弄するかもしれない。まるでどんな事態になっても備えができているかのように、「おい、何か仕掛けてこいよ!」と直接的な言い方でけしかける。市全体から人の波が押し寄せてくるようなイベントでは、様々な集団が一堂に会して社会的ポジションの優劣を競う。人々は過敏になっており、上辺ではちっぽけなことのように見える出来事から喧嘩が始まることもある。しかしそこから起こることはちっぽけなどではない。結果として傷害や死が待っているかもしれないのだ。こうして集団の社会的序列が再調整され、仇討を狙った争いへの舞台が整えられていく。ここにいる男女にとっては、事の成り行きに懸かっているものはあまりに大きい。そのため、相手が自分を見ていた「時間が長すぎた」とか、ただ、列に並んでいたときに前に割り込まれたとかいうようなことで、すぐに人に無礼な態度を取られたと思ってしまう。このような割り込みなどによる「侮辱」は、他の人のガールフレンドやボーイフレンドを誘惑しようとする行為だと見られることもあり、何かの「声明」だと受け取られるかもしれない。この声明に異議を唱えれば「問題」が起こることになり、場合によっては対決の火ぶたが切って落とされることになる。状況が悪化すれば、どちらにとっても後に引くことが極めて難しくなっていく。特に、周りで見物している人々が、対決中の両者それぞれの在り方、事の処し方に重大な社会的投資を行っている——あるいはそのように考えられている——ような場合は、前に立たされた二人はますます引き下がれなくなっていく。

こうした問題を巡る対決は、複合型映画館やスポーツの試合が行われている場所の境界線の内側で始まる。言葉の応酬で始まるが、すぐに怒鳴り合い、中傷合戦、殴り合いへとエスカレートしていく。常駐している、あるいは呼ばれてやってきた保安官、警備員が喧嘩を止めに入る。傍観者たちも止めようとするかもしれないが、これは稀になってきている。公共の場で起こっている喧嘩は、銃やナイフが持ち出される争いに急展開していく恐れが大きいと予想されるからだ。つまり、仲裁しようとした赤の他人の男女が自分の命を危険に晒すことになるかもしれない。余程の自信があるか、自分にとってもこの喧嘩に何かが懸かっているわけでもない限り、ほとんどの人はそんなことはしない。

暴力沙汰になると、その場で決着がつくとは限らない。勝敗が決すれば、当然の報復が行われることも多い。こういう展開は誰もがわかっていることであるし、それを待っている者たちもいる。このようなイベントに出掛けて行くとき、若者たちは、主に保身目的で、「イコライザー」「そいつ」などと呼ばれる銃器などの武器を携えていくことがある。とはいえ危険なので、武器を身に付けたままイベント会場に入ろうとするのは、最も大胆不敵な者だけである。ほとんどの者は、凶器は車のトランクの中に置いていくか、すぐに手の届く茂みやごみ箱の中に隠しておき、必要が生じたら取りに戻れるようにしている。公になっている喧嘩の種を抱えている若い男であれば、凶器を取りに行かなければならなくなる事態が発生する可能性は感じているだろう。そうした必要が実際生じるのは、必ずしもこの男の生命が危険に晒されているときばかりではない。プライド、友に対する気持ち、沈んだ気分、あるいは争いの敗者に終わったこと。こうしたことが、彼を事態の収拾に向かわせる、あるいは彼に敵討を計画させるのに十分な動機になるかもしれない。そこで警備員やその他の誰かが喧嘩を止めたあと、当人たちは場外で喧嘩を続行することもある。そこには凶器が置いてあり、安全性ははるかに低くなる。市内のステージングエリアでは、しばしば、いろいろな問題が自然発生的に湧き上がり、それに決着をつけるために喧嘩が起こる。その間に、インナーシティ地区のストリートで、路地裏で、プレイグラウンドで、かのコードが芽を出し、発現し、育っていく。そこでは小さな子供たちが、社会的生存のために、幼いうちから尊敬を勝ち得るための活動を始めているのだ。

タイリーの経験談*

*「タイリーの経験談」は長期間に渡り行った民族誌学的インタビュー調査に基づいて記述している。ストリートを支配するコードの複雑な部分を鮮やかに描き出すために、所々脚色を施してあることをお断りしておく。

タイリーは、十五歳の高校生。若い黒人男性だ。彼の経験談は、ストリートのコードのルールの複雑さを、例証してくれるものである。最近まで彼は、母親と一緒にサウスフィラデルフィアの貧困地域で暮らしていた。母の名はローズで、地元の病院で看護師補助の仕事をしている。その後火事で家が全焼してしまった。このとき持ち物の多くも失った。タイリーは父親の顔を知らない。しかし母親にはたくさんのボーイフレンドができた。彼らがタイリーの生活に、男性の存在をもたらしてきた。こういう男たちはこちらの生活に入ってきては、そこここにその存在の幾分かを残して去っていく。リチャードという男は、警備員だった。リースは駐車場係で、副業でドラッグを売っていた。そして病院の用務員のマイク。彼は継続的に姿を見せている。そしてこの時点では、この男が母親の「彼氏」だ。母親は彼と一緒にいることが一番多い。タイリーが一番好きなのもマイクだ。マイクは、秋にはイーグルズの試合、冬にはセブンティ＝シックサーズの試合へと、タイリーを連れ行ってくれた。頼りになる、良識的なマイクは、タイリーにとって、本物の父親のようなものだった。

火事の後、タイリーとローズは彼の祖母の家に引っ越した。祖母の家はサウスウェストフィラデルフィアにある。ここは市内でも最も困窮している地区の一つに数えられる。サウスウェストの五十八番通り沿いに、この地区のステージングエリアがある。ここには十代の少年たちが小集団を作ってたむろしている。彼らはしゃべったり、ただぶらついたりして時を過ごしている。荒れ果てたビルの側面には、故人を偲ぶ「愛するバリー、安らかに眠れ」の落書き。夜になると、街角に立ち商売をする娼婦たちの姿が特に目立つ。公衆電話の近くに見えるのはドラッグ・ディーラーの姿。まるでこの一角は自分のものだとでも言うようにそこに佇んでいる。そして事実上、そこは彼のものと言ってよい。ここでは、真昼でも夜でも関係なく、おおっぴらに屋外でドラッグ取引が行われている。バイヤーたちの車には州外のナンバープレートをつけたものもある。彼らはたとえ誰が見ていようと気に留める様子もなく、車を止める。白人の顔も黒人の顔も見えるが、彼らの関心は一つだけだ。ドラッグを「手に入れ」、自分の日常生活に戻っていくのである。

ここではドラッグ取引は大きなビジネスである。売買は人前でも行われているが、ディーラーたちに場所を貸して金を稼ぐ家主たちの家の中でも取引される。そういう家主たちは、「親密になる」ための場所が必要な売春婦と客の男たちにも部屋を貸している。それに、クラック・ハウスもある。人々はただ、ドラッグを買い、吸うという目的のためにここを訪れる。近所の人々はこの状況に気が付いているのだが、たいていすっかり気概を失っていて、自分たちにできることはほとんど何もないと感じている。時には警察を呼ぶこともあるのだが、警察は、そこが確かに近所の人たちの訴える通りの場所だという証拠を要求する。しかし警察がそういった証拠を集めるのは容易なことではない。住民たちにとっては、苛立たしいことではあっても、ただ「見て見ぬふり」をし、迷惑行為などという言葉では済まされないこの状況を無視するためにベストを尽くすほうが楽な場合もあるのだ。

タイリーが引っ越してきたのはこういう地区である。引っ越してきてまだ数日。若い彼にとって、この時点での主な関心事は、この辺りを仕切っている少年たちと「友好関係を築く」ことだ。タイリーは彼らを「ブルズ」と呼ぶ。彼らを「ボーイズ」と呼ぶことは拒否しているのだ。その理由の一端は、長い間、"boy"という言葉が屈辱的な響きをもっていたことと関連しているかもしれない。若い黒人の男性たちは、boysという呼び方を、ストリートのコードに沿った見方で「クール」だとみなされる言葉に置き換えたのだ。いずれにしても、タイリーは「ブルズ」という言葉を使う。綴りは"b-o-l-s"、発音の仕方は「ブルズ」。意味は「友達」である。タイリーにとって、新しくやってきたこの地区のストリートでの最大の問題は、彼らブルたちと友好関係を築けるかということなのだ。

これは何を意味しているのだろうか。労働者階級地区やインナーシティの貧困地区ではほとんどどこでもそうであるように、ここでもブルたちが町を仕切っていることは知られている。タイリーはこういった決まりを理解している。彼も、もと居た地区では地元のブルたちとつるんで、彼自身そこを支配し、主要なブルとして君臨していたのだ。目下、彼の課題は、新しいブルたちを

これほど攻撃されやすい立場にあるとは思ってもみなかった。そして今、彼女は、どうしたものかと心を痛めている。

タイリーはバスルームに向かい、体の汚れを落とす。彼はシャワーを浴びると、腰を下ろし、家でふさぎ込んでいた。祖母はまだあの食料品を必要としている。彼にはそれがわかっている。まもなく、何も言わずに、彼は家を出て店に向かった。店までの道を歩く彼は、やや神経質に、用心深くなっている。油断しないようにし、曲がり角にちらりと目をやる。ブルたちに見つかる前に、自分が彼らの仲間の誰かの姿を見つけたいと願っているのだ。彼は店までの二区画を無事歩き、店に入り、店内を見渡す。そしてアイスクリーム用の冷凍庫のそばに、先ほど彼に襲い掛かってきたブルたちの一人がいるのを見つけた。ブルが彼に視線を向ける。タイリーは何をしようというのか。勇気を奮い起し、彼はブルに突進し、顔面にパンチを食らわせた。タイリーのパンチが数発決まったところで、相手の少年は鼻血を出した。これこそまさにタイリーが望んでいたことだ。彼は仕返ししてやりたかった。この少年に、今度は自分が殴り返され、反撃を食らったのだと教えてやりたかったのだ。ここで、このブルはタイリーに目を遣り、事態を認めて大声で言った。「今回はお前が勝ったが、次は俺の番だ！」

タイリーは、このブルの目の中を覗き見て言う。「ああ、お前の母ちゃんと一緒に来な」。この台詞を残し、彼はここに来た目的の物を買わないまま、店を出てしまう。彼は歩き去って行く。今タイリーは上機嫌だ。まるで失われた敬意を取り戻しているかのように感じているのだ。

ブルたちの手にかかり、袋叩きにされたこと、特に公然と侮辱されたことで、タイリーは深刻な敬意の喪失を経験することになった。彼が店で会ったあのブルにしたように、やり返すことが、敬意を取り戻す第一歩なのである。彼の自尊心は他者を犠牲にして回復される。今回犠牲になったのは、公の場で彼に叩きのめされたブルである。実際、タイリーは気分も上々になり、祖母に頼まれた食料品を買いに、次の店へと——ブルたちの縄張りを通って——(やや慎重に)歩みを進めていく。彼は必要な物を買うと、ブルたちに警戒しながら、慎重に家路を辿る。自分の恨みを晴らし、敬意が回復されるまでは、ブルに出くわすたびに片っ端から叩きのめさなければならない。タイリーはそんな義務を負っているように感じている。

これがストリートを支配しているコードなのだ。このコードは決して新しいものではない。この世の始まりと共に生まれ、その歴史はローマ時代、将軍が治めた日本の戦国時代、古きアメリカの旧南部時代に遡る。また、スコッチ・アイリッシュ系、イタリア系、ヒスパニック系の労働者階級コミュニティに見ることができる。しかし、深く進行する経済秩序の崩壊と、それと同時に発生し、コードに暗に書き込まれた「弱肉強食のジャングルの掟」の上に繁栄する地下経済は、多くのコミュニティの状況を悪化させてきた。同じく重要な問題として、銃の拡散、銃が容易に手に入る現実が、この状況をさらにまた悪化させている。タイリーもその気になれば簡単に銃を手に入れることができる。彼が前に住んでいた地区の若い少年たちのほとんどが、どこへ行けば大して苦もなく銃を手にできるか知っている。

　タイリーが食料品を手に帰宅すると、祖母は喜んだ。タイリーがさらなる揉め事に巻き込まれなかったことに安堵するものの、祖母にはまた新しい心配事が生まれた――どうすればタイリーはこの近辺の若い男たちと上手くやっていけるのだろうか。祖母が、先ほどの喧嘩のことをもっと聞き出そうとすると、彼は、自分で何とかできると祖母を安心させようとする。しかし、タイリーが家を離れると、祖母は心配になる。タイリーの母親も同じ気持ちだ。ストリートの犯罪、銃撃、ドラッグなどの地元のニュースを聞き、タイリーの母親は、自分の母のところに引っ越すという決断は間違っていたのではないかと考え始める。とはいえ、タイリーの母にはほとんど選択の余地はなく、そうでなければホームレス生活をすることになったのだが。今やタイリーは、ストリートの待つ外の世界へ出掛けて行くとき、母親と祖母に心配はいらないと説得するのにかなりのエネルギーを費やすことになった。そして二人を安心させようと試みる一方で、彼自身は心から大丈夫だとは思っていない。家を一歩出たら気を抜いてはならないということを彼は知っているのだ。

　ここの若い男たちはこの地区に現れたタイリーの存在に十分に気が付いている。彼らは大人たちよりずっと、侵入者たちの存在に敏感なのである。（この事実は、タイリーの母と祖母が、新しい町への転入がどういった結果を招きうるかについて無知あるいは無関心であったことと、直接関連している。）タイリーは家から離れるとき、ストリートへと踏み出すと、まず左右に目をやり、自分がブルに見つかる前に、自分のほうがブルを見つけようとする。彼は、よく考え抜かれた守備態勢を取っている。タイリーは自分に襲い掛かってくる可能性のある連中との接触を避けたいと思っている。曲がり角にちらっと目をやり、路地裏を通り抜け、基本的には、自分がしなければならないと感じていることをしている。つまり人目につかぬようにしているのだ

　タイリーは、身の安全を確保する目的のためだけにでも、ブルたちと友好関係を築かなければならないと感じている。それから二、三週間経ったある土曜日の午後のことである。彼はその日もまた、引っ越してきた町の通りを歩いている。目指すはセンターシティ。そこで彼は、前に住んでいた地区の友人たちと会うこと

になっているのだ。バス停が近づいてきたとき、彼はブルたちの一団が通りの向こうからやってくるのに気づいた。彼らは一区画半、離れた場所にいる。今ならタイリーは、逃げることも、そこにとどまることもできる。けれど、彼の内面にある何かが――男らしい態度を見せなければ思う気持ち、度胸と勇気のある人間だと見られたい、あるいはただストリートをよく知る人間だと呼ばれたいという願いが――彼を躊躇させる。彼らが彼を目に留める。もう手遅れだ。彼らはタイリーが自分たちに気づいていることを知っている。もう彼は逃げ出すことも、ごまかすこともできない。この状況に真っ向から向かわなければならない。タイリーは男としてやらなければならないことをするより他ないのだ。彼はブルたちと向き合わなければならないとわかっている。この状況はここしばらく時間をかけて醸成されてきたものだからである。まずいところに捕らえられてしまったと感じ、彼は身を強張らせる。しかし逃げることはできない。今日逃げ出せば、これからもずっと逃げ続けることになると、彼にはわかっている。彼の男らしさの危機なのだ。だから彼は歩みを進め、ブルたちに対面する。しかし、まるで両者ともこの日を待っていたかのようである。彼にはいずれはこうなることがわかっていた。相手のほうもこの時が近づいてきているのはわかっていた。そしてこの間ずっと、彼らはタイリーの動きを追い、彼の行動に対して評価を行いさえしていたかもしれない。特にタイリーが、コンビニエンスストアであのブル（このブルの名前はタィニーだと彼は後に知った）にどう襲い掛かったかには注目していた。さあ決着を付けるときが訪れたのだ。お互いぎりぎりまで近づくと、タイリーが声を掛ける。「やあ」。彼らも挨拶を返してくる。「よお！」情勢は緊迫する。タイリーは言う。「おい、俺はお前ら二十人相手になんかできないぞ」。ここで短い沈黙。それから続ける。「俺たちでブルズになれないか？俺もお前らと一緒にブルズになれないか？」

リーダーらしき男、カルヴィンの呼びかけで、グループが寄り集まって相談する。二、三人が言葉を交わす間、他の者たちは黙って見守っている。まもなくカルヴィンがやってきて「ジェイシーと勝負しろ」と告げる。ジェーシーが前に進み出る。ジェーシーは、身長約六・一フィート、体重は一八〇ポンドほどの十八歳だ。ジェイシーとやり合うことを思うと身がすくむタイリーだが、怖がっている様子は微塵も見せないように努める。タイリーは、誰かと勝負しなければならないことになるだろうと、ずっと予期していた。この四週間、ひどく恐れていたことだ。ただ彼には、それがどういう形で現実になるか――つまり、それがいつ起こるのか、対戦相手は誰なのか、他の連中が加勢してこないと信頼してよいのか――わからなかったのだ。それゆえ、こうして決着のときを迎え、安堵のようなものがもたらされる。だから彼はためらわずにいられなかった。

わない。簡単手短に、「ああいいよ」と同意を伝える。彼らはタイリーが怯えていると思っているだろうが、それは訂正しておかなければならない。

「このビルの裏に行こうか」。カルヴィンの言葉に従い、若い男たちの一団はウォルトン通りのビルの裏に移動する。ここで、フェアに闘うことが約束された対決が行われるのだ。タイリーは、身長は五・七フィートしかなく、体重もおよそ一四〇ポンドという体格ながら、筋肉質で敏捷な動きをする。それに、どんなパンチもブロックできるようにするには、手をどう構えたらよいかも知っている。ジェイシーも同じように構える。そして二人は手合わせを始める。そこらを跳ね回り、時折パンチを繰り出す。彼らの目は、互いの一挙手一投足に釘付けになっている。互いの手を注視し、相手の弱点を窺い、自分の弱点は一切見せまいとする。この勝負に懸けられたものは大きいのだ。手合わせを続ける彼らが見つめるのは相手の姿だけではない。周りで自分たちをけしかける見物人たちの姿も彼らの目を捕える。もちろん、応援を受けているのはジェイシーだが、タイリーは意に介していない様子である。

対戦が始まる。タイリーの一発目がジェイシーの胴の真ん中をとらえ、張り詰めた空気が破られる。ジェイシーはフェイントをかけ、右クロスでタイリーに一発食らわせた。ついにジェイシーはタイリーを引っ掴み、したたかに殴った。しかしタイリーも諦めない。腕を繰り出し、パンチを加え、ひっかき、噛みつきさえする。これは「フェアな対決」のはずなのだが、その定義はまもなくいい加減なものになってくる。ジェイシーは明らかにタイリーに勝っていた。タイリーの怒りの感情は高まり、同時に彼は屈辱感に包まれていく。それでもタイリーは、ジェイシーとの対戦を受けて立つことで見せた度胸に加え、自分より大きな少年相手に諦めず粘り、相当の根性があるところも見せつけていた。ジェイシーはただ大柄なだけではなく、パンチのスピードも速く、身のこなしはとても軽いのだ。タイリーは、強さや身体能力で劣る分をガッツで補っていた。そしてこれは皆が見守る中、披露されているのだ。

二十分程が経過し、勝負は終わった。ジェイシーの勝利は明らかだ。「このブルはでか過ぎたし、動きも速すぎたんだ。だけど俺は、根性のあるところを見せてやったよ」とタイリーは語っている。タイリーはさらにこう付け加えてもよかったかもしれない。ジェイシーも多くのものを懸けて勝負に望んでいたのだ。ここで負けを喫すれば、彼は多くのものを失うことになるところだった。また、ジェイシーにも喧嘩をしたという自覚があるのは明白である。ジェイシーの片方の靴はどこかに行ってしまい、彼の目は酷い傷跡が見える。タイリーのシャツの襟の部分はほとんど完全に引きちぎられていた。腕や首には深いひっかき傷やすり傷が残り、鼻からは血が流れている。彼は善戦したのだ。これは皆を感心させていた。負けはしたが、価値ある対戦相手に喫した敗北なのである。

タイリーは今やブルたちの敬意を勝ち取り、限定的にではあるが、この集団の一員になることを許された。ジェイシーとの対決は、ブルたちと友好関係を築き、この地区で自身の立場を確立していく長いプロセスの中の一歩になったのだ。次の数日間、数週間、この対決は人々の口にのぼり、勝負には勝てなかったものの、タイリーはよくやったと語られるだろう。それに、ジェイシーはこの地区で高い評価、「名声」を得ていたから、彼との対決をしたことで、タイリーは得をしたのだ。こうしてタイリーは、この界隈で知られた存在になる。これからは、少なくともある条件のもとでは、ブルたちはタイリーに路上で会えば挨拶していくだろうし、彼を煩わせることもない。タイリーがチキンの入った箱を持って歩いているとき、ブルが「よお、タイリー、元気か？　そいつを俺にもちょっとくれよ」と話しかけてきたとする。そのようなとき、タイリーには分けてやる義務がある。食べ物だけでなく、タイリーが自分の持ち物として人前に出している、ほとんどあらゆる物についても同様である。素敵なジャケットやスニーカーを身につけて歩くときは、彼らにいつでもそれを「貸して」やるつもりがなくてはならない。金を持っているときは、気前よく振舞うことが期待されている。こういったことをしながら、彼は集団内での自分の位置付けを巡る交渉をしているのだ。これがコードである。

自分の新しい役割に対して要求されることに応えていきながら、彼は周囲と友好関係を築き、自分に与えられる分の敬意を確保し、維持し、コントロールしていく。周囲と上手く折り合う方法を学びながら、若者たちは、実際には、自分の位置付けを学んでいくのである。しかしこれほどの恵まれない環境にあっては、人々は互いに十分な敬意を持っているとは言えず、敬意は表されて当然のものと考えることはできない。試練と競争の毎日が繰返されていく。集団内におけるステイタスは絶えず調整されている。この力が働いているため、互いに友好関係にあるブルたちは、比較的平穏な生活が送れるのだ。

お前を守ってやる

集団内で身を立てていく過程で、タイリーにはマリックという友達ができた。マリックはタイリーと同じ十五歳、体格的も似たり寄ったりで、二人は丁度よく釣り合いが取れている。どちらの若者も、グループの中心からは外れた存在で、いまだメンバーとしての地位も確立されていない。二人は他の少年との対決は経験済みだが、互いを相手に争ったことはない。これは重大な点だ。なぜなら、喧嘩は、この地区で暮らしていくにあたって、つまりこの地区の公共空間を支配している諸集団の中に名を連ねるにあたって、かくも重要な部分を占めているからだ。腕っ節の強さや、究極的には敬意自体も、大方、社会秩序の中でお金のような働きをするものである。自分の縄張り——自分の住む地区——を、よその地区のブルたちから防衛、保護する役割を自任する少年たちは、そうすることで、その場所を自分の領地だと主張している。つまりその地区で誰が何をしようと全て自分たちの管轄内で起こっていることであり、よそ者の手出しは無用だと、知らしめているのである。若い女性が絡んでいる場合は特にそうである。

マリックとタイリーは行動を共にしている。市内を横切って遠出するときも一緒だ。二人は、時にはギャラリーへ、三十番通り駅へ、あるいは他のブルたちが支配するステージングエリアへと出掛けていく。よその地区に行けば、誰かが一瞬のためらいもなく、いきなり襲ってくるかもしれない。自分の地区の外を歩いているとき、その者の首には、事実上懸賞金が懸けられていることがあるというのがその主な理由だ。要するに、名を揚げようと狙っている誰が、栄誉を求めて、あるいはGP——原則——にしたがって、よそ者たちをいきなり襲ってこないとも限らない。だから、他人の妨害を受けずに安心してよそを歩くために、あるいは自分たちは安全だと信じるために、マリックとタイリーはたいてい、俺たちに「ふざけた真似はさせない」——俺たちには手出しできない——と言わんばかりに、悪党に見えるような、あるいはかっこよく見えるような服装で歩く。彼らは危機に備えるべく、自分たちは真剣そのもの、「俺らに近寄る危険だぞ」と周囲に印象付けようとしている。自分の住む界隈を離れるときには、二人は自分の警護を互いに託している。そしてこの重大な責任を負うことにより、彼らは強く結ばれ、「親密に」なり、時には「兄弟のように」あるいは「従兄弟のように振る舞う」。

このような架空の親族関係を築く二人の少年の間には親密な結び付きがある。二人は互いの警護にあたる覚悟があり、進んでその役割を果たすだけでなく、必要なときには相手を庇ってやるつもりもあるほど親密だ。しかし、この関係はいつも単純に働くというわけにはいかない。

例えばある日、マリックとタイリーが自分たちの住む地区の通りを歩いていて、若い女性たちの一団に出会ったときのことである。タイリーは、彼のいつもの流儀で、その中の一人の女性に「話しかけ」、「言い寄ろう」とする。自分の会話戦術を試しているのだ。若い女たちを前にしたときにはありがちなことだが、少年た

関係におけるルールなのである。対決を通じて絆を完全なものにした二人は、再び一緒に歩くことができる。今度、誰かがマリックに襲いかかろうとでもしたら、タイリーが友の援護をするだろうし、二人の立場が入れ替わっても同じことである。はっきり言わずとも二人の間には互いの警護は引き受けるという合意がある。この非常に強い——そしてインナーシティで生きるにはなくてはならない——期待に添った行動が実際取られたとき、強力な信頼の絆が形成され、さらに助け合いが繰り返されていくと、結束は一層固くなる。本質的に、誰かと「友好関係を築く」とはこのことを意味する。そしてこの話が広まると、二人それぞれ、より大勢のブルたちと、より友好的なつき合いができるようにもなるのだ。

男らしさと度胸

タイリーやマリックたち若い男性たちが抱えている、敬意やアイデンティティに関連する懸念の多くは、彼らが暮らす地区のストリートでは、「男らしさ」の概念の中に表現されるようになってきている。ストリートでの男らしさとは、見知らぬ人々、他の男性、女性たちに関して、男として特権的な役目を引き受けていること、つまり男として認められた存在であることを意味する。また身体的に強く、ある種無慈悲な性質を備えているという意味もある。インナーシティに暮らす男たちが、男らしさをこのような概念と結び付けるのはなぜか。答えの大部分はその実用性にある。つまり、ある人の男らしさに対して人々がほとんど尊敬を払わない場合、まさに彼自身の命と彼の大切な人々の命が危うくなる可能性があるのだ。しかしこの状況には、鶏が先か卵が先かと考えさせられる部分もある。すなわち、男らしさが敬意と結び付けられているからこそ、余計に、公共の場における身体的安全が危うくなる可能性が高まっているのである。別の言葉で言えばこういうことになる。男らしさの概念と人の自尊心の間には、すでに実存的結び付きが出来上がってしまっているため、もはや二つのうちどちらが先んずるとも言い難くなっているのである。インナーシティの多くの若者たちにとって、男らしさと敬意は表裏一体である。彼らにとって、身体的な充足感と心理的な充足感は切り離せないものであり、そのいずれも自分が周りを支配し、掌握しているという感覚を必要とするのである。

男ならば、特に「本当の」男ならば、他の男たちが知っていること——ストリートのコード——を知っていなければならない。多くの若い男性たちは、実際この前提の上に立って生きている。そして本当の男でない者は、人としての評価が落とされる。また、コードはそれ自体ある種の正義を持つものであるとされている。

なぜなら誰もがそれを学ぶ機会はあると考えられているからであり、したがって本人の責任においてコードをよく理解していなければならないのだ。もし強奪の被害者がコードを知らずに「間違った」反応をすれば、犯人は彼を殺すのも正当な行為だと感じるかもしれない。そして良心の呵責にさいなまれることも、あるいはそういった感情を見せることもないかもしれない。彼の心の内はこんなものだろう。「お気の毒にな。だが悪いのはそっちだぜ。ここの掟をわかってなかったんだからな」。

危険を承知で外に出ていくのなら、コードに則って行動しなければならない。コードは盾のような働きをして、他人から手出しされるのを防いでくれるものである。インナーシティの犯罪多発地域にいると、実際にはそうではないときにも、すぐに、他者に挑まれている、あるいは試されていると考えてしまう。ここではあらゆるやり取りにおいて、ストリートで極めて高い価値があるもの——敬意——が危険に晒されているからであり、それゆえ人々は、難局を上手く乗り切ろうと必死になる。特に見知らぬ人間が絡んでいる場面では失敗できない。コードをよく知らない人間——一般にはインナーシティの外に住んでいる人々に——にしてみれば、ごくありふれたやり取りが行われるときにも敬意が問題にされているというのは、恐ろしいことでもあり、また理解し難いことでもあるだろう。しかしコードに傾倒している人々は、見知らぬ人々に自分の男らしさを試してやろうなどと考える余地を与えること自体阻止しようという明確な目的をもって、行動しているのである。他者の行動を阻止する能力があれば、自分の力を実感できる。こう実感できることは、コードを知っているがそれほど強く傾倒しているのではない者たち、つまりインナーシティに住む良識派の若者たちにとってさえも、魅力的なものになりうる。そのため、基本的には良識的暮らしを送ってきている少年が、苦しい状況に置かれたとき、突如、極端な暴力的行動に走ることがあるのだ。

男らしさという問題の中核を成しているのは、尊敬を集めるための最も有効な方法の一つは度胸を見せつけることである、という広く信じられている考えである。他人の所有物を奪うこと、他人の女にちょっかいを出すこと、最初に殴りかかっていくこと、「口論を吹っ掛けること」、それに銃の引き金を引くこと。こうした行動で、男は度胸のあるところを見せている。度胸を然るべき方法で見せつけていれば、彼に暴行を働こうとする者たちを思いとどまらせる一助になるし、また、こうして築かれた評判は、今後他者から挑戦を突き付けられることを未然に防ぐ働きをする。しかしこうして度胸を見せつければ、その受け手の立場の人間に対する軽蔑の意をはっきりと表現したことになる。そのため、犠牲になった側は、激しく憤り、同じ程度、もしくはより大きな力で報復しようとするかもしれない。度胸を誇示すれば、命が脅かされるような反応が簡単に誘発されることがある。この背景的知識も、男らしさの概念の一部である。

真の度胸があれば、死をも恐れぬ態度を見せるものである。多くの人々が、敬意に関する問題で争い、死の危険を冒すことは、許容範囲内だと感じている。現実に、筋金入りのストリート志向の者たちの間では、侮辱を受けるよりは、暴力による死を遂げる危険を冒すほうがましだという考えもあるのだ。状況次第では他者の命を奪うことも辞さない姿勢を周りに伝えることで、自分がストリートで力を握っていると実感できる。良識志向でもストリート志向でも、多くの若者が、こうした印象を作り出そうとしている。一つには、人にこうした印象を与えることができればそれが実際に自己防衛上の価値をもつからであり、また、そうすることで自己を肯定的にとらえることができるようになるからでもある。良識派の若者とストリート派の違いは、前者はたいていコードの切り替えができるというところにある。つまり、別の状況に置かれているとき——例えば、教師と接するとき、あるいはアルバイトの最中——には、良識派の若者であれば、礼儀正しく控え目な態度も取るだろう。徹底してストリート志向をもつ若者は、男らしさの概念をすでに彼自身のアイデンティティの一部に埋め込んでしまっている。それを操ることは困難なのである。

ステージングエリアになる学校

インナーシティにある学校は、一般社会の伝統的価値観の前哨地点である。暴力、ドラッグ、犯罪が蔓延する貧しいインナーシティのコミュニティの中に位置する、人種的に隔離された学校では、ストリートと良識派の力がせめぎ合っている。低学年のうちは、ほとんどの児童は学校を正統なものとして受け入れ、学ぶことに熱心な姿勢を見せる。ところが時間が経つにつれ、子供たちは、自分が生きていく公的環境で大事な意味をもつことになる敬意を勝ち取るためのキャンペーンにひたすら勤しむようになり、ストリートのコードをどんどん自分ものにしていく。四年生になる頃までに、たくさんの子供たちがストリートのコードと共に生きることを選んでおり、ストリートのコードが学校文化の強力な競争相手となり始めるほどに浸透している。そして、学校の外ばかりでなく学校内でも、ストリートのコードが子供たちの公共文化を支配し始め、これが多くの子供たちにとっての生きる方法になり、ついには学校文化自体と融合してしまう。このような道を辿る学校は、敬意を勝ち取るためのキャンペーンが展開される最も重要なステージングエリアになっている。

このような社会的状況の中で、良識派の子供たちはコードを切り替えながら生きることを学んでいく。一方、ストリート派の子供たちはより一層、専らストリートの世界に身を捧げるようになっていく。このように道が分かれるのは、すでに述べたように、永続的な貧困や、社会的孤立や疎外感など居住地域がもたらす影響の作用であるところが大きいのだが、それと同時に、家族背景や、どのような同輩、役割モデルに囲まれているのかといった要素も深く関わっている。疎外された状況にある多くの若い黒人たちは、学校に通って良い成績を取ることを、白人の行動を連想させるものとして否定的にとらえている。本質的に黒人社会であるストリートの世界で生きる者は、タイリーのケースで示されたように、社会的にも身体的にもゲットーのストリートで上手くやっていく力が自分にあることを他者に見せつける必要性を強く感じるようになっていく。このことはそれ自体で、コミュニティの力強い価値観になっている。この「ストリートの知」は高く評価され、子供たちはそれを追求するようになり、すでに身に付けている者が尊敬を集める。こうした態度が顕著になり始めると、ついには、学校の使命を蝕んでしまうとは言えなくても、それと競うようになっていくのである。

年を追うごとに、近所を歩くときの保身に役立つだけでもと期待してストリート志向を取る生徒がどんどん増え、学校は力を失っていく。しかし、ストリートで行われていることは、頻繁に教室に持ち込まれてくる。最も厄介な生徒たちは、同輩たちに背中を押されて実際に行動を起こし、教師を引っ掛け、権威者たちを試してやろうと弱みを探る。特に気候が穏やかな季節には、上級生たちの多くが学校をさぼりがちになる。あるいは全く学校に現れなくなる。実際、ストリートの活動に時間が取られてしまうのである。学校にいたとしても、彼らは授業に出ないで廊下をうろうろしている。そこでの人との遭遇は、たいてい、ストリートで誰かと遭遇するときと全く同じで、緊張、喧嘩がつきものである。

ストリート志向が極めて強い子供たちは、精神の健康状態に問題を来しているのかもしれない。親に虐待された者。鬱に悩まされている者。最も重い問題を抱える子供たちは、教師と喧嘩したり、ナイフや銃を学校に持ち込んだり、周りの人々に脅威を与えたりもするかもしれない。ここで重要なのは、恵まれていない状態と怒りの感情がどう働いているかということだ。この激しい競争社会では、最も恵まれない若者たちは、簡単に感情を害し、時には自分の同輩たちに嫉妬する。この子供たちは自分が嫌な気分を味わいたくないがために、周りの者をこきおろして、自分の気分を高めるかもしれない。よく取られる方法は、人を「あざける」、あるいは「侮辱する」というものだ。時には相手が涙を見せるところまで、言葉で他人をからかうのである。最も容姿の優れた少女たちが、周りの嫉妬から、やっつけられてしまうこともある。そこいら中に溢れた妬み、嫉みの感情から簡単に喧嘩が勃発し、儀礼的な「嫌がらせ」に始まり、最後には真剣な体を張った争いに発展して事態が解決されることになる。その後、嫌がらせする権利の交渉が行われ、嫌がらせ、いじめを仕掛けることが許されるのは誰なのか、その対象にされるのは誰なのか、それはいかなる状況において行われるのかが決められていく。本質的に、若者たちが必死になって得ようとしているのは次のものである。すなわち、地位、自尊心、そして究極的には他者からの尊敬である。

このような状況の下で、学校はストリートへのステージングエリアへと変質させられている。その意味するところは極めて奥深い。学校は、子供たちが自己を表現し、自分がどこから来た人間なのか示し、同輩たちと同等の立場を保つか、あるいは自分が上に立とうとして競う場になっているのだ。問題の多い学校は一般に永続的な貧困に見舞われた環境の中あるため、いつも暴力と隣合わせだ。こういった貧困地区では、価値あるものが欠乏している状態が常であり、そのため、競争心が社会環境の特徴に加えられている。しかしここで狙われるトロフィーは学業とは無関係である。これはストリートにおけるトロフィー、特に敬意を懸けた争いなのである。この競争では、喧嘩する準備が整っているだけでは不十分だ。若者たちは見た目にも大いに気を使わなければならない。あるべき外見とは、古ぼけた「ぼろぼろの」服や、履きつぶされ、汚れた、あるいは流行遅れのスニーカーを「身に付けていないこと」を意味する。自尊心は非常に脆いものであり、言葉一つで奪われてしまうかもしれない。子供たちは、今ある自信を必死に守らなければならない状況に常に置かれているのである。社会生活はゼロ・サムゲームのシナリオに沿って進んでいる。よって「お前が自分の持っているものを見せつけてくるって言うことは、俺の取り分が少なくなるっていうことだ。やってくれるじゃねえか。一体何様のつもりだ?」という台詞が吐き出されることになる。良識派の子供たちは、ストリートの子供たちを模倣し、ストリートの流儀で行動する。これがしばしば教師たちを混乱させる(いずれ彼らの雇用者になる可能性のある人々や、警察も、良識派の子供たちをストリート派から区別できずに混乱するかもしれない)。教師たちの中にも、二つのグループを見分けられない者がいる。子供たちの服装、外見、偉そうな歩き方に閉口した教師たちには、その裏にある引っ込み思案な子供の姿を識別することができない。教師たちが若者の大部分を「ストリート」派に分類してしまうのは、あるいはこのためなのかもしれない。

確かに、こうした生徒たちの振る舞いの多くの部分は純粋に自己防衛のためのものなのかもしれない。これは社会的エネルギーを大量に消費する。この状況では、最も弱いプレーヤーが犠牲になる傾向にあり、本来の学校の役割は妨害されてしまう。注意の目が届かなければ、早晩、ストリート分子（それに「ストリート」派になろうとする者たち）が、学校とその周辺地域を支配してしまう。最も深刻な問題を抱えた学校では、ストリート分子があまりにも強大になり、ここで生じた問題や事態は死をもってしか解決できなくなる。それでも、ほとんどの若者たちの心は良識的価値観に向いているのだが、ストリート分子が支配的になると、彼らもまた、ストリート派の物腰、外見、自己表現方法を取り入れて、敬意を勝ち取るための活動を展開しなければならないと感じるのである。この状況では、良識派の子供たちは、たいてい、自分の威信を維持しようと必死にならざるをえない。例えば、すでに紹介した十五歳の少年の行動パターンは、自分の家を出て角を曲がり、母親から姿が見えなくなったところで、「ださい」服を脱ぎ棄て、黒いレザージャケットを身につける（こうしてストリートの風貌に変わる）というものだった。さらに彼は、自尊心と同輩たちから表される敬意を保つために、学校に向かう道すがらジャケットの下に教科書を隠して、ストリート派を装おうと努めていた。

学校の外にいるときも中にいるときも、若者たちは、自分は誰か、何者であるのか、今後どうなっていくのかをはっきりさせていくことに関心をもっている。彼らは様々な仮面、役割とたくさんの脚本を試してみる。上手くいくものもあるし、いかないものもある。では、彼らのアイデンティティ探しにおいて、良識派とストリート派はどんな役割を演じるのだろうか。またそれ以外の人々はどんな役割をもつのだろうか。若者たちはどんな成長段階を経ていくのだろうか。こうして形を成していくアイデンティティの「経歴」とはどのようなものなのだろうか。

学校での若者たちのやり取りを観察し、彼らと対話していくと、学校で権威を握っている人々が、若い人々にとってどれほど重要な存在か明らかになってくる。しかしこの権威者たちは、全く異質な人々、分かってくれない人々、と見られていることがあまりにも多い。教師や学校管理職にある人々は自分たちの権威が果たして真面目に受け取られているのか懸念している。彼らの権威は、真っ向から挑戦を受けているのではないにしても、いつ奪われてもおかしくない状態にあるのだ。

若者たちは、当然、教師たちから与えられる特権や褒賞のみに基づいてアイデンティティを育てていこうとしてはいないのだが、こういった原動力もある程度は存在する。多くの場合、生徒たちは、学校機関もそのスタッフも自分たちの示すストリート的要素を受容する気は全くないのだと認識している（そしてこの認識は多かれ少なかれ的確なものだ）。ストリート派と闘おうとするとき、教師たちは、良識派をストリート派の子供から区別できないことも手伝って、良い生徒も悪い生徒も一緒くたに扱ってしまうかもしれない。そして、一般にストリートの象徴とされる特質を見せる生徒はすべて敵対者とみなしてしまうのである。このとき教師たちの関心は、教えることと同じ位、生徒たちを支配することにあるのかもしれない。

これに対して、良識派の子供たちは、コードを切り替える能力をより一層重視し、学校の建物の内と外で、別の行動様式を取ろうとする。しかし、すでに示したように——とりわけ、敬意を求める活動の只中にいるときには——二つの役割は、しばしば溶け合い、どちらの環境でも妥当だと考えられる同一の役割に統一されることがある。この混乱状態が見逃されてしまうと、学校の場での躾は、特に「上手く罰を逃れる」と思われるような子供たちに対しては、なかなか機能しなくなってしまう。

教師や学校スタッフには敬意のある扱いは望めないと確信すると、生徒たちは別のところに目を向ける。その先は典型的にはストリートであり、他の者たちにも自分に従うように促す。この傾向は、自分には得られないものが、白人のように振る舞うかどうかという基準によってのみ与えられているように思われるときに、特に強く現れる。こうして負け惜しみの態度でストリートに向かうのだが、そこで、若者たちの心は——特に文化的にまだどちらに転ぶか態度がはっきりしていない者たちの心は——いわゆる敵対文化と呼ばれ、彼らの「黒人アイデンティティ」と混同されるかもしれないものに、強く傾いていく。この決意によって、疎外された生徒たちは、自分たちの都合に合わせたやり方で、自分たちが支配できる世界の中で、敬意を求めて活動していくことができるようになる。

深まる社会的孤立の影響を受け、子供たちは疎外という基本的問題に直面している。多くの生徒たちは、学校の果たす役割や、外界と学校の役割との繋がりになど全く理解を示さず、その状態に満足している。その上、生徒たちは、学校にきちんと通い、その後上手くやっている黒人の成功を目にすることがほとんどない。

学校の使命が、子供たちが感じている彼らの使命と食い違う状況では、教育の効果は弱められてしまう。学校を受け入れれば、屈服して白人のように振る舞い、ストリートの価値観を捨てて他のものを選んだということになる。しかしこの他のものの価値が、子供たちに十分に説明されることはなく、子供たちが、ストリートの生き方を捨てて学校のイデオロギーを受け入れたいと思うようになることもないのである。主流社会の前哨地であるこの場所では、そのメッセージを子供たちに伝えようとする試みがなされているのだが、この環境では主流社会への敬意などほとんど表されない。実際、ストリートのコードやその延長線上にある敵対文化は、伝統的な価値観と非常に激しく競い合っている。若者たちが、学校とそこに働く人々に自分たちを受容するつもりがないとみなすようになると、敵対文化を自分のものとして抱くことが、彼らの自尊心を救う方法としてより重要になる。学校の使命は蝕まれないまでも、それに対する異議が唱えられているのである。

疎外された黒人の生徒たちは、敵対的な役割を非常に効果的に演じているため、しばしば、不満を募らせている他の生徒たちの手本になっている。彼らがそうするのは、彼らが白人文化と深く対立しているからであり、また自分たちは明らかに違うとの見方ができているからである。しかし他の疎外された生徒たちが彼らを模倣するのは、彼らの示す手本があまりに強烈であるためなのかもしれない。

ストリートの文化は引き下がることを許さない。若者のための学習センター（フィラデルフィアの少年留置施設）に集められた少年たちが、喧嘩に代わる争い解決法についてのビデオを見せられたとき、彼らはただ首を横に振るばかりだった。決して引き下がることはできない。それを彼らはわかっているのだ。引き下がれば、踏みつけにされるだけだ。タフでなければならないのだ。恐怖心を見せれば、他人につけこまれる。だから、自分は強く、「完全無欠な男」だという印象を常に与えていなければならない。教師でさえも、恐怖心を覗かせれば攻撃を受けやすくなり、子供たちに精神的にやっつけられてしまうかもしれない。こういうことが実際起これば、子供たちは自分たちの勝利を知ることになる。よって教師たちと生徒たちは敵対関係にあるのだ。教師の役割は子供たちを大人しくさせておくことである。生徒の役割は行儀よく振る舞うか、もしくは教師をやり込めるようとすることだ。

学校は、ある意味では、コミュニティの縮図である。警察や規律の執行者たちが巡回しているが、子供たちは廊下を堂々と行き来し、友達との付き合いを楽しみ、ドラッグの売買さえする。学校の外でも中でも同じことが進行している。それでもまだここは、比較的秩序が保たれていることが期待できる安息の場である。

良識派の子供のジレンマ

インナーシティに住む良識派の家族の子供は、五歳から八歳位の間に訪れる、成長段階における非常に重要なある時点で、家を離れ、家族の目が届き直接的な支配が及ぶ範囲を出て、ストリートへと踏み出していく。ここで子供たちは、ストリートの要求に対処していきながら、家族とは離れたアイデンティティを築き始める。子供たちはこの環境の中を泳ぎ回って「自分を探し」、「本来の自分」になろうとしながら、自分の位置付けを見つけ、他者と友好関係を築き、場の状況に順応していく。本質的にこの子供たちは、ストリートで尊敬を集め、それを維持していく一方で、良識的であるという評判も得たいというジレンマに直面している。

子供たちはたいてい、家庭で教えられていることと、ストリートで発見することの間に何らかの対立があることに気づく。子供の家族は、しばしば我が子がどんな子供たちと遊んでいるのか若干心配するようになる。この段階で、子供の同輩集団が極めて重要なってくる。多くの場合、子供は仲間に入れてくれる集団ならどんなものにでも入り、行動を共にせねばならない。こうして良識派の家庭出身の子供は、いとも簡単にストリートに吸い込まれてしまうことがある。そしてコードを切り替える術を学び、家にいるときと、同輩たちと一緒にいるとき、それぞれ違う顔を見せるようになるかもしれない。

多くの子供たちは長い時間、一人で放って置かれる。「兄貴たち」、「いとこたち」、それに家族のご近所さんなど、近くに住む他の人々が子供たちの面倒を見るように促されていることもあるだろう。しかし同時に子供たちは、自分で新しいことを試し、自己を発見し、自立していくことを望んでいる。子供は、同輩たち、いとこたち、年長の子供たちという形で現れるストリートに遭遇し――そしてその経験を吸収し始める。

多くの住人たちの見るところでは、ストリートの悪い部分を体現しているのは、タイリーに嫌がらせをしていたブルたちのような、若い男たちの集団である。これらの若い男性たちは、失業や家族崩壊によって荒れた家庭の出身者であることが多い。彼らは、ストリートで人との触れ合いを重ね、タイリーとマリックがそうしたように、自分と同じような他の若者との間に「家族的」絆を作っていく。こうして形成された集団は、貧困のために著しく困難な生活を余儀なくされている若者たちを引き付けるだけでなく、その他の若者たちにとっても極めて魅力的なものである。公共空間を支配しているのはこれらの集団であり、若者は誰でも彼らと何とかやっていかなければならない。良識派の若者であってもそういった集団と折り合いを付けていかなければならない。

これらの良識派の若者たちがストリートとの間にもつ繋がりは、強制されたものというだけでは片付けられない。彼らはたいてい、自分を価値ある存在だと感じたいと切に願っている。そしてこの目的を達成するためには、ストリート集団と折り合いを付けるだけでは不十分である。彼らは実際に、ストリートを受け入れなければならない。タイリーがそうしたように、公共空間を支配している人々と友好関係を築く必要があるのだ。自分がどれだけタフか、自分に襲い掛かるのはどれだけ難しいことなのか、どれだけの狼藉を甘んじて受けるか、他の人々に教えてやらなければならない。一方この他者たちが知りたいのは、何をすればこのような人物はむっとするのか、どうすれば彼は激怒するのかということである。その答えを見つけ出すために、彼に対決を挑むかもしれないし、彼の家族を侮辱するようなことを言い、彼の限界を試すかもしれない。最も良識的な若者の中には、あっさりと限界点に達してしまう者もいる。そうして、自分にとって大事なものは何か、自分の人となりはどんなものか、他者に見せてしまう。そしてその後には対決が続くことが多い。若い男たちの言い方では、「ショーの始まりだ」。

このように、ストリートは、少なくとも公共空間は、若い人々にとって極めて重要なものである。地域社会における自分自身のアイデンティティを作り上げていく過程で、彼らが関わっていくのがこれらの場所だからである。ここで形成されたアイデンティティは、学校、教会、職場、将来の家族生活など、彼らの生活における他の重要な領域にも持ち込まれていく。これは良識派、ストリート派の別を問わず、この環境にいる全ての子供たちにとって問題になることである。地域で最も良識的な子供も、ある時点では、いくらかストリートに傾倒する姿勢を見せなければならない。

コードのもとでの生活は、ルールに則った一種のゲームのようなものと考えてもよいかもしれない。ルールはすでにはっきり定められている部分もあるが、その場で現れてくるものもある。若者はゲームのルールをよく知っておくように、しかもそれを生活のメタファーとして使うように促されている。そうしなければ、疎外感を味わい、周縁に追いやられ、ついには襲い掛かられる危険を冒すことになる。そこで若者は自分の特定の役割を演じ、ゲームに、もっと限定的にはストリートの知によく通じているところを見せようとする。こうして他の者たちに対し優勢になろうとする。

子供は上手な遊び方を学ぶことが必要だ。これができるかどうかは、彼に助言を与えてくれる者は誰か、近所にどういう友達がいるか、それらの人々がその子にどれだけ関心を示し、どれだけ助けてくれるかということと、強く関わってくる。その子がどれだけ「良い」子かは、彼の出身地区がどれだけ「悪い」と見られているかということと、大方一致する。その地区が荒っぽいと見られていればそれだけ、彼が出会うよそ者たちの心の中で、彼の威信は増すのである。また、タイリーのケースで見たように、この威信は、新参者たちに挑戦状を突きつける。

良識主義を前面に押し出している若者たちは、一般にストリートではあまり敬意を表される対象ではない。良識的振る舞いや「いい子」の態度は弱さの印と受け取られ、時には、他者に「襲い掛かられ」、「試される」という事態を招く。いい子の振る舞いを見せれば、意気地なし、喧嘩もできない弱虫、襲い掛かるターゲットと目される危険を冒すことになる。尊敬を集めるには、誰かにたった一度襲い掛かっただけで必ずしも十分というわけにはいかない。集団内で支配のパターンを確立するために、たいてい、この行為は繰り返されていく。名を揚げようとしている若者たちは、襲い掛かるターゲットを一生懸命探している。一度得られた名声は、維持されなければならず、時には意識的に守られなくてはならない。名声の持ち主はその評判を裏切らない行動を取らなければならない。そうでなければ、他者の挑戦を受けることになるのだ。揺るぎない評判があれば、他者がもたらす危険をかわしてくれる。このような文脈においては、自尊心が低く、社会的助けもほとんど得られず、かつ暴力には消極的であると周りに認識されている良識派の子供たちは、特に襲い掛かられやすく、時折彼らが敗北を喫し、その結果服従することになると、これが他者の評判を上げる材料になる。

自分の名誉になる闘いを重ねていくと、すっかり自信をつけた勝者は、今度はすでに名を成している者に挑んでいくかもしれない。敬意を求めて必死にキャンペーンを続けている少年にとっては、そのような人物を倒すことが究極的なトロフィーをもたらしてくれるのかもしれない。しかし、彼もおそらくは、まずは良識派の少年に襲い掛かるところから始めるだろう。本来は良識志向の少年たちも、自分を守るために、ストリートにより傾倒している者たちの模倣に走ることがある。ストリートや学校の廊下で、時には、彼らも「ストリート派の外見」をまとい、ストリートのユニフォームに身を包む。それだけでなく、ふんぞり返って偉そうに歩き、汚い言葉を使うなどして、「悪の路線を狙った」行動を取ろうとする。これらの努力は全て、尊敬を勝ち得るためになされるものである。こうして彼らがストリート派の側面を見せると、同輩たちの目だけでなく、将来彼らの雇用者となるかもしれない人々や教師たちなど外部の人々の目から見ても、そしておそらく当の若者本人たちから見ても、ストリート派から良識派を区別しているラインがぼやけてわかりにくくなるかもしれない。とはいえ、人々をこのように混乱させることは、多くの場合、当人たちの望むところなのである。

この環境の中で、つつがなく暮らしていくためには、敬意が払われていることは不可欠である。良識派の子供たちの多くは上手く調子を合わせ、状況の要求に応じてコードの切り替えをする。しかし時折、良識派の子供はどちらの方向に進めばよいかわからなくなり、無表情になって、どっちつかずの態度を見せることがある。運の定めるところにより、その筋の同輩たちに引き寄せられて、よりストリート志向の強い同輩たちの「かっこいい」振舞いに感銘を受けすぎてしまうかもしれない。先ほども述べたが、このような若者はおそらく人から十分な敬意を払われていない状態にある。一般に、良識的価値観や行動はあまり尊重されないからだ。このような若者は、ストリート集団の中でも特に熱心に勧誘を行うメンバーの力で、彼のグループに引き寄せられていくかもしれない。しかし、誘いをかけられた良識派の若者の目にも、得難い社会的受容の機会は魅力的なものに映っているかもしれない。遊び場や教室であちら側にいる人々と友好関係を築くチャンスなのである。それでも、この若者は、与えられたこの機会にためらいがちに近づいていくかもしれない。このような子供たちは、これまで、親、教師、学校の権威者たちから「悪い連中と関わるな」と何度も忠告を受けてきているのだ。

こういう環境で、その時々の状況に応じて、良識派の子供はストリート文化、ストリート集団の流儀の味を知ることになる。ストリートの流儀は――慣習的な世界とは常に対立関係にあるものだが――彼に「利益をもたらして」くれるのである。彼はこれから与えられる敬意や友人関係への期待も膨らませているが、特に彼を満足させるものは、彼が初めて経験する他者から示される服従の姿勢であるかもしれない。この「排他的小集団」に受け入れられるチャンスは、みすみす逃してしまうにはあまりに魅力的だ。早晩、良識派集団は、子供たちを引き留め、引き寄せる力を少しずつ失っていく。ストリートと社会的受容の味わいは、同時にその子供により大きな自尊心をもたらしているかもしれないのだ。

それと同時に、十五歳の少年であれば、大人になる、男らしさを身に付けるという問題に直面している。このとき彼は、新しく発見した自分の大きさ、強さを試し、社会的尊敬を勝ち取るゲームの中でそれらが彼に何をもたらしてくれるのか確かめようとする。もし彼がそれまで、力のない相手に執拗に叩きのめされ、小突き回されるという役回りを演じてきていたとしたら、今こそ抵抗を開始するときかもしれない。彼が思春期を迎えて急な発育を遂げ、かつて彼をいじめていた子供たちより体が大きくなっている場合は特に、彼は力強く立ち上がる。彼はかつてのいじめっ子たちと、今までとは異なる関係を築き始める。タフな男たちの集団と新たな友好関係をもつようになったことに支えを得た若者は、自分が新たに獲得した強さを他の人々を相手に試してみたくなるのかもしれない。新たに知り合った人たちの助けを借りて、彼は自分自身に対し新しい見方ができるようになっている。そして今や、周りの人々も彼に対して違った見方をしている。十分な尊敬を払われておらず、もっと尊敬を集めようとキャンペーンを展開している途中にある彼は、他のストリート派の子供たちを相手に自分の新しいやり方を実践してみようとするだけでなく、彼がよく知っている良識派の子供たちに対してもこの方法を試す。そして、まだ暫定的なものであるにしろ、彼の新しいアイデンティティに対して社会がどう反応するかに注目する。好意的反応に励まされれば、彼は悪の路線を狙うことでステイタスを掴んでいく。このとき彼は、社会的支持を獲得することによって、新しいアイデンティティを試し、作り上げていく。こうして自信をつけていくと、彼は古い問題に決着をつけ、おそらくさらに挑戦相手の範囲を広げていくだろう。そして彼は、人として変化を遂げるのである。

かつて彼が求めていたのは人に好かれることだったとすれば、今の彼が求めているのは他者に恐れられることだ。ストリートのコードでは、好かれるより恐れられることのほうが大事なのである。ここで彼はストリートの子供たちを手本にし、どうすれば他者の心に恐れを植え付けられるかに注目している。そして自分の成功の経験に後押しされて、そのままこの方向に進んでいく。彼はストリートで悪の路線を狙い、他者に挑み、喧嘩を売り、さらに、長老たちの言い方では「駄法螺を吹く」。ほぼこの位の時期に、この若者の成長をずっと見守ってきた長老、つまり近所に住む良き助言者が、「彼に必要な情報を与える」かもしれない。つまりここで口を挟み、このまま態度を改ためなければ彼にどんな運命が待ち受けているのか、忠告を与えてくれるかもしれない。しかし今日、こうした介入は、以前ほどは行われなくなっている。多くのゲットー・コミュニティで経済の混乱や社会的苦境が広がった結果、一般現象として、そうした助言者たちがその役割を離れてしまったというのがその主因である。放任された少年は軌道修正することなく、さらに自分のスキルに磨きをかけ、敬意の味を覚え、もっと要求水準を高める。これが彼に利益をもたらすと、彼は次第に自分自身についての姿勢を変えていく。これまでの彼は、悪の路線を狙うときには、コードの切り替えを行っていた。しかし新しい彼が、自分と自分に属するものを守るためにストリート流の構え見せるとき、あえて見せかけの態度を取る必要はなくなっていっているように見えるのだ。

この「大人になる」プロセスは、親、教師、コーチなど、その子の人生において重要な意味をもつ大人たちとの関係に影響を与えていく。かつては宿題をする子供だった彼も、今は、以前より宿題に関心を示さなくなっているかもしれない。また、教師たちの言うことをきかないという問題を見せるようになっているかもしれない。成績にも影響が出始めるだろう。母親に買い物などのお使いを頼まれても、抵抗するようになる。人に言われた通りのことをしなくなっていく。そして権威をもつ人々に口答えすることが多くなっていく。ゆっくりと、彼のスタンスは変化していく。かつて協力的な子供だった彼は、やがて敵対的なスタンスを取る子供に変わる。言い争いが発生する頻度が増していく。

彼を傍らで見ている人々は、彼の変化を明らかに感じ取っている。この人々もかつては、良識的ないい子、という自分たちが彼に対してもっていたイメージを信じていた。しかし彼に最も近しい人々、特に母親、おばやおじ、近所の大人たちといった子供の頃の彼を覚えている人々は、自分たちの知る、愛すべき彼の人物像以外は受け入れない。つまりこの大人たちにとっては、この若者は昔と同じ彼なのであり、この少年が犯したと言われる悪行について聞かされても、たいてい信じようとしない。

一度このようなストリート志向の人間がしっかりした立場を築くと、あるいは名を揚げると、コードを切り替えるのには消極的になっていく。今の彼にとっては、コードを切り替えているところをまずい人間に見とがめられることによって、失うものが大きくなっているからである。「白人たちや頑張っている黒人たち」のご機嫌を取るために裏切り行為などしたくないのだ。ストリートで彼が尊敬を集めているのは、彼がまさにこの一般社会に抵抗しているからこそである。コードを切り替えて元に戻るようなことがあれば、悪党だという彼の名声や評判に傷が付く。ここでは、非常にたくさんの若者たちに共有されている疎外感それ自体に命が吹き込まれ、役割が与えられる。ストリートのコードに深く関わって生きている者たちは、時々、他者に転向を勧めて回り、自分たちに加わるように迫っている。(良識派の子供たちがストリートの子供たちに向かって、「おい、俺たちの仲間にならないか?」と呼び掛けているところになど滅多にお目にかからない。)よく聞かれる誘い文句は、「おい! いつになったら儲け話に乗ってくるんだ?」(「いつになったら俺たちのところに来て一緒にドラッグを売るんだ?」という意味)というものだ。

これと対照的に、強い良識派志向をもつ若者たちは、社会的疎外の結果がそこかしこに広がる環境で生活しながらも、その犠牲になることを避けようと努力している。十八歳になるリー・ハミルトンの経験は、どうすればストリート志向の環境の中で尊敬を集め、しかも良識志向を失わずにいられるか、という難題を映し出している。

リーは、兄二人と妹一人と共に、貧しいインナーシティのコミュニティで育てられた。父親はしばらくの間、彼らと一緒に暮らしていたが、酒に溺れ、子供たちを身体的に虐待するようになった。ついに父親は家を出たが、近所からいなくなったわけではなかった。十代初めの頃、リーは父親のところに行けばお金をもらえることを知ったが、会えばいつも口論になった。少しの間、リーは父親と仲良くして喧嘩を避けようとした。が、それも父親がそのことにまた腹を立てるまでしか続かなかった。

そうこうしているうちに、リーの兄はストリートへと引き寄せられていき、強盗の罪を犯して刑務所に入ってしまった。このことは母親を非常に深く傷つけた。彼女は看護師補助として働き、教会に通う女性である。リーは母親をこれ以上悲しませないように、兄とは違う道を歩もうと決意した。このコミュニティに育ったリーは、コードを学んでいたが、そこには吸い込まれまいと心

ここで取り上げている問題――威信と社会的帰属という問題――は、さらなる別の論点や問題点を浮上させる。良識派の子供がジレンマを解決しようとするとき、周りにもっと多くの良識派の子供たちの存在があれば、また異なった方法を取ることになるのだろうか。もし事態を変えるのに最小必要数の良識派の子供たちが存在すれば、この子は、態度と実際の行いにおける良識志向を全く損なわれることなく、何とかやっていけるのだろうか。しかしインナーシティ内の貧困地区では、良識的行動を取る子供たちは、状況を変えるのに必要な人数から成るまとまりを形成していない。ある設定場面――家庭、仕事中、教会、あるいはこの人たちの意見には耳を傾けるという自分にとって重要な大人たちがいるところ――において、良識志向に傾倒しているところを見せる若者は圧倒的多数に上るのかもしれない。しかし彼らも、ここではいつもそうしているわけにはいかないのである。彼らも、ここで支配力を握る若者たちに後押しされてコードを切り替え、ストリートの規則にしたがって行動することになる。それにしたがわない者には同輩たちの手による制裁が待っている。そして彼らにとってはこの同輩たちの意見もまた大事なのである。

すでに述べたように、このような方針が取られるのには実際的な理由がある。他者に煩わされないようにするためには、良識派の若者もストリート派の若者も同じように、振る舞い、言葉、ジェスチャーを駆使してこう伝えなければならない。「俺につまらない手出しをしたら、とんだ痛い目に遭うぞ。俺が痛い目に遭わせてやる。俺にはお前につけを払わせる力があるんだからな」。一人ぼっちになったときには、若者は、このメッセージを大声ではっきりと伝えなければならない。良識志向を披露するだけでは、強さに欠ける。タイリーと彼の新しく出会った友人たちが激しくぶつかり合っていた間に、こういったことの多くに答えが出されていった。その結果、タイリーは他の者たちと友好関係を築くことができたし、彼らもタイリーと友好関係を築いたのである。この結果はタイリーの心の安寧のために欠かせないものである。そしておそらく、彼がただ身体的に生き残っていくためにさえ、欠くべからずものなのである。

3 ドラッグ、暴力、路上犯罪

W・E・B・デュ・ボイスは、一八九九年に『フィラデルフィア・ニグロ』を刊行した。『フィラデルフィア・ニグロ』はその当時に高く評価されたわけではないのだが、われわれが都市に住むアフリカ系アメリカ人の社会状況を理解するのに大いに役立った。本著作の記述は、重要な民族誌と同じように、研究に取り組んだ当時の社会生活を描くことでより広い歴史的記録の一部分をなしてきた。

今日のゲットーでは、以前に比べて犯罪数が増加している上に暴力の激しさや殺人の凶悪性が増しているように見受けられる。それに加えて、敵対文化を助長する疎外のイデオロギーも造成されてきた。疎外のイデオロギーは、警官殺しやレイプ、またそれに相当するようなことを若年のリスナーにけしかけるラップミュージックにとくに顕著にみられる。ドラッグと暴力との結びつき以上にこうした状況を如実に浮かびあがらされているものは他にはない。ドラッグ取引に深く首を突っ込んでいる若い男たちは、ラップミュージックでもてはやされるイデオロギーを、社会から追放された者たちの文化とはいわないまでも敵対的になってきた文化の中で生活していくことや生き延びていく上での困難に利用することもある。

デュ・ボイスは、奴隷制廃止後に起きた南部農村から北部都市への人口大移動ののちに、黒人のアメリカ人が主流システムになぜ十分に組み込まれなかったのか、その理由について関心を寄せた。デュ・ボイスが明らかにした当時の状況というのは、人種偏見、民族間の対立、一貫した黒人排除や主流社会に参加できない黒人たちの姿や白人優越主義の社会的文脈の中で起こることである。この排除の原型は、黒人コミュニティに深く根付き、コミュニティを弱体化させる社会病理に起因し、今日に至っても相変わらず残存している。

黒人コミュニティの社会的組織を理解するために、デュ・ボイスは、四つの階級からなるタイポロジーを展開した。第一は、富裕層、第二は、骨身惜しまず一生懸命に働き、困難な状況をかなりうまく切り抜けているまじめな労働者たち、第三は、働いているか、働こうとしているが、家計はほとんど赤字という「道徳的に立派で尊敬に値する貧困者たち」、第四は、事実上、経済的生存能力を欠いている「どん底階級」である。デュ・ボイスは、「どん底階級」を、無責任、飲酒、暴力、強盗、窃盗、疎外な者たちと大まかに特徴づけられるものとして表現した。デュ・ボイスの研究において「どん底階級」の状況は、主要テーマではなかった。けれども、今日、この階級に対応するものとして、いわゆるゲットーのアンダークラスがあり、アンダークラスはよりしっかりとした根を張り巡らしその病理は以前よりも広範囲にわたっている。デュ・ボイスが『フィラデルフィア・ニグロ』で提示した原則は、今日の状況にはっきりとその跡をたどることができるのである。

アンダークラスの拡大と変容は、この国――なかでも、フィラデルフィアのような都市部――が、過去二十年から三十年の間に経験した深刻な経済変化の結果による部分が大きい。脱産業化とグローバル経済の進展は、幾つかの要因が混ざり合い、産業革命以来、都市労働者階級を支えてきた主幹労働の不熟練・半熟練工業労働を一定ペースで減少させてきた[1]。それと同時に「福祉改革」も社会的なセーフティーネット[2]を大幅に脆弱化させてきた。絶望的な状況におかれた人々の多くは、これらがもたらす状況の変化にうまく適応していない――このことが、今日の「どん底階級」を引き起こしている幾つかの要素である。ある者達にとっては、ドラッグ取引や犯罪行為を基盤にした地下経済活動が、失われたものの代わりとして登場してくることもある[3]。この地下経済に積極的に参与するものは、暴力、死、拘禁といった深刻なリスクに直面している。ドラッグディーラーやその他の類の詐欺師たちの近くに住んでいる者も、犠牲を被ることになるということも同じく重要である。良識があり法を遵守して暮らしている人々が無作為暴力の被害者になることもあれば、地下経済にかかわる者の罠にかかることもある。良識ある家族で育った者であっても、とくに若者たちは、ストリートのやり口にそそのかされることもあるのだ。

デュ・ボイスは、『フィラデルフィア・ニグロ』のなかでアフリカ系アメリカ人若年男性が職に就けないでいる問題点について次のように指摘している。彼等が自分たちのものとして選択しているある種のものの見方、働くことを厭う態度、将来に希望を抱いていないこともあるが、それだけでなく、教育、人間関係によるつながり、社会的スキル、白色の肌が欠如しているという問題である。今日、この状態が延々と続いた結果、どのような問題が引き起こされてきたかは明らかなことである。

デュ・ボイスが明らかにした人種差別という深刻な問題は、フィラデルフィアやその他の都市でもいまでも確かに続いているが、以下で議論するように、問題が変化してきたのとともにより具体的なやり方を取るようになってきた。社会通念により精通している人々は、公共の場で出会う見知らぬ黒人との間により社会的距離を取ろうとする。黒人の若者は、白人に対してや社会通念に精通している黒人に対してでさえも、真剣に向き合うのは難しいとじかに感じることがある。黒人の若者は、それらの人々や彼等が体現していると受け取られるすべてのもの対岸で、彼らの人生を思い存分に生きるのである。主流文化の諸制度・諸機関において信用を失っている多くの者たちが、地下経済で「詐欺稼業」を始めるようになる。これらのことは、フィラデルフィアに居続け、自分自身や愛する者たちを支持している敵対的な価値だけでなく犯罪集団からも身を守るために一生懸命に働いている中流階級の黒人たちにも関わることである。

今日の労働者階級コミュニティや貧窮化した黒人コミュニティでは、犯罪司法制度への信頼が失われるにつれて、ストリートのコードが公共の場での社会的なふるまいを統制するようになっている。住民たちは、危険から身を守るのに警察や他の行政機関には頼ることはできないと感じており、自分たちの身の安全は、自分たちで守ろうとする。彼等は全面的に降伏することもあるが、多くの場合には、自分たちに危害が加えられるようであれば、悲惨な事態を導くことになるぞと、はっきりとしたやり方でもって他者に知らしめる準備ができている。彼らは子供たちに体を張って身を守るように、暴力に対しては暴力で応戦するように教える傾向にある。若者たちは、このような環境のもとで成長していくことで、ストリートの流儀へと誘い込まれることもあれば、その餌食となることもあるのである。若者たちは、いつもそこに関わっているのではないにしても、ドラッグ取引がすでに準備の整った自分たちのための適所を提供しているように、つまり「何とかしのいでいく」ための、もっと持ち金を増やすための、現実的に稼ぎをもたらす方法を提供しているように、感じているのである。

ドラッグ取引は、ストリートのコードと密接し、社会統制における基礎として暴力を用いる振る舞いのコードによって構成される。そうであるので、ドラッグカルチャーは、インナーシティ地区の暴力に大きく関わっている。インナーシティに住む少年たちは、ドラッグディーラーを褒め称え、彼等のスタイルを真似る。外部者の目には、ドラッグディーラーと法を守る十代の若者とを区別するのが困難なほどである。ドラッグディーラーのスタイルの一部は、暴力的なイメージを与えるものであるから、「タフに振る舞っている」だけの少年たちが、挑戦をつきつけられた自分や闘うことを道義的義務づけられた自分自身を見出すことになるかもしれないのだ。加えて、ドラッグディーラーの装飾品(ティンバーランド製のブーツ、ゴールドのアクセサリー)は高価なので、ドラッグ取引の利益や他の財政手段をもたない者たちに、簡単な方法として盗みを働くことを奨励することになるのである。

文化経済的結びつき

これまで述べてきたように、インナーシティの貧困コミュニティに広がる社会的混乱について理解したいものなら誰でも、構造的な視点とともに文化的な見解からこれらの問題――その他の都市病理に加えて――にアプローチしなければならない。[4] 今日の自由主義者や保守主義者は、ドラッグ、暴力、十代の若者の妊娠、家族編成、労働倫理、などの問題について考えるとき、それらは個々人の責任であるというような価値を強調する傾向にある。評論家のなかには、貧しき者のための「福祉政策」をいとも容易に非難し、貧困層の人々がいかにして主流社会の文化的規範から逸脱するようになったのかを確かめることは困難であることを指摘する者たちもいる。しかし、われわれの社会が直面する深刻な変化は、働くということが主流社会の規範通りに機能するための発展によって最も深刻な影響を被った人々の能力による甚大な文化的影響を受けているということを社会が統制していくなかで経験されているものである。

アメリカ合衆国は、製造業からサービス業、ハイテク産業へと長い時間をかけて移行してきた。それにより、肉体労働者、とくに、十分な技術を持たず、教育も十分に受けていない労働者たちが、もっとも下層へと従属させられてきた。フィラデルフィアのような都市部のある近隣地区は、脱産業化の影響によって壊滅的に破壊されてきた。大部分の職種が自動化され、途上国へと外部委託されるか、「キングオブプルージア」のような近隣都市へと移行した。車を買うほどの金銭的な余裕のない者は、この職場移転により、黒人、ヒスパニック、労働者階級の白人がひしめき合うようにして住んでいる古びた都市部の近隣地区から公共交通機関を利用する二時間の移動を要することになる。[5]

失業状態が蔓延しインナーシティに住む多くの人々が、精神的なストレスに悩むようになり、コミュニティは疲弊してきた。貧しい人たちは、彼らが知っている作法でもって、これらの環境に適応する。彼らができうる最善のことでもってこれらの緊迫した状況に向きあうのである。道徳的な侮辱の引き金をひく幾つかの問題――十代の妊娠、生活保護、地下経済――が浮かび上がってくる。ドラッグ、売春、福祉詐欺や、他の詐欺行為に関する非公認の小規模産業が、経済的に打ちのめされた人々を吸い上げる。反合法的な博打もこの一部を占めている。人々は、闇取引で雑多な仕事を行ない、若者たちにこれらを担っていけるように教え込むのである。帳簿外につねに二つか三つの仕事をしている者もいる。

ドラッグ取引は、確かに非合法であるが、もっとも富をもたらすものであり、もっとも近づきやすい地下経済の要素であり、巨大なインナーシティのコミュニティでのある種の生活様式となってきた。成人したばかりでまだまだ若い者達は、指折りのドラッグディーラーの生活を夢見るか、ドラッグディーラーの生活観念に非常に魅了される。もちろん、ドラッグは長いこと、あたりに蔓延してきたのだが、市民行政機関や警察にも多くの場合、寛容に扱われる状況のなかで、インナーシティの黒人コミュニティにより深く根ざすようになってきた。低所得者層の住民は、このような状況を目の当たりにし、かつて以上に冷ややかになり自己を疎外するようになる。

仕事とドラッグと疎外との関係性の背景を強調することは重要なことである。仕事に就くことが困難な黒人の若者の多くが、偏見と差別による被害者であると感じている。被害者であるというこのような感情は、大目にみないとしても「生き延びる」ためにドラッグの取引を頼りにしている者たちの理解を大いに助けるかもしれない。このような状況において、地元のコミュニティや社会にとってあまりに危険で、問題多いとされるドラッグ取引がごく当たり前の出来事となってきた。インナーシティのコミュニティを運命付けるのに、実際に、ドラッグへの関与と貧困とを別のものとして区分することが、以前にもまして、より困難になってきている。たとえば、生活保護を受けている母親たちは、ドラッグ取引と密接な関係をもってきた。彼女たちはドラッグユーザーであるか、また、こう呼んでよければ、ドラッグ取引の個人的な支援者である。ドラッグディーラーの彼氏や男性の親戚が、ドラッグ売買を行う場所やお金や好意と引き換えにドラッグを保管しておく場所として、彼女たちの家を利用することを認めているのである。

加えて、ドラッグを売る若い男は、新たに市場を開拓することを賞賛され、動機づけられる。家族をドラッグカルチャーへと引き込むとともに、そうこうするうちにドラッグ依存を引き起こしていく。それは、なぜか？　なぜなら、ドラッグ売りの男は、自分の前にだらりとぶらさげられたアクセサリーをむやみやたらに欲しがるようになるからだ。アクセサリーは、実用的なアイテムとしてではなく、仲間たちの間での象徴的なシンボルとしても重要になる。高級ブランドの眼鏡をかけ、高級ブランドの靴やズボンを履くことは、本人の自己満足へと注がれながらも、その人物の社会的地位を示すことができる。たとえば、粗野な人間や男らしさのイメージを助長するティンバーランド製のブーツは、今日、大半のドラッグディーラーたちに履かれるようになり、粋なスタイルとして認識されるようになってきた。そのようなアイテムの所有者は、そのアイテムを身に着け披露し、見事なまでに着飾ることで、仲間との差異や仲間たちの間でのステイタスを獲得することができる。メディア――テレビ、映画、**the consumer mentality** など、――によって喚起されるイメージも彼らの欲望をかきたてる。通常の経済活動では、彼らにとって満足のいくものを手に入れることができないときに、自暴自棄になった男たちが地下経済へと足を踏み入れるのだ。

隣地区で成長していくことで、必要とされるスキル――「ストリートの知識」とクラックを取り扱う技術を身につけることができる。少年たちの家での生活ぶりがどうであれ、この地区で成長することは、ストリートのコードと公共の場での振る舞いの処方箋と禁止事項を学び取っていくことを意味するのである。クラック売りは、公共の場で自分自身を上手く操ることができるに違いないし、両親がたとえどんなに節度のある礼儀正しい人たちであったとしても、彼らは、ストリートのルールを学び取ることを子供たちに強く勧めるだろう。様々な困難が立ちはだかるなかで、彼らはストリートでの経験を、道理に合った職業よりむしろ容易にドラッグ取引の現場で活用できるのである。この比較的容易な移行は、インナーシティの青年期の生活環境を露呈している。

インナーシティに住む貧しい若年の黒人男性にとって、ドラッグを取引することとは外に一歩でるだけで得られる機会なのである。彼らは、ドラッグを売ることで合法的な手段によって稼ぐ以上に、ズボンのポケットにより多くのお金を入れるチャンスをものにし、仲間たちに生かした奴だと自分を表現することができる。マクドナルドのような場所で、馬鹿げた制服を着て働いている野暮ったいイメージとは激しく対立するのだ。実際に、敵対的な文化は「合法的に働くため」には、ドラッグを売るべきであると吹聴してきたのである。マーティンは、それ以前は低所得者層の節度のある若者で、玄関の外に出たときや、正規職に就こうとする際に、ドラッグ取引をする仲間に「へい、マーティン、お前はいったいいつになったら真面目(合法的に)に働くようになるのさ」と声をかけられる。彼は、すぐさま「この取引が終わったらな。この後だよ」と答えたに違いない。[9] ある少年が金を必要とするとき、その少年は金を稼ぐ方法というのはいつでも思いがけない幸運によるものだと考えていたとしても、別の少年がドラッグ売りをその少年に薦めるのだ。

ドラッグ取引に関わるようになるきっかけとしてよくあるのが、ドラッグを売り始めた近隣地区の仲間集団の一員であるということだ。少年たちの社会集団というのは、遊び仲間、ラップミュージックを聴きながらストリートをうろつき歩いたり、バスケットボールを一緒にする集団――比較的に、とりわけ害のない活動――からドラッグを売るギャング集団へと容易に変貌を遂げる。この変化が起きるには、ドラッグ・オーガナイザーが集団へとアプローチし、集団のリーダーや「主要な人物」に相談を持ちかけることが不可欠となる。次に、リーダーは、ドラッグを取引するための機会――それは、ある種の権力の形態である――を彼らの様々な友人や彼の「手下の少年たち」に分配し始める。そのとき、ある近隣地区での小さな集団は、コミュニティのなかで侮りがたい勢力をもつようになる。そうしているうちに、集団は、縄張りや領土の問題にかつて以上に、強い関心を持つようになる。集団はお金を稼ぎ出さなければならないことと、縄張りを守ることとの問題で頭を悩ます。集団のリーダーは、少年たちをドラッグ取引へと誘き寄せる絵図を思い描くことができるし、彼にはそのようにする動機がある。というのも、少年たちを唆すという行為が彼の権力を高めるからだ。「上層の男(top dog)」、「中層の男(middle dog)」、「下層の男(lower dogs)」という具合に、このシステムは、ピラミッド型に似ている。[10]

家族と強い絆をもつ若者——核家族や核家族に似たような形式をとっている家族で、この若者に愛情を捧げ、若者の将来を気にかけ、家族と一緒に教会に行く、とくに節度のある若者——は、ドラッグ取引に関わる多くのことに抵抗する。しかし、集団に引き寄せられ、一家の稼ぎ手として家計を支えていく責任を持つものは、正規経済で働くことでわずかばかりの機会を得ているなか、ドラッグ取引の味を占めることでこの緊迫した状況から解き放たれる。次第に、より本格的なディーラーになり、これらの少年たちは、頻繁に、彼らの親戚を含めてドラッグを買い求める者なら誰にでも、ドラッグを売るようになる。金と集団への忠誠心が、もっとも大切な問題とされるのである。こうしたつながりの中で、彼らは、許しを乞うのではなく、全体的に魅惑的な話として発展させているのかもしれない。その方法とは、人々をクラックの罠にかけるだけのために、おだてるような甘い言葉をかけるというものである。というのも、彼らは、誰もがいとも簡単にドラッグの中毒になることを知っているからである。たとえば、彼らは、友人のように振る舞いある者に近づき、自分たちの蓄えを共有するように誘うために「これはお前を傷つけるようなことにはならないさ。そんなに悪いもんじゃない。お前の好きにできるさ」と語りかけるのである。

厳密に言うと、彼らですら、自分たちのドラッグ取引の消費者になってしまうのである。一度、ドラッグを試すだけで虜になってしまうほど、いとも簡単なことなのである。ストリート生活を克服するために要求される身の振り方であるのだが、大方の若者たちは、自分ではどうにもならないような感情にさいなまれるようになるか、彼らが感じていることを他者に伝えるために深みのある仕掛けを発展させる。ディーラーに生じる権力は、自分たちなら何でもコントロールできるという感覚を含む。たとえ、それが、強力なクラック・コカインであってもである。このような状況を経て、彼らは「麻薬の売人」になる。あるディーラーは、数年の間に、クラックを使用する時期と使用しない時期をコントロールする。彼は、時折、ハイになっても、自分の思いのままにしていると感じる。だが、ドラッグ事情に詳しいディーラーが言うように、ドラッグを思いのままに扱うことと、ドラッグに操られることとの間には明らかな境界線がある。都合の悪い瞬間になると、彼は、突然、ドラッグへの猛烈な欲求に打ち負かされる。そのような者は、ドラッグ「中毒者」だと言われる。彼は、自分自身のコントロールを失うほどハイになるための激しい衝動に満たされるのである。他人を餌食にするものが自ら餌食になる――これは、よくおきることなのだ。

　ドラッグ取引にも、他のいかなる事業経営と同じように生産工程とネットワークの分配が必要とされる。[11]その他に要求されるのは、社会的なコントロールである。ドラッグディーラーたちの間でそのように要求されることは、暴力を用いることと、暴力で脅すことで対応される。暴力は計画的に行われるものであるとは限らない。ドラッグの顧客同士の激しいやり取りやあまりにも多くの若年ディーラーを序列化するという雑多な混沌状況の結果としていとも簡単に起こりうる。たとえば、誰々の金を「闇雲に使い込んでいて」、ドラッグ取引に使われていないというような誤解は容易に生じる。なかでも、ディーラーによる投資を浪費している際には、事態は深刻化する。年配で確かな地位を築いたディーラーは、金を使い込んだ愚かな者を「殺す」ことを余儀なくされる。そうしない限り、彼らがストリートにおける信用と地位を失うことになるからである。対抗関係にあるディーラーのビジネスを乗っ取ろうとすることもよく起きる。クラックが市場に流れてくる前に比べたら、現在は、より多くのものがこの取引構造のなかに関与する余地はあるのだが、誰もがドラッグ取引をすることで金持ちになれるのだという信条が次第に浸透してきたことで競争は熾烈を極める。ドラッグ取引で一儲けしようと駆り立てられることは、ある意味で、ゴールドラッシュのそれにたとえることができる。

　ストリートではドラッグ取引それ自体は、許せないことであると認識されている。一つ過ちを犯すことで、暴行を受けたり、銃で撃たれたり、殺されることになるというリスクを背負うからである。見かけ上、あまりに見境のない殺人事件が起きると住人たちは、すぐさまドラッグが関連しているとみなす。取引に足を突っ込んだものは、自分たちが、きわめて危ない遊びをしていることに気がついているのだが、当然のことながら金銭的な見返りがあるのだと思いをめぐらすことで、これ以外の選択肢はないと感じるか、十分に承知の上で、挑戦していこうと感じるのだろう。痛手を負ったものでも、ドラッグ取引のコードに置き換えて、「十分に価値のある」ことだとする。彼らは「どこかの大物の計画を狂わした」か、「奴らがやたらにやり手だったと思う」のである。コミュニティの人々は、この合理的な考え方を理解している。警察もまた同様にドラッグ取引を奨励しているとさえ思えるのである。ひとたび、ドラッグに関連する犯罪が起きると、罪を犯したものに当然の処罰を与えるようわずかばかりに関心が寄せられ議論が交わされる。

「ビジネス（ドラッグ取引）」に関するやりとりが話題の中心にのぼる。話題の中心となるのが、独断的な解釈、根拠のない推察、あからさまな嘘についてである。組織と関係を持つディーラーや組織に属さないで自由に行動するディーラー、ともかくも、膨大な数のディーラーの間で縄張り争いが途絶えることもない。あるギャングが、特定の地区に身を立てるとき、ギャングのメンバーは、ストリートについて熟知し、縄張りを統制する。取引で利潤を得るようになると、この地区の外にいるギャングに帰属するディーラーが、同じ地区でビジネスをしたがり、その場所を乗っ取ろうとする。しかし、強引に割り込もうとする者は、現在そこで取引をしているディーラーが経済的に満足のいく状態にあるというだけでなく、彼がコミュニティの一員であるということで、脅迫されることになる。少年たちのつながりは、少年たちのお金に依存しているであろう拡大家族を通じて、コミュニティと深く結びついている。一人のディーラーが不当なまでに取引からはじき出される、彼と彼のコミュニティが部分的に金銭的危機に直面する。その結果として、多くのディーラーは、自分たちの縄張りを守るために常に戦う準備をしている。こうしたプロセスの中で、負傷をおう者もいれば、殺されてしまう者もいるのである。

縄張り争いには、大規模なものと小規模なものがある。大規模な縄張り争いが、より小規模な争いを引き起こす。大規模な抗争で——武器は、言葉、拳、銃のいずれかであるが、ことのほか、銃が武器となる。縄張りをめぐりいざこざが始まると、どのような場合であれ長い時間を要すことになる。何が起きているのかについては、誰もが異なる見解を持っている。このそれぞれ異なる見解は、近隣地区の様々な制度、人々が集まり、会話を交わす床屋、酒場、街角で議論される。抗争の発端は、何だったのかについて議論が続けられる。ここでのやりとりに関わるものの多くが、縄張り争いに関わっている者の個人的な知り会いであると、彼らは、仲間の肩を持つことになるだろう。彼らは、抗争に関する見解を優位に説き伏せようとすることで、しだいに感情的になる。挙句には議論それ自体が、加熱していき、さらなる暴力を引き起こすこともありうるのだ。

少年たちはディーラーになることにともなうステイタスを切望する。彼らはポケットベルを携帯して、「ドラッグの売人」だと認識されるように、格好良く、お金を持っていると思われたいのである。それが地下経済のビジネスによって獲得したものであってもである。ドラッグディーラーは、せわしない日常生活を送っている。彼らはぎりぎりのところで生活している。年配のものは、若いディーラーに「人生をあまりに行き急いでいる」とアドバイスをするだろう。しかし、誰もが承知しているように一度、この世界へと足を踏み入れると、そこから足を洗うことはきわめて難しいのである。誰もがドラッグに夢中になるのと同じように、ディーラーは金と金で買うことができる装飾品の虜となるのだ。冒険、危険にともなうスリル、尊敬している者からあたえられること、これらはまた、常習性をともなう。さらに、ドラッグ取引を行う彼の仲間は、彼を集団から逃がしたりしない。というのも、彼はあまりに多くのことに精通しているし、過ちを犯した人々に関する情報を漏らすかもしれないし、彼らは彼を戒めておきたいからである。策略的に行動するのに必要な彼の能力は、彼らのアイデンティティとつながりのネットワーク（彼の従兄弟、兄弟、叔父、取引を一緒に行う仲間、ギャングのメンバー、手下）と彼の地位に依存する。高い地位を獲得したディーラーは、しだいに金銭的時間的な面で余裕をもち、独立して暮らせるだけの収入を得ていき、さらに、より高い地位になり「甘い汁」を吸うようになる。独立して個人で十分に生計を立てている人は、高いレベルの尊敬を得ることで、他の人々ができないような方法でビジネスから身を引くこともできるだろう。なぜなら、彼らは信頼できる人物であるということを不動のものとしてきたからである。とはいっても、ビジネスから身を引くのに唯一確かな方法というのは町から出て行くことである。

暴力的なものに付随する結果

ドラッグユーザーも暴力沙汰に深く関わる。ドラッグユーザーの大半は、被害者としてこの世界に足を踏み入れる。ドラッグ取引をする家族成員や男友達が、自分たちの市場を拡張するために積極的に取り込まれる。次に、彼らは、自分たちの習癖を維持するために他人のものを盗み、危害を加える。暴力の大半は対象の定まったものであり、そうでない暴力もあるが、その結果がもたらすものは、常日頃から変わることなく不確かであるという感覚であり、いつだって思いもしないようなことが起こるのだという確信ともいえるものだ。成功しているディーラーは、警戒を怠たることはない、だが、もちろんのこと、このことで彼は神経質になり、ごくちょっとした挑発に気づいたときでも暴力的に反応しがちになる。その上、ドラッグの影響で人々の行動が、予想不可能なとても危険なものとなるだろう。このような状況で何も知らない傍観者や小さな子供たちすらも、銃撃されたり殺されるに違いないのである。ドラッグの不正取引が、インナーシティのコミュニティの大部分に浸透するようになると、ドラッグに関わる者、ドラッグに関わらない者を問わず、すべての住人が、自分自身が意図しない流れ弾の標的になる危険にさらされていることに気づくようになる。このいつも危険にさらされているという意識は、不安と用心深さを抱かせる。良識ある人々においてもみられ、この地区の住民たちは、不確かな出来事に対して過剰に反応しがちになる。住民たちは、転出できることならこの地区から出ていくであろう。

ドラッグ取引に伴う暴力は、銃の氾濫によっても激化する。銃はより多くの人々にいとも簡単に入手できるようになってきた。一昔前のコミュニティでも銃はあったが、その大半を大人が所有していた。今日に至っては十四歳の子供や若者が銃を所持し、彼らは銃をどこでどのように入手するのかも知っている。インナーシティのコミュニティでは、誰でもどこか離れたところの銃声を頻繁に耳にするのだが、銃声後にサイレンが鳴り響くとはかぎらない。銃をもって遊んでいた少年が発砲することやただ楽しむだけに発砲されることもある。そうしたことは、たいてい、真夜中に起きる。拳銃は、個人的に所有することができ、所有資格は彼らがもつ。銃は、所有者記録も残されている。使用された中古の銃の値段は、所有者記録の歴史を示している。誰かを殺すために使われてきた銃は、安価である。なぜなら、銃を最終的に所有しているものに殺人の責任が課せられるからである。さらには、深刻な経済的不平等が存在する社会では、ひどく疎外され、絶望的な境遇にある者にとって、一つの銃が銀行のカードのように、人々と等しくあることをもたらすのである。とにもかくにも、お金を必要とする少年や、近年、増加傾向にあるストリート派の少女たちは、他の手段を考えることなしに、ある者を追い詰めるために銃を使うこともあるだろう。不思議なことだが、銃が蔓延し、簡単に入手できることで、間違いなく、他人との距離をとるようになり、見知らぬ他者がいかに近づいてきてもより注意深くなるであろう。このような状況というのは開拓時代の米国西部地方の心性がより危険な近隣地区で獲得されるようなものであり、銃撃されるという恐怖心が、暴力的な他者を抑制しうるのである。

あたり一帯に危険な雰囲気が漂うことで、非暴力志向の人々ですら自己防衛のために銃を購入する。少し前に、フィラデルフィアのインナーシティに住む黒人牧師が侵入者を撃ち殺した。この出来事は相当数の議論を巻き起こした。近隣に住む黒人住民の一般的な反応は、「彼はすべき事をしただけさ」というものだ。実際に、このような出来事は、インナーシティの内部だけで起こるのではない。その牧師の家近くの高級住宅地区で、ある夜、寝つこうとした白人の医師は、下の階でガタガタという音に気がついた。その医師は、銃を持って、下の階に下りていき、暗闇のなかで「銃をもっているぞ」と警告した。それでも、ガタガタという音が続いていたので、彼は発砲した。銃弾は台所に侵入していた者の後頭部を直撃し、その侵入者は命を落とした。医師と彼の妻は、警察に向かい、朝の二時に家に戻り、飛び散った血を拭き取った。

と」が近隣地区の住民たちに知られるようになると、誰もが彼の友達になりたがると言われている。それは、なぜか。なぜなら、彼はお金を持っているし、ドラッグの「売人」だからである。貧乏になり困窮したコミュニティで、金を持っていることと、ドラッグの売人であること、これら二つの要素は、とても強力である。金持ちであることとドラッグの売人であるということは、奔放な生活、「とんでもないことが起きている」生活を体現する。つまり、最も粋で格好のいい事なのである。ディーラーの彼が、カリスマで、粋なスタイル、新たな地位に相応する象徴的な物、たとえば、新型のジープ・チェロキー、ブロンコを所有し、お洒落な服装などをしていると、人々は彼の近くにいたがるようになる。ドン・モーズは「子供たちは、ドラッグで金儲けをしている。彼らだけが金を持っているのさ。誰だって、金を持っている奴のそばにいたいし、奴らだけが少女たちを本当に楽しませるのに必要なお金をもっている。何かを探求している優秀な女の子たちの多くは、ドラッグ常習者との関係を断ち切ることで多くの時間をみつけることになるし、ドラッグ常習者は、ドラッグがいったいどういうものであるのかを見つめ直すことになるのさ。そうして、彼らは、次の局面を迎えることになる。それは、惨めなものさ。ほんとうに悲惨なものだよ。ストリートのどこだってそうさ。ストリートは、まるで人間をどんどん吸い込んでいくかのようさ」と述べる。

ドラッグディーラーの暮らしぶりは若い女性を魅了する。それは、奔放な生活(ファーストライフ)と優雅な生活(カフェライフ)を意味する。女性たちは、ワインを飲んで、一緒に食事に行って、服を買ってもらい、いろんな種類の贈り物をもらうことを期待するだろう。若い女性たちにとって、このような彼氏がいることは、宝くじを当てることの次にもっともすばらしいことなのだ。良識はあるが僅かなお金しかもっていない若者と比べて、彼らは効率よくお金を稼ぎ出すのだ。

ジョイスは、十七歳のとき、アルヴィンと付き合い始めた。アルヴィンは、二十六歳で容姿端麗で「一目置かれるドラッグディーラー」だった。ジョイスは、母親と二人の姉妹と一緒に、都市部のもっとも貧しいコミュニティで生活していた。ジョイスの母親は、骨身を惜しまず働く女性で、数年前に交通事故で夫をなくしていたが、生活保護を受けていなかった。彼女は、ダウンタウンのオフィス街で清掃員として働いていた。

ジョイスがアルヴィンと会うようになって、ジョイスの母親は頭を悩ませた。というのも、彼女は、アルヴィンが、ファーストライフで生活していることを知っていたからだ。彼は、ダウンタウンのホテルで働いていたが、近場をいつもうろついているようだった。アルヴィンは「ドラッグの世界に首を突っ込んでいる」というのはもっぱらの評判だった。彼は、宝石を身に着けていたし、その宝石は彼がお金を持っていることを証明するのに十分だった。彼は、そのことを一度も否定することはなかった。彼はただ、笑みを浮かべて、気をそらしてしまう。

彼らが付き合うようになり、六週間が経過した後、アルヴィンは、ジョイスの母親のジョニーに「彼女のことは、心配しなくていい。俺が彼女の面倒をみる。心配はいらない。いいですか」と警告した。アルヴィンとジョイスは結婚していなかったにもかかわらず、アルヴィンが、妻を買い取るかのようであった。「二人の関係は、うまくいっていた」。ジョニーは、何もすることができないと感じていた。アルヴィンは、娘によくしていたし、彼女も、この関係を危険にさらしたくなかった。彼は、ジョイスに愛情を注ぎ続け、温かく彼女を包み、彼女がほしいものはなんでもあたえてきた。アルヴィンは、一緒に住んでいた母親宅から、自分が所有するアパートへと移り住んだ。アルヴィンは、移り住んだアパートにはたまにいるだけだった。というのも、彼はこの場所と彼が必要とする「居場所」とで時間を使い分けていたからである。

アルヴィンは、ジョイスの誕生日に日産の白色の新型乗用車を買い与え、ジョイスはとても喜んだ。それは、アルヴィンのジョイスの対する思いを示すもので、彼女も、彼の思いを形にして示してもらうことが好きだった。アルヴィンが「他の女性」と会いたがっていたことも知っていたので、ジョイスは、心を落ち着かせる必要があった。しかし、噂をいくつも耳にしたとしても、ジョイスはアルヴィンの心を射止め、彼の生き方をこよなく愛していることは明らかなことだった。彼女は、とても魅力的で、服の着こなし方をよく知っている、雰囲気のある女性であり、アルヴィンが高く評価する上品な女性である。アルヴィンは、高価な服をジョイスに着せ続け、彼女をお洒落な高級レストランへと連れて行った。二人の関係も二年ほど続き、このカップルは、コミュニティで一目置かれ、よく話題に上った。アルヴィンがドラッグ取引に関与していることは誰でも承知のことだった。

ある日、アルヴィンは、大きな婚約指輪を家に持って帰ってきて、ジョイスは、我を忘れるほど舞い上がった。「嬉しくて何がなんだかわからないわ」とジョイスは言った。二人は、結婚式の日取りを決めた。その日から約一ヵ月後が経過した頃、アルヴィンは、ドラッグの抗争で銃撃された。アルヴィンの死は、ジョイスにやりきれない悔しさと悲しみをもたらし、車、毛皮、ダイヤモンドの指輪等を手元に残した。ジョイスは自分自身で生計をたてるために、すべてのものを売り払い、質屋にいれ、彼女ができる最善の手を尽くした。ジョイスは、生まれ育った古びた場所に再び戻りたがらなかった。というのも、彼女自身がそのような思いを抱いていたからではなくて、そこに住んでいる人々が、彼女がもう済んだこととして忘れようとしていることを思い出させてしまうからなのだ。

ひどく貧窮化した近隣地区では、若い女性たちが、そのような男と付き合うことを熱望し、このように思い描いていることや期待していることが、実際にうまくいくことを願っている。男性に対して愛情を持っていて、尊敬の思いを抱くことができると感じている女性なら、ストリートに出向くことは簡単なことである。ストリートでうまくやる術を知っている若い女性は、「その男と一緒に住み」はじめる前に、彼が、彼女の生活に「何かをもたらすこと」を要求する傾向にある。その男は、象徴的な物を買い与え、髪の毛を編み(コーンロンを並べる黒人の髪型)、マニキュアを塗るのにかかる費用を出し、その女性のために、何かをあきらめる覚悟ができていることによって、彼女への愛情を示すように準備していかねばならない。したがって、若い男たちの多くは、「とんでもない」金額のお金を手に入れることを強く動機づけられ、合法的な手段でお金を稼ぐことでは、それは、あまりに時間のかかることであるか、そもそも、そのような方法など存在しないかもしれないのだ。

このような状況で、低所得で良識ある若者は、「生き急ぐ」生活を真似するようになる。地位とアイデンティティを確立していくことを遂行するなかで、彼らは、お金をもっていて、自由で独立しているふりをする。彼らは、暴力的にも振る舞う。そうすることで、彼らは、悪い方向へと進んでいく。不運にも、これまでに何度か述べてきたように、近接するコミュニティに住む白人と黒人中産階級の人々を含めて、これから就職の見込みがあり良識ある低所得者層の人々が、誰がドラッグディーラーであるのか、誰がドラッグディーラーではないのかについて、容易に惑わされてしまうほどだ。身を守るために明らかに必要な場合を除いて、彼らは、若者を雇用することに躊躇する。彼らは、自分に似ているものたちを避けたがる。代わるがわるこのような反応がおきることで、次第に、シンナーシティの若者たちは孤立していくのである。

ファーストライフをまねることは、インナーシティに住む十代の黒人の若者に限ったことではないことは、注目に値する。中流階級の十代の若者もまた、このスタイルを熱心に真似る。ドラッグ取引によって牽引されるインナーシティのサブカルチャーに深く根付いているクールであることのイメージは、このシステムを通じた、文化的伝播により中流階級の白人と黒人に受け継がれてくる。しかし、中流階級の場合には、死に到るようなことは滅多にない。中流階級の若者は、他の資本——よりお金を持っているか、自分自身を表現するより効果的な方法——を所有している。暴力が生じたとき、中流階級の若者たちは、一般的に言って、死にかかわる争いに関わるよりその場面から後退する傾向にある。

人々が不適切に混ざり合い、それぞれが気取っているような状況に、これまで真似事だったことが現実的なことへとすぐさま姿をかえる、不安定な局面が存在するのである。

スティックアップ（拳銃強盗）

スティックアップは、ストリートのコードの一形態であり、ストリートのコードに意味と反響を付与する二つの要素――尊敬の念と疎外――をめぐり問題となる。ストリートでのよくありふれた強盗は、深刻なまでの疎外を含んでいるがまた、罪を犯す神経と狡知さ、そしてストリートにいる若者たちが度胸と呼ぶことを要求する。「ストリートでの知識」を持っているのに、犠牲になったものは、それを働かせることを怠るように注意が散漫していたのであろう。ここでの分かれ道は、銃を持って強盗を働く男の要求と緊急な要請に応じて、的確に振る舞い、アドリブをとることのできる潜在的な能力である。実際に、そのような知識は、「どのようにして強盗にあったか」という被害者の事後背景的な知識によって与えられる。それは襲撃者の要求に従い手助けするようなことですら彼ら・彼女たちに了承させるものである。そうすることで、危険な状況を沈静化させられるのである。

スティックアップは、ゲットーに住む良識派とストリート派の低所得者層の人々に恐れられている。スティックアップは、貧困の集中した地域で起きるものだが、中流階級や「住民の入れ替わりのある」近隣地区でもおきる。おそらく、重要な違いは、犠牲になることを先延ばしにしたいと望んでいたり、先伸ばすこともできるということか、ある種、彼ら・彼女らの社会化に対する反応によって拘束されている、かどうかである。仲間内でおきるスティックアップは、文化的に異なる所属間でおきるそれとは違うモデルでもって捉えることが要求されるだろう。しかし、スティックアップが起きる場所は、通常、二つの主要な要素をもっているものである。一つは、急激に――誰が権力を握っているかという――状況が再編される場合である。銃を持っている奴が関わっているのであれば、誰もがこれを考える。目の前に突き出された銃は、ぶしつけなまでの権力の顕示である。被害者は、すぐさま、何かをあきらめなければならないか、街角に立っている少年たちが話しているように、「相当な金額を払わ」なければならないことに気づく。なぜなら、そうしない限り、銃をもっているその男が、彼に危害を加えることになるからだ。二つ目は、社会的交換――「金を選ぶか、死を選ぶか」である。

ストリートのコードは、妥当であるという基準に基づいて、何かを必要とする人間が、目に見える力か、目に見えない力によって、所有物を簡単に明け渡すように働きかける。もっとも強くて、確固たる意思を持って、もっともストリートでうまくやっていく術を知っているものだけが、生き延びることになる。だからこそ、人々がそのような機会に遭遇したときには、彼らは、所持品をすぐさま、渡すのである。インナーシティのゲットーで一般的に信じられていることは、危害を加える者は、すでに知られた特定の要素に応じて危害を加える相手を選んでいて、それゆえに、もっとも攻撃されやすい事態に直面することを避けることは個人的なことに関係するのである、というものである。この考え方は、ある程度、真実である。だが、現実に、多くの人々は、彼らがどれほどまでに警戒を払ったとしても、スティックアップにおいて誤った結末を迎えてきた。しかし、もし、インナーシティの住民たちがまったくもって無作為に攻撃されるという考え方を受け入れるのなら、住民たちは、自分たちは限られた範囲で対応することしかできないと感じることになり、過剰なまでに外出することを恐れるようになるであろう。つまり、銃を持った強盗を回避できると信じることは、常日頃から暴力に苦しまされている人々にとって、重要な防衛的な役割を担っているのである。こう信じることで、一見すると容赦のない環境下で自由でいることの感覚を取り戻すことが認められるのである。

このセクションでは、スティックアップに関わる社会的プロセス——どのようにしてそのような行為が行われるのか——についての詳細な描写を試みる。[13] これらのプロセスは、被害者の選択と事件それ自体のエチケットの両方を包囲する。ストリートでうまくやっていく術を知っている者が、強盗に遭うほど愚かだったとしたら、彼は、襲撃者が自分よりも力を持っていることを理解するので、この力の行使を先延ばししようとする、と考えられている。襲撃を加える者と襲撃される者の双方が、状況を完全に理解しているときには、銃を持った強盗は、バレーにたとえることができる、お互いがそれぞれに担当のパートを滑らかに実演するのである。このようなケースでは、被害者の命は、たいてい保証される。しかしながら、もし、あるものが、ストリートに精通していなかったり、我を忘れてとち狂っている場合には、事態は、容易に悪いほうへと向かう。被害者は、命を落とすことになるか、深刻な犠牲を被ることになるのだ。

インナーシティのコミュニティでは罪を犯すものとその犠牲となる者がともに黒人であること場合がよくある。そのような場合には、彼らは、社会的コントロールに関わる統治機関と執行人にいくらか信頼を寄せる。犯罪の取引というのは、彼ら自身と彼らが利用する場所をめぐる問題なのである。彼らは、彼らが知っている最良の方法で、金品の取り分を決めるために互いに交渉しなければならない。

これから襲撃を試みようとするものがまず考えるのは、襲撃するのに適した社会的な場面と襲撃を加える相手を選ぶことである。彼は周囲を取り巻く状況全般について査定する。その場所がどれぐらい人目につかない場所で暗闇であるか、犠牲を被るものが、我を忘れることなくふるまうことができるかどうかなどである。襲撃を試みる者は、獲物を品定めする。条件の整った環境で、一見するとどこにでもいるような個人が、襲撃者となるのだ。

銃を突きつけての強盗には、重要な権力をめぐる駆け引きが起きる。銃を突きつける男は、最初に、被害者が所有しているものを取り出そうとする。被害者は、銃を手にしている男が所持品を出すことを要求しているにもかかわらず、それに抵抗しようとする。銃を使って強盗を働くものは、被害者による抵抗を抑えるのに効果的な言葉を発する。彼らは「あきらめろ」、「銃を持っているんだぞ」と怒鳴るのだ。ストリートでうまくやる術を知っている被害者は、この要求に完全に身をまかせ、襲撃を加えるものが金品を奪うことを手助けしさえする。彼は、襲撃者が、この一連のやりとりでひどく神経質になることで事態が上手くいくことを理解しているのだ。実際、アドレナリンが両者それぞれに強く出ていると、事態は容易に悪化する。ストリートのことを熟知している被害者というのは、そのことを承知しているので、危害を加える者の目的が達成されるように手助けをしようとするのである。

そこで被害者は「わかった、ほら、ここにあるだろ。頼むから、痛めつけないでくれ」と返答する。このように言うことで、彼は、銃を突きつけている男の支配権を効果的に肯定し、彼に金品を与えるのである。このように相手に敬意を表する振る舞いが、襲撃者が望むことをおおよそ満たすのだ。襲撃を加えるものは、自分が「ある物（銃）を所持している」ことを気づかせ、支配権を委ねることと、被害者に危害を加えることができることを認めさせたいのである。賢明な被害者は、そのことを理解し要求に従う。

襲撃者は相手が降伏することを望んでいるし、当然そのようになると考えてもいる。いずれにしろ、このような状況で襲撃者が支配権を握る。誰であっても襲撃者が支配権を握っていることを理解しなければならない。彼は銃を持ち、危害者に銃を突きつけ、発砲するかのように脅しをかける。あるいは、ナイフを所持し、身体に深刻な危害を加えるように脅す。彼は、さらに――それは、被害者も同じである――身元のわからない外部者で、十中八九は、逃げられるものだということがわかっている。ここで、襲撃者は、人種と彼をとりまく集中した貧困を想定している。彼が襲撃計画を練るのは、警察が正義のために彼を探し出すことにエネルギーを費やすようには展開しないこと、いかに考えたとしても、黒人はどのケースも同じようにみなされるであろうことを前提としている。そうであるので、襲撃を加えるものは、いとも簡単に被害者を降伏させるという確信があるのである。見知らぬ者でいるために襲撃者に求められるのは、ストリートの術を熟知した被害者が襲撃者の顔がみえない方角へとその場を立ち去っていくことである。ストリートの術を心得た被害者は、襲撃者の目をまったくみようとしないだろう。被害者が襲撃者を確実に識別できるということは二度と起こりそうもないのだが、両者が目を合わせることで、この状況の中で、微妙な間が生まれ、襲撃者が新たに状況を制するために直接行動をとることになりうるのだ。一度、被害者と襲撃者が目を合わせると、そこで生まれた絆が、致命的な状況を引き起こし、記憶に刻まれる類の出来事になりがちなのである。この出来事の中で、もともとは被害者が所有する金銭を狙いとした単純な行為として始まったことが、被害者が命を落とすかもしれないという理解しがたい結果をもたらすのだ。

ここで問題となるのが、こうした出来事に関わる者たちの人間の尊厳の要求であり、荒れ狂った抗争のなかへと投げ放たれたなかでの要求である。怪我を一切負うことなしにこの状況から抜け出すには、被害者は、(襲撃者の)尊厳を損なわずに、襲撃者がその場を立ち去ることのできる道を探さなければならない。このような状況では、この目的を達成するのはとりわけ困難である。十分な尊厳を認めるのが何であるのかという判断をめぐる競争を続けるだけではなく、命と引き換えになるものをどのように譲渡するかという問題でもあるからだ。命と引き換えに車を譲渡することも考えられうる条件の一つである。もっとも賢明な被害者は、そのような状況で、理屈には合わないのだが襲撃者に賛同し「ともかくも頷く」ことで、その場を凌ごうとする。けれども、そうであれ、被害者が無傷でその場から逃れることができるかは定かではない。被害者はこの状況で権力を保持している襲撃者のなすがままなのである。

銃を用いて強盗を働いた後、襲撃者は犯罪の犠牲となったものを「なだめ」ようとすることすらある。いかした雰囲気を持ち、ずる賢い襲撃者は、被害者と大げさに抱き合うこともある。それは、スティックアップは生じていない。「俺らは、みんな上手くやっている。」という印象を、現場を目撃しているであろう傍観者に対して示すためである。ある者は、彼らや親戚のある者がただ強盗に遭遇したことを伝えるために、許しを乞うか、これらの振る舞いに及んだことについて謝罪することすらある。

そうした中に、スティックアップの決まり事がある。襲撃者と被害者は、ともにそれぞれの役割について理解し、その役割を演じなければならない。ここで問題となるのは、ストリートのコードの中心的な信条:尊敬の念である。本来、襲撃者は犠牲者からお金を奪い、その行為を滞りなく進めることを望んでいる。襲撃者は、異論なしに権力を行使したい。そのために襲撃者は、自分が権力を持っていることを認識されるようにする。襲撃者の権力を理解しているということを伝えるのに、完全に防御にまわる行為ほど明らかなことはない。この権力に従わないことは、ある意味で、襲撃者の権威、価値、地位、責任に及ぶ問題であり、襲撃者を侮辱し、傲慢な態度と伝えることにもなる。このような被害者による抵抗は、(瞬時にして)「思い上がった行為」であり、そのような振る舞いは、襲撃者をひどく混乱させる。このような事態になると、襲撃者は、通常、容易にこの状況を打開したがる。そのために、襲撃者は、銃やナイフを使うか、ただ、その場から立ち去る。被害者による抵抗――状況に従うことのできないほど無能さは、そのなかで、予期もできないことを放棄するのに、十分なほどの状況にともなう情報が、襲撃者を襲う。襲撃者は「資金を調達する」準備ができていないのなら、尻尾を巻いて逃げ去るかもしれないし、発砲するかもしれない。ストリートを熟知している者や熟知していない被害者のなかには、このような状況を意図的にかき乱すために、リスクを冒すものもいる。彼らがリスクを冒す行動を取り、偶然にも生き残ったなら、彼らは幸運だったのであり、生き残ったことに感謝する。ストリートのしきたりに関する知識を身につけ、襲撃者の強盗を成功させるために手助けすることでより身の安全は守られる。

もちろん、被害者は、多くの場合に、強盗に驚き、よく考えて行動する余裕はない。実際に、銃を使い強盗する者は、彼らの仕事をうまくやってのけるために不意を突くことが薦められている。襲撃者は、ストリートの暗がりや駐車中の車から相手に近づくか、被害者の跡をつけ忍び寄り、絶好の機会を待って、「あきらめろ」と警告するのだ。

スティックアップについての詳細な場面の現象学的記述により、襲撃者がいつもそのように状況を判断しているわけではないことも明らかになる。多くの場合、また、多くの状況で、襲撃者は、彼自身だけが適切な瞬間について言及できるような、文化的な「職人」として振る舞う。銃を使って強盗をはたらくその時まで、襲撃者は、被害者を「低所得者層」の市民としてみなし、行動を管理しようとするし、彼らは、困難な状況を強いられている彼らに手を貸そうとさえするのである。しかしながら、誰もがこのような誤魔化しに誑かされるわけではない。黒人の若者、ヒスパニック、白人でさえ、公共の場で被害者に「銃を突きつける」ことは、襲撃者にとっても難しいことであると先読みをするのだ。銃を突きつけるには、とりわけ、巧妙さと人目につかないようにすることが求められる。これは被害者となりうる者が身を守る上で重要な議論であり、襲撃者は、被害者を殺さないようにするために、強盗時に銃を突きつける方法をいままで以上にうまく惑わすことができるように適応させなければならない。

ロバート・ヘイズは三十一歳の黒人で、ＣＶＳのシティセンターの警備員として働き、フィラデルフィアのウエスト・オーク・レーン地区に住んでいる。六月の陽気な日、ギラルド通りの混雑した地区で、彼は、チェックを現金にかえ「現金交換所」を後にしたところだった。午後も半ばに差し掛かり、あたりは人でごった返していた。彼が現金交換所を後にして、歩き出すと「あの、すいません。ちょっといいですか」という言葉を耳にする。ロバートが振り返ると、茶色の紙袋を手にした男が小走りで彼の元に近づいてきた。その男は、彼に何かを見せたがっているようだった。ロバートは、嫌な予感なしに、バックの中身が何か気になったので、男が近づいてくるのを待った。ロバートは、男が近くまできたのでバックの中身をじかに見た。ロバートは、男の要求に従い、男が引き金に指を入れている黒色の9ミリ拳銃を目にした。その男は、そのとき、「あきらめろ、馬鹿なことはよせ」と言った。ロバートは「悪いが金はない」と返答した。その男はすぐさま、「お前がたった今、現金交換所を去るところを見ていたんだ。後ろポケットに入っている金で嵩張った財布を俺に渡すんだ」といった。ロバートは、それに従った。男は、彼に笑みを浮かべて「楽しく過ごすんだな」といい、すぐさま、その場から姿を消すようにして、仕事に戻っていった。この状況で、ロバートは、多少抵抗したかったのだが、抵抗するよりも相手の要求に従うほうがましであることを知っていた。彼は、二人の若い子供と妻のことを考えて、いつもは、より多くのお金を持ち、財布を持っていたと語った。彼がもっとも動揺したのは、彼に接近してきたのが「若いゴロツキ」だという事実であり、銃を突きつけられたら、この若造は過ちを犯すに違いなかったことである。「これ以上な痛手はない」と彼は言葉を発したが、「俺は的確な判断をしたのだと心底思うよ」と付け加えた。

インナーシティの住人は、スティックアップによって間違った結末を迎えることをもっとも恐れる。住民たちは、銃をもって強盗する男やコミュニティでも知られているように、銃をもって強盗する少年（スティックアップ・ボーイズ）を恐れた。（「スティックアップ・ボーイズ」という言葉は、直接的にはドラッグ取引に従事する男を指して用いられるが、強盗をはたらく若い男性を指して一般的に用いられるようになってきた。）この恐れに対処するために、住民たちは、スティックアップ・ボーイズの性向を労働概念へと発展させてきた。これまで述べてきたように、強盗を働く者が、「選びとった人々」であると信じることは、強盗がストリートを利用する人々によるのだと断言することで、襲撃者（スティックアップマン）の強盗が上手くいくためであり、多大な権利を持っていることを住民たちに認めさせる。被害に遭うのは、自分自身に原因があるのであり、銃を使って強盗を働く者に「選ばれない」ようにしないといけないのである。そういうわけで、住民たち、とくにストリートで上手くやっていく術を知っていると自分たち自身を呈示する者は、銃を持って強盗を働こうとする少年たちに、他の誰でも同じように強盗を働くために「唯一そこにいる」ターゲットではないことを彼らに伝えようと振る舞う。彼らは、近隣のストリートや公共空間を共有している者に的確な信号を前もって与えるのだ。

この点において若者達は、見返りをともなう難題に挑む準備はできている。攻撃を受けたり、その他の暴力的な行為を受けたときには、仕返すこともある。または、逆恨みを買う逸脱的な行為によって「報復」を喰らうこともある。このコードの重要な部分は、自分がまぬけであることを他者に認めさせることではなくて、「たいへんな事をしでかしているのだ」ということ、弄ばれないことを相手に伝えることである。言いなりにならないというメッセージが、声を大にしてそしてきっぱりと伝えられるにちがいないのである。

もちろん、いつも上手くいくわけではない。犯行に及ぶ対象であるかについてあきらかに判断する必要のない人物を含めて、銃を使って強盗をはたらく少年たちは、相手が誰であれ強盗する状況もある。たとえば、他のことに気をとられ不適切な時間帯にストリートを歩いていた者や、ただ運悪く被害に遭う者もいる。しかし、一般的にストリートでは、銃を使って強盗を働く者は、誰が無防備で、誰が無防備でないかを知っているのだということが信じられている。

ストリートの街角やテイクアウト専門の飲食店のまわり——ステージングアリーナ——には、ドラッグディーラーやストリートにたむろする若者で溢れかえっている。銃を使って犯行に及ぶ少年たちは、たいてい誰が誰であるかについてわかっている。「犯行に及ぶことのできる相手」なのか、そうでない者か、警戒心の強い者であるのか、犯罪にひっかけやすいぼやっとしている者であるかを、である。様々な社会的場面やより一般的にはストリートに生起するこのような場所のまわりで、愚かな者は、襲撃者に少しばかり尊敬の念を示すか、まったくそのようにはしない。このような愚かな者だとみなされる者が、もっとも頻繁に銃による強盗の被害の相手とされ、実際にそのような場面に遭遇し、しまいには、金品の強奪といわれのない暴力の被害者となる。そのようなレッテルの貼られた人々は、警察に強盗に遭ったことを報告する。これらの主要な犯罪がストリートのコードには強力に備わっている。

愚かな者とは、典型的に「もの静かな」人間であり、彼らが街角で話しているように「自分のビジネスだけを気にかけ、他人のことはまったく気にかけない。服装もきちんとしている」。彼はまた「良識があり」で親切である。しかし、ひどく貧困が進んだこの地域で、傍観者は、弱い者に親切に振る舞う傾向にあり、公共のコミュニティで絶対的な力を行使することは、彼の評価を貶めることである。とはいっても、自分の身を守り、テイクアウト専門の飲食店のまわりに立ち、自分は愚かな者ではないということをそのまわりにいるすべての人に誇示することは重要である。だが、自分は愚かな者ではないと振る舞うには、ストリートでより明確に認識されるような身振りと行動をしながらストリートの前線で姿をみせていなければならないこともある。よくある方法の一つに、怒気をみせて、卑劣なことを口にしながら、ふんぞり返って偉そうに歩くことである。また、不確かな表現ではない方法で、彼はすでに準備ができていて、自分自身の身を守ることができたり、若い男が口にするように、彼は「自分の拳を繰り出すことができる」ことを相手に伝えることである。その男は状況がそれを要求する場合には、「激しく揉みあって戦うこと」や必要なときには、距離を確保しながら注意深い警戒心を示す準備ができていて、それを望んでいるに違いない。要するに、彼は、振る舞いを通じて、相手に勇敢に立ち向かい、いかなる者にも襲撃の隙を与えないというメッセージを伝えることができなければならない。そのようなイメージは、「ドラッグディーラー風の身なり」を含めて最新のスタイルで身を包み、粋に振る舞い、「言葉の掛け合い」にも対応できることが求められる。「言葉の掛け合い」の対応とは、言葉をかけて、彼に近づいて来た者が何を今言っているのか（相手の投げかけに的確に返答すること）を理解することである。けれども、行動が、つねに言葉以上に強力な意味を発するのである。この愚かな者と対極に連想される態度が、「周到なまでにその道を極めている」、「そこでの振る舞いを心得た」者として、表現されるようになった。彼らは、「今、何時であるか」を気にかけていることや、とくに、ストリートで上手くやっていく術を知っている者である。しかし、多くの者にとって、そのようなイメージは、ただ、表面的なイメージ——対面、見た目——にすぎない。そうであるがゆえに、ストリートでの術を弁えている者であることを確信させるのか、はたまた、それが冗談な振る舞いに過ぎないのかをストリートで演ずることは、きわめて難しいことなのである。

銃を使って強盗をはたらく少年でより賢明な者は、愚かな者が降伏しない場合やストリートのコードに関して理解していない場合には、愚かな者を次第に恐怖へと落とし込む。というのも、恐怖を感じていない愚かな者は、状況を把握できないので理性が先行し、銃を使って強盗を働いている者が、発砲したり、ナイフで相手を刺したり、冷静さを失い、金品を強奪される間に、身体的に危害を加えるなど、事態の悪化を引き起こしかねない。スティックアップが、ある状況まで展開すると、ストリートの経験が十分でない愚かな者は、状況を誤解し、自分が今実際に遭遇している以上に、危険であることのだと思い込む。そのとき、彼はパニックを起こす。この状況を混乱させ、実質的には、非暴力的に始まったことが、暴力的な結末を引き起こすのである。もし、愚かな者が狂騒的になり、自分自身や自分が愛する者をより攻撃的に守ろうとしたら、危険度をさらに高めてしまうことになる。

その場を上手く凌ぐ者は、反対に、襲撃者が状況を支配したことを直感的に理解する者であるが、状況を支配する者がやりくりしているその瞬間まで、事態を変えることができるかもしれない。そのような者は、今何時であるかを知っている上に消極的なプレイヤーでは滅多にない。適切なタイミングに、襲撃者の支配権を先延ばしにする。銃を顔に突きつけられたとき、彼は時間を先延ばすことができるのか、あるいは、銃を持っている人間をなだめることができるかを理解しているのである。「諦めろ」と言われたときには、「わかったよ。すべて持って行け。頼むから俺を痛めつけないでくれ」と言葉をかける。効果的に損失を食い止めるには、「俺は、お前の言いなりだ」といい、彼は、自分の過ちから学び、二度とこのようなことが起こらないように確かめようとする。

知らないふりをすること

ドラッグが蔓延り貧窮化したインナーシティのコミュニティで居住している住民は、経済的な面でドラッグ取引の必要性を理解しているだろう。住民たちの多くは、やる気を失ってさえいるが、ドラッグ取引をする少年たちは、悪い少年たちであるとは限らず、彼らがお金を稼ぐためだけにしなければならないと考えていることをしているに過ぎないと正当化することでドラッグ取引と共存していこうとしている。しかし、彼ら自身はドラッグ取引による犠牲を被りたくないし、また、友達や親しき者たちも傷つけたくない。多くの者は、警察や行政機関は、彼らのコミュニティについて関心をもたないのだと信じるようになってきた。このように信じることが、ドラッグ取引のようなことを何かしない限りいかなる希望も諦めなければならないとけしかける。その結果、彼らはドラッグ取引に関与していることを非難するとともに、寛容でもあるのだ。彼らは、ドラッグ取引をすることに慣れてきたのである。彼らはまた、地元住民の多くが、財政的支援のためにドラッグ取引に頼っていることも理解している。ロビン・フッド現象が、ドラッグ取引の正当化のプロセスを手助けする。これまで述べてきたように、あるディーラーたちは、様々な組織に内密にお金を寄付したり、ドラッグ取引の利潤で家族や友人を支援することでコミュニティを支えようとする。ドラッグディーラーの一人が、「伯母の手術代金と母親の請求書のすべてを支払い、そのようにしたことを誇りに思っている」ことを話してくれた。彼は、ガールフレンドを高級レストランに連れて行ったことや、ドラッグディーラーになってしてきたことのすべてを誇りに思っている。彼は、ドラッグ取引が間違っていることだとわかっているが、ドラッグ取引をする中での役割を受け入れてきた。もちろん、コミュニティに住む全員ではないが、ドラッグ取引は大半の人に受け入れられている。多くの人々は、取引をすることについてとても強い否定的な感情を抱いている。この否定的な感情とは、暴力が生じたときにもっともはっきりと露呈される。ここで重要なポイントとなるのが、多くの人々は暴力が噴出したときのみ、ドラッグ取引を問題化するということである。

ドラッグ取引について知っているが知らないふりをする理由というのは、人々がコミュニティのストリートを歩いているときのように、彼らはいったい何がそこで起きているかをみてはいるのだが、関わることを恐れているからでもある。自分自身の身を守ることを考えて、起きていることを目撃していることを人々に知られたくさえないのである。銃撃やギャング抗争のような出来事の後で、人々は、刑罰を恐れて黙り込む。それは、とくに、統治機関が考えていることである。もし、密告が起きると、ドラッグ活動に周到な注意をむけてきたと考えられる者が、その出来事について警察に伝えたと疑われるに違いない。この恐れと自分自身を守るために必要なことに対応するための人々の方法とは知らないふりをすることである。

多くの両親たちは、他の理由で、知らないふりをしている。彼らは、自分たちの息子がおそらく、ドラッグ取引に関わっていることに気がついてもいる。彼らは、それを認めようとはしない。彼らもまたドラッグ取引から恩恵を受けている。お金を受け取っている母親は息子から膨大な金額を渡されることもあるが、そのお金の出所についてあまりに多くの質問を投げかけない。母親は、お金がともかくもそこにあるという事実をただ、受け入れる。お金がとくに必要になってからは、そこには、お金の流れを妨害することのない強い誘発要因がある。多くの人々は、知らないふりをしていることにあまりに心を痛め、神へ祈りをささげ、事実、彼らがそれを承認していることについて神に許しを求めるのである。けれども、彼らは、こうした事態に介入するために責任を負えないでいる。

あまりに多くのコミュニティでの経済崩壊が、人々を困難な状況へと直面させ、道徳的にはするべきではないことをすることを彼らに促すのである。正規経済で職場に就くことができない少年は、ドラッグディーラーになるが、一度に誰もがディーラーになるのではなく、次第に増えていくのである。少年たちは、彼らが首尾よくしなければならないことに基づいて一連の選択と意思決定を行う。ストリートで育つなかで、ストリートのコードを上手く体得した者は、地下経済にもより近づきやすい。一度習得し、ストリートの世界で臨機応変に対処する才能――人々と冷静に取引をする術、動き方、見方、振る舞い方、着こなし方を承知していること――は、中流階級の資本として尊敬の念を抱かれるわけではないが、現金に換えられる資本の一形態である。

ストリートのコードが、暴力によって実質的に拘束され、暴力的な報復(目には目を、歯には歯を)が恐れられるようになり、インナーシティに住む若者たちが、生活においてこのルートを選ぶようになればなるほど、近隣地区でストリートのコードがより当たり前のものになる。近隣住民たちは、正義に関して、ストリートでもっとも危険な人々に軽蔑される抽象的なコードと、コミュニティの公共空間で生き残るために鍵を握る実践的なコード、の間を選択することを促される。

こうした環境で成長している子供たちは、物事が起きる方法や、そうでなければ、彼らに教育する者たちの教訓が、より関係のない事であることを、早い時期に学んでいる。良識ある人々は、暴力があたりに蔓延しドラッグディーラーやドラッグユーザーの無知な被害者に無関心になることで、コミュニティの感覚を維持することがより困難になっていることに気がつく。その中で、暴力は、ドラッグの蔓延る近隣地区の生活を統制するようになり、一般的に思われているコミュニティのリーダーとは、次第に暴力で人々を支配する人間となるのである。

この事態の波及効果は、インナーシティのコミュニティをはるかにこえたところまで広がっていく。取り組み始めたばかりの刑罰調査は、二十歳の黒人の若年男性の三三%が、犯罪司法制度――拘置所や刑務所にいるか、保護観察や執行猶予中――の監督下にあることが明らかになった。この驚くべき数字は、黒人の若年男性が危険で信頼されないという広く行き渡った見方の原因のある部分を占めていると考えられるに違いない。この種類の悪者化が、すべての黒人の若者に影響を及ぼす――彼らは、ストリートをうろつく集団と同じく、中流階級の者や次第に減少しつつある労働者階級の若者を含むのである。

「判決された者の中での黒人の不均等な割合を、何をもって説明することができるのか」と興味を抱くかもしれない。アフリカ系アメリカ人は、この分野の研究が行われてきてからずっと、刑務所人口の平均以上を占めてきた。だが、過去の世代を超えて、この数があまりにも急激に増加してきた。クラック・コカインの所有と取引に関する刑期は、より高額で中流階級に広く新党したパウダーコカインの所有と取引以上に、厳しいものである。そのほかの要因には、割合的により多くの黒人たちがディーラーであり、これは仕事に就くことができないでいる若い黒人男性の全般にかかわる問題である。ドラッグ取引をすることの魅惑的な格好良さが、敵対文化のなかで確固たる位置を占めていることも、も

た者を励ますこともできる。何がおきようが何を言われても、信じるということは、絶好の機会とは認識されない機会を生かすことであり、リスクとは捉えられないリスクを冒すことで、その者にチャンスが与えられることを意味するからである。というのも、人生なるようになるからである。そうすることで、人々は、ほとんど、恐怖を感じることなしにストリートを歩くことができる。それは、「自分の時間がここに流れているから、今を生きているのであり、身をまかすのみ」だということを知っていることである。そのなかで、ある者は、それがただ単に、今において「自分の時間」だけではないことを信じ込むことで、生きていくことができる。口論を交わしている、まさにその只中において、信じることが、死に至らしめる抗争の結果を決めうるのだ。彼や彼女の能力を優勢に立たせるよう物事を展開させるというアドバンテージをもたらすものこそが、運命なのである。

殺害に直面したとき、その死は被害者や被害者の家族のみではなく、コミュニティ全体に影響を与える。あまりに残忍な死を迎えたときには、コミュニティは、深く悲しみ喪に服す。多くの者が「なぜなんだ」と言葉を発するだろう。ジョニー、ロバート、マルセール、ケヴィン、ラショーンのようなとても期待され大事にされてきた素晴らしい人間が命を落とすことになるのだと思う。なぜ、「このような最後を迎えることになったのか」。家族は、それは、「神の意志」だという解釈を受け入れようとする。そのメンバーたちは、「荘厳なる神」に疑問を投げかけるのだが、神の権威はいつでも正しいのだと理解される。若い少年たちが命を落としたという事実について、その命について何かを言わなければならないし、それがまた、若い少年が彼の人生を全うして生きたことでもあるのだ。人は、この地球で生きていくためのそれぞれの時間を所有しているが、人々は「せわしなく生きること」や「成功を追い求めあわただしい生活を駆け抜ける」ことで、それらの時間を「急がせ」てしまうのだ。

殺害された直後

若者の一生が絶たれると誰もが悲しみに浸る。まず銃撃や事件が起きた場所に人々が集まる。警官が駆けつけると人々がさらに群がるようになる。死亡事件が被害者の家の近くで起きることもあり、そのような場合には、被害者の母親や親しい親戚、友人たちが、殺害直後の現場に立ちあうこともある。母親や知人が到着すると、女性や少女たちは、嘆き叫び、うめき声を上げ、その声を聞いたすべての者が、深く悲しみ泣きわめく。その間、若い男たちは、物事を深く考えながら黙り込み、傍観しているだけである。男たちは若い女性たちが支えを必要とする場合には、彼女たちを手助けする。救急車が到着するやいなや、最寄りの病院へとその人物は搬送される。彼が生きている場合には、彼の母親、親戚、近くに住む者の一人が、救急車の中へと乗り込み、彼に付き添う。すでに手遅れの場合には、救急車は死体保管所へと向かう。

翌日、親戚、近隣住民、友人たちが地元の新聞の犯罪記事に目を通す。友人や親戚は、すでに、怒りを抑えきれないでいるが、愛する者が襲撃され、殺された事件について十分な記事を寄せていない新聞に怒りをぶちまけることもある。また、あるときには、彼らは、無能力者、人種差別主義者、さらに悪い表現で警察を罵倒し、彼らに怒りをぶちまける。このような行為に対して責任を課せられる者が、なぜ、正義を持ち込まなかったのを疑念する。コミュニティは、深い悲しみに包まれる。被害者のことが話題になる。「ひどく残念なことだ」。「なぜ、彼がこんな形で命を落とさなければならないんだ？　彼が望んでいたのは、この世界で良識ある暮らしをすることだけだった」。幾つかの問いが投げかけられる。ある者は、運命について聞き始める。「神はいるのか」。何ヵ月もの間、他の者と話をしていなかった人々も、そこでは話す内容を何か探す。彼らは、故人について語る。コミュニティの住民たちは、この人物に自分たちを関わらせることで絆を強くする。

若い人々は、この事態を真摯に受け止める。彼らは、なぜ、このようなことがおきたのだとはっきりと声に出し知りたがっているが、実は彼らはなぜこのようなことが起きたのかわかっている。彼らは、その少年がドラッグ取引をしていることを知っているし、命を落としたその少年が、何らかの方法でストリートのコードを侵し、それがおそらくは、誰かの金をくすねたことであろうこともわかっている。「彼は、だれかに間違いを犯した」か、「彼は、うまくやっていると思っていた」。だが、何かがあったのだ。そのかわりに、若者の死は何の意味ももたないのだ。「なぜ、こんなことをしなければならないのか」と彼らは尋ねる。少女たちは、身を落として座り込み、泣いている。ある者は、一言も口にせずに通り過ぎる。コミュニティが悲しみに暮れていることを誰もが感じているからだ。言葉にする必要もない。悲しみに満ちた顔がすべてを語る。少女や少年、故人の友人は、自然とお互いに抱き合う。そうして彼らは絆を深める。これはあまりに残酷なことで悲劇である。

悲しみは何日たっても消えることはない。通夜には友人や親戚が少年の家に集まる。家族の成員と一緒に座り、彼らを慰めようとする。少年の長所を思い返す。彼ら全員がその故人の短所を知っていたとしても、話題にすることはない。その少年がドラッグ取引をしていたことは広く知られているが、ドラッグ取引について語る者はいないしどのようにして彼を死に至らしめたのかについても口にする者もいない。彼らは皆、その少年が「ドラッグの世界」に関わっていたことを知っているが、この状況下では彼らはそれを否定する。少年の否定的な特性は、たとえそれが少年との深い思い出を振り返るものであったとしても、話題にするのは良くないことであり、誰もがそれを承知している。彼らは、彼を殺した相手さえ知っているかもしれない。しかし、誰もそのことを警察に伝えようとする者はいない。なぜなら、警察はそれを信じないからである。警察というのは、コミュニティに馴染みのない集団なのである。コミュニティの人々は、仲間内で意見を交わす。少年や少年の同郷の友人は、殺人を犯した者を遠まわしに脅す。彼らは、殺人を犯した者に仕返しをし、その人物に対処することが彼らに課せられた役目であり、その人物の見た目についてよく語る。しかし、実際には、次の日や何週経っても何も起こらない。多くの人々は、誰がこの殺人を犯したかを突き止めることができるにもかかわらず、それを警察や当局にまかせる。それは重要な行為である。彼らは、身をかがめて集まっているところで得意げに語る。この事件が「生じた」場所でも、彼らは大袈裟に話す。何度も話題にし、何も起こらないにもかかわらずである。彼らは、実はその事件のことをそっとしておきたいのである。

もちろん、彼らが実際に、事件のことを放置しておきたいかどうかは、同郷でその少年がどのような人物であったかに関わる。もし、彼が誰からも好かれていたなら、集団が何らかの報復を取るかもしれないし、それにより、破滅的な抗争が始まることになる。より多くの場合には、仕返しについてただ話をするだけである。彼らは、「これが最初の銃撃ではないし、このあたりのストリートでこれが最後となるわけではない」と口にする。彼らがこれらの出来事について言うように、コミュニティに住む様々なグラフィティ・アーティストが一同に会い、絆を結び、命を落としたこの若者のために記念碑を立てる。ある者は、「ROCK（勇気）、RIP（喜び）」のような希望をこめたメッセージを彼らの車の窓に書く。またある者は、少年の思い出として、彼の写真を正面に装飾したTシャツを製作する。

葬式の日を迎える。月曜朝一一時、近隣に住む友人や親戚が地元の葬儀の行われる部屋に集まる。喪服を着ているものがほとんどである。若者たちのほとんどが、黒皮の服を纏っている。その大半が十五歳から二十八歳ぐらいの若者で、そこには、年老いた女性や男性もいて、正装をしている者もいればそうでない者もいる。なかには、ひどく貧しい者も姿をみせる。ゴールドの大きなイヤリングをつけている女性たちや、髪をとくことが必要な少女たちもいる。ベビーカーに赤ん坊を乗せてきた少女たちもいる。二歳の子供が、葬儀の行われる家のロビーを歩き回り、その子供の母親が、他の者たちにみられるようにして、子供のあとを追いかけなければならない。ティンバーランドのブーツを履き、黒の皮製ジャケットを着た地元の親友たちの何人かは、小雨が降るなか、外に立ち、到着した者に疑いのまなざしをよせている。彼らは一人ひとりに話しかけ、いまにも、喧嘩しそうな勢いである。二・三台の警察車両が停車し、問題が生じた場合に備えている。警察の仕事は、平穏を守り、秩序を維持することで警察官は座ったままそこに集まった者たちが行き来するのを見張っている。警察官は職務質問などはせずに、この場所で事件の情報収集をしているとそこにいる者たちは考えている。警察官も住民も、この事件が起きる前からの顔見知りで、そこにいる者誰もが何を望んでいるのかわかっている。

　近所に住む長老が、次のように話した。

　あいつのことはよく知っていたよ。ドラッグには気をつけるようにといつも警告していたのさ。だが、あいつは、ドラッグに抵抗することができなかった。奴だって、わかっていたのさ。お前の葬式に行くことになるだろうって、奴に話していたのさ。現に、いま、俺が葬式にきているだろ。やりきれないさ。けど、わかるだろ、これがシステムなんだよ。システムさ。仕事もない。教育だってない。ドラッグがすべてなのさ。いったいどれほどのドラッグがここ（この近隣地区）に流れ込んできているのか知っているか。俺らが持ち込んでいるわけじゃない。あいつらだよ。白人のやつらさ。奴らがここにドラッグを持ち込むんだ。奴らは俺らに何も与えたがらないのさ。あいつらが俺らにあたえるのは、死と破滅それだけさ。俺はあいつを銃で撃った男も知っているさ。けれどもこれは間違いなくシステムの仕業なのさ。問題なのはシステムなんだ。

　なかへ入ると、立つのがやっとのスペースがあるだけだった。その場所は、この若者の母親と葬儀の手伝いをする家族の人に用意されたものであるにちがいない。父親がどこかにいるはずなのだが、長老が、父親は刑務所の中だよと答えた。長老は、さらに野郎のほとんどが刑務所にいるんだよと付け加えた。そこが彼らの居場所であるし、この男に起きたことなのさ。被害者は、十九歳になったばかりの少年である。同郷の親友や女友達もここに集まっている。[14]女性たちは、嘆き悲しみ泣いている。少年の母親も、泣き、嘆き悲しんでいる。これは「彼の母親のためのドラマ」なんだとある近隣住民が話した。そこにいる者たちは、ささやくように会話をしている。少女たちの何人かは、あまりに取り乱しているので、彼女たちは抱えられ、葬儀の外へと連れて行かれる。涙が少女たちの頬を滴る。牧師が若者に祈りをささげる。皆が彼を送り出す慰めの歌を斉唱する。この少年の人生について語られる。だが、この少年が関わってきたドラッグやその他否定的な事柄について語られることはない。少年を称えることだけが力説されるのだ。

4
交尾ゲーム

インナーシティにおけるティーンエイジャーの妊娠問題は、ドラッグや暴力の問題と同じ位、一般社会の注意を引き付け、当惑を招いている。こういった類の行動は、アメリカの良識的な若者たちが手に入れようと努力しているあらゆるもの――教育、良い仕事、安定した家庭、中産階級の価値観――に反作用するもののようにも思われる。しかしそうした行動様式も、ストリートの世界においては、またそこを支配しているコードに照らしてみると、ある種の意味をなす。第三章では、このコードと、ドラッグと暴力に支配される地下経済との関係を検討した。本章では、良識派とストリート派、両方の若者たちが、この同じ世界の中で育ち、互いを発見していく過程で、どういった問題に直面するのかを見ていくことにする。ここではっきりさせる必要があるのは、ここに住むティーエイジャーたちが性的行動から引き出せるものと認識している利益は、それに伴うリスクを上回っているということである。彼らのセックスと妊娠についての見解は、彼らの暴力に対する見解同様、本人たちが自分の人生にどんな選択肢があると考えているのかによって大きく左右される。また彼らの性的行動は、ストリートのコードの多大な影響のもとに形成されたルールに則っている。若者たちのこうしたものの捉え方は、すぐ傍にいる同輩たち、家族、その他彼らが自分と同一視している人々の運命の浮沈の影響を受けて形成される。ティーンエイジャーの妊娠を防止するための最も重要な条件の一つは、若くして親になれば何か大事なものを失うことになることを本人たちがはっきり自覚していることである。しかし多くの者たちは、それによってむしろ得るものがあると信じているのである。

社会的背景

インナーシティの多くの地区で、子供たちに高い向上心を植え付け、若いうちに親になれば損なわれてしまう明るい未来への期待心を刻み込む役目を担っているのは、強固で、経済的に安定し、結び付きの強い「良識派の」家族――必ずではないが、たいていは核家族――である。近くに住むそのような家族やその体現者たちと繋がりを持ち、そこに示される手本を目にしていれば、若者は、財政的、文化的、その他の面で障害と考えられるものがあっても、自分も人生に成功したいと希望を抱くかもしれない。こういった模範が存在することが、ともすれば他には不利な条件ばかりという境遇に置かれている若者たちにとっての力強い励ましにもなり、また社会的には、ストリート文化に対する防御の要ともなり得るのである。このストリート文化は、家族的背景に関わらず、多くの若者たちの目に非常に魅力的に映っているオールタナティブの生活様式を支持し、これを奨励することを特徴とする。「スリルのある生活」が身上のストリートの毎日では、早期の性行動、ドラッグ体験など、いろいろな非行の形に出会うことがある。比較的恵まれた境遇にあり、はっきりした選択肢を持つ若者たちであれば、ストリート文化の味見をし、社会的に認められるのに十分な格好良さを身に付けたら、そこを離れて次の生活に進んでいくかもしれない。しかし一方で、より少ない選択肢しか目に入らず、将来に可能性が開かれているとも感じていない若者たちは、どっぷりとストリート文化に浸り切ってしまうかもしれない。後者は、ストリートの法則、規範に従って、ステイタスを獲得しようしているのだ。インナーシティの最貧地区では、相対的に見てこの文化の影響力が際立ち、その結果、反社会的行動の広がりを招いているだけでなく、ティーンエイジャーの親が誕生する頻度も高くなっている。

本書全体の重要テーマとして論じてきたように、ワーキングプアの住人たちは、社会的な目的のため、自らが良識的だとみなす価値基準とストリートを連想させる価値基準とを区別している。一般に、良識があることは個人の資質として高く評価され、ストリート志向の称号を与えられた者の評判は深く傷つけられてしまう。貧窮地区では、両者の意味するものが時には重なり合い、競合し、互いを支持することすらある。両者が相互に与える作用は非常に複雑なのだ。しかし実際には、多かれ少なかれ、両者の相違点は、社会的に両極端にあるものを識別する働きをしているのである。特に若者たちの間で、両者が社会的に言及するものは、社会的に「ださい奴」と「かっこいい奴」を区別するために使われることがある。

インナーシティの貧窮地区の住人たちの間で、通常、良識派の文化を体現しているのは、親密な関係を築いている複合家族である。これらの家族は、たいてい、低収入ながら経済的に安定した状態を維持していることを特徴とする。この文化は、労働倫理、成功、あるいは「必要な何かを手にすること」を重要な目標として掲げている。そこでは良識的言動が基本的原則とされ、他者への判断もそれに照らして下されていく。この家族集団は、しばしば強力な宗教的要素の助けを借りつつ、家族の者たちに一定の自尊心を植え付け、礼儀正しさ、正しい行いを身に付けさせ、さらには、貧窮した生活状況に負けずに将来を肯定的に考えるように と教えていく。多くの良識派の家族は、子供たちの保護に熱心に

しかし、そうした地区に住む若い男性たちが就くことのできる真っ当な仕事がますます乏しくなり、ドラッグ文化の拡大によって簡単にお金を手にできる機会が広がると、長老の名声と権威は失われていくことになる。ストリート・ワイズの若い男たちは、人生や労働倫理についての長老の教えは、もはや役に立たないと結論づけるようになっていく。そして新しい役割モデルが登場してくる。ストリートの体現者として現れたこの男は、若く、たいていはストリートギャングから輩出された人物である。法律や伝統的価値観に対する彼の姿勢は、よくて無関心といったものである。

伝統的役割モデルを示す女性たちは、しばしば良識的言動の模範であったが、その彼女たちもまた、権威の失墜を経験している。かつては、たいてい自分自身にも孫がいるという成熟した女性たちが、コミュニティに補佐的な親の役割を提供し、実の親子関係を補強、支援する役割を公的に果たしていた。この女性たちは、子供のしつけを行い、若い女性たちの役割モデルとして振る舞い、ある程度社会をコントロールする力を発揮した。インナーシティ地区におけるドラッグの蔓延が一段と勢いを増すと、最もはっきりした形で犠牲となる人々の中に、ごく普通の若い母親とその子供たちが現れてくる。伝統的な女長老は、能力の限界まで頑張らなければならず、その負担は重くなりすぎていく。自分の孫たちのために、あるいは近所の迷える子供のために母親の代役を務める彼女たちの役割は、以前より複雑なものになっているのである。

こういった女性たちは一様に、コミュニティにおけるドラッグの拡散、近所をうろつく「クラック中毒の売春婦たち」の存在、罪のない通り掛かりの人々の命を奪うことさえある暴力の散発を嘆いている。屋外でのドラッグ販売、数多くの若い女性たちの妊娠、無作法な行為、犯罪、たくさんのストリートの子供たち、それに(住人たちの言うところの)立派な役割モデルの減少。これらのことが、年長者にも若者にも同様に、将来に対する肯定的な態度を維持すること、目の前の状況を越えたところにいる自分の姿を思い描くことを難しくしている。地区の衰退は自らを食い物にして進んでいき、それにつれて良識的な遵法主義者たちの気概もどんどん失われていく。ここを去る力のある者たちの多くがそれを実行する一方で、ある者たちはストリートに屈服していく。

以上の社会的文脈において、ティーンエイジャーの妊娠は理解されなければならない。この状況は、同輩から受けるプレッシャー、無知、情熱、運、意図、征服欲、宗教、愛情、そして若い男女の間に横たわる深い敵意までもが加わって、複雑化されている。ティーンエイジャーの妊娠は、永続的な都市の貧困が文化的に現れたものに他ならない。これは、閉ざされた機会と深刻な欠乏状態に適応するために取られる粗末な行動であり、グロテスクな処世術である。こうした行動を見せる若者たちは、歴史的に彼らの社会的選択肢を制限し、最近まで彼らに完全なシチズンシップを与えなかった社会システムによって、絶えず力を弱められてきているのである。

家庭を維持できるような仕事が欠如しているため、多くの若い男性たちには、伝統的なアメリカ的男らしさの印とされる、経済的に自立した家庭を築く可能性が閉ざされている。部分的にはこうした現状への対応として、多くの若い黒人男性が、同輩集団に強い傾倒を示している。同輩集団の中では、性的に優れていることが男らしさの証として重視され、赤ん坊はその証明とされる。これらの集団はストリート・コーナーに集まって、自分の性的な手柄を自慢し、慣習に従った家族生活を嘲笑う。彼らは女性の性的防衛を崩すことのできる仲間に賞賛を与えることで、集団内のこの志向を強めていく。多くの者たちにとって、目的は女を引っ掛けてさっさと逃げることである。彼らの個人的自由は維持されなければならず、婚姻関係に捕えられるわけにはいかない。もし何らかの結び付きが生じるとすれば、若い男性側が自分の思う通りに条件を決められる関係でなければならない。若い男の中には、今すぐに充足感を得ることにこだわり、若い女の心と身体を支配する能力を見せ付けるために、赤ん坊を欲しがる者もいる。

若い女が、(通常年上の)若い男の愛情を与えるという約束、時には結婚の約束に惹かれたとき、性を巡るゲームが始まる。その約束は漠然としているが、説得力を感じさせるものである。同時に、「スリルを求める」若者のストリート志向の考え方では、早期に性的体験をすることや乱交が美徳とされる。しかし若い女たちがこれに従えば、妊娠した挙げ句捨てられるという結果に終わることが多い。とはいえ、多くのこのような若い女には、他に思い付く選択肢がほとんどなく、偶発的な出来事であれ何であれ、母親になることが、大人への通過儀礼になる。積極的に子供を作ろうとしているのではない者が圧倒的多数を占めているのかもしれないが、多くの者たちは、積極的に妊娠を避けようとするわけでもない。この傾向は、一つには、貧しい黒人たちの間に多く見受けられる、強い原理主義的な宗教的志向によって説明できるかもしれない。つまり、人生における運命の役割が重視されているのである。何かが起こっても、仕方がないことなのだ。そうなる定めなら、なるように任せておけばよい。そうすれば「神が道を示してくださる」のである。連れ合いができることを夢見る若い女は、たとえ妊娠した結果、結婚に繋がることはなさそうに思えるときにも、妊娠する可能性に無頓着なのかもしれない。そうであるから、妊娠した若い女は、特に赤ん坊の誕生後には、赤ん坊の父親からではなくとも、自分の同輩集団、家族、神から、何らかの形で肯定的反応が返ってくるのを期待することができるのだ。

こうして、若い父親の約束が中身のないものであったことがはっきりすると、一人親という役割を受け入れることになった若い女性には、ある程度の助けが与えられる。彼女のアイデンティティの大きな部分は、彼女が世話をし、面倒を見ることになった赤ん坊が与えてくれる。多くのストリート志向の若い女たちにとって、これは彼女たちを成長させる最も早い方法である。母親になることは、権威、成熟、尊敬を獲得するための有効な手段である。しかしそれはまた、近視眼的で見通しの甘いギャンブルでもある。なぜならたいてい、当人は、突然重荷を背負って人生を歩むことになり、今後の選択肢も著しく狭まったことに気づいていないからである。

このような状況では、ある程度の教育、知恵、良識派の役割モデルによる訓育などを重視する価値観が非常に重要になってくる。若い女たちの心に希望を植え付けることができるのは、強固な、いわゆる良識派の家族であろう。このような家族には夫婦が揃っていることが多いが、親しい親戚や近所の人々の助力を得た、強い意志を持つシングマザーの家庭も含まれる。こういった家族であれば、その地域では通常恵まれた家族とみなされるような、比較的強固な家族形態を再生産する望みがある。この場合、両親や親しい親戚の人々は働き者として知られ、必要な何かを手にできるように努力しており、労働倫理、一般的な良識、社会的道徳的責任を非常に重視している。稼ぎは少ないかもしれないが、たいてい一家は定期的な収入に頼ることができ、家族の人々は、良識的価値観が報われていると感じている。

こういった家族のもとで育てられる若い娘は、あるいは社会的、物理的に近い距離にこのような家族がいる場合でも、母親、父親、友人、近所の人々の力強い支えを与えられることがある。周囲で支えてくれる人々は、彼女が妊娠しないかと非常に心配しているばかりでなく、現在の居住地区の外での生き方に関して自分が持つ知識を与えることもできる。こうしてこの娘は社会上昇に向かって前進していくかもしれないし、少なくとも妊娠を遅らせるだろう。このような環境にいれば、彼女が肯定的な将来観と健全な自尊心を培う可能性は高くなる。未婚の親になることで、自分が失うものは多いと感じるようになるかもしれない。

この考え方に大いに貢献しているのは、牧師、教師、親、それに社会的上昇志向にある同輩たちである。時には成功した姉が、妹たちに向けて基準を設定し、何が期待されているのか示すこともある。それに対して、妹たちは姉の模範に倣おうとするかもしれない。コミュニティも良識派の家族も、姉の功績を称えることにより、姉妹間のヒエラルキーにおいて成功者を高位に置くことに力を貸す。少なくとも、これらのサポート集団は、婚外子を産むこと以外に、若い娘に人生で何か成し遂げて欲しいという自分たちの期待を、しっかりと伝えることができる。要するに、自分たちが賛同する中産階級の価値観を、伝えていこうとしているのである。

インナーシティの若者たちの基本的なセクシュアルコードは、それ以外の若者たちの持つものと根本的にはそれほど変わらないのかもしれない。しかし、思春期の性的行動の社会的、経済的結果、そしてそれが個人にもたらす結果は、社会階級の違いによって、大いに異なってくる。若者は誰でもそうだが、インナーシティの若者も、激しく、コントロールしがたい衝動に動かされやすい。性的関係を持つことは、搾取的なものにしろそうでないにしろ、中産階級のティーンエイジャーの間でも一般的なことである。しかし、ほとんどの中産階級の若者は、自分たちの将来により強い関心を持っており、妊娠によっていかにその将来が狂わされ得るものかわかっている。対照的に、多くのインナーシティの若者たちには、狂わされては困るような将来など見えていない。今日とは大きく違う明日が来るという望みは持っていないのだ。したがって、婚外子ができることで失うものなどほとんど目に入ってこない。

これらの若者たちの性的行動は、若い男と若い女が持つ、二つの正反対の動機が絡み合った所産である部分が大きい。社会的及び経済的事情と結び付いた様々な理由のため、男女の目指すゴールはしばしば全く反対のものになり、セックスは両者の争いとも言うべきものになる。すでに述べたように、多くの若い男にとってセックスは、地元における社会的ステイタスの重要なシンボルである。性的な征服を重ねるたびに、勝星が一つ一つ刻まれていくのである。若い女たちの多くは、男性に興味を持って貰うのと引き換えに、セックスを贈る。若い男女が、それぞれの目的を達するために互いを利用しようとするとき、その結果生じる現実がそれぞれのゴールに近づくこともあるが、たいてい、もたらされるのはフラストレーションと幻滅である。そして元の状況が何ら変えられることはないばかりか、むしろ状況が悪化することさえある。

性的な出会いは通常、勝者と敗者を生む。若い女たちは夢を、若い男たちは欲望を抱いている。若い女たちは、自分を愛し、養い、家族を与えてくれる理想の花婿にさらわれていくことを夢見ている。多くの場合、若い男たちが望んでいるものは、何の約束も伴わないセックスか、自分が責任を負わなくてもよい赤ん坊である。仕事を見つけることの厳しさを考えれば、若い男たちが慣習的な父親や夫の責任を背負う自分の姿を想像するのは、極めて難しいことである。それでも彼らは、若い女たちが何を望んでいるかわかっていて、性的関係を持つためにその役割を演じる。若い男が言い寄ってくるのを受け入れるとき、若い女は、彼を上手く誘導して責任ある関係に持ち込もうと考えているかもしれないし、妊娠をきっかけに、彼が結婚して、彼女の望み通りの生活を与える必要に迫られると思っているのかもしれない。彼女がわかっていないのは、口で何を言っていようと、たいてい、その男には、彼女が望む生活を与える力はないということである。現実を見れば、彼にはお金がほとんどなく、彼が今後たくさんのお金を稼ぐ見込みも薄い。それに彼は、自分のやることに口出しをしてくるような女性に縛られるなど全く望んでいない。彼の忠誠心は彼の同輩集団とそこにおける規範に向いている。相手の若い女が妊娠すれば、彼は彼女から遠ざかりがちになる。ただし女性側も、自分の家族や同輩たちによる圧力に助けられて、最終的には、生まれた子供に対する何らかの責任を彼に取らせることに成功することもある。

計略と夢が絡むセックス

多くのインナーシティの若い男性たちが、自分の人生において最も重要な人物とみなしているのは、自分が属する同輩集団のメンバーたちである。行動規範を定めるのはこの人々である。彼らにとって重要なのは、それに従って行動し、仲間たちの目に格好よく映ることなのである。この同輩集団はセックスを重んじ、中産階級の人々がお手軽なセックスと呼ぶものを、特に高く評価している。しかし相手に対する責任という意味では、セックスは手軽なものかもしれないが、その若い男の価値を測る基準としては、セックスは一般に、相当に深刻なものとして受け止められる。したがって、若い男は、喜んで付いてくる女性をできるだけたくさん見つけることを主な目標にするのである。手に入れた「女」の数が多いほど、彼に向けられる敬意は増していく。しかし「セックスをする」だけでは十分ではない。若い男性は、その事実を証明しなければならないのだ。そのため、若い男は、聞き手になってくれる他の若い男を片っ端から捕まえて、女たちやセックスについて語る。セックスは、地元における彼らの社会的ステイタスや他者から向けられる敬意に密接に関係してくるものであるため、若い男たちは、互いがセックスで立てた手柄を生々しく語るのをいつでも喜んで聞く。

ストリートの言い伝えによれば、若い男女の争いは二人が出会う前からすでに始まっている。若い男性にとって、女性は、最も深い意味で性的な対象になる。彼女の身体と心は、性を巡る勝負で獲得されるべき対象であり、彼は自分を大きく見せるために勝負に勝たなければならない。勝者にはステイタスが与えられ、セックスは愛の証ではなく、他の人間を支配した証として尊ばれる。

性的な征服行為の目標は、若い女性を騙すことなのである。

若い男性たちは勝ち戦を、女の性的防衛を「突破した」と表現する。若い女性の守りを突破するために、若い男性は「計略」を考え出さなければならない。計略の成功の度合いは、それが自分の同輩たちに受け入れられるか、特に女性たちがそれをどう受け止めるかで測られる。若い女の信頼を勝ち取ることができるかどうかで成功するか否かがほぼ決まる、この計略を構成するものは、服装、身繕い、容姿、ダンスの実力、それに会話——あるいは「ラップ（"rap"）」——などの要素を含む、若い男による全面的な自己プレゼンテーションである。

ラップとは、計略の中でも言語表現に頼る要素であり、性的関心を煽る目的に使われる。これは話し手の全存在を具現するものであり、そのため計略の成功に決定的な役割を果たす。同輩集団のメンバーたちは、互いのラップを値踏みし、評価し、巧拙を判断する。ラップに与えられる評価は、実質的には、その若い男性の計略全体に対する評価に他ならない。その有効性の説得力ある証拠となるのは「戦利品」、つまりその若い男性が経験しているように見えるセックスの量である。女性を手に入れられないことが知られると、若い男性たちは、しばしば同輩集団から嘲笑を受ける破目になる。彼らのラップには「ティッシュペーパー」のレッテルが貼られ、計略は劣ったものとみなされ、彼らのアイデンティティの価値は切り下げられる。

若い男性は、時間をかけ、試行錯誤を通じて計略を練った後、計略遂行のために必要なプレイヤーになる若い女性たちをひたすら求める。進んで乗ってくるプレイヤーが見つかれば、自身が肯定されたとことになる。「上物」、「場に溶け込んでいる」、あるいはストリート・ワイズとみなされている若い女を誘惑することができれば、この若い男の同輩集団におけるステイタスが上がるかもしれない。魅力的な若い女に出会うと、概して若い男は、挑むべき難題にぶつかったと考えるものである。そこで「彼の計略を実行して」みるのである。通常、若い女のほうも、計略が仕掛けられているとはっきりと気づいている。しかし、世慣れた男や「口先の巧い」男の手に掛かれば、もしくは経験不足の女性であれば、騙されてしまうかもしれない。

多くの場合、こうした計略は、インナーシティのたくさんの若い女性たちが十代の初めの頃から心に抱いてきた夢につけ込むものである。一般に少女たちが七、八歳の頃から聞き始める人気のラブソングは、何かに思い焦がれるような雰囲気に溢れ、「あなたのような」誰かに向けて愛とエクスタシーを約束している。若い娘たちの夢には、ボーイフレンド、フィアンセ、あるいは夫が登場し、素敵な町に立つ素敵な家で、子供たちと一緒にいつまでも幸せに暮らすというおとぎ話のような筋書きになっている。つまり本質的には、中産階級のアメリカ的ライフスタイルを夢見ているのであり、この夢は核家族の存在があってはじめて完結する。若い娘たちは、女性たちの間で「ストーリー」と呼ばれている、テレビのソープオペラを毎日見て、この夢を育んでいく。テレビに映し出されるヒーローやヒロインは、白人で中上層階級に属する人々かもしれないが、こういった特徴が登場人物たちをますます魅力的に見せる。たとえ自分の同輩たちはその存在に近づくことしかできないとわかっていても、多くの若い女たちは、テレビで描かれるような快適な生活を送る中産階級の主婦になることを夢見るのだ。

　若い男に言い寄られると、夢を信じる若い女の気持ちが、彼女の状況を判断する目を曇らせてしまう。豊富な恋愛経験を積んだ若い男には、若い女の心を占めているものは何か、彼女がどんな人生を求めていて、それをどう実現させようとしているか、手に取るようにわかる。男性の年齢は相手の女性より四つか五つ上ということもあり、その年齢が彼に威厳を与え、彼には「身を固める」つもりがあるように見せてしまう。男性側は、この役割を演じることによって、二人のやり取りを主導していくことができる。このとき彼は、計略を成功させるために必要な方策を総動員する。彼は、相手の若い女が望むような男性像に自分を合わせているが、このアイデンティティは誇張されているのかもしれないし、彼が自分の望みを叶えるときまでしか維持されない一時的なアイデンティティかもしれない。本質的には、彼が彼女に見せるのは、彼女が見たいと思う部分だけ、つまり彼女が男性に望んでいるものを映した顔である。例えば彼は、時には相手の娘の「手を引いて森の中を歩いて」やるだろう。彼女の家を訪ね、彼女の家族と連れ立って教会に行くこともあれば、彼女の家で「男向けの」家の仕事をこなすことすらあるかもしれない。こうして彼は、「立派な青年」であるところを見せる。しかしこうしたことの全ては、彼の計略の一部でしかないかもしれない。そして彼が欲しいものを手に入れた後は、見せかけの部分は捨て去られ、本当の彼が顔を覗かせる。彼はひらひらと他の女性たちのところへ飛んでいき、彼の日常生活の特徴により忠実な行動様式――同輩集団を軸とする日々の生活――に復帰する。

　若い女は、相手の若者の二面性を他人に指摘されても認めようとしないかもしれない。自分の目で確かめるまでは信じないのだ。彼への信頼を完全に失うまでの間、この女性は、彼女の選択に疑問を投げ掛けてくる友人たちや家族に対して、彼を必死に庇うだろう。あるいは彼女自身、計略を仕掛けられているとわかっているのかもしれない。しかし、ラップ、自己プレゼンテーション術、ルックス、年齢、機知、ダンスの実力、それに自分の人気などを駆使した、若者の計略の効力を考えれば無理もないが、女性はしばしばのぼせ上ってしまうのである。

たくさんの若い母親が捨てられていることを知っている多くの若い女たちは、自分の相手だけは違って欲しいと必死に願っている。加えて、彼女の同輩集団が、夢を追い求める彼女を後押しし、相手の若者の真心を信じる彼女の気持ちを言わず語らずのうちに支える。若い女が結婚の約束を交わしたとなると、親戚の人々や友人たちが二人の未来を思い描いて感嘆と嫉妬の入り混じった声をあげ、興奮状態に包まれる。しかしこういうことは滅多に起こらない。なぜなら一般には、同輩たちが「ままごと遊び」と嘲笑している家庭生活に、ごく近い将来、若い男が興味を持つことはないからである。

計略を実行している間、若い男はしばしば、相手の女性を愛している振り、思いやっている振りをする。こうして理想の男を装い、彼女に最大の善意を尽くそうとしているかのように振る舞う。皮肉なことに、多くの場合、若い男性には本当に善意があるのだ。しかしそのような善意は、彼の同輩集団の価値観とは相容れない。しかも、彼には自分が一家の大黒柱になる自信もない。こうした矛盾が主な原因となり、彼は深い躊躇いを感じることがある。時には、こうした現状と、男性同輩集団の価値基準が、彼がそこから逸脱した行動を取ったために、くっきりと見えてくる。若い女に自分を「支配する」ことを許せば彼は制裁を受けることになり、逆に彼女を自分に従わせておくことができれば応援して貰えるのである。同輩集団は、メンバーたちに、「軟弱者」、「女の尻に敷かれた奴」、「主夫」などの屈辱的なレッテルを貼り付けるという制裁を加える。そのため、集団のメンバーたちは、そのように表現されるものからははっきり距離を置く態度を示すようになる。

しかし時には、本気で理想の男になろうと試みる若者もいる。彼は、相手の若い女性に対して「正しいこと」をしたい、つまり、彼女と結婚し、自分たちなりの中産階級的な正しい行動規範に従っていつまでも幸せに暮らしたいという立派な志を持っている。しかし就職できる見込みが低いという現実があり、彼が意志を貫くのを難しくしている。

アメリカ的中産階級の伝統に見られるような、若い女性を扶養する男——同輩集団がしばしば「野暮ったい」と揶揄するもの——になるという志を持っていた若者がそれを実現できないとなると、彼は自分の計略に一層のめり込んでいくかもしれない。何方付かずの気持ちのまま、彼は若い女と一緒に、家を探したり家具を買いに行ったりするなど、具体的計画を立てるところまで進んでいくかもしれない。二十三歳のある女性は、十七歳で女児を生み、一人親になった。彼女はこう話している。

そう、彼ら［若い男たち］は、連れて行ってくれる。センターシティに、映画に、ウィンドウショッピングに、って一緒に歩いていくの。(笑)ショーウィンドウの中を指差して、「ああ、こいつをお前に買ってやるよ。これ、お前が気に入りそうだな。あのリビングルーム・セット、どうだ?」って、こんな調子よ。それから、今度は自分の家に連れて帰ろうとする。彼の部屋に行くの。「俺んちに行こうぜ。テレビでも見よう」。そう言われてはっと気が付いたときには、服を脱いでいて、ベッドの中にいるっていうわけ。

このような買い物に出掛けることは、男女の関係に重要な心理的影響を及ぼす。女性の心の傷は癒され、相手の男性がどういうつもりでいるのか疑う気持ちを消してくれる。こういった場合、若い女性は、両親や友人に、先日のデートやショッピングについて報告し、値段を調べた家具のことや、どうやって支払うことになるのかなど話して聞かせるかもしれない。彼女は希望を持ち続ける。相手の男は彼女に「調子を合わせ」、彼女の期待感を煽る。彼が同輩集団の中でステイタスを維持するためには、彼のガールフレンドとして知られている女性が彼女一人というわけにはいかないのだが、ともあれ彼は、彼女本人にも周りの人々にも彼女が自分の「ステディー」だと知らせる。しかしこの若い男性にとっては、将来の計画を立てることも、何度もショッピングに出掛けることも、計略の中に組み込まれた要素でしかないのかもしれない――つまりこうした行動は、相手の女性を離さず捕まえておき、彼女が引き続き気軽に身を許してくれるようにするための時間稼ぎの手段でしかないということも多いのである。

多くの場合、若い男性が相手の女性を酷く搾取しているように見えるほど、同輩集団の中で彼に与えられる評価は高まっていく。自分のステイタスを確かなものにするために、彼は時々、関係を支配しているのは自分だと周囲に示す必要を感じる。これは必ずしも簡単なことではない。多くの若い女性たちは、強く、独立心旺盛で、自己主張も激しい。二人の意志がぶつかり合うこともある。その場合、ごく些細な問題を巡って人前で言い争い、喧嘩することになる。女性も単なる被害者ではない。二人の関係における役の割り振りは初めから決まっているものではなく、繰り返しの交渉によって決められていくのである。時として男は、疑う余地のない自分の優位を証明するために、相手の女性の友人たちと自分の友人たちの目の前で、「彼女を屈服させ」ようとするかもしれない。こうして、「どちらが偉いのか世に知らしめる」のである。もし女性側がどうしても彼を必要としているのであれば、彼女はこのパフォーマンスにも大人しく付き合うだろう。こうすることで、彼の愛情は約束されなくても、彼が引き続き心遣いを見せてくれることが暗に約束されることを期待しているのだ。本来の彼女にはもっと分別があるのかもしれないが、このときこの女性の

る法的責任を負わされる可能性も出てくるのだ。このカップルがそれまでこの関係をどうしたいのかはっきりした意志を持っていなかったとすれば、今こそ物事が非常にはっきりしてくるかもしれない。彼女は彼を自分の連れ合いとして真剣に考えるようになる。若い男の心の中では、何を優先させるべきかが決まり始まる。子供を自分の子として認めるのか、彼の愛情の対象だったはずの女性から身を遠ざけることにするか、決めなくてはならないのだ。

妊娠について責任を認めることは、女を引っ掛けてさっさと逃げるという、同輩集団の持つストリート流の倫理に反する。この他にも、女性を従属させる、正式な婚姻関係からは自由でいる、などのストリートの価値基準にも違反する危険がある。また若い男性の中には、それが自分の取り分が少なくなることを意味するときには、「誰かの面倒を見る」ことに興味を示さない者もいる。彼らは、不変的貧困というこの社会的状況の中にあって、慣習的な夫婦関係の価値を低く見るようになっている。一人の女性との長い関係は重荷とみなされ、子供はさらに大きな負担と見るようになっているのだ。さらに、若い男性は「自分の気の向くままに行動し」、自由と独立という大切な価値観に基づく生活を心置きなく楽しむことを望んでいる。それゆえ、ストリートの同輩集団の視点から見れば、こういった男女関係はいつでも男の都合に合わせて進むべきなのである。よって、若い男が若い女との間に築く関係を理解するにあたっては、自身の限りある財政能力に対する彼の考えや、彼の自由を求める気持ちといった要素を、過小評価すべきではない。

ストリート集団が見せる態度でもう一つ重要な点は、ほとんどの若い女には複数の性的パートナーがいると決めてかかっていることである。特定のケースにおいてこの言い分が本当であるかはさておき、これが若い女性一般に当てはまる評価だというのが、人々の間で流通している考え方である。多くの若い男性たちが、この見解を持って女性に近づいていく。彼らが特定の女性と「付き合い」始め、親しさを深めていくと、多くの者が進んで自分の持っていた見方を変えるのだが、最初のうちは、女たちは社会的にも道徳的にも欠陥があるのだと決め込んでいる。ここにはダブルスタンダードが働いている。性的行動を取った女性の信用は、その行動の多少に関わらず、男性の場合よりも容易に傷つけられてしまうのである。

確かに、若い男女の間で相手を特定しない性行為がかなり行われているのは事実であり、このため父親の特定を巡って疑問の余地が生まれ、多くの男女関係が社会的に複雑なものになっている。若い男性は自己防衛に出て、しばしば自分が父親であるとは認めないという選択をする。疑いを差し挟むのも無理はないような状況で、妊娠の責任を進んで認めるような男はほとんどいない。ストリート志向の同輩たちの間では、若い男たちのこの姿勢は、容易に支持される。父親であるとの「タッグを付けられる」ということは、「罠」に嵌められたということだ。若い男が最初に望むことは――本来彼にはもっと分別があるのかもしれないが――妊娠の責任を誰か別の人間に負わせることである。

あるいはこの若い男は、本当に困惑しており、自分が原因で妊娠したのか確信がなく、父親になることが差し迫ってくることに矛盾した感情を抱え、不安でいっぱいなのかもしれない。もし自分が父親だと認め、相手の若い女のために道徳的に正しいことをすれば、彼の同輩集団は彼に、間抜け、野暮ったい、ばかなどというレッテルを貼るだろう。もし父親だと認めなければ、彼にはほとんど何の社会的制裁も加えられない。むしろ反抗的な立場を取ったことで、彼の株は上がるかもしれない。彼の同輩たちは、彼が子供の母親を上手く騙し、彼女に勝ったとみなすだろう。しかしまた、矛盾する感情がまた働くかもしれない。なぜなら、婚外子の父親になった男性には、「捕えられて」、自分の思い通りではない条件で経済的に家族を支えていくことを強要される羽目に陥らない限り、ある程度の尊敬を集まるからである。それゆえ若い男は、相容れない内容のメッセージを発し――そこから自分が利益を得るかもしれない。つまり、あるメッセージを相手の若い女と、場合によっては権威者にも送り、別のメッセージを自分の同輩集団に向けて送るのである。若い男は、自分の矛盾する気持ちに決着をつけ、不安を和らげるために、あるいはこの時点で妊娠中の母親との関係を終わらせるか、冷却しようとするだろう。特に彼女に妊娠の兆候が明らかに見え始めたら、急がなければならない。

若い女性側は、自分の家族の強い求めに応じて、また自分の心の平安のために、何とかして子供の父親を明らかにしようとする。赤ん坊が生まれると、彼女は必死になるあまり、父親である可能性がある若い男性を適当に指し示し、この人が父親だと言うかもしれない。収入を得て働いている、ただの交際相手だった男性が、指名されてしまうこともあるだろう。上で述べたように、誰が父親なのか本当に疑わしい場合もある。この雰囲気が、しばしば告発と反論の応酬を生み出す。指名された若い男は、通常は、責任を否定して少しずつ姿を消していくか、これを認めてパートタイムの父親という新しい役割を演じるようになる。

福祉改革が行われる以前、若い女性には、自分にも地元コミュニティにも誰の赤ん坊なのかわかっている場合でさえ、父親を明らかにしない動機となるものがあった。しばしば仕事にあぶれている状態の若者から不定期に支払われる養育費より、社会福祉当局から受け取る小切手のほうがはるかに頼りになったからである。今日の福祉政策の現状では、公的に父親が誰であるか明らかにし、何とか彼に責任を取らせるようと必死になる動機は以前よりずっと強い。さらに、新しい福祉法制は、性的な行動が活発な若い人々に再考を促している。長期的には、未婚のティーンエイジャーの妊娠を減らす方向に働くであろう。この新しい文脈では、道徳的な根拠に依る制裁はなくとも、経済的、法的な理由から、より厳しい制裁が加えられることになる。こういった事情のもとで、若い男性は、以前に比べれば、相手の若い女性のために正しい道を取り、夫と父親という役割を試してみようという気を起こすようになっている。そしてしばしば、女性側の問題の捉え方を受け入れて、家庭作りに取り組むようになる。

しかし彼らのような若い男性たちは、ストリート志向の同輩集団の中では、中心から外れたメンバーに留まっている。それも、そもそも彼らがこういった集団とつるんでいればの話である。それよりも、彼らは、しつけをしっかり行い、前向きな姿勢を持つ良識的家族で育てられていることが多い。こういった若者は、この上に、コミュニティの人々が「良識的なお父さん」と呼ぶ人物の存在や、もしくは彼を守り、彼の養育を助けてくれた、面倒見の良い長老との親しい関係に「恵まれて」いることが多く、これが彼にとってさらに有利に働く。またしばしば宗教的慣習も、このような若者の生活の重要な要素になっており、彼らは地元で良識的な人々と目されている。それに加えて、一般に彼らには仕事があり、前向きな将来観を持ち、若い女性とも深く、長く続く関係を結ぶ傾向にある。この関係は若くして妊娠したトラウマにも持ち堪えられることが多い。

しかしストリート志向の若い男性は、このような解決策を拒み、相手の女性が彼をおびき寄せて結婚という「罠」に陥れたと解釈するかもしれない。彼がこう考えるのは、ストリート集団の価値観も慣習的社会の価値観も一度に主張しようと試みているからだと見てもよいだろう。インタビューに答えて、ある若者はこう言っている。

俺は妻にしてやられたよ。結婚する前、俺たちの最初の赤ん坊が生まれたとき、あいつはこう考えんだ。そう、この赤ん坊がいれば、俺を自分のものにできるとね。あいつはそういう手を使ったんだよ。こうやれば俺を嵌めることができる。[彼女は]そう思った。赤ん坊が生まれれば、俺も完全に自分のものだというわけさ。実際、そんなふうに考える女はたくさんいる。まあ俺って人間は、自分の赤ん坊だってわかっていればちゃんとその赤ん坊の面倒は見る。うちの奴[妻]にはちゃんとわかってたんだ。俺は自分のものは何だってちゃんと面倒を見る。あいつにはわかってた。だからだろうな。あいつはたぶん、浮気して歩くような真似はしてなかった。俺を閉じ込めたかったんだからな。

人も傷つけかねないんだ。娘の親戚もそうだ。みんなが加わってくる。彼らが妹に酷いことをされたくないと思っていることは、相手の男もわかっているさ。だからこの男は、ストリートの平均的な男よりはその女を大事にするじゃないかな。

こういう状況が整えば、若い男は計略を実行してよいものかしばし考える。さらに若い女のほうも、彼にそういった振る舞いを許してよいものかしばし考える。

これと強い関連性のある若者の妊娠防止に重要な役割を果たすのが、インナーシティの「良識的」な家族の一団である。この家族では、二人の親が、いとこ、おば、おじ、祖父母、姪、甥まで含む拡張的なネットワークと共に、耐久力のあるチームを作ることができている。このチームは、ストリートの暴力、ドラッグ、犯罪、妊娠、貧困など、インナーシティのティーエイジャーが直面している問題と粘り強く闘う支援集団としてよく機能している。この一団がよく持ち堪えているときは、絶対に困難に屈しないという強い意志に支えられていることが多い。幾多の激しい嵐を乗り越えながら、この一団は知恵と強さとを身に付けてきた。本書で議論してきたように、このような家族の両親は一般に、コミュニティで良識派として知られる人々であるが、さらに大事な点は、子供に対する彼らの厳しい姿勢である。門限を決め、厳しく監視し、常時、子供たちに行動の一部始終を報告するように要求する。子供をインナーシティの環境の犠牲者にはさせないという決意のもとに、子供たちがどんな仲間と一緒にいるのか詮索し、「良くない」と見られる仲間との付き合いを許さず、他方で「いずれかの道で何かを達成する」方向へと歩んでいるように見える子供たちとの付き合いを奨励する。

これとは対照的に、一家に大人が一人しかいないという家庭環境であれば——例えば、女性一人に十代の娘が二、三人というような構成の場合——この家は、少なくとも表面的には、無防備な巣と目されるだろう。この家を挑むべき対象と見た地元のストリート派の若い男たちが、引き寄せられてくるかもしれない。ちょっとその家を試し、そこに住む女性たちを誘惑したりそそのかしたりして、ものにできるかどうか確かめてみようというのである。ここには、若い男たちを大人しくさせることができる男——彼らが敬意を表する対象と考える存在——が欠けている。このように外界からの攻撃に対して脆弱な環境に置かれている若い女たちは、核家族により近い形態の家庭に暮らす娘たちよりも早い段階で妊娠することになるかもしれない。ある若い男性は次のように話した。

そこの家では、母親のもとで四人の娘が育っていったんだ。母親はきりきり舞をして、午後三時から十一時までという仕事もしていた。この子たちがどうやって育ったかっていうと、だ。母親は三時から夜十一時まで働いている。娘たちは自力で育ったようなもんさ。わけもわからずにな。十三か十四になるまでにはありとあらゆることに手を出していた。誰も止めちゃくれなかった。母親は家にいない。他の誰がその子たちにどうすりゃいいか教えてくれるっていうんだ？　どうだ、四人とも十六歳になるまでには妊娠しちまった。なぜかって？　娘たちは自分の足で踏み出したかったのさ。自分の赤ん坊、自分の「生活保護の」小切手、自分のアパート。母親から逃げたかったんだ。

赤ちゃんサークル

強固な家族の存在がない場合、若い娘たちの生活において、社会的、道徳的、家族的空白をしばしば埋めているのは、「ストリート・ガールズ」による緊密に結び付いた集団である。このような少女は、同輩と、場合によっては年上のきょうだいたちに助けられ、通常は親の監視は非常に限られた範囲でしか受けずに、一定の年齢を超えると、主として自力で育っていく。少女はストリートで見たところ無害な遊びに興じているのだが、実際には遊びを通じて社会化され、同輩集団に適応させられていく。このような、近所の「ストリートの子供たち」の多くは、自分の望むままに暮らし、夜遅くまで外で過ごす。時には午前一時や二時まで家に戻らない。次の日に学校がある夜も例外ではない。十歳か十二歳を迎える頃までには、多くの子供たちが自分の身体を意識するようになる。ある住人たちの話では、この段階で子供たちは性的関係を持ち始めるということだ。この子たちは、自分の身体についてほとんど何の知識もなく、まして自分の行いが長期的にどんな結果をもたらすかなどには考えも及ばない。

　ストリートの子供たちは、しだいに自分の同輩集団に傾倒する度合いを強めていく。子供たちはここで、機知を働かせて生き抜き、クールに振る舞い、楽しい時間を過ごす。十五歳か十六歳になる頃までには、若い女たちの中に赤ん坊を生む者が出始める。そしてすぐに他の者たちが続く。彼女たちの多くが、出産は――少なくとも短期的には――報いられる行為だと考えている。

　若い女が同輩集団への係わりを一層深めていくと、彼女が夢、社会的な行動計画、価値観、抱負を形成する際にこの集団が力を貸すようになる。このかっこいい人気集団は、その辺りの排他的小集団として機能しているのだが、良識派の人々は、この集団に属する若い女たちを、スリルを楽しむ抜け目ない人間と表現し、彼女たちは若いうちに何でも経験済みなのだと信じている。厳格な親に育てられた若い女たちは、この人気グループの目には、ださい、野暮ったい人たちと映り、社会的除け者にされたり、少なくとも嘲笑を受けたりする。こうしてその地区の分裂はさらに進んでいく。ストリートの同輩集団は強力な社会的磁石のように働き、この他には社会的、感情的支援を与えてくれるものと強い繋がりを持たない若い女たち——特に、典型的には独身女性を世帯主とする弱く貧しいゲットーの家族の出身者たち——を引き付けている。

仲間の何人かが妊娠すると、他の若い女たちにとっても、赤ん坊を産むことが大事になってくる。特に、通常二十一、二歳の年上の男と一緒に築く「素敵な暮らし」の夢が壊れ始めたとき、赤ん坊の重要性が増す。若い女たちは、残念賞として赤ちゃんの存在を受け入れるのかもしれない。母親であることをより高く評価するようになり、そのことに合理的な説明を加えて、自分の置かれている状態を意味付けしていくのである。これらの若い娘たちが「どんどん子供を産む」と眉を顰める人々もいる。彼女たちの出産は、予期される出来事になっているのかもしれない。

赤ちゃんが生まれてくると、同輩集団はより一層挑発的な顔を見せるようになる。かつては遊び仲間の集団、社会的集団だったものが、「赤ちゃんサークル」へと姿を変えるのである。若い女たちは社会的支援を与え合い、お互いの赤ちゃんに称賛の言葉を送る。しかし彼女たちは、赤ん坊を競争の道具にもする。その前提となるのは、赤ん坊は母親の付加部分であり、赤ん坊が直接的に母親の評判を左右するという認識である。この競争は、誕生パーティ、結婚式、教会の礼拝、それに二人以上の人間がたまたま顔を合わせたときなど、社会的な集まりの場で起こり、赤ん坊同士を互いに比較するという形を取ることが多い。まずは、赤ん坊の容貌に目が向けられるが、一般的な「可愛らしさ」に加えて、その赤ん坊が「どれだけ甘やかされているか」、髪の質感、肌の色、身繕いのされ方、身に付けているもの、という点から評価されるのが普通である。若い母親は、そのような競争やステイタス争いにおける勝算を高めるためには、しばしば、自分の赤ちゃんに（その子が少し成長したときにぴったりになるような大き目のサイズの服ではなく）今ぴったりの、流行の先端をゆく最も高価な服を着せる必要があると感じている。例えば、生後三ヵ月の子供に五十ドルのセーター、生後六ヵ月の子供に四十ドルのリーボックのスニーカーを買い与えるのである。このようなステイタス本位の行動は、彼女たちの母親や祖母など、成熟した年代の人々からの批判を招いている。ある四十五歳の祖母はこう言っている。

まったくあの子たちときたら、小切手の日［生活保護の小切手が届く日］になって、買い物に行けるようになるのを待ち切れないのよ。あの子たちが、今回はこれを買うつもり、だとか話すのを聞かされているわ。〔彼女たちは言うのよ。〕「次に小切手が届いたら、赤ちゃんにこれを買ってあげるつもりよ、うちの子にあれを買ってあげるのよ」ってね。そしてまさに話していた通りのことをするの——高い店にも行くわ。高ければ高いほどいいというわけ。赤ん坊がわずか二、三ヵ月で着られなくなってしまうような服一式に、たくさんお金をつぎ込む子たちもいる。あの子は……以前に見掛けた若い女の子は、支払いをしているところだったんだけど、確か赤ん坊の服一式に四十五ドル払っていたわ。その子の赤ちゃんは生後六週間程だったと思うのだけど。その子供が一体後どれだけそれを着ていられると思う？　あんなに高いお金を払ったっていうのにね。あの子たちはこういうばかな真似ばかりしているわ。

そして、同じコミュニティ出身で、大学を卒業した二十三歳の（妊娠していない）女性はこう話した。

　十三番通りとボーフォート通りが交差したところにある教会で、セールがあったときのことです。私の友人も赤ちゃん用の服を売りに出していました。かわいい服だったのですが、新品ではなかったんです。ベビー服だとか、古いものでした。若い女の子たちは素通りしていきました。年上の女の人たち、おばあちゃんたちが立ち寄って、孫のために買っていきましたけれど。だけど、十六、七の女の子たちは、自分の子がおめかししていなければだめなんです。お下がりじゃだめなんです。四十ドル出して、ナイキのスニーカーを買う子たちもいるでしょう。こういう子たちが買い物に行くのは、カールズ〔ダウンタウンにある子供服のブティック〕ですよ。着込まされた赤ちゃんがのぼせ上っていることもあるんですけど、お構いなしですよ。赤ちゃんはお人形みたいなものなのですね。その子たち〔若いお母さんたち〕は時々、赤ちゃんたちにちゃんと栄養を取らせることよりも、着飾らせるのに熱心になってしまうんです。

　しかし、若い母親のこの無責任に見える振る舞いも、論理性を持つものである。男性から確かな約束を貰えない若い女性にとって、赤ん坊は、夢に描いた素敵な暮らしを部分的に実現してくれるものなのだ。赤ちゃんサークルは、若い母親に対する批判をそらし、彼女たちにある種のステイタスを与えてくれる。「素敵に見える」ことは、十代の母親は人生を台無しにしてしまったのだという一般的概念を打ち消してくれる。そしてこの欠乏状態の中では、自分は上手くやっていると他者に示して見せること以上に重要なことなどないのだ。

　人が集まる公共の場所で、母親たちは、他者からの褒め言葉、笑顔、承認の頷きを必死になって求め、それらが与えられようとすると、とても気分が良くなる。人々のそういった反応は、彼女を支持し、誇らしく思う気持ちを表しているからである。日曜日が来ると、新しい小さなドレスやスーツがお披露目され、最も可愛い赤ちゃんたちは人の手から手へと渡される。そしてこの注目度が、その母親に与えられた社会的評価なのである。こういった赤ちゃんサークルを作っている若い母親たちは、より慣習的な社会のイデオロギーに対立するイデオロギー——彼女たちの立場を是認するばかりでなく、その立場を高めてくれるもの——を育んでいる。事実上、若い母親たちは、妊娠を経験していない若い女たちの立場を完全に否定して、自分の価値、ステイタスを創出しようとしているのだ。十代の母親は、赤ん坊から自分のステイタスを得ている。だからこそ彼女は、赤ん坊が周囲に与える印象を良いものにしようと夢中になるのであり、そのためには進んで無節操にたくさんのお金をつぎ込むのである。

　ストリート文化を受け入れて生きてきた、これらの若い女性たちの多くは、大人になりたいと切望している。大人になるということの最も適切な表現方法は、自分の足で踏み出し、独立するということだ。伝統的なインナーシティの経験では、それはつまり、自分の家庭を築くということを意味する。それも、結婚と家族生活とで結ばれたまともな男性と共に家庭を築くのが望ましいとされる。若い女性は時には、意図的に妊娠してこれを達成しようと試みる。このとき彼女は、赤ん坊の父親が自分と結婚し、立派な家庭を築くという彼女の夢の実現に手を貸してくれることを期待しているのかもしれない。しかしながら、若い女性たちの中には、若い独身男性たちの現状にはあまり期待できるところはないと感じて、男性の力添えを得ずに、あるいは男性という重荷を背負い込まずに、自分の力だけで家庭を築こうとする人たちがいる。このような女性がどれほどいるかははっきりしていないが、ある人々が言うところでは、その数は増えているということだ。

　若い女性が、犠牲者にされるどころか、状況を支配して、自分の目的のために男を操ることもある。ことによると「彼女の時間を浪費させた」分のお金を彼に払わせるかもしれない。そのような女性は、パーティや社会的集まりで、自分から性的な関係が始まるように仕掛けることもある。その場合女性は、最初から断固としてある程度状況をコントロールしている。ある男性たちは、そのような「新しい」女は「男を利用するためだけにそこにいる」のだと言っている。彼女は「［生活保護の］小切手を手にするために」妊娠し、「その後は相手の男は用済みにされる」のである。現に、経済的に困窮した地元のコミュニティでは、若い女性が結婚せずに子供を産むことは、長い間、社会的に容認されてきた——そしてそれを支えてきたのが、定期的に受け取る生活保護の小切手である。このような実情は、上記の報告と一致している。

　斯くして社会福祉と永続的貧困は、子供に高い価値を置くことなどのゲットー文化の規範に影響を及ぼしてきた。「小切手」は、このように、若い男女の家庭内での関係に重大な影響を与えてきたのである。過去には、若い女性は公的扶助に頼るだけでなく、赤ん坊が生まれた後には相手の男性が真剣な関心を見せると期待していられた。そして、誠実な男性が、生活保護を貰えなくなることを懸念して、相手の若い女性と結婚するのを思いとどまることも非常に多かった。モーズビー牧師の時代には、若い男性は、少なくとも自分の子供に父親らしい関心を持つことが多かった。また、時には若い女の父親や父親以外の複合家族の人々が、若者に誠実な男として振る舞うように促してくることが予想された。こうして、一方には生活保護の受給資格、他方には道徳的に正しいことをさせようとする家族からの圧力という二つの要求の間にダイナミックな緊張関係が生み出されていた。そして、場合によっては、生活保護の小切手が、婚姻関係のないまま、若い男を相手の女に繋ぎ止める役目を果たし、事実上、この小切手を定期的に受け取る期待のもとに、若い男女が結び付けられてきた。貧しいインナーシティの生活事情では、小切手が届くと、若い男性は、相手の若い女性と同じ家に住んでいないにもかかわらず、分け前を期待することがある。そこにこの女性に新しいボーイフレンドができると——実際そういうことはよくあるのだが——、誰がこの小切手を手にする権利があるかを巡って時には口論になり、暴力に発展することさえある。様々な人物が自分の権利を主張するのである。

福祉改革の到来に伴い、より多くの若い男女が立ち止まり、性的行動により慎重になろうとしている。この姿勢の変化の主因は、生活保護の小切手がもはやあてにならなくなったことにある。赤ん坊のステイタス・シンボルとしての重要性は薄れているかもしれない。しかし赤ん坊は依然として、成人への移行や、大人の女、男であることを示す重要なシンボルである。私が信じるところでは、ほとんどの若い母親、父親は、小切手のためだけに赤ん坊をもうけているのではないが、さりとて構造的貧困が進んだ地域では、小切手がもたらす定期的な現金収入は、重要ではないとはいえない。かつては、若い女に赤ん坊ができるかできないかということより、いつ子供ができるのかのほうが問題の本質だったかもしれない。たいてい、若い女は、妊娠によって自分が失うものはほとんどなく、得るものはたくさんあると思っていたからである。そしてこのことは、社会的な意味においては、依然として真実である。しかしながら、福祉改革以降の新しい風潮では、若い男女に自分の生活にもっと大きな責任感を持たせ、婚外子を作るのを控えさせようとする力がより強く働くようになっている。ただし、これがどういう方向に落ち着くかは、まだ判断できない。

男女、母と息子について

若い男女の関係は、妊娠期間中、根本的な変化を遂げる。そして一旦赤ん坊が誕生すれば、この関係は他の社会的な力、とりわけ家族の力に頼ることになる。女性側の家族の役割についてはすでに議論した。若い男の家族の重要性は別のところにある。母親と成長した息子の間にはたいてい特別な絆があり、彼を自分のものにしたがるガールフレンドの主張と競うことになる。この状況がどう解決されるかは、この家族、並びに一家とコミュニティの社会構造との関係に、重要な結果をもたらす。貧困層で起こるティーンエイジャーの妊娠では、若い男側の母親がしばしば大切な役割を演じる。一方で、彼の父親の役目は、そもそも父親がいればの話だが、控え目なものである。母親の役割が目立つものになるかならないかは、この女性の性格、彼女自身がこの手の問題においてどんな実際的経験を積んでいるか、それに女性側の家族の状況によって決まることがある。時には、母親は息子の相手の若い女性と深く関わり、女同士の絆を形成する。この絆は実に母親的なものであり、指導、保護、コントロールなどの機能を持つ。

自分の息子の子供を宿した若い女性がいることを彼の母親が知った瞬間から、彼女がこの娘を知っているかどうかが重要な問題になる。その若い女性が自分の息子にとって何らかの意味を持つ存在であるならば、母親はその女性やその家族を知っている可能性が高いし、少なくともその女性について息子から何か聞いたことがあるはずである。妊娠を知った母親の反応は様々であろう。息子にその責任があるとは思えないと不信感を覚えることもあれば、逆に、生まれてくる子供を目にする前から、自分の息子が父親であると確信している場合もあるだろう。もし彼女が相手の娘の性格を知っていれば、自分で判断を下すことができる。ここで、「今回のこと全て」が起こる前に、男の母親が相手の娘とどういう関係にあったかということが問題になってくる。もしこの母親が娘に好感をもっていたら、彼女の肩を持つ可能性は高い。ことによると母親は、男である自分の息子を相手取り、この娘と楽しみつつ共謀することさえあるかもしれない。こうして息子にこの女性に対して正しいことをさせようとするのである。われわれが覚えておかなければならないのは、経済的に制限されたこの社会的状況においては、特に女性の視点に立つと、自分の関わった女性や子供に対して正しいことをしていないとして知られている男性が多数いるということである。インナーシティのストリートを訪れてみれば、父親や夫がほぼ不在という環境に暮らすたくさんの幼い子供や女性に出会う。これらのことを考慮すると、若い娘が相手の男に子供に対する何らかの責任を取らせるようとすると き、どの程度成功するかには、彼の母親の役割が大きく関わっていることが、理解しやすくなる。

　男性側の母親は、息子が本当に子供の父親なのか確信がないため、少なくとも最初は、できることは限られていると感じるかもしれない。それでも彼女は、子供が生まれてくれれば即座に息子が父親であるかわかるのだからと考えて、ことによると自分の疑念を表に見せることには慎重な態度を取るだろう。こうして、妊娠継続期間中、男の母親は、息子は責任のない妊娠のことで責められることになるのだろうか、あるいは自分は本当におばあちゃんになるのだろうかと悩みながら、不安な気持ちでそのときを待つことになる。実際には、たいてい、若い男、若い女どちらの側の親戚も、赤ん坊が生まれたときに真実が語られるという考えに基づいて社会的にまとまり、待機中の複合家族をなしている。両家が揺るぎない確信を持っているのでない限り、結婚は――そもそもそういう合意があればの話だが――子供の誕生後まで見送られるだろう。

　赤ん坊が生まれると、計画されていたことが実行されるかもしれない。ただしたいていは、生まれた子供が立ち入り調査を通過すれば、という条件が付く。父親と推定される男性は、概して、赤ん坊の誕生後数週間は目立たないようにしている。彼がもし病院に赤ん坊の母親を訪ねてくるようなことがあったとしても、お見舞いは自ずと一度きりになりがちだ。若い女は、父子の繫がりを作ろうと努力して、彼の名を取って赤ん坊の名前を付けることもあるが、この作戦がそれだけで効果を発揮することはほとんどない。誰が父親なのか疑わしい場合、男側の母親、姉妹、おばなどの親戚の女性、あるいは家族の親しい友人たちが、訪問委員会を結成して子供を見に行くことがある。もっとも時には子供が彼女たちのもとに連れて来られることもある。この調査はこそこそと、当事者の若い女やその家族の承認を得ずに行われることが多い。訪問者たちは、今回はお姉さん、次は母親、その次はその友人という具合に、交替で娘の家を訪ねて行くこともある。ここで交わされる社交辞令とは裏腹に、訪問の目的は常に、赤ん坊がその男の子供なのか確かめることである。訪問が終わると、一般的には、女性たちは互いのメモを比較し、赤ん坊の容貌や、誰に顔が似ていたか、誰にそっくりだったかについて意見を交換する。「ジョンの赤ちゃんであるわけがないじゃない」などと思わず口に出す者もいる。意見が合わずに口論になることもある。その男が本当に父親なのかという問題は、コミュニティで大いに関心を集める。このとき人々の見解は、子を生んだ若い女がどこの誰なのか、評判の良い娘なのか、以前から男の家族に認められていたのかに左右される。もし彼女が相手の家族に十分受け入れられている女性なのであれば、本当に彼が父親なのかという疑念はゆっくりと忘れられていくかもしれない。そしてその後この話題が蒸し返されることはない。

この状況では、男の母親の口から発せられた言葉が最も重みを持つ。ある若い男性の話の中に、このことが明らかにされている。

ある女の人が俺に話してくれた。彼女は、自分の孫だということにされちまった赤ん坊のことを調べなければならなくなった。若い女の子が、自分の赤ん坊は彼女の息子の子供だ、と言い張っていたそうだ。だから彼女は、赤ん坊の血液型が自分の息子と合うか調べて、息子がお父さんなのか調べることにしたんだ。なぜこんなことをしたかっていうと、この女の人には、自分の息子は父親なんかじゃないって、わかっていたからさ。だから彼女は、その女の子にはっきりそう言ってやったのに、その子も頑固で、何とかして赤ん坊の父親はその男だっていうことにしようとした。だが調べはついていたんだ。赤ん坊の父親のことも何もかも。血液型なんて、最初から合うわけがないんだよ。それでようやくこの女の子は諦めてくれたそうだ。

もし生まれた子供が、父親だと言われた若者に明らかに身体的に似ていれば、彼には、この子を自分の子供だと認めて責任を取るように強い圧力がかかるかもしれない。似ているかどうかは、初めのうちはさほどはっきりしないこともあるので、この段階で一年かそれ以上過ぎてしまうこともある。しかし「トミー君は、モリースそのもの［彼の生き写し］じゃないか」などの声が周囲から聞こえ始めると、この若者の母親が、子供を自分の複合家族に非公式に受け入れ、家族の他の者たちにもこれに倣うようにと暗に示すことがある。彼女は子供に定期的に会い、子供の母親と特別な関係を持つようになるかもしれない。この若者は、彼の母親が父子関係を社会的に認めてしまっているので、子供を受け入れざるを得ない。法的には自分の子供だと認めないとしても、証拠を突き付けられると、「自分にも何らかの関係はある」と認めることが多い。あるインフォーマントはこう話してくれた。「自分にそっくりの赤ちゃんを見せられたら、男は自分の子だと自覚せざるをえないじゃないか。中には、赤ん坊が少し成長して、自分に似てくるか確かめるまでは、自分の子供だと認めない男もいるがね。自分の子供だったら自分に似ていなきゃおかしいだろ。顔も全体の雰囲気も」。

ここで自分が親だと非公式に認めた若い男性は、その子供の面倒を見なければならないと何らかのプレッシャーを感じるかもしれない。しかし若い男性の職業的可能性は限られたものであるし、概してお金もないため、子供には自分が「できることしかしてやれない」と考える。多くの若い男性たちは、パートタイムで父親の役を演じる。パンパース（紙オムツの総称）の箱や、シミラック――乳幼児用の調合乳――の缶を抱えた若い男性が、人目を気にしながら、子供と母親のもとに向かうのをストリートで見つけることもある。子供の年齢が上がると絆が生まれ、若い男性は息子を散髪に連れて行ったり、靴や服を買いに連れて行ってやったりすることもあるだろう。女性にほんの申し訳程度のお金を渡すこともあるかもしれない。このように援助してみせる姿は、我が子を養う父親の姿を思わせる。しかし実際には、たいてい、男性たちは不定期に立ち寄るだけであり、しかも――ここが重要な点であるが――社会的なものであれ性的なものであれ、女性からのお返しを期待して訪れるのである。したがって、こうした援助は当の男性の気前の良さ次第で与えられたり与えられなかったりするかもしれないし、また女性を支配する手段として機能することもある。

女性側が相手の男性に対して「書面手続きを取る」、つまり彼と子供の関係を法的に定めることにした場合、彼女が定期的な扶助を求めて訴えを起こしてくる可能性がある。これを人々は、「相手の男のことで市役所に行く」と言う。女性側の訴えが認められれば、相手の若い男性が子供の養育費支払いに個人的に関与することは、その後なくなるかもしれない。養育費は、もし彼が給料を貰う立場にあれば、彼の稼ぎから勝手に差し引かれることになるかもしれないのだ。若い男性が良い仕事に就いたとき、特に家族手当を支給するような大きな組織に雇われたときに、相手の女性が書面手続きを取る気を起こすこともある。若い男側にしてみれば、雇用が安定しない間は、書類のことなど何の問題にもならなかったかもしれない。しかし安定した仕事が見つかると、彼は法廷に呼び出されることになるかもしれないのである。若い男性たちは、特に別々の女性が結婚せずに生んだ子供が二、三人いるような場合には、働く動機を失ってしまう。収入の多くが自分の手を離れていくことになるからである。私のインフォーマントの一人の男性は、四人の子供の母親が彼に対して書面手続きを取り、収入をどんどん持っていかれるようになると、仕事を辞めてストリート・コーナーに舞い戻り、ドラッグを売り始めた。

ある条件のもとでは、男性同輩集団のメンバーたちが、父親であることを認めるように圧力を掛けてくる。ここで鍵になるのは、誰が父親なのかについて、集団のメンバーたちの心の中に疑念がないということだ。赤ん坊がその若者に似ていることが明らかな場合、他のメンバーたちは、その子を自分の子供と認めて母親を経済的に助けるようにと、彼に強く迫る。彼が赤ん坊を自分の子だと認めないときには、集団のメンバーたち自ら、公の場で彼と子供の繋がりを示し、父子関係を明らかにすることもある。同輩たちは時には、この若者が「自分の子供の面倒を見て」いないと彼を笑いものにする。ある若い男性はこう話した。

俺の相棒の［友人の］ガールフレンドが妊娠しちまったんだ。その女は奴の子だと言ってるんだが、奴はどうだかわからねえってさ。とにかく赤ん坊が生まれるまで待って、子供が自分に似てるかどうか確かめるつもりなんだ。俺は奴に「おい、お前さんに似た赤ん坊だったら、そいつはお前さんの子だぜ！　ははは」と言った。あいつは、ただひたすら待っているんだ。別に否定してるわけじゃない。奴は、自分の子じゃないって言ってるわけでもないんだ。俺はずっと奴に言い続けてる。「おい、相棒。赤ん坊がお前さんに似てたら、お前さんの子ってことだぜ」とな。まあそうなれば、ここにたむろしてる連中みんなが言うぜ。「おい、お前の子だぜ」とみんなが言うさ。

同輩集団は、メンバーに赤ん坊の面倒を見ろと迫ることはあるが、子供の母親と結婚するように促すことまではしない。一般に、若い男たちは家族を養ったり、家族の一員となったりすることには興味を示さないものだと考えられているが、このことは、彼らの多くが持つ強い家族的な価値観とは矛盾している。家族を扶養することができない者はあまりに多く、彼らは心の内で、立ち行かなくなることが見えている家族を形成することには二の足を踏んでいるのだ。結婚が支持されないのは、主に就職できる見通しが暗いためであるが、同時に、自分と血縁関係のない女性に対する一般的な不信感とも関係していることがある。先程のインフォーマントは、続けてこうも言った。

男たちは、相手の女が［性的な］関係を持っていたのは自分だけだってことすら信じちゃいない。そういう男は多いぜ。だが、若い男たちはそういうもの［家族という価値観］からすっかり逃げてるんだ。ままごとをするって話になって、捕まっちまうなんて真っ平御免ってことだ。ハハハ。近頃じゃ、ままごとって言い方をするのさ。ハハハ。そうなんだ、ハハハ、ままごとなんて誰がやるかってみんな言ってるぜ。

同輩集団が関わっていようといまいと、大多数のケースでは、若い男は相手の娘を放り出してしまう。彼女が生もうとしているのが自分の赤ん坊だと自覚しているときでも同様である。若い男にはたいてい、女性と子供たちと共に家族単位を構成すること対する思い入れがなく、結婚生活に耐えるつもりもない。彼の見るところでは、結婚すれば、彼の時間の過ごし方について、女性に多少は発言権を与えることになる。このような「自由」を強調する態度を生み出し、支持しているのは、大方、同輩集団である。男が結婚に同意するにしても、これは所詮お試しだと考えているのが普通である。二、三ヵ月経った頃には、多くの若い夫たちはすでにうんざりしている。

自由を求める気持ちは、同輩集団によって見事に育まれ、若い男たちの心の奥深くに染み込んでいる。実際上これは、母親が与えてくれていた家庭環境を再現したいという願望に他ならない。通常、息子は自分の母親と深い絆で結ばれている。たいてい母親は、息子が生まれたときからそうなるように育ててきているのである。貧しい黒人たちの間では家族が崩壊している割合が高いため、息子、とりわけ長男が、夫の代理の役割を果たすように仕込まれているのかもしれない。

多くの若い男たちが手に入れたいのは、自分が最高だとみなす状況である。同輩集団のメンバーたちの言葉を借りると、「全部欲しい」のである。つまり恋人と呼ぶ女性は、落ち着いていて頼りになるパートナーで、自分の母親が演じていた役割を模倣してくれる女性でなくてはならない。料理、掃除などをして彼の身の回りの世話を焼き、彼が他の女性たちとデートしても煩いことはほとんど言わず、男友達との付き合いにはそれよりさらに口出ししない。彼らはそういう恋人を求めている。若い男は、家庭料理と自分が生まれた家族がいつも一緒いる状態にすっかり慣らさている。そこには父親の存在はほぼなく、父親は彼を指導できなかった。若い男は自分以外の誰にも命令されず、本質的には自分で勝手に育った。そんな彼に助力を与えたのはストリートの同輩たちであり、また、彼に干渉はしてこないが話の聞き役にはなってくれる、どこかの大人の存在にも助けられたかもしれない（それが長老だった可能性もある）。多くの若者にとって、こういう生活は、「一人の女、子供たち、公共料金の支払い、その他諸々に束縛を受ける煩わしさ」と引き替えに手放すには、惜しすぎるものである。したがって、母親が若い息子に与えている家庭環境は、彼が思い描く、女性との新生活に対する強敵である。そして彼の同輩集団は、こういう女性にいつでも喜んで信用できないとの烙印を押すのである。

成長した若い男性は、子供の頃と同じような生活環境を望む。さらにおまけとしてたくさんのデートの相手も欲しい。同時に、男友達も必要だ。男友達に対しては、あるいは善良な家庭的男性像とは相反する人間としての自分を印象付けなければならない。若い男性たちは、端から結婚などほとんど信用していないため、些細なことをきっかけに、自分の母親のもとへ、またはどんな形のものであれ彼が後にしてきた家族のもとへと戻っていってしまう。中には、二つの家族の間を行ったり来たりして過ごす男たちもいる。結婚が上手くいっていないように思えたら、ことによると子供との関係は維持するだろうが、結婚にも妻にもさっさと見切りをつけるかもしれない。彼らはいかなるときも、家族を仕切っているのは自分であり、自分が「この家で一番偉いんだ」と、他者に示していなければならないのである。このことは、ゲットーで起こる多くの家庭内紛争の原因になっている。権威が問題になると、家庭環境に深刻なトラブルが発生することもある。その結果、たびたび若い男性が、結婚、あるいは一人の女性とだけ関わっていくという発想を捨てることになる。女性と「特別な関係になる」、つまり結婚するということは、「何をやっているの、どこに行くの、今までどこにいたの」と彼女に口出しされるということだ。多くの若い男性は、こういう束縛は容認できないものだと思っている。

多くの場合、若い男性は、子供のことは我慢してもよいと思っている。これは一般に彼らが子供の養育に果たす役割の小ささを考えれば驚くにはあたらない。しかし、女性には寛容になれない。女性は自分の自由を脅かす存在なのである。ある男性は結婚についてこう話した。

いや。彼ら[若い男性たち]が結婚から逃れようとするのは、自由でいたいからだよ。まあ、俺は結婚したんだが。多くの連中は結婚から逃げてるよ。こんな状態を放っておいたら、ろくなことにはならないさ。うちの妻は掃除だとか、家のことをやっている。男たちは、たいてい、家の掃除だとか、家の用事だとかをやるなんてご免だと思っているんだ。そういうことをやらせる女が必要ってわけだ。だがそういう女ができると、そいつに足を引っ張られる。男たちは、それが嫌なんだ。

余程妻の扱いが上手で、妻からほとんど束縛されていない状態を作ることができない限り、男は、結婚からは距離を置くに限ると判断するだろう。しかし女性たちのほうも、財政面その他で、しだいに男からの自立心を高めてきており、このような扱いを受けて黙っている女性は少なくなっている。

若い黒人男性の雇用先が不足してくれば、一家の稼ぎ手、伝統的な夫として彼らが成功する可能性は低くなっていく。要するに、家庭の状況を支配できるのはお金を運んでくる者であるということだ。お金や仕事がない状態に置かれている多くの男性たちは、自分が満足のいくようなままごとができない。これなら、家に留まって「お袋の面倒でも見ている」ほうがずっと簡単だし、楽しいと言う者たちもいる。面倒を見るというのは、この場合、「賄い付きの下宿代として、多少のお金を母親に渡し」、おいしいご飯を食べ、「勝手気ままに戻ってきたり出ていったりする」ことから成る。現在の経済の状態に鑑みるとやはり、彼らが自分の家庭生活の展望についてこのように判断するのは、多くの点において、現実的な対応であるように思われる。

セックスと貧困と家族生活

さて、結論である。ここで働いている基本的要因は、若さ、無知、赤ん坊を受容する文化、それに、若い男性の間に見られる、性的征服を通じて男らしさを証明しようとする姿勢である。そしてこの征服行為は、しばしば妊娠という結果をもたらす。以上の要因は、都市の永続的貧困の作用を受けて、一層悪化する。この不景気の時代、多数のインナーシティの住人たちの関心は主に、できる限りのことをして何とか生活していくことにある。最も貧しいコミュニティでは、人々の主たる収入源は、賃金の低い仕事、ドラッグ取引を含む犯罪、それに公的扶助である。最も追い詰められた状況にある住人の中には、様々な信用詐欺を考え出し、他者からお金を奪い取る人々もいる。

既婚、独身を問わず、多くの男性たちは、性的な生活を、経済的生き残りを懸けたより包括的な闘い、あるいは限られた収入の中でやりくりしていく努力に組み入れている。福祉援助を受けている子供を持つ女性を「引き寄せ」ようとする男は多いであろう。こういう女性は通常、男性との付き合いを特に必要としていて、暇な時間を持て余し、安定した収入を得ているからである。彼らが女性との関係を築いていくとき仕掛ける計略は、若い男性たちが性的に相手に打ち克つために用いる作戦とあまり違わない。ただ、こちらのケースの多くでは、より明確な経済的な動機が働いている。女性は、福祉課から小切手を受け取るなどしてお金を手にしたとき、男性との付き合いを確実なものにするために、収入の一部を手離すこともあるだろう。

ゲットーの生活を蝕む経済的な罠に締め付けられ、男性も女性も同様に、性的関係から最大限の個人的な利益を引き出そうとしている。インナーシティの若い女性たちが育んでいる中産階級の生活様式を手に入れる夢は、ゲットーの厳しい社会的経済的現状によって壊されてしまう。職業的成功の見込みのない若い男性たちは、同輩集団や自分の母親から与えられる支援にしがみ付き、ガールフレンドとずっと続く関係を築くことを後込む。若い女たちも、若い男たち同様、我先にと互いから奪えるものを奪い取ろうとする。信じられるのは、相手を騙す自分の能力だけだ。相手を騙して、自分流に解釈した良い生活——置かれた環境の中で作り上げることのできる一番良い生活——をもたらしてくれるものを得るのである。

われわれが忘れてはならないのは、ここで話している人々は、主に十五歳から二十代の初めと、非常に若いということだ。身体は育っていても、情緒面はまだ成熟していないのである。これらの若い女、若い男たちは、自分の振る舞いが長期的にはどういう結果をもたらすか、あまりはっきりわかっていないことが多く、それを教えてくれる信頼に足る役割モデルになる人も周りにはほとんどいない。

中産階級の若者と貧しい若者の性的な経験には、重なる部分もたくさんあるかもしれないが、両者が受けている実際的な教育のレベルは異なる。インナーシティの少女が自分の身体についてどれほど無知であるかは、中産階級の観察者を驚愕させる。多くの若い女たちは、最初の子供ができるまで──そして時にはそうなっても──、避妊について漠然とした考えしか持っていない。この文化の中で生きる親たちは、セックスや避妊について子供たちと話し合うことを極端に嫌がる。多くの母親たちはそういった話をするのは恥ずかしいと思っているか、自分はそのようなことを言える立場にはいないと感じている。若いときには、自分も娘たちと同じように行動していたからである。それゆえ、教育は、コミュニティの公衆衛生問題として持ち上がっている。しかしほとんどの若い女性は、妊娠した後でようやく、時には妊娠して何ヵ月も経過してから、コミュニティの公共医療サービスに接触するのである。

非人間的な経済的用語で表現すれば、赤ん坊は資産と見ることができるだろう。これが搾取的なセックスや婚外子の誕生の背景にある、重大な要因であることに疑う余地はない。もっともこの傾向には変化が生じているようである。かつて公的扶助は、非常に限られた確かな収入源の一つであった。別の収入源としては低賃金の仕事があり、ドラッグで稼ぐ人々も多い。このため最も追い詰められた状況にいる人々は、互いを食い物にすることになる。かつて赤ん坊とセックスは、収入を得る手段として現在よりもっと一般的に利用されていた。今でもなお女性たちは、赤ん坊ができると社会福祉からお金を受け取るし、そのお金を女性から横取りしようする男性たちが、売春行為をすることもある。

今日、有給の仕事が不足しているため、コミュニティ全体が貧困の落とし穴にはまり、抜け出せなくなっているだけでなく、若い男性たちは、伝統的なアメリカ的方法──家族を養うこと──で男らしさを証明する機会を奪われてしまっている。したがって彼らは、別の方法で自分の価値を証明しなければならない。できるだけたくさんの女性と手軽なセックスをして、一人かまたはそれ以上の数の女性を妊娠させ、自分の赤ん坊を産ませれば、その若者には同輩たちから最大の敬意を払われる。そしてそのことは彼を男にしてくれる。よって、財政的安定を達成する望みがほとんどあるいは全くなく、そのため家族の面倒を見る自分の姿なども想像できない若者にとって、手軽なセックスは、社会的な重要性を大いに孕んだものなのである。

これらの要因が絡み合えばどうなるかは明白だ。若者たちは、貧困から抜け出せず、自分の行動の長期的結果には無知である一方、その場で得られる利益には敏感である。こういった若者たちが、交尾ゲームに参戦していく。若い女は、家族や家庭、それに自分と子供たちを養ってくれるまともな男を手に入れることを夢見ている。若い男には、自分はそこに描かれたような家族志向の男になれないことがわかっている。職業的見通しが暗いためだ。それでも若い男は、同輩集団に自分の男らしさを証明しなければならないため、セックスをする必要がある。そこで若者は、良識的でまともな男であるふりをして若い女を納得させ、彼女とのセックスと、場合によっては赤ん坊を手に入れる。彼はそこで彼女を捨てるかもしれない。そのとき彼女は、結局のところ、この男はまともな男などではなく、自分を利用するだけのろくでなしだったことに気が付くのである。若い男は自分が欲しかったものを手に入れたわけだが、若い女のほうも、自分にも得るものがあったということを知る。ことによると赤ん坊の存在は、この女性にある程度の賞賛と、(過去には)安定した生活保護の小切手、それに幾分かの自立心をもたらしてくれるだろう。たいてい女性の家族は、できる限り彼女の力になる。そして、若い女は年齢を重ねて知恵をつけ、自分の収入を利用して形勢を逆転させ、元いた男か別の男たちを引き寄せることを覚えていく。

インナーシティ文化では、人々は一般に、愛情から、それに何かを手にするために結婚する。しかしこの思考様式は、仕事、労働倫理、それにことによると何より大事なものとして、経済的展望に持続的期待を持てる状態を前提としたものである。これらの社会的影響力が存在するときには、ここに示された民族誌学的描写のうち、特に悲惨な要素がその威力を失い始め、やがてゆっくりと中和されていく。しかしながら、永続的な都市の貧困の網に捕えられ、未婚の母、父になる者たちのうちの多くには、良い仕事に就く見込みはほとんどない。これらの人々が、将来、慣習的家族生活を送るようになる見込みはより一層小さい。

5

良識ある父親

ストリートのコードとそのコードを反映する世界は、アメリカ合衆国の黒人コミュニティに存立する構造と伝統の中で具体的に形成される。幾つかの伝統は、奴隷制時代にまで遡り、何世代にもわたってコミュニティで人々を協調させるのに用いられてきた。問題ある公共の場を秩序付けるのに作用するストリートのコードの諸原理は、ローマ時代、幕府時代、古きアメリカ南部と西部[1]、「目には目を、歯には歯を」の聖書の時代にまで遡るに違いない。今日のアメリカ都市には、ドラッグが蔓延り、貧窮化した袋小路があり、法をあてにしない多くの人々がいる。その多くが若者たちであり彼らは、自分たちの安全と防衛に関して責任を持つ。必要な場合には、彼らは、自分の身を守る準備ができていることを近くにいる者に知らせようとする。ストリートのコードは、伝統をあからさまに脅かす事態を引き起こすこともある。ストリートのコードの重要な二つの要素――良識と暴力――は、黒人コミュニティの伝統を反映したものである。

都市に住む労働者階級の人々に世間並みの生活をもたらした製造業時代のかつてないほどの改善は、アメリカ合衆国のカースト制のような人種関係を非難する機会を与えたとして黒人たちに認識されている。黒人コミュニティの指導者たちは、黒人たちの状況が個々の振る舞いのために傷つけられてきたことを確信した。白人たちはどういうわけか、黒人たちは、礼儀正しくもないし、身綺麗にしていないし、良識もないという偏見を抱いている。何らかの方法で成功した黒人男性や女性は「人種を代表する男性」や「人種を代表する女性」と自己呈示して、コミュニティを先導するように奨励される[2]。彼らの人生に与えられた任務とは、黒人コミュニティの最良の歩みを前面に押し出すことであり、白人たちの黒人への否定的な見方を解放することである。それは、適切で良識ある振る舞いを奨励することによって行なわれる。黒人コミュニティで、彼らは長老の役割を担った。彼らは、若い人々にとっての経験の豊富な年配者であり良き師であり、人種についてよく熟慮した言葉や振る舞い方を若者たちに教えた。

本章では良識ある父親について話を進め、次章では、インナーシティの祖母について取り上げる。良識ある父親と祖母の存在は、奴隷制以来、重要な役割を果たすモデルとなってきた。良識ある父親も祖母も今日においても重要である――本書を通して、彼ら・彼女らの存在は際立っている――のだが、彼らの役割は、変わってきている。

良識ある父親

良識ある父親は、責任と特権を兼ね備えた次のような人物である。彼らは働いて家族を支え、家庭をまとめ、娘を守り、息子を自分のように育てる。彼らはコミュニティの若者たちを励ましてこれらの資質を実質的に教える人物でもある。今日、良識ある父親は、工場労働者、一般的な労働者、駐車場案内係、タクシー運転手、地元の薬剤師、医師、弁護士、教授をしているような者であり、良識ある夫や父親になるために一生懸命努力している者である。良識ある父親は、人種のハンディを肩に背負う傾向にあり、外部者に向かって彼のコミュニティを再表現する。良識ある父親は、とても理にかなっていて道徳的であり、何が最良の開かれた社会の姿であるかを具現化しようと試みる。サウスキャロライナ出身の黒人でタクシー運転手をしているブランド氏は次のように語る。

　[彼は]素晴らしい人[でした]。逞しくて、頭の良い人でした。[南部では、]黒人と白人の人々が、助言をもとめて彼を捜し求めました。彼らは、植林、家畜、その他、どんなことでも話したがっていました。生きることについてすらも話し合いました。彼は尊敬の念を抱かせる人物だったのです。彼はすべての人々に敬意をもって接しました。笑みを浮かべながら白人の人々と会話を交わし、彼らを魅了しているのをみたとき、彼が黒人であることをあやうく忘れてしまうことでしょう。彼は、所有する小さな納屋へと彼らを連れて行き、しばらくの間、その中で話をして、その後、納屋から出てくるのです。あなたに伝えたいことは、この人は、人を人として人間としてみていたことです。彼にとって不道徳なことは、肌色によって違いはないのだということを理解しないことなのです。彼は黒人の立場についてよく理解もしていたのです。

　彼にしてみれば、黒人ではなくて、一人の人間なのです。あなたが彼をもてなし、彼の権利を尊重したら、彼はあなたを喜んでもてなすでしょう。何色の肌であるかは、問題ではないのです。尊敬の念が、相手に尊敬の念を抱かせるのです。彼はいつも疑わしきは罰せずということで隣人に接しますが、あなた自身にも十分な気づきを与えてくれます。彼は二度とあなたと馬鹿をしないでしょう。彼はすぐさま、あなたを突き放すでしょう。あなたはもう彼に近づきたいとは思わなくなるでしょう。ただ、あなたは、そうしたくないのです。彼は、ただあなたをみているだけで、あなたは[何も]感じさせないのです。あなたが与えるものは、あなたが彼らから得たものなのです。

彼はわれわれ（少年たち）を魚釣りに連れて行きました。私たちに、魚のつり方に関するすべてを手ほどきしてくれました。しかし、これらの時間で私たちは、ただ魚釣りに関すること以上に、あらゆることを学びました。生きること、とくに、人々との接し方を学びました。それに、あなた（一人の子供として）が彼に質問をしたら、彼は、しばらくの間、その質問に答えないかもしれません。言っておきましょう。彼が質問に答えるとき、それはいつも何か力強いのです。彼は物事をよく知っています。彼は人生のすべてを理解しています。とても聡明な人だったのです。

良識ある父親の役割は、小作農時代、人種隔離政策時代、工業化時代、それに現代に到るまで受け継がれてきた。良識ある父親は、自分たちの子供を育てるだけでなく、街角の若者たちを集め、教えに従うように諭す。彼が示した行動の指針は、一般社会の人種隔離政策――カースト制――を破棄することであった。礼儀正しくかつそれも十分に好ましくあることとは、――より広範な支配システムの価値を融合させていくことで――、このシステムを受け入れることだと彼は確信していたのである。黒人コミュニティの大多数の人々は、教会などの制度によって促されたこのような見解を支持した。

良識ある父親は、若者たちに提供する明確な役割を担っていた――それが仕事である。職場での差別は、常に深刻なものであり、黒人たちをうろたえさせる問題であるけれども、たとえそれがつまらないものだとしても、働くことのできる仕事があった。良識ある父親は、これらの仕事を見つけ出し、若者たちに仕事を紹介するという役割を担ってきた。ある者は、良識ある生活をしておかれ、黒人の中産階級が拡大し始め、彼らの子供たちは、社会移金を稼ぎ、家族の面倒をみるために二つもしくは三つの職場で働いていた。一九六〇年代から一九七〇年代の間に、就業機会は開かれ、黒人の中産階級が拡大し始め、彼らの子供たちは、社会移動の機会があった。今日、良識ある父親が若者たちを後援するという役割は、脱産業化と人種によって構成される意識的な社会での職なしによって攻撃されるようになる。その社会では、黒人男性の才能と貢献が常に高く評価されるわけではないのである。良識ある父親は、ある種の公共宣伝活動にも従事する。コミュニティの最悪な象徴であると彼が考えることと自分自身を区別して活動していくのである。その結果として、彼自身の振る舞いの大部分は、ストリート集団と釣り合うように行なわれる。そのようにしないのであれば、彼自身や彼のコミュニティをストリート集団から守っていくことになるのである。彼は、支配社会の標準を一生懸命固持しようとするが、彼の努力は、良識ある父親とストリート集団とを混同しがちなこの社会では容易には明らかではない。だが、インナーシティの黒人コミュニティでは、良識ある父親は少数である。良識ある父親は、いまだにどんな苦境にも耐える心意気と不屈の精神を身をもって示している。その上彼は、礼儀正しさ、公正さ、宗教心、男らしさを体現し、神聖な人間だとみなされる。家族が幸せであることは、良識ある父親の信条表明によるものである。社会的に保守的で独立し、逞しく、信心深く、労働倫理を信奉している。彼は、家族を預かり、女性と子供に敬われる。その引き換えに、女性や子供たちを支える。彼は、食事、衣服、シェルターや他の物質的事物だけでなく、精神的な慈しみも同様に、補填しようとつとめるのだ。さらに、彼はコミュニティから敬われるのが喜びである。これらの特性は、近隣地区での公的な呈示と近隣住民、友人、ちょっとした知り合いから即座に敬意を評されることで獲得される。彼が街角の酒場に立ち寄るとき――彼が折りに触れてするように――、街角の人々からの挨拶は、「ご家族の方々は、いかがお過ごしですか?」と敬意を示したものである。良識ある父親は、不良たち、ドラッグ取引をし強盗し、少女たちに自分の赤ちゃんをゲーム感覚で妊娠させたり、自分が父親であることを認めない少年たち、コミュニティの最も暴力的な人々など、基本的には誰からも知られている。

この役目を成している男は財政的な資金能力と深く関係する。――安定した職業に就いていることが、アメリカ成人男性の太鼓判である。骨身を惜しまず働くことの重要な義務を信じることで、良識ある父親は、家族のライフスタイルを支えるのに十分なお金を稼ぐために二つの職で働いている。しかし、結婚と一夫一婦婚が、いくらかスタイルの外へと追いやられた世界では、良識ある父親には、そのかわりに何かをみせることが必要となる。彼は、家庭で異議のない主になりたがるか、少なくとも彼自身そのように顕示したがる。それに応じて、彼は、家族に関連する重要な決定権を持ちたがるようになり、女性は人前で言い返してはいけないし、しゃべりすぎてもいけないし、彼をみて笑みを浮かべていなければならないのである。女性は、家事をして彼が満足する食事を用意するという自分の立場をわきまえていなければならない。このようなルールを犯すと、友人たちの前で無礼な言葉をかけられ、あさましいほどに非難される。良識ある女性は、相応しい相手、骨身を惜しまず働く者、良き扶養者であり保護者、を手に入れるためにこのような気配りをうまくこなしていく。

このような男性は、父親としても夫としても十分な責任を果たしていない男性にもいくらか寛容である傾向にある。差別や職のせいにする偏屈な容赦でもって、男性は、制度が要請しているわけではないが、個々人で責任を持ち、奮い立たせる気持ちが萎えてしまっているとみせることで、「財政的援助」や福祉に助けを求めようとする。その男性は人種差別主義が問題であることを認めているとともに、財政的援助を求めることは自力でなんとか

良識ある父親は基本的に穏やかであり、それは守られていたわけでも、見栄えがしないというわけではないのだけど、近年になってその役割は、一般社会の目にはいくらか不可視なものなってきた。メディアにおいて良識ある父親のイメージは、ドラッグディーラー、ならず者、地下経済で働く者たちのイメージと競合する。――他の言葉で言い換えるならメディアが取り上げる集団と個々人は、インナーシティのコミュニティでの彼らのイメージに基づいているのである。しかし、良識ある父親は、コミュニティにおいて道徳的に健全であることのために重要である。良識ある父親たちが教育や職業機会を支援しないのなら、ドラッグディーラーやストリート派の者たちが自由に価値基準を定めることになるのだ。

マーティン・デイビス――良識ある父親

　マーティン・デイビスは、ダウンタウンにある中古店で家具の運び屋としての正規職に就いている二十五歳くらいの若年男性である。マーティンは、ウエスト・フィラデルフィアのインナーシティのコミュニティで育ち、ジョリーンという名前の若い女性と数年にわたりお付き合いをしてきた。六年前、マーティンがはじめてジョリーンに会ったとき、彼女にはすでに一人の息子テリーがいた。テリーの父親は、モーリスという名の男性で、わけもなく彼がテリーの親権を持っていた。モーリスは、一流のドラッグディーラーとして知られ、いつも「人をひきつけるお洒落な」物をジョリーンにたくさん買い与えてきた。モーリスとジョリーンは、友人宅やたまり場に姿をみせ、目立ったカップルだった。ジョリーンが、テリーを妊娠してから、モーリスはしだいにジョリーンとの時間をとらなくなった。彼女が妊婦体型になり始めてからである。赤ちゃんが生まれてくるとモーリスは、それまで以上にジョリーンとの距離をとるようになった。

　マーティンは、長年、ジョリーンの知り合いであったが、彼女と「一緒になる」ことはあまりにも野暮ったいことだと考えていた。そうであるので、彼はジョリーンと距離をおきたがっていた。けれども、マーティンがジョリーンとモーリスの関係があまりうまくいってないことに気がつくと、彼は機会を見てジョリーンと出かけるようになった。マーティンとジョリーンがお互いを意識するようになって一年ほどが経過した後で、マーティンとジョリーンは、トミーを授かった。モーリスとは違い、子供が生まれてまもなく、マーティンは、ジョリーンを定期的に訪れ、経済的にも面倒をみて、また身の回りの子供たちの世話をして彼女を支え手助けしてきた。マーティンは、子供たちと大騒ぎして遊ぶことや子供たちを外に連れて行くことを楽しんでいた。彼らは、一緒には住んでいなかった——マーティンの道徳的なコードが、彼にそうすることを認めなかったのであろう——が、彼の「家族」とできるだけ過ごしてきた。この近隣地区でよくあることで、二人は夫と妻のように関係を築き、マーティンはこの二人の父親としてもその役割を担ってきた。マーティンが心から子供たちのことを愛したことは、子供たちや母親のジョリーンに対する態度に明らかである。このような時を過ごし、マーティンはジョリーンと結婚してもいいと考えるようになった。彼は幸せで子供たちも幸せであった。彼らの婚約は、周囲を驚かせた。

マーティンが良識ある家族の家系の出身であることに触れておくのは重要なことである。ノースカロライナの農村の丘陵地からフィラデルフィアに移ってきて、親族の多くは、結婚生活と家族を支えていく労働者階級の仕事から恩恵を受けてきた。マーティンの伯母の一人は、お互いに何からの関係を持つ人たちが参列していた教会の司祭である。マーティンの家族では、親族関係は固い絆で結ばれており、男性と同じように女性もみている。その結果として、マーティンが成長したとき、父親と叔父たちを含めて、一緒に野球をした者や世の中の有り様について彼に助言してきた者たちと男性の役割モデルを共有していた。そうであるので、ジョリーンが妊娠したときにも、いかなる制裁もないことが切に願われた。

ジョリーンとの非公式の婚約から数年が経過した後で、家族に関するマーティンの感覚が、ジョリーンたちとの関係を肯定するようになり始めた。それと同時に、モーリス(テリーの父親)が、ジョリーンに再び好意を見せ始めるようになった。このことは、マーティンの気を滅入らすほど心配させることになった。マーティンは、ジョリーンを愛するようになってから、彼女と彼女のために責任を負うための準備をしてきたし、自分は彼女と結婚すべきであると感じ始めていた。マーティンが育ってきたときの礼儀と責任という考え方が、ジョリーンへの愛情と絡み合い、彼はこの感情の的確な表現が結婚であるとはっきりと思い至るようになった。

マーティンが友人に結婚を決心したことを伝えると、嘲笑する者とおなじぐらい支援する者もいた。社会化した若い男性たちは、結婚を自由の剥奪としてみなしているし、「みずから招いて危機に陥り」たがっている彼のことを嘲笑った。彼らは、マーティンが夫として責任を果たせるようになると信じていなかった。彼らは、マーティンは、一人の女性が自分のことを搾取するかもしれない状況に自ら身をおくことだと考えてもいた。だが、彼の家族は献身的であった。マーティンの伯母で司祭をしている女性は、彼女の教会の一室に彼ら二人を受け入れ、結婚まで一時的に彼らに助言を与え、神のご加護があるように祝福した。ついに、マーティンは、友人たちの反対を押し切り、彼の家族の支えを選び、ジョリーンと結婚した。

マーティンは、人の面倒を見る人や役割モデルとして実際に役目を果たしている伝統的な男性と女性にさらされるように接してこられたことで恩を得ていた。貧窮化したインナーシティの地区で、そのように相対的に利益が若者にもたらされることは、珍しいことである。だが、私がこの研究でみてきたように、若い男性にとって、人生のある段階で家族の人間になろうと試みることはよくあることである。とくに彼らが恋に落ちることを信じていたり、ある程度、自立して、財政的な資金力があり、家族の支援を持っている場合にそうである。多くの者たちが深く考えることなしに、家庭内での役割を担いたがるが、問題なく家族を安定させ、維持していくことに失敗する。ある者は、考えられることのすべてから十分な敬意と尊敬を得るための結果として生じる方法で女性や子供たちに財政的な支援をしていくために、家を存続していくことができなくなることで諦める。職がないことで、尊敬されなくなるばかりか、家の中で起きていることについて口を挟む機会も失うかもしれないのである。男が結婚し、家庭内のコントロールを確立できないとき、身体的な虐待がこれに続く。挙句には、妻を虐待し、次に子供に危害を加えるという段階的な影響(カスケード効果)が引き起こされるに違いない。

チャールズ・トーマス氏——良識ある父親

「チャールズ・トーマス」さんは、良識ある父親の雛形としてとても尊敬されている。現在、六十七歳。南部で生まれ育ち、若い頃にフィラデルフィアに移ってきた。親戚が都市に住んでいて、コミュニティに溶け込んだ。そのコミュニティで結婚し、所帯を持った。彼には逞しい黒人男性というイメージがあり——連邦警察の警察官として長年働き、銃を所持し、家庭では厳格であった。彼はとても敬虔な人物でもあり、家族、聖書、金律に強い信仰心をもち、生涯を通して熱心に礼拝に出席する人であった。しかし、彼の中には超えてはいけない境界があり、もし、それを踏み越えた場合には、そのことが原因で彼は暴力的になる。だからといって、彼がそのように暴力的になることはそうそうあるわけではない。トーマスの息子のマイクは、暗がりのストリートで突き刺され死に至り、トーマス氏は、彼を失ったことでいまでも悲しみにくれている。事実、マイクの暴力的な死は、トーマスの家族を「破滅」させてきた。このことが原因で、妻は神経を患い、娘たちは怒りと対処するため毎日両親に付き添っていた。トーマス氏は、男性に対する女性の居場所という確固たる考え方を持っていた厳格な男性として、古き南部の男性をしのばせる。トーマス氏の事例は、若者たちの中に蔓延るストリートの暴力と良識派とストリート派の人々との緊張関係に関連する本書の幾つかのテーマを浮かび上がらせる。

　こんなことがあります。軒先の階段に腰掛けていると、若い奴がこちらまで近づいてきて、私の横を通り過ぎました。私は身をそるようにして「オイ」と声をかけました。彼は振り返り「あっ、調子はどうっすか」「まずまずだよ。君の方はどうだい?」というやり取りを交わした後で、私は「君を家には入れないぞ」と言いました。このような感じです。私は数え切れないほどどこのようなやりとりをしてきました。この男に限ったことではありません。娘はこの様子をみています。私は「君を家には上げないよ。一つ目の理由は、娘は今日の午後は遊びにいかない。最近の彼女の宿題への取り組みに不満を持っているから。二つ目の理由は、君は挨拶もせずに私の横を通り過ぎたからだ。三つ目の理由は、とにかく君が家に入るのが嫌なんだよ」と言いました。するとその男は、「いったい、何が問題だっていうんだよ。トーマスさん?」と聞いてきます。「何も問題じゃない。ただ、君は家に上がってほしいと思うような人間じゃない、それだけだのことだ」。ここですれ違ったときの君の大胆不敵な態度が信じられないな。気づいたよ。私のことを公然に無視するような君の態度を理解できないからな。「言っておくがな、君のことを試しているわけでもなんだ。このやりとりはもうおわりだ。ともかく、家には上げない。は私の家で、私がこの家のボスだよ。二度とここに来るんじゃない

　次の話は彼が初めて家にやったな」と私は言った。はいませんでした。耳にしたのでさきのことです。私はそこに舞うのか想像つくでしょう。すべては台ったいどんな風に振る彼は台所にくるべきではないのです。そことしました。「殴り合ってはいけないわ」ということです。まず、した。「殴りあったって、たいしたことはないだろ、かかろうちは揉めていたんだ」と言い返しました。このやりとりにまに反応しました。「どうして殴りあうの?」「いいか、お前にはないことだよ。いや、お前にかかわらせるべきではなかったな」。かるだろ、俺はこんな奴を家に入れたくないんだよ。こいつがどんな奴か知ってるだろ。あいつは少女に手を出すような奴だぞ。奴は車の中でパンツを下ろすような野郎だよ。あいつがどんな奴かわかっているだろ。君が奴を家に招きいれたことにたまげたし、失望したよ」。「お前の言いたいことはわかった」。「俺がこの件の決着をつける。あいつは今日また戻ってくるさ。ここが居心地いいからな。それは間違いない」。

　彼が車を停車するやいなや、彼のことを観察しました。彼は若い奴で——二十三歳か二十四歳——高級車に乗っていました。それも

とびっきりの高級車でした。私は、へまはしません。階段に腰掛けていると、彼は事も無げに横を通り過ぎようとしました。彼の気持ちは、すでに家にいる娘にいっていたからです。この場所が家への入り口であり、実際に、彼は家に入ろうとしていました。だが、彼は私に声すらかけなかったのです。そこで、私は彼を正さなくてはならなくなりませんでした。嬉しいことでもありました。どんなことにでも準備をしていましたし、偶然にも、彼がただ無礼であったのです。彼はこの親父に叩きのめされるとは考えてもいなかったでしょう。私は幾つかの情報源から彼について聞いていました。たとえば、彼の母親――とても優しい友人――や、彼の父親――同じく優しい友人――は知り合いでした。彼の母親のウィラは、まだ、健在です。彼らは毎週日曜日に教会に通う良識ある人々です。しかし、良識ある父親たちがやるべきことをしめしたら、警戒心は変わっていきました。――彼が打ちのめされることで移行の初期段階を迎えるのです。それは、兵役の間の四十代のときから始まりました。ゆっくりと変わっていくのです。多くの人に受けいれられるわけではないのですが、変わっていくのです。

　これが一九八〇年の頃のことです。私はどのような性格の人と自分が向き合っているかを理解していました。私は揉め事になることはわかっていました。――彼が家にくることは少年たちがすぐさま教えてくれましたし、簡単に事は済まないことはわかっていました。

実際に、数人の男たちが自分たちも参戦できるようにして周りを囲んでいる。――なんておっかないことでしょうね。私の友人二、三人です。友人が、家にくる若造を叩きのめそうとするのです。彼らは「あなたが若造と向かいあうとき、俺たちがまわりにいるべきですよね？　そうですよね」といった。私はそうすることを好みませんでした。というのも、もし、奴が私に手をあげようもんなら、私は彼に発砲するような人間だったからです。

　だからといって、私はそれほど悪い男でもありません。ただ、そういう類の人間でした。これが私なんです。そこで、彼は私のことをみてその場をうまくやろうとします。それに彼は、そこにいる男たちをみて、自分のことを傷つけることを躊躇わない者たちと向き合わなければならないことに気がつくのです。彼はこの状況を把[illegible]します。そこで、彼は、何人かの友人に次のように言うのです。「あいつを知っているか」、「ああ、知っているとも。よく[illegible]を傷奴は、三十六ストリートに住んでいるな、前をい[illegible]す。ろう。わかるか。「お前がただ彼に従わないの[illegible]つけるだろう」というように友人たちがま[illegible]なくなった。いまや、

　しかし、こうしたやり取りは今[illegible]誰がかまうのさ？　君ができるのはただ一つのこと、[illegible]天国に逝っちまうだけさ。い[illegible]を愛することだよ。次のようなやりとりにみてとれるだろ[illegible]「今日の調子はどうだい？」「うん、とてもい

いよ、お父さん」「何かあったのかい」「ええ、まあ」。「何か悩んでいるようだね。男友達とは上手くいっているのかい」。この父の言葉がけで娘は気分をよくした。「そうね、お父さん、フレッドと私は、今日一緒に映画を見に行くの」などと、いろいろな事柄について会話を交わした。――歩いている最中も、会話はやむことなく続いた。あなたにお伝えすることはいくらでもありますよ。

ある日、車を運転していました。サラ――十代の娘――が同乗していました。妻が助手席に乗っていました。私はサラが友達といる場所まで彼女を迎えにいきました。そのときのことについて話をしましょう。車を走らせていました。するとサラが「トイレに行きたいの」と言いました。車に乗ってからサラがはじめて発した言葉です。マーケットの北数ブロック先からホイットニー近くのサウス五十八番ストリートまで車で向かっていました。私たちはたしか十六番地について話をしていました。私は、およそ八分からおそくても一〇分で到着するとこたえました。妻のメアリーは、「このあたりのバーでは車を停めないわよ」と伝えました。しばらくの間、家に向かって運転を続けていると、彼女がもう一度、「トイレに行きたいの」と同じことを言うのです。私は、「わかった。そんなに体調が悪いなら、ウエストフィリーのいたるところに知人がいるから」と言いました。私は、メアリーに「サラがそんなに調子が悪いようだったら、車を停めたほうがいいね」と言いました。「それまで我慢できるわね、サラ」。「吐くかもしれないわ」。そんなやりとりをして、ようやく家に戻ってきました。サラは家の中へと駆け込んでいきました。メアリーが車から降りる準備をしていました。私は、「少しの間、車にいてくれ」と言いました。「どうかしたの?」とメアリーが言いました。「たぶん、君はこの馬鹿げたことにまったく気づいてないんだろうな」と私は言いました。「まあ、そうかしら」とメアリーが返答して「たしかにそうかもしれませんね。何かおかしいわね。」と彼女は続けた。私は「あまりに変だろ、いいか、サラは女友達の家を出たばかりだったんだ。それでトイレに行きたくなるほど体調が悪くなるのか? 家について一分も車中にいなかっただろ。マリファナを吸ってたんだよ。彼女は、私をしっかり見ることもなかったんだよ、メアリー」といった。間違いなく彼女はハイだったんです。マリファナです。彼女は、マリファナを吸ったんです。彼女には、ハイでいることのすべての徴候がみられました。目はうつろでした。私は彼女をにらみつけました。私がこのような目つきで人を見たのは、子供のときだけです。彼女もそのメッセージを受け取りました。この騒ぎがおさまってから、私はもちろん妻に厳しく非難されました。数年経ってからのことです。「サラが私に何ていったか、わかっているのですか」と妻が私に言ってきたのです。「ママ、パパが私を車で迎えにきて、なんだかんだで家についたあの日、私たちは友達の家でマリファナを吸っていたの。私は、車の中で凧のようにハイだったの。お父さんが怖かったわ」と言ったのよ。彼女は父を恐れて育ってきたんです。そこで私はメアリーを注視して、彼女に「どれだけ心配をかけるたら気がすむんだ」と言い、続けて「私は悩んできたよ。君はただのアクシデントのようにみているが、君は物事の本質をみていないじゃないか。君がいつでも子供たちにそのようにする態度に本当に困惑しているよ。私は、一生君のそばにはいないからな」と言った。私たちは実際に離婚しました。ただ離婚したのは、それから何年も何年も経ってからのことです。というのも、私は子供たちが二十歳になるまで、家を出ないようにつとめてきたからです。私は慎重にそのように行動してきました。父がしたようなことをしたくなかったからです。父が他の女性と浮気をしているときに、母は父のもとを去りました。そういうわけでなんです。そこで私は、「でもいいか、君は私を困らせるんだ。見ているだけで何もわかっちゃいないんだよ。正しいことを言っても、君から同意を得ることすらできやしないのさ。だから、頭を悩ませているんだよ。うまく折り合う方法を探しているんだよ。少年たちと接するのと同じようにね。君と私の妹、君たち二人は、時々、ほんとに私をどうにかさせてしまうよ」と彼女を非難した。

妹が彼女の息子のジョジョについて「ジョジョは、昼寝をしているわ。彼は疲れているのよ、チャールズ」と話をした。私は「ジョジョをストリートでみかけたよ。何でジョジョが疲れているかわかっ

ているさ。ジョジョは、ストリートやいろんなところで女性たちをたぶらかすのにエネルギーを使って疲れているんだよ」と言った。私はジョジョのことを理解しているのです。妹がみているジョジョというのは、家に帰ってきて、母親に大きなハグをする姿や、練習に疲れている姿にすぎないのです。息子のマイク――彼らと同い年――は十五歳です。私がマイクの部屋の中に入ると、マイクは寝具の下に隠れました。私は寝具の下に隠れている彼をみて笑いました。私は「お前は年をとったいたずらっ子か、そうじゃなきゃ、何かを隠しているだろ。母さんは何も知らないな。麻薬をさっさと片付けてしまえ、すこしはよりましなことに取り組んでみたらどうだ。わかったか?」と言ったり「俺がすべてを処分するからな。わかったか?」と言ったものです。マイクは「わかったよ。親父、そうするよ」と返答しました。妹はいつも大事なことを掴みそこなうのです。妹だけでなくて、妻もそうなのです。何が言いたいかわかりますか? こういうわけなので、私たちは両親たちも一緒に議論しなければならないのです。

古き時代、黒人男性は逞しかった。白人男性です彼らを参考にするほどでした。朝、家族を教会に連れて行くとしましょう。私をとめる者は誰一人としていません。何でだが想像つきますか? 白人男性はわかっていたのです。白人男性は、物事をよく理解していたのです。「年配の者を煩わしちゃいけないよ、イライジャ、今日は子

供たちを教会に連れていく日だよ」。彼が言いたかったのはこのことなのです。この男性は、神を畏敬し、神を崇め、神を愛している。たいそうな男なのです。

失われたマイケルの命

ジャーマンタウンのグリーンとチェルトン。七〇年代初期のことです。当時、ギャング抗争は熾烈を極めていました。フィラデルフィアの歴史でギャング抗争が最も激しい時期でした。〔フランク〕リッツォが市長をしていました。警察組織は、「ニグロの殺し合いはほうっておけ」というような態度でいました。彼らは、白人が偶然にも殺されたり、白人が何らかの被害を被ったようなときに、行動を起こすだけです。そうした場合には、彼らは、コミュニティ、エイジェンシー、警察組織といったすべての組織を総動員することでしょう。息子が犠牲になりました――息子は、ジャーマンタウン高校の陸上競技のスター選手でした。息子は私の期待のすべてでした。彼は、どんな父親であっても誇りに思うような子供でした――身長は、一八三センチ（六フィート）で、スポーツ競技のスター選手で、十五歳で相談役を務めていました。カソリック教会の子供たちやパブリックスクールの子供たちの相談役をつとめて日々平穏に暮らしていました。ジャーマンタウン高校に通う黒人や白人の生徒からもとくに人気のある若い男の子でした

一九七四年一〇月一八日、彼は、陸上部のチームのメンバーと一緒にまとまって道を歩いていました。そこで、暴力の被害に遭います。グリーン・ストリート・ギャングの一員に、「お前はどこのギャングに属しているんだ」と聞かれたのです。ギャングの一員たちは、ドラッグやワイン、あなたが考えうることのすべてにおいて、ハイになっていました。そのとき、どのギャングにも属してしないと答えることもできるでしょう。けれども、それは何の意味ももたないのです。というのも、このギャングがこのあたりで最も大きなギャングだからです。そこにいた一人が「どのギャングにも入ってない」と答えました。すると、ギャングの一人がマイクに銃をつきつけ、ある者がマイクを刺したのです。マイクはこのストリートで命を落としました。妻は、あまりにもひどく神経を衰弱しました。妹も神経を患い苦しみました。兄弟もいまでも問題を抱えています。今日に至っても問題は続いています。私たちは七〇年代から九〇年代にかけて何度も引き続きこの問題について話しあってきました。けれども、家族は目茶目茶になってしまいました。この悲劇を生んだ重大な過ちというのが、警察がギャングの交戦状態を十分に承知していたことです。警察は、このならず者たちが誰かを捜してストリートをうろつきまわっていることを把握していたのです。けれども、それは黒人コミュニティの中で起きていたことなのです。

午後一〇時頃に事件は起きました。警察は、間違いなくこのごろつきたちをみていたのです。このことは、後で確証がとれました。警察はこのならず者たちをみていたことはたしかなのです。その局面でこのならず者たちを立ちとめて、身体検査をして、職務質問していれば、幾つかのナイフや拳銃をみつけることができたはずなのです。けれども、警官たちは、警察車両にただ座ったままこの事態を見守っていたのです。これは、私がこのインタビューの冒頭で切り出したことと同じ警察の態度です。つまり、ニガーの一団にすぎないという態度です。この同じ集団が同じようにしていたとして——このことを理解することはとても重要なことです——たとえば、このギャングが場所を移したとして、それもこのギャングをどこか白人たちが生活する居住地区に移ったとしたら、彼らは、一ブロックすら活動する場所を得ることはできないはずです。だからこそ、私は、この日のことがあまりにも悔しくて怒りがおさまらないのです。いいですか。これが白人の居住地区で起きていたなら一ブロックすらありえないのです。ギャングの一員たちは、止められ、身体検査を受け、逮捕され——ギャング団は解散に追い込まれます。銃を所持していた者は、刑務所に送り込まれ、ナイフを持っていた者も監獄行きです。それ以外の者たちは、蹴飛ばされ、ここから出て行き、二度とこのあたりに姿を現すなとこっぴどく言われるはずです。こういうことなんです。これ以上、他に付け加えて話すことはありません。

だから、私はやり場のない怒りを感じているんです。愛する子供を失いました。——彼が生きているときは楽しい日々でした。たしかに彼の運命だったのかもしれません。でも運命か運命じゃなかったかというのは問題ではないんです。重要なことは、これが白人居住地区のことで、このならず者たちが白人居住地区を歩いていたら、彼らはすぐさまこの警官に呼び止められ、ストリートを行ったり来たりして暴れ回っていたギャングの一員として、何もできないようにされたはずだということなのです。このような類のギャングをみるときはいつでも、厄介なことになるのはわかっているのです。それだけです。

当局に話をしました。経済力のない貧しい者ができることはすべてしました。ニュースにもしました。新聞の一面で、危害を加えられたことと侮辱をこめて、司法システムは、昔も今もかわっていないというタイトルで記事になりました。ただ、ギャング少年達はこのことを理解しないでしょう。息子が命を落として——刑期は、五年、六年、それぐらいです。息子のように何も悪くない子供が殺されても——たったの五年、六年なんです。ノースイーストで襲撃されたプエルトリコ人[若者]の最近の事例を取り上げてみましょう。彼は、警察官の息子でした。私の息子のケースは一事件で、彼らの事件はたんなる一事件としては済みませんでした。裁判官であり地方検事でもある［リーン］アブラハム、彼女がノースイーストの彼女の支持者たちに印象づけるためにこのプエルトリコ人を襲った若者すべてに刑期をあたえようとしたのです。リッツォは、厳しい刑期を下すように彼女に要請しました。今日刑務所に入っている子供たちの多くがそこにいるべきではないということは私にしても疑いのないことです。しかし、彼らは全員逮捕されました。この襲撃に関わってない者で、ギャングの一員だっただけという者まで逮捕されたのです。彼らは襲撃現場にいたとされたのです。彼らには、彼らの残りの人生において刑務所に十年、十五年、二十年を過ごすという刑期が下されました。この少年は警官の息子だったので、私の息子のマイクがとった行動以上に、無茶なことをしていました。——言うなれば、この警官の息子は、ある程度必然的に巻き込まれてもしかたなかったのです。彼はその夜、酒に酔っていましたし、仲間たちと一緒に羽目を外していました。——今日の司法制度は、七〇年代に普及したものと同じものなのです。私は、警察署に出向き、「頼みがあります。——私は、息子の殺人に関わったすべての者の名前を把握しています。彼ら全員を逮捕してください」と言いました。「ただ、トーマスさん。私たちは主犯格の二人を捕まえました。銃を所持していた少年とナイフを持っていた少年を逮捕しました」。この殺人に関わった残りの者たちは、いまのときも、ストリートを歩いているんです。他のケースをみてください。警察は何人もの子供たちを逮捕し、刑務所におくります——十年から二十年、二十年から四十年——彼らは、ただ刑務所で過ごします。なかには、刑務所で過ごすことすら認めないこともあるのです。

マイクがノースイースト・カソリック高校に通う白人の少年だったら、最低でも十人の人間が今でも刑務所で過ごしていることは間違いないことです。私は次のようなことを思い浮かべていました。「私がもし、彼らを捕まえることができたら、彼らを一人残らず殺していたことでしょう。甘くみないでくださいね。私はこの集団とは別のギャングを取りまとめていましたからね。」けれども、娘が私にそうしないように妨げました。娘のアニーが「パパ、あの集団はギャングじゃない」と言うんです。「私は、奴らを一人残らず殺す準備をしていましたし、マイクは、私にそうさせるほどに価する息子だったんです」。私は、法を遵守する市民としてふるまいたくなかったんです。私は、彼らを殺すために裁判所を訪れました。「私はそれを切望していましたし、彼ら二人ともここで殺したかったのです。ただ、私は、すでに正気になっていましたので、（地元のジャーナリストの）ハーブ・リーブを殴ることはしませんでした。警察官の一人すら殴らなかったのです。裁判所の役人たちにもなぐりかかろうとはしませんでした。私は、彼ら二人をめちゃくちゃに殺してやろうと心に決めていたんです。けれども、私は、一度だって彼ら二人をまとめて捕まえることができなかったのです。一人が公判中で、一人は公判中ではない、というような具合にです。私は、二人まとめてヤリたかったのです。私がどういう人間がわかりますよね。これがマイクのために、彼ら二人を確実に死にいたらしめることだったのです。しかし、あなたもご承知の通り、この国の司法制度はいまだに普及したときのままで、いまでもなおそのままなのです。白人の子供は一人とて、事故によって死ぬことも放置されない。法は非難をうけなければなりません。白人の子供はいかなる方法であっても殺されることはありません。それがたとえ事故であってもです。殺害事件というのは事前に計画されるものもありますが、多く場合は、マイクのようなケースなのです。たとえば、ギャングが白人の少年を襲撃し、よくある方法でもって彼のことを殺したとします。そしたら、それから五年は、その街角では何もおこらないはずです。本当です。次の五年から六年は、何の問題なしに、街角に買い物にでかけることができるのです。

ジャーマンタウンで起きたことなのです。その当時、私は［ウェスト・オーク通り］のウィロウズ・ストリートに住んでいました。この暗殺——地元のコラムニストの一人が暗殺という言葉を使用しました。私には、なぜこのコラムニストがそう言ったのかわかりませんが、彼はこの語彙を用いました。——の後、裁判官がこの若者に判決を下したときに、私は、この裁判官に「あなたは、この男と男の家族に対してとても寛大です。ですが、頭が混乱し取り乱してそこに座っている私の家族たちはいったいどうなるのですか？　妻は衰弱しきっています。二人の娘も疲弊しています。妹も疲れ果てています。彼らには何もないのですか？」と尋ねたのです。すると裁判官は、「トーマスさん、彼らに対して遺憾の意を述べたいと思います」と答えました。タイソンという名前の裁判官も「ほんとうに、あなたの家族には申し訳ないと思っておりますが、彼ら二人は若くて、過ちを犯すのです、ご承知のとおり、彼らは若くて、その夜は酒を飲んでいたのです」と言いました。私は「彼らはあなたのおかげで間違いなくストリートに戻るのでしょうね」と言い放ちました。「いいえ、そんなことはありません。トーマスさん、そのような言い方を受け入れることはできません」と裁判官は言い直しました。それで私は「いいえ、このように言うのは、それが本当のことだからです。彼らは三年もしくは四年もすればストリートにいるでしょうね」と言った。息子の死はこのシステムでいかほどの意味を持つのでしょうか。今日、黒人に対する黒人の犯罪は、手に負えないほどです。先週起きたのは、——何かわかりますか？——七つもの殺人事件です。ある者がいまこの場所で拳銃を取り出し、この場で全員を射殺することだってありえるのです。

妻は弱り果て、神経を患いました。今も回復していません。九〇年代になってもです。あの事件は七〇年代に起きたことでした。二十年間です。私たちは、ずっと傷つき苦しんでいるのです。まったくその通りなのです。今日に至るまでにさらに深刻な問題を抱えました。私は妻と一緒にいることができなかったのです。彼女を愛しています。彼女の面倒もみます。彼女にしなければならないことはしてきましたが、この家族のために生き残っていくために離れることにしたのです。今、そのことを後悔しています。彼女は私の友人です。娘たちも同じことです。彼女たちは、自暴自棄になりました。辛いことです。マイクの友達も、ひどい状態です。友人の半分――マイクはリーダーでした、マイクは若い仲間たちのリーダーでした――は、つぶれました。彼らは、白人の少年達を含めて、まともに生きていくことを諦めたのです。彼らはドラッグ漬けや大酒飲みになりました。マイクはとても強い少年でした。マイクが息子だからということで、彼の栄光を高らかに伝えようとしているわけではありません。私は、今、葬式のときのテープをチャンネル一〇に渡さなかったことを残念に思っています。

テレビ局にテープなどを渡さなかったその日を後悔しているんです。テレビ局関係者は葬式の模様を写したテープを手に入れたがっていました。

マイクの友人には復讐を望んでいる者もいました。そこで彼らに話をしました。なかにはマイクが命を落とすことを目撃していた若い仲間さえいるのです。私は彼に手を回して、「証言したくない」ということを理由にする者たちから彼のことを守りました。もちろん、彼の父親は、彼に証言させたくありませんでした。私は「君はマイクのために証言する責任がある」とこの少年に言いました。性格にもかかわる問題です。彼は死ぬことを恐れている未熟な子供でした。彼は「たとえ殺されるとしても証言します。マイクは、私たちのために命を落としたのです。マイクは逝ってしまったのです。父親に何を言われたとしても証言します」と言ってくれました。

マイクは知り合いの若者とパーティに出かけていました。ギャングがストリートに来ているのをわかっていました。マイクは「私たちに手を出すようなことはないだろう。ギャングに関わるように人間じゃないし」と考えていました。しかし、ギャングは彼らを取り囲み、危害を加え始めたのです。一人がその場から逃げ出すと、彼らは彼に向かって発砲しました。彼らは私の子供を刺し殺したんです。彼らは誰かをヤリたかったと言いました。中心となる人物、彼らはグループの頭を殺したのです。地元の新聞社の編集委員は、私の手紙にとても感銘を受けたのでこの事件を記事にしたいと言ってきました。新聞社は記者を一人呼び寄せました――「私たちは彼について深く掘り下げて書いてみたいのです」。手紙はとても印象的なものでした。ギャングの奴らは、誰かをヤリたかっただけだ。奴らは、毎週、日曜日に教会に通う者を殺しました。カソリックスクールで相談員を務める者を殺したのです。身長一八三センチ（六フィート）の彼を殺したのです。近隣地区で酒に酔った年配者を気遣う者を殺しま

きたくないよ。父さん」。「母さんに電話をかわってくれ。」すると妻は「ええ、わかったわ。あなたは家にいたこともないのに、私に指図するのね」と妻が答えた。私は「その通りだ。マイクは、今夜は向こうにはいかない。マイクが行きたがっていない。だから、彼は行かない」と言った。マイクはいくべきではなかったのです。しかし、彼はそれ以来二度と電話をかけてきませんでした。彼はいつもなら電話をかけてきます。ですが一度も電話をかけてこないのです。彼は出かけました。妹がどんな気持ちでいるか想像できるでしょう。マイクは妹に「行きたくない」と言い、彼女は「母さんのためだと思っていくのよ」とマイクを諭したのです。なんという悲劇なのでしょう。

私は彼女を何度も医者のもとへ連れて行きました。[しかし]心の中では、彼女を二度と許すことはないと思います。この気持ちはどうすることもできません。私は二度と彼女を許さないでしょう。憎んでいるわけではありません。けれども、私は二度と彼女を許さないでしょう。母親はそこに住んでいました。父親はすでに他界していました。彼女は、その当時一人息子と住んでいました。彼は軍隊に行きましたが、彼はその場所で住んでいたり、その場所を出ていったりを繰り返していました。彼はジャーマンタウン高校に進学しました。マイク——母親がマイクをギャングの巣窟に送り込んだのです。彼は私たちと一緒にいれば安全でした。メロー・ストリート・ギャング団は彼を必要としていましたし、彼を崇敬していました。スター・ギャングも彼を好んでいました。「マイクだからです。マイクを困らせてはいけない」一度だって、彼らはマイクを悩ませたことはありませんでした。彼らはマイクがどういう人間であるかを知っていたからです。けれども、スター・ギャングがメロー・ストリートと抗争しているようだったので、彼女はマイクが銃撃に巻き込まれるであろうことを危惧していました。しかし、彼らは一度だってマイクに手を差し伸べることはしなかったのです。彼らは、そのことを証明しました。この事件が生じたとき、どちらのギャングもジャーマンタウンに行っていました。恐ろしいことです。誰でも撃たれます。誰でも殺されるのです。何人もの人々が、実際に撃たれたのです。このことは疑いの余地はありません。私は命を落としたマイクのために、小さな部隊を用意することもできたのです。私はただ、彼らを捕まえることはできませんでした。彼らは私が外にいたことを知っていたのです。彼らはそのことを知っていたのです。友人の三、四人がこれに関わりました。私は彼らを捕まえることができなかったのです。彼らは「マイクの父親が俺らを探し回っているぞ。父親の野郎がうろついているな。それならその場所にいくのはよしておこう」というように判断していたのです。彼らは私が街角に立っていたことを知っていたのです。私はその場所に出かけて行き、その街角で待ち伏せしていたのです。

グラターフォードの十七・十八番街にある刑務所に収監されてい

る九〇％は、黒人です――例を挙げると、その刑務所の中には、五年、十年、十五年、二十年の刑期が与えられています。彼らは、この刑期の二分の一――これこそ悲劇です。――を刑務所で過ごします。彼らとよく似たケースの白人の場合、何年の刑期になるか？わかりますか。

刑務所に収監されたとしてもそれは私の家族を助けることでもなんでもないということに最終的に気がつきました。私は踏みとどまりました。私はこのことで救われました。私はマイクのために彼らを殺そうとしていました。私は今でもマイクのためにそうする義務があるのだとも感じています。けれども、マイクは、彼の母がマイクの服を着てストリートを行ったりきたりして、まさに、彼女がしたようにして、グラターフォードに収監されることを望まないでしょう。私でさえ、この中には入りたくありませんでした。彼の母は、完全に気をおかしくしてしまったのです。このような悲痛な苦しみを理解していただけますか。妹もです。彼女がこの中に収監されたことを理解すると、それはいわば、自己の目的を達成するために行われたのだということがわかりました。ここにこそ、困難があるのです。

司法制度――この制度は、われわれを代表するものではありません。今では、司法制度はあらゆる種類の様々な方法になっています。なぜなら、この国の経済的状況、この国の偏見、この国における政

治的雰囲気が多様化したからです。それらが今、再び息を吹き返しつつあります。試練の時期なのです。困難な時期なのです。しかし、私と家族にとって、とくに私は、神を感じ、信頼し、信じています。私の人生では神を信じることがすべてなのです。マイクが殺害されてから私を好転させるようにすることは何もないのです。私と私の一団にとって、われわれは、すべての政治的なものを超越し、経済的なことを乗り越え、この国を破滅へと追いやるこの国の右派の復権を乗り越えていきます。私と私に関わる者たちのために、生涯の限り、何がおきようとも神を信じます。

マイクへの愛は高まるばかりです。マイクを思うと涙がとまりません。宗教活動はマイクが死んだ日から見合わせています。葬式――私は、学校での暴動をそらすために自分の道を行きました。私は、今もマイクの死に向き合っています。しかし、私に続いていることは、私が述べたように、私と私に関わる者たちのために……。――そのなかにはなにかがあるのです。それが精神です。たとえいかなることが降り掛かろうともその精神は、私に踏みとどまるよう諭すのです。神はどのようなときでもいつも私と一緒です。今やこのような精神を嘲笑う人もいるでしょう。神は超越した存在であり、われわれの先祖です。「ここに来てください、神よ。ここに来てください。あなたを必要としている者がいます」。良識ある父は「息子よ。教会にいく準備をしなさい。お祈りの時間です」と諭すことでし

ょう。これは良識ある父が私たちに教えてくれたことです。しかし、父もどこかに行ってしまいました。あまりにもひどいカオスと家族構造の退廃があるのです。われわれは、なんとかして世の初めからわれわれがこれまでしてきたことに立ち戻り、それを実行していきましょう。

結論として、良識ある父親と長老たちの役割は、今日の経済・社会的環境で疑わしいものになってきている、ということがいえる。これらの環境によってもたらされた疎外は、この国の黒人の歴史にまで遡る。それは、公民権運動とこれに続いた文化国家主義者運動の間に一般社会で頭角を現し、可視化するようになってきた。マーティン・ルーサー・キング・ジュニアに連想される礼儀正しさのイメージは、若い人々たちに果敢に挑まれてきた。ブラック・パンサーや他のグループ（「黒人は美しい」や「他の類を持つものが白人人種差別主義に助けをもとめる」ことはいまやないということを支持している者）は、若い人たちに「黒人」でいることを奨励し、このイメージは、ストリートと結びつく（アメリカ社会全体にある人種特化主義を復活させるより大きな物語が、ここでもまた要因の一つである）。

しばらくの間、より広い白人社会は、かつてと同じように統合されることに抵抗することではっきりと証明されてきた。「十分に礼儀正しくあり、それ相応にきちんとしていて、相応に清潔」であることは、わずかな例外を除いてより広い白人社会では受け入れられてきていない。事実、隔離は続いていて、黒人が優勢を占める近隣地区の学校や公共サービスの資源は減少し、貧困はより集中するようになってきた。――ストリートがより目立つようになってきたのである。

これらの要因が、一般社会のことを若い黒人たちの心にとめさせるという伝統的な長老たちの役割を深刻に蝕んできた。良いことをしていても物質的な利益――若年男性のための恵まれた職、若い女性に恵まれた家庭など――をもたらさないとき、彼らの道徳的信仰は弱まる。「悪びたヘッドたち」（たとえば、ラップアーティストたちのような）が浮上し、彼らがさらなる人気を受け取ることが、長老たちの立場は脅かされる。最も困窮した地区では、若者たちは、いまだに公共の場で長老たち（タイリーの祖母のような人物）に敬意を表して従う。しかし、この敬意は、長老たちのことを見下すようにして近くにいることで可能なのである。ドラッグディーラーたちがそのような人に「調子はどうなの?」と挨拶をする。この挨拶には長老たちにドラックはいらないのか、と尋ねることを暗に意味されているのである。

貧困の集中したゲットーに住んでいる今日の若者たちは、良識ある若者たちでも大方、彼らの両親や祖父が生活していたより安定したコミュニティと家族を持つことが少なくなってきている。

理由で、少女は、一度、彼女が結婚していない母親になると母親達の中で、新たな――それは暫定的であるかもしれない――地位を獲得する傾向にある[14]。また、母親であることの試練や苦難を通じて、そのような少女たちは、母親たちと同じく彼女たち自身も高い評価を受けることにもなる[15]。

コミュニティは生物学上の(生みの)母親と「本当(育て)」の母親の概念的な区分を設けている。コミュニティではどんな女性でも赤ん坊を授かることはできるとよく言われているが、本当の母親になるためには、赤ん坊の世話をすること、愛情を注ぐこと、「母親の知恵」を必要とする。この状況にかかわらず、赤ん坊の誕生は心から祝福される出来事であるとして考えられる。それゆえに、容易には理解しにくい奥深いところでの女性達の心の通わせ合いが母親の立場を引き継がれ、母親の願望や経験が娘へと代々受け継がれていく。様々な社会的な集まりで、近隣住民、親族、友人は、それぞれの情深い母親らしさの記憶と物語に関する知識について議論し、新米の母親を望ましい本来の母親の役割を担うために効果的に社会化しようと試みるのである。同時に、女性達は男性と一緒にまたは男性に頼らずに、自分たちの思いどおりに生き残るために備えようと試みる。インナーシティの黒人貧困地区では高い確率で家族が崩壊し、そのとき、女性が拡大家族の成員たちや友人たち――他の女性たち――を、道徳的、感情的、実用的、財政的に援助していくことで、最も貧しい家族の経験は、母権的なものとして理解されることになるだろう。祖母を通じて安定化された親族の絆は、それが虚構であり、あるいは真実であるとしても、インナーシティの拡大家族や若い子供たちにとってのそれとなく重要な要素となる。祖母は、コミュニティにおいて重要で、きわめて卓越した家庭的な女性の役割を果たすこともある。

コミュニティは一貫して、母親や祖母に伝統を通じて、彼女自身が社会化することで導かれる義務としての母親であることの役割を強力に支えているようにみえる。将来への見通しや選択の意思が限られている少女たちは、母親たちの役割をいとも簡単に志願して協力する。持続的な貧困下で、少女は母親の役割や祖母の役割を担うことで与えられる報酬を待ち望んでいるのかもしれない。若い男性たちは、若い女性に子供たちの責任を負わせ、この過程で子供たちの権利に関する幾つかの要求を求めることを期待するようになることもある。男性たちは少なくとも女性が追うべき義務として「自分たち自身の身を守る」問題として避妊をみなしている。インナーシティの貧しいコミュニティでは、子供たちの責任を負い子供たちを育てることは女性の仕事であり、男性は家庭の規則や常日頃から不足する世帯所得に関する問題以外にはほとんど遠巻きに関わらなければならないと一般的に考えられている。

現今では祖母は舞台の袖に隠れて待っていた主人公として徐々に姿をみせ、貧しい黒人家族を痛めつける社会的・経済的危機によって活動的になってきた。[16] より多くの選択肢が貧しい黒人たちや貧困やドラッグの苦境に利用できるようになり、暴力が減少すると、英雄的な祖母は、再び舞台脇に控えることになるだろう。なぜなら、祖母の役割は、社会的にかつ経済的にはそれほど必要ではないと認識されるからである。祖母の役割とは、長年にかけて育まれ、支えられ、正当化されてきた役割である。というのも、ゲットーに住む家族は、長期にわたり資源が欠如しており、その結果として脆弱化し、さらには、親権義務と責任を果たす権利が——多くの場合には、不本意に——とくに若い男性にあたえられていないからである。

多くの場合に傷つきやすい家族の成員たちは、略奪者に脅されたときに自分たちの家族や親しい友人に助けを求める。祖母は最も頼りになる支援を提供することもある。祖母は、伝統的な役割として、面倒をみて家族の財源をとりまとめ、行政機関に要求し、地元でドラッグ取引に従事する人々に反対する組織化した抗議活動のためにコミュニティを動員することさえあると、一般的に信じられている。どのような出来事でも、祖母は何をするかをわかっている。このような信頼が、家族の成員たちと同様にコミュニティの住民たちが祖母の役割を保持する傾向にあるという見解を形成する。今日、祖母がコミュニティで積極的な役割を果たす中で、女性たちの多くが、実際にストリートでの反対デモ行進を先導し、クラックハウスにピケを張る。祖母は、近隣地区や子供たちの生活をまもるために奮起するのである。

この社会的文脈は、これまでみきたように長い歴史を持つが、ときにその権威をおとしめられてきた祖母の役割を理解するのに重要なことである。今、祖母の役割が息を吹きかえしているのなら、それは大部分で、家計をささえる稼ぎ手の男性が欠如し、クラック中毒の娘と男性の略奪者が現れ、ストリートの文化がコミュニティの基礎構造全般に浸食しているという社会的状況が祖母の役割の再生を求めているからである。伝統的な役割において祖母は、雰囲気を持っていてコミュニティの変化する状況に献身的にかつ臨機応変に対応する知の持ち主としてみなされる。祖母の役割は救助船になぞらえられる。祖母が尽力をつくしているなら、それは船が沈みかけているからである。インナーシティ・ゲットーのコミュニティは、かつて以上に凝固した貧困へと沈みかけ、しだいに主流文化の船が遠くへ行ってしまうことによってストリート文化が浸食してきているように住民たちは感じている。理想をもつ伝統的な祖母は、良識があり「本当」の祖母であり、主流社会に近い存在であるとみなされる。祖母に期待される役割を躊躇し、とくにストリートと関係を持つ者は、くだらない者であると考えられる。どのくらいの祖母が伝統的な役割から逸れているかは、いったいどれほど多様な人々が、持続する貧困と直面する現実の被害に陥っているかの一つの指標となるかもしれない。それはまた、一般社会で程よく生活しうる市民を生み出すためのコミュニティの能力が弱体化していることを示してもいる。

概念的には、祖母は二つのタイプ（良識派とストリート派）に識別される。良識ある祖母は、財政的にずっとましな傾向にある。それに加えて、良識ある祖母は、良識を持った様々な支持者を先導し、労働倫理、礼儀作法、教会のような多様な価値に関する権利を要求し、これらの機関を高めるために役に立つつながりを通じて賛同を得ることができる。良識ある祖母は、ストリートから距離を置いていて、そのようにすることが一般的に好まれている。良識ある祖母は、はじめて会う見知らぬ黒人に、いくらか疑い深く、注意深い傾向にある。良識ある祖母が抱く疑念というのは、彼らのことをよく知って、男性たちがストリート派より良識派であると判断されるようになったときにだけ晴らされる。

良識ある祖母は、教会や宗教に加えて禁欲を信奉し、お酒も飲まず、タバコも吸わない。良識ある祖母は、とても熱心に宗教を信仰し、神やマーティン・ルーサー・キング・ジュニアやジョン・F・ケネディーなどの写真を部屋の壁に飾っている。彼女を取り包む良識があるという特有な雰囲気とこれらの表象が、彼女を訪ねる者が誰でもすぐに彼女を見倣うほどの良識さを築いている。「良識」という言葉は、良識ある祖母の語彙や会話で重要な部分をしめる。彼女の存在により、皆が敬意を表して従う。良識ある祖母は、財政的基盤がしっかりしている。その資源が何であれ――年金であろうと障害者・寡婦年金であろうと生活保護費であろうと――、祖母は収入があり「隠し場所」を持っていると思われるほどお金を十分によく管理する傾向がある。この評判は良識ある祖母に家族の成員を超えて影響力を長期にわたって持続的に行使することを可能にする。良識ある祖母は、彼らがどのように振る舞うかに応じて、有形なものと無形なものを好意で割り与える。大人になった娘は、祖母が稼ぐより多くのお金を手に入れるかもしれないが、そのお金をまっさきに浪費する傾向にある。祖母は、お金を注意深く管理し、倹約でかつ機転をきかせ、彼女のやりくりでもって生活していくことができるようになる。祖母の収入が不十分であっても、それは十分なものであり、長いことやりくりしていくと思われている。

良識ある祖母は、家族の困窮や現実の問題に直面するときには活動家の役割を引き受けることもありうる。[17] 良識ある祖母が家族の需要に応えるための資源をもっていないとしても、彼女には、それぞれの時間やお金という資源を促し、家族の他の成員たちに困ったことや窮乏している家族を助けるよう気遣う道徳的な権威がある。インタビューしたある家族は、娘がクラック中毒になったとき、彼女の姉妹は「恥だ、恥だ」というごくシンプルな表現やそのような言葉でもって直接的に反応した。しかし、彼女たちの母親は、実際に手を差し伸べて彼女たちを助け出すことができ、娘の子供たちの一人を受け入れることができた。良識ある祖母は、熱心に耳を傾け「ゆらぐことのない愛情」を注ぐことで、少女を「仕事に就」かせたのである。

良識ある人々は、平均より高い学歴のおかげで、通常ストリート派の人々より多くの資源をもっている。このことが、祖母にも当てはまる。良識ある祖母は、システムからより多くの援助を獲得することができる。彼女たちは、福祉事業団にかけあうことができる人たちであり、ドラッグ中毒になっている娘たちの給付金小切手を自分たちに転換する。というのも、そのお金は実際には子供たちのために使われるものであり、ドラッグのために使われるものではないからである。良識ある祖母は、彼女たち自身の助けとするのではなくて、より多くを必要とするのを諦めている人々に目をむけているのである。

人種差別、経済の変化、失業、社会価値の変化、これらすべてがコミュニティの住民に影響を及ぼす。しかし、祖母は、とくに中年から年配の人であるなら、理念的に保守的な視点をとり、構造的な説明にいささか寛容な傾向がある。製造業経済の時代の地元のコミュニティでは、彼女がその被害者を非難しがちな怠惰と失業の問題を考慮し、働きたいと心から思っている人には仕事はあたえられるのであり、望むなら人々は間違ったことをするのを差し控えることができると感じている。祖母はコミュニティを苦しめている様々な社会問題は、より広いシステムの欠陥によるのではなくて、より多くの場合に、個人的な無責任な行為によって引き起こされていると信じている。祖母は、ときおり家族の成員の運命のために代償を支払っていると感じている。七十八歳の祖母は、かなり辛辣に思いを打ち明けた。

そうですね、ドラッグについてはまったくもって同情してません。すべてのことがドラッグ、ドラッグで、ドラッグのためでなくともそうなのです。誰かがあなたのことを抱え倒して、口を開け覗き込み、のどへとドラッグを押しこめない限りは、ドラッグを口にすべきではないはずです。つまり、あなたがドラッグに手を出しているのであり、あなたがそうしたいからなのです。この習癖を打ち砕く者は誰一人としていません。そのようにしていて、どうして他の仲間たちより強いと考えられるのでしょうか。今、ドラッグを強要されているなら、あなたはこうした環境の被害者なのです。

祖母の役割を見出す女性のほとんどは、祖母の役割についていくらよくみても両義的であることに気がついている。しかしながら、彼女たちは伝統的な諸力と今日の事情のために、祖母の役割を実生活で演じるように強いられる。彼女たちはそのほかに何ができるのでしょうか？　何もしないということは、親族への責任を深刻なまでに放棄してしまうことになる。彼女たちはきわめて限られた資源で娘たちや孫たちに憤慨し苦難とストレスを経験することもあるかもしれない。けれども、彼女たちは親族を助けようとはたらきかける。というのも、彼女たちが受け入れている彼女たちの居場所だからである。

それでも孫たちを尊重する昔ながらの責任を負うことや伝統的な祖母の役割を負うことを完全に放棄する者や無関心でいる女性たちもいる。彼女たちは、いつもというわけではないけれども、ストリートと結びついている。ストリート派の祖母は、彼女たちのコントロールを超える現況により一層言いなりになっている。ストリート派の祖母は、「粗雑な」ストリート文化に深く足を突っ込む傾向にある。彼女たちは、酒を飲み、タバコを吸い、ドラッグに手を出し、男と遊び戯れる傾向にあり、一般的に他の人々の目には、彼女たちは信用に値しないというようなふるまいに溺れている。他の者たちは、理想的で伝統的な祖母の役割――愛情を注ぐことと良識があること――をもとに、ストリート派の祖母を容易に評価することで、「彼女は弱い人間だ」とか「彼女は、まだ、準備ができていない」というように言われる。「弱い」とか「準備ができていない」というレッテルは、役割に応じて自分自身の立場を明確にすることへの無能力さを明瞭に言い表している。祖母の役割にしりごみする者ですら、自分たちがある規範から逸脱してきたことを承知している。激しく罪悪感を抱く者もいる。それは、個人的な事情にかかわらず、自分たちができる最良のものとして祖母の積極的な役割を担うように試みることを彼女たちに促されることによる。したがって、伝統的な祖母の役割は、いくらか標準的なものとなり、多くの若い女性たちが手ほどきを受けながら実際に成長する中での、価値システムの概念的な試金石となっている。

これらのすべてが、貧しいインナーシティの近隣地区に住む黒人女性の中心的なはたらきによってもたらされてきた。彼女たちは、芯の強さの源泉であり、回復力の貯蔵所であったのである。コミュニティでは、彼女たちは、毅然とした良識ある役割を演じる。彼女たちは、他の者たちが学びの手本として神話化するほどまでの揺ぎないモデルとなった。家族が健全であるときは、その女性は、他の家族の成員に賞賛される人物となり、行政機関や行く末をじっくりと見守る。祖母はアドバイスを与え、他の者はその助言を受け入れる。家族が崩壊していると、祖母は結ばれていない部分をなんとかして一緒にしてつなぎとめようとする。祖母はわずかな物質的資源を持っているにすぎないが、非常に強力な道徳的権威と神秘的強靭さを兼ね備えているのだ。

女性は、平均して三十七歳ほどで祖母になる。大半の者は年配になって祖母になるのだが、三十三歳や三十四歳で祖母になる者もいる。典型的に、結婚していない女性は、きまった彼氏がいるか、複数の男性と交際をしている。ある場合には、外見上は核家族生活をとっているが、公式の家庭的紐帯をもっていない。祖母の家は社会的センターであり、家族の巣窟であり、成長した娘は、定期的に祖母の家にやってくる。娘たちは、赤ん坊を授かり、家庭での社会的活動が複雑化していくときには、祖母といまだに一緒に暮らしている。祖母自身は仕事に就いていることもあるが、低所得のサービス業か、看護助士のような聖職者の職業である。その一方で、娘たちはファーストフードレストランで働いている。それぞれの資源を共同利用のために蓄えることで彼女たちはうまく対処しているが、財力は微々たるものである。祖母は、家族を手助けするために子供たちに衣服やおもちゃを買い、養育保護の責任を負い、必要な場合に子供たちの母親の道徳的な支えとなる。それに加えて、祖母は、女性の友達や、教会、近隣地区から社会的支持をえている。地元のカフェや酒屋のたまり場では、祖母が近隣地区のほかの人の最近のゴシップに関して会話を交わし、自分の家族の問題に関する語りを共有することもある。彼女たちは、誰と一緒に過ごしていくか、誰が働いているか、どの子供が「麻薬でハイ」(体重が減少することで明確に立証される)になっているかについて議論を交わす。このような一連のやりとりで、重要な社会的・道徳的教訓が引き出され、子供たちは、正しいことと間違っていることの規則のなかで実践的に注意深く教え込まれる。このような世帯で成長する子供たちは、コミュニティの家族サポートの諸々の規則と価値を学び、「優れて」かつ「優しい」人物になるように強く奨励される。この伝統に根付いて近隣地区のストリート文化の危険に連続的に交渉するならば、彼女たちはゲットーの文化の中に社会的安定性を獲得する機会を得ることになる。

クラックの浸食

クラックは最も危険な要素の一つである。家族の成員がひとたび「クラックに手を出す」と、すでに脆弱した家族のまとまりはより不安定になり、英雄的な役割を祖母に引き受けさせるような舞台が用意されるようになる。そこで娘が「間違った連中」や祖母が言うところの「荒っぽい連中」や「ストリートの連中」とつるむようになり始める。娘は、昼夜、何時間もあたりをうろつき、不適切な場所にたむろしたり、バーに出かけ始める。彼女は奔放な生活に打ち負かされる。子供がいても、子供のことを次第にかまわなくなる。皮肉にも、祖母は意図的ではないにしても、娘が子供たちのためにベビーシッターを雇ったり、他の手段で金銭的な援助を受ける生活を始めることを手助けしたり教唆したりするのである。そうすることで、その娘［子供の母親］に、好き勝手な時間を追い求める自由を与えることになる。娘がドラッグに依存するようになると、彼女は「まったくの別人」になり、娘に支援を与え続けている祖母がそれに気がつくようになり、祖母が二人や三人の幼い子供たちを育てていく状態へとまっさかさまに陥ることにもなる。そこで、彼女には思いもかけずに娘の子供たちの面倒をみていくことのとてつもない責任が振ってかかり、瞬く間に厄介なことになることに気がつくのである。お金は見過ごすことのできない問題となる。娘が懇願し、要求し、お金を祖母から騙しとるようなこともあるからである。意に反して、祖母は、お金を娘にあたえることもある。しかし、そのときに、祖母は、それが唯一娘にしてあげられることだと気づくのである。与えたお金はわずかしか戻ってこない。娘のクラック問題を認識することは、最も芯の強い祖母を除いてほとんどすべての状況を崩壊させるものとして現れるが、クラック問題により全体の状況を明確化するのに役にたつかもしれない。こうした一連の出来事が「気にとめこの事態に関わっていく」よう祖母を導くのである。

危機を迎えるのはこのときである。この期間に、母、娘、娘の姉妹は、いかなる役割が誰によって担われるかをめぐって幾度となく言い争うことになる。彼女たちは娘に協力しようとする。彼女たちは、娘にまるでドラッグ中毒は彼女自身が好き好んで身につけた習慣のようなものであり、自分でそこから抜け出すように話す。祖母は、娘がほんとうに中毒になっていることを否認する時期を通り抜ける。しばらくして、娘自身が変わっていく。彼女は、外見、自らを清潔に保つこと、健康をおろそかにするようになる。彼女はだんだんと、怒りっぽくなり、欲求不満を抱えるようになる。次第に子供たちの世話をしなくなり、子供たちを虐待するようにさえなる。家族の成員たちは、娘の変化に明らかに気がつくようになり、最終的には娘を無視しなければならなくなる。家族の者たちは、娘の問題を話題にするようになり、娘は家族での尊厳を失い始める。娘は、家族から切り離されることで、かつてないほどにどっぷりとストリートへと引き寄せられる。近隣住民たちは、彼女のことを話題にし始める。彼女の評判に泥が塗られ、彼女はコミュニティの一人の住民としてしだいに信用を傷つけられる。ローカルコミュニティでは、麻薬に手を出すことは、深刻な逸脱の証であり、このことを耳にする者たちは、驚きかえる――その反応は、「(麻薬に手をだして)すっかりこんなふうに」なるまえに彼女がどのような少女として知られていたかに関わる。

ストリートにいるという結果に陥ることは、礼儀正しさやどんな場所においても社会的に向きあうことから脱落していくことなのである。

クラック中毒になるとドラッグを手に入れるためなら、見境なくなるようになると言われている。女性はあらゆる形態の売春に従事するようになる。それまでは優秀だった良識ある少女たちが、わずか二ドルばかりのためにまったくの他人に「フェラチオすること」を持ちかける。一度、彼女たちがクラックに手を出すと礼儀正しさや礼儀作法の規範というのは、彼女たちの頭の中からどこか遠くにいってしまうのだ。

これらの女性たちの母親たちはある局面で、娘たちと縁を断ち切り、彼女達を追い出すことすら余儀なくされることもある。「ただ何もしていないだけではない」というように言われることで、祖母は娘が本来あるべき母親の役割を果たしていないこと、娘はとても重要な母親の役割を放棄していることを断言する。それはとても厳しい評価である。実際にそのような判断に至った祖母は、娘に対する親近感や娘に対する母親としての責任を無効にするように取り組んでいく。祖母は娘が子供に対して負う保護監督責任を肩代わりし、祖母自身が文化的にその役割を担っていくためにいくつかある方法のうちのひとつとして娘との関係を断ち切ろうとする。祖母は、ゆるやかに想定された新たな役割を着実に引き受けていくことで、娘との関係を徹底的に改める。

家庭をしっかりと守っていく祖母の目的は、家族が生き残っていくのを確実にすることである。祖母は、娘とは対照的に、家族のことを長い目でみていて、昔も今も続く世代に関連して彼女たちが背負う義務を様々な成員たちに思い起こしていく道徳的権威を持っている。きわめて重要なつながりであるのが、祖母が危機に子供の世話をしていくことの効果や介入することの賢明さすら懐疑的になるほどの危機に直面している他者を再び勇気づけることができるということだ。

失業、クラックの蔓延、さらに複雑化する社会状況のすべてが、祖母の仕事をさらに困難なものとする。娘がクラックに手をだしたら、祖母が母親の役割を引き受けることはけして容易なことではない。たいてい、祖母はパートタイムの母親として子供たちの世話をしていくが、フルタイムで子供たちの保護監督責任を引き受けると、祖母は怒りっぽくなり、手厳しくし、欲求不満に陥る。祖母が娘と身体的な取っ組みあいをしなければならない場合には、とくにそうなのである。その上、祖母はすでに自分の子供たちを育て上げ、他の世代を育てていくために責任を負うべきではないと感じている。欲求不満は、彼女に失意の感覚を負わせるかもしれない。この状況で、ぴんと張り詰めた緊張状態が立ちこめ、言い争い、暴力、場合によっては、殺人を引き起こすかもしれないのである。

祖母が孫たちの主要な世話役をいつも引き受けていくわけではないことも注目に値する重要な事柄である。むしろ祖母は、彼女の近親家族と拡大家族の手助けを他の者に求める。とくに今までいつもそばで見守り、手塩をかけて育ててきたわがままな娘の姉妹に御願いするのである。こうした場合に祖母は、打診役やまとめ役を引き受ける。彼女たちは、子供たちの福祉を主に考えている。もちろん祖母は、ここでかなりの労力を必要とする職務に、彼女のほかの子供たちや可能な限り、より拡大した親族の支えと道徳的なサポートを得て関わることもある。祖母や祖母の家族の成員は励まされることで、お互いを強力に支えるように行動し、近隣住民たちも彼らができることをするようになるのである。

祖母はこの状況が生み出す緊張関係に耐えうるときに、強力な宗教的な構成要素を持ちだす。娘たちのために介入することで、祖母は神様に対して敬意を示す。子供たちの世話をすること――より完全に子供たちの主要な世話役として仕えること――は、神様に対する宗教的恩義を遂行することになるのである。祖母が、直面する深刻な逆境――ドラッグに犯された自分の子供を捜すこと、ときに、子供と大乱闘すること、祖母が子供たちの全般にわたる権威やお金を費やすことについて娘とながながと言い争いをすることなど――で活動するのに要求される超人的な強靭さを行使し、習得していくことを可能にするのは、この信念の集合による。

これらの環境で、祖母は頻繁に自分をとりまく状況を神聖化する。具体的には、祖母は「あなたがそのようにしなくとも、神は答えを知っている」ということで全般的な窮地を神によってあたえられ乗り越えなければならない「試練」として捉えるのである。試練に向きあうことで、祖母は彼女ができる最良のことで、子供たちの世話をみようとする。この解釈を通じて、彼女は他の方法でするよりは負担を感じずにすむのである。彼女は、もしこの試練を克服したら、神にその栄光をたたえられると感じている。祖母が道徳的な逆境に対処していく強さを獲得する所以である。

「申し分ないということではないが、救世主になろうとするのだ」。クラックは、一つの試練である。悪魔は絶えずあなたに手を出してくるが、神はいささか変わったやり方をするのだ。神は愛であり、願望であり、永遠の生なのである。孫たちの面倒をみることがこのすべてのある部分をしめていて、それは実の娘が地獄にいくことになったとしてもそうである。娘を救うことができないかもしれないが、孫を助けることができるのだ。

この後に続く良識ある祖母の一人称の語りは、テープレコーダーで録音した会話から書き起こしたものであり、彼女の語りは祖母の意思の強さと彼女たちが苦闘しなければならないますますひどくなる環境をともに明らかにする。「ベティ・ワシントン」は、典型的なインナーシティの黒人祖母の様々な特徴の範例である。彼女の語りに含まれるのは、家族、とくに子供たちのことに関して掛かり合う強力な意思、彼女をとりまく個人的かつ社会的な問題にもかかわらず一人の年配者として恥ずかしくないようにしっかりと生きていくことへの願望、神へのたゆまぬ信頼についてである。

ベティの物語

八月で四十歳になります。フィラデルフィアのノースフィリーにある地区で生まれました。ドラッグが街角のあちこちに入ってくるようになり、すべてのことが無茶苦茶になりました。あらゆることすべてが手に負えない狂気じみたものになったのです。家を火事で失ってしまったんですけども、いずれにしても、あの場所にはもう戻りたくなかったです。あそこはほんとうにひどい場所でした。長女はあの場所で相当に苦労しました。プエルトリコ人たちとの混在地区でした。長女を授かったとき、私は十八歳でした。二人の娘がいます。次女は七月で二十一歳になり、長女は二十二歳になったばかりです。

私はカソリックスクールに通いました。当時はたったの二十ドルでした。カソリックの家庭に生まれ、カソリック教徒として育ちました。学校の課程をおえたかったのですが、当時、お金に苦労していたのでそうすることはできませんでした。そこでパブリックハイスクールに通ったのですが、卒業はしませんでした。カソリックスクールから移ってくるというのは、カソリックスクールでより多くのことを学んでいるということです。それでパブリックスクールに通ったのです。教師たちが教える内容について、すでに理解しているのです。教師たちがこのことを容易には理解しません。相談員たちは、まったく耳を傾けようともしませんでした。そんなこともあり、ほんとうに、なんと言うか、退屈していましたね。私が受講して最も良かったのは、幾何学のクラスでした。他に受講したクラスは、授業の内容があまりに簡単すぎました。それで、私は授業には参加しませんでした。図書館に行くようになりました。幾つかの教会に忍び込むようにして通ったりしていました。相談をしていた人は、私が何を言っているかに耳を傾けようともしませんでした。私は、ただぶらぶらしていただけなのです。その後に夜間学校のいろいろなプログラムを受講しました。そんな感じでやっていました。私は基本的に独学で教養を身につけました。

一人目の娘を妊娠したときに結婚しました。二人の子供は結婚しているときに授かりましたが、この二十年間は結婚していません。離婚したのです。何が起きたのでしょうね？　ブラックムスリムズが入ってきたのです。私たち夫婦は事業を営んでいて、すべてが上手くいっているなか、夫がブラックムスリムズにかかわるようになりました。彼がブラックムスリムズに関わるようになって、彼は私に改宗するように望んだのです。私はそれをしませんでした。すべてのことがただおかしくなりました。ブラックムスリムズの彼らが夫に「彼女が改宗しないのなら、君は彼女を必要としないだろう」と言うのです。そのようにして夫は彼らが言うことなら何でも基本的に従うようになりました。夫は私のために何かをしようとしなくなり、子供たちのためにも何もしなくなりました。彼と言い争うようなことはしませんでした。あなたは好きにすればいい。私は自分の好きにすることにしたのです。そうすること以外に選択肢はありませんでした。私はカソリック教会と幾つもの問題を抱えていました。彼らは支部やそのほかのいろいろな場所に行くことを望みます。けれども、そのときには、その人間は、すでに他の人間としてみられているのです。夫は、すでに深く関わっていましたし、子供もいましたし、あらゆることを手に入れていました。それでも、彼らが望むことをするというのは何か意味のあることだとは思えませんでした。結婚はだめになりました、理解していただけますよね。結婚していることに何ら意味を見いだせなかったのです。ブラックムスリムズの彼らは、私を教会から破門させるようにはしませんでしたが、子供たちをカソリックスクールに通わせる時期がきたとき、ひどく反対しました。学費をめぐって幾つも問題が生じました。カソリック教徒であれば、学費をそれほど多く支払う必要がないのです。それで、激しい反対を受けることになりましたが、それは必要なことでしたし、そのことでは困りませんでした。私は離婚してつらい時期でしたが、それでも子供たちをカソリックで育てました。心残りなのは、娘たちがただカソリックスクールに行かなくなってしまったことです。長女はカソリックスクールに通っていましたが、長女がカソリックスクールに通うのをブラックムスリムズの彼らが辞めさせました。彼女はただただ傷つきました。彼らは長女が一年生のときに学校を辞めさせたのです。とは言いましても、私は子供たちのために教育費を払う余裕はまったくありませんでした。

私は母の助けを借りて、娘たちを好きなように育てました。母は彼女たちにとても愛情を抱き慕っていましたので、娘たちが歳を重ねるまで問題はありませんでした。ただそこには幾つかの問題がありました。私には付き合っている男性がいました。このことがまずかったのです。アンジェラを育てることにいろいろと苦労しました。子供を育てるのは大変なことです。私は母親の手助けを受けることができました。わかりますよね。当時、私たちはまだ若かったのです。娘がとても未熟だったので、彼女の生き方を方向付けました。それで私が娘たちの問題を抱えるようになり始めたとき、母親はそのことを気づくことができなかったのです。というのも、彼女は、毎日そこにいませんでしたし、あらゆることが危機に陥って、すべてが手に負えなくなった後で、母が娘たちの面倒をみるのです。ようやくそのときに、母は私が話していることを理解することができたのです。

　娘たちは、何度も家出しようとしました。娘たちが十二歳と十一歳のことでした。私たちは火事にあってから、とても感情的になっていました。私は保険の範囲ですべてのものを取り戻そうとしました。そこで幾つも問題を抱えました。私の保険と契約業者に関してありとあらゆることで騙されたのです。家は二度と修復しませんでした。事態は変わってしまったのです。私は家を空けて仕事をしました。娘たちが慣れていなかったことも始めなければならなかったのです。娘たちは私と一緒にいることに慣れていました。そのとき、私は仕事を探しに外に出かけ、仕事を求めて娘たちをいろいろな人のところに預けなければならなくなったのです。そのことがまさに、娘たちに様々な問題を引き起こす原因となりました。娘たちはこうした環境の変化に適応することができなかったのです。娘たちは、家にいたり、またときには、近所の人々と一緒にいたり、またあるときには、私の母親と一緒に過ごしていました。その当時、娘たちがほんとうに私を必要としたとき、私は彼女たちのためにそばにいることができなくなりました。とてもつらいことでした。警察の署長に掛け合ったり、裁判所に行ったりを何度も繰り返したのです。大変なことでした。

長期化するアンジェラの問題

　彼女たちのやることなすことが豹変しました。アンジェラは十二歳になりました。彼女はドラッグに手を出すようになりました。[18] 手を出したドラッグはマリファナでした。住みなれた地区でおこりました。気違いじみたようになりました。彼女たちは、より自由を手に入れようとし、さらなる自由を求めるようになりました。住みなれた場所では、仲間たちからの圧力もかなりありました。アンジェラは、彼女にとって相応しくない事にもしだいに手を出すようになったのです。私は思うに、彼女に少しばかり厳しくしすぎたかもしれません。これはただ私の解釈にすぎないのですが。私は母親であり父親でなければなりませんでした。一度、私が彼女たちを外に追い出し始めると、彼女たちはまったく変わりました。彼女はいつも言うことのきかない、厄介な子供でした。一年のときに学校を追い出されました。当時、近隣地区は堕落し始めていて、仲間の圧力も多々ありました。それに彼女は、自分のことを自分でできるようなタイプの人間ではなかったのです。たとえどのように諭しても、彼女は外にいる者たちのことを聞き入れたのです。

　すべてのことが狂い始めました。私は長い間、彼女をカウンセリングに連れていきました。けれども、役に立ちませんでした。カウンセラーは、言うなれば彼女が常習的な嘘つきだったので、彼女を助けることはそれほどできませんでした。彼女の態度全般がただ変わってしまったのです。彼女は、自ら望んで言い争うようになりました。彼女はナイフを私に突きつけるようになったのです。幼い女の子ですよ。私はやれることはすべてやりました。……彼女が十二歳になり、私が働くようになり、彼女は変わっていきました。いつも何人もの、どこの誰かわからない男たちと一緒にいるようになりました。彼女はいつも年上の男性を好んで、年上の男性と付き合っていました。二歳のとき家を出て行った父親を慕っていました。彼女は父親のことを忘れてしまったかというと、そうではないのです。父親が家を出て行ったのは、彼女が二歳のときでした。その後、一切コミュニケーションは取っていません。私はいつも彼女のために年配の男性と一緒にいるように言い聞かせてきました、彼女は父親を追い求めていたのです。わかりますよね。

私は彼女をちゃんと育ててきたと確信しています。彼女のために正しいことをすべてしてきました。私自身がいろいろと問題を抱えていたので、理想の母親でなかったかもしれません。すべてのことができたわけではありませんが、できうる最良のことをしてきました。それでも、彼女は――私はそのことが良く理解できないのですが――ただ、問題児でした。もう一人の娘は、A評定をもらう学生でした。彼女は正規のパブリックスクールを早期修了した子供たちの一人で、バスに乗って白人居住地区に通っていました。優秀な子供でした。ですが、彼女はドラッグに手を出しました。彼女は、チェイニーカレッジに通うことができたはずなのです。彼女は望むことなら何でもできたはずでした。

アンジェラは、言うことを聞かない子供でした。何をしてあげても、彼女を叱ったり、どれだけ彼女に話をしても、どれだけ泣いたり、叫んだりしても、まったく気にかけないのです。かまわないのです。お話したように、私には、仲間の圧力が多々ありました。彼女がしたことの多くは、われわれがプエルトリコ系の近隣地区で生きていくのにしなければならないことでした。私が抱えていた問題の多くは、プエルトリコ人男性とのものでした。私は男性たちのところに行って、彼らと言い争わなければなりませんでした。「娘をそっとしておいて」と伝えるのです。彼女は、街角にそびえる廃屋の中で何人ものプエルトリコ系の男たちと一緒に生活していたときに、警官にあわよくば撃たれるところでした。私は彼女が彼らと付き合っているとは思ってもいませんでしたのでとても驚きました。彼女を育ててきた道程で、それは想定外のことでした、まったく考えもしなかったことでした。彼女がマリファナを吸って家出をしたので、私は仕事を切り上げて家に帰らなければなりませんでした。彼女は完全にハイになっていました。彼女は奇妙なことをしていました。私は彼女に対して思いやりをもって接するためのお告げだと直感しました。彼女がいろいろと気にかけてほしいのだと思ったのです。しかし、彼女は深刻な問題をかかえていました。

私は彼女をある更生施設に預けなければなりませんでした。彼女は良くなるばかりか、すべてのことがそこでさらに悪くなりました。その日にしたことを後悔しています。ただよりひどいことになったのです。ですが、そのとき私ができることは何もありませんでした。私はこのことについて自問しました。私はこのことを考えるにはあまりにも未熟でした。彼女は私にナイフを突きつけ、目茶目茶にしてやるとでいました。まだ子供なのに彼女は言い争いを好んで話していました。彼女はこのようなタイプの子供だったのです。私は約一年後に彼女を取り戻しました。彼女は同じことをしていましたし、まだ、争いたがっていましたし、ちっとも変わっていませんでした。私はこの更正福祉施設が手を尽くして娘を手助けしてきたとは思えませんでした。

クラックに手を出すようになったとき、彼女は豹変しました。「ちっともかまわない」という態度です。そんな風に振る舞う彼女に——私は何をすることができるのでしょう?——彼女は、どんなことでもためらわなくなったのです。彼女が戻ってきたとき——彼女は十九歳でした——しばらく家に滞在していましたが、そのとき私は彼女がクラックに手を出していることにまったく気づいていなかったのです。ほんとうです。彼女がマリファナを吸っていることは知っていました。私たちは同じ学校に通い始めました。私はコンピューターについて学ぶためで、彼女は看護補助について学ぶためでした。彼女はよくやっていました。成績はほとんどがAでした。けれども、彼女は単位を取得しなかったのです。いまだにそのことが理解できません。なぜなら、そのとき彼女は私の母と一緒に住んでいましたし、この家にも行ったり来たりしていました。彼女は妊娠しました。彼女はいつも言い争いを始めようとして、私はそれに対応できませんでした。それで、私は彼女が妊娠している間、面倒なことを引き受けなければなりませんでした。大家の娘が二階に住んでいました。このことはいろいろな問題の原因でもありました。なぜなら、大家は何が起こっているのかを知りたがっていたからです。娘は男たちを家のなかに連れ込みたがっていました。それでも、彼女は何かしたいわけではありませんでした。彼女はいつも手を焼かそうとするので、私は彼女をそのままにしておかなければなりませんでした。クラックが彼女の態度や問題に関係しているとは少しも思ってもいませんでした。彼女が何かしているということは気づいていましたが、クラックに手を出していることはまったく知らなかったのです。彼女が赤ちゃんを授かったあとも、私はまだ気がついていませんでした。彼らはあまり話してくれませんでした。彼女は病院に長くいませんでした。私は彼らが彼女を退院させたのだと思っていましたが、実際には彼女が自ら病院を出ていったのです。

ベティが祖母になる

「いまでも私のママなのよ」と彼女が言ったときのことです。一週間彼女と一緒に過ごすと、彼女は外出したがり、そのまま戻ってきませんでした。家を出てから十四日が経ちましたが、帰ってきませんでした。そこで私は、結局赤ん坊をここに一緒に連れて帰ってくることにしました。彼女がクラックに手を出しているというのに気がついたのはそのときでした。彼女は母親のようにふるまわなかったのです。彼女は何をしているのかを教えてくれるタイプの人柄でした。家に戻ってきては、変わったことは何もないと話していました。そのときには、私はすでに気がつきました。赤ん坊を連れ戻すために病院にいき、医者は包み隠さず教えてくれました。赤ん坊におきていること、禁断症状や他の症状がみられることが、私には理解できませんでした。娘が赤ん坊の面倒をきちんとみていないのなら、そのときは、私が赤ん坊を連れて帰ろうということをすでに心に決めていました。それでも、私は娘に赤ん坊の世話をする機会を与えようと試みました。けれども、うまくいきませんでした。私はここに居なければなりませんでした。娘はここにすら居なかったのです。ジャマイカ人たちが、娘が彼らに借りていたお金を私に払わせるように、娘を探しにやってきたのです。私はパンパース（赤ちゃん用紙おむつ）とミルクを買うために彼女にお金を渡したので、彼女はお金を持っているはずでした。私はローンドロマット（セルフサービスのコインランドリー）に娘を行かせました。他の者が服を持ってきて、彼女はお金を持って行ってしまうのです。

そこで私は彼女と一緒に裁判所にいくことにしました。というのも、私が次第に事態を見抜きはじめていることに彼女が気づいたからです。彼女は赤ん坊の保護育児権を手に入れるために行きましたが、彼女にはそのような機会は与えられませんでした。彼女が使用していた住所、彼女はその場所に滞在することはできません。なぜなら、ドラッグに深く関わっている人たちが利用する場所だったからです。私たちは共同で保護育児権を取得しました。私たちが共同親権をもつことを考えてから、すべてのことがうまくいくはずでした。でも、上手くいきませんでした。そのため私が親権を一人で持たなければならなくなりました。赤ん坊が十ヵ月になるとき、私は赤ん坊の親権を持つことになりました。

娘は次のような環境の中で生きてきたのです。彼女はいつも殴られていました。常日頃からレイプされたり、ほかにもなにやらされました。彼女は一度も、告訴することをのぞみませんでした。この当時、彼女の生き方を理解することはできませんでした。彼女は自分の麻薬常用癖をまもるためにこれらの事態に対応して生きていたのです。私はそのことを知りませんでしたし、理解していませんでした。事態がただ手に負えなくなり、私はこれに対応することができなくなりました。どういうことかというと、脅されたのです。男がこの家に彼女を探しにやってきたのです。事態は悪い方向へと向かいました。私にはこの事態に対応するのに大家の知り合いがいました。私は滞在場所を手に入れました。私は彼女にその場所に行くように伝えなければなりませんでした。自分の身は自分で守らなければならないことであり、すべてのことに注意を払わなければならず、あらゆるもの、食事や食卓用銀器を隠さなければならないほどでした。私はこれらの事態に対応しなければならなかったのです。私はこのような状態で過ごしていくことはできませんでした。彼女は家の物を持ち出しました。誰もこの家にはいませんでした。私と彼女と赤ん坊だけです。何かを手に入れても、すぐになくなります。このようなことを理解できませんでした。わかりますよね。眠れなくなりました。心休まるところがどこにもないのです。ちっとも平穏でいられないのです。それで娘に「あなたのことは本当に愛おしいわ。でも、この家を出ていきなさい。あなたにしてあげることはもうないのよ」と言わなければなりませんでした。彼女を更生施設に入れようと試みましたが、施設に入ろうとはしませんでした。

今になっても、私はカウンセリングを受けに通っています。子供たちの問題を抱えるようになってから、このセンターに通うようになりました。一九八〇年代頃からになります。いまだに通っていて、カウンセラーの人たちと話をします。祖母の支援グループにも顔を出します。恥ずかしいことではありません。助けが必要なら、私は助けを求めるようにしてきました。ただ誰かと話をしたり、電話によるカウンセリングサービスを受けたりしてきました。娘のことをとても心配してきたのですが、彼女にできることは何もなくなったのです。彼女は自分自身で事態に対応し始めるための助けを手に入れたのです。困難なことです。素晴らしい慈善団体がありました。自分自身ではなんともならないことに気づくのです。多くの人々がそのようにしているのです。

私には小さな赤ん坊がいます。十三ヵ月の赤ん坊です。私はこの赤ん坊の親権を持ちました。裁判所に出向きました。何度も何度も裁判をすることで沢山のお金がかかりました。そうしなければならなかったのです。赤ん坊の父親は、この親権を無効にすることを望むことを決めたようです。というのも、彼が娘と子供に会いたがっているときに、それを彼に認めなかったからです。いいですか、彼は、娘たちに会いにくる時間をきめていました。彼は一度も姿をみせませんでしたが、私を裁判所に出頭するよう呼びつけたのです。私はお金を支払うのをやめなければなりませんでした、総額にして七百ドルほどかかりました。今でも私たちは四つの裁判命令を抱えています。日曜日の一時から三時に息子に会いに来ることを彼に要請するものです。彼は一度だって姿をみせたことはありませんでした。一度すら、たったの一回すら来たことはないんです。

クラック中毒の妊婦から生まれたクラック・ベイビーを授かったときには、いつでも問題を抱えます。赤ん坊は、身体的に問題を抱えるかもしれません。赤ん坊が何を言いたいのかほんとうに理解することができないのです。何を望んでいるのか、泣いているのか、怒っているのかわからないのです。赤ん坊は興奮しやすいのです。わかりますか、クラックベイビーは、情緒が不安定でいろいろな対応に追われます。ほんとにいろいろなことです。あなたは赤ん坊を何度も何度も診療所に連れて行くのです。クラックベイビーはいつも何かが違うのです。親権を持ったこの赤ん坊は何らかの感染症にかかっていました。娘(アンジェラ)がヘルペスに感染していることは知っていましたが、梅毒に罹っていることは知りませんでした。赤ん坊は病気にかかり、医者たちは赤ん坊が髄膜炎にかかっていると診断しました。この赤ん坊の親権を持っていなかったら、私は母親不在でこの赤ん坊にしてあげることは何もないのです。どうやって娘を見つけることができるのでしょう？　私はどこで娘を探しだせるというのでしょう？　そのときは知りませんでしたが、二ヵ月後に彼女が梅毒に罹っていること、第二ステージの梅毒に罹っていることがわかったのです。つらいことでした。とても耐え難いことでした。

彼女は私の前から姿をけしたり、再び姿をみせたりしました。今彼女が病院にいないのなら、彼女がどこにいるのかをあなたに伝えることはできません。彼女は、もう一人赤ん坊を授かったところです。その赤ん坊は、たったの二パウンドしかありません。赤ん坊はまだ、病院にいます。未熟児の赤ん坊です、私はこの赤ん坊の親権をとろうとしています。この赤ん坊の親権をとるための嘆願書を正式に提出しました。裁判所の役人たちが私に言っていることは、父親と母親の住所を入手するようにということです。私は彼らの住所を知りません。彼らがどこに住んでいるのかも知りません。裁判員たちは私が彼らのことを探し出さなければならないと言うのです。どこで彼らをみつけることができるというのでしょうか。私は赤ん坊の父親について何も知りません。娘が病院にいなければ、この赤ん坊の母親をどのように探したらよいかわかりません。彼女は、病院に二日間いるかもしれません。その後、彼女はいなくなるのです。赤ん坊の親権をとるには、更正福祉施設と深くかかわらなければなりません。去年までとは随分異なります。なぜなら、彼女は一度コカインのテストを受けているので、厚生福祉施設の人は彼女が同じ場所にいることはできず、赤ん坊は自動的に更正福祉施設に戻されるということを知っているのです。彼女は、私が赤ん坊を育てることを認めなければなりません。彼女がこれまでにしてきたことです。お話したように、私は十三ヵ月になる赤ん坊を授かっています。生まれたばかりの赤ん坊です。彼らがどのように赤ん坊を育てるのか私にはわかりません。ほんとうにわからないのです。赤ん坊の母親はいまだに一つの場所にじっと滞在していません。彼女は今もコカインのテストを受けています。ソーシャルワーカーは「彼女がコカインに手を出しているからといって、あなたが赤ん坊を彼女から取り上げることができるという意味にはならないのです」と私に伝えました。去年と違ってとても難しいことなのです。ご理解していただけますか。

労働の世界から福祉の世界へ

一歩足を踏み込んで責任を取らなければなりません。ほかに選択肢はないのです。私は赤ん坊を養育する家で彼をみたくないですし、そのような問題を抱え離婚しそうな彼らをみることにも嫌気を感じることでしょう。とてもつらいことでもありました。そうです、すべては神様の手中にあるのです。神様は、あなたがしなければならないこととすべきではないことを教示します。私が抱えていた唯一の問題というのは、私の生活に男性がいなかったことです。男性と付き合ったりする時間は私にはいまやありません。子供たちにすべて費やしています。子供たちを中心にすべてが回っています。滞在場所を確保して、食料を調達しなければなりません。これらのことをしていかなければならないのです。けして容易なことではありません。

長男を育てて以来、私は働いていません。福祉援助を受けています。子供の父親が裁判所に支払っている裁判所命令による収入もあります。彼がいくら支払うかにかかわらず、裁判所命令で五十ドルのみを得ることになります。彼は支払いをしていましたが、赤ん坊たちにはまったく関わろうとはしませんでした。彼は警備員をしていました。

彼らが病院から家に戻ってきたそのときから赤ん坊たちの世話をするのです。母親は赤ん坊たちに何もしないのです。あなたが赤ん坊の世話を何から何までするのです。娘に赤ん坊を外に連れ出すことを許したら、赤ん坊はクラックハウスに連れて行かれるのです。私は何が起こっているのか理解しているので責任を負う義務があるのです。そうすることには、様々な葛藤がありました。私は実の母親が赤ん坊を連れて行くことを許すことができなかったのです。私は赤ん坊のことをみていなければなりませんでした。こうしなければならないのです。赤ん坊をドラッグ漬けの里子の家に連れて行かれるのに目をつぶるわけにはいきません。それで私は、一人目の赤ん坊のときにこのようにしました。二人目があるとは一度すら考えたことはありませんでした。わかっていただけますよね。一人目のとき、義務として彼らは会いにきました。予定を伝えてそれどおりに行動していくのです。計画をたて、それ通りに行動していくのです。けれども、そのことで彼らを困らせたりしないのです。彼らが後ろめたく思うことなどないのです。

母親はほんとうによくしてくれました。一人目を授かったときも、二人目を授かったときも私を支えていくのにほんとうによくしてくれたのですが、母は「もしあなたがそうするなら、この先、一度も口出しをすることはない。あなたが前を向いて進まなければならないとは思わないし、赤ん坊の母親のために赤ん坊の世話をし続けるとも思っていない」というものでした。そうすることで、私はあることを理解するに至りました。というのも、私は彼らのための部屋を所有していませんでした。私は今そのための場所を探しているのです。彼らに貸すことのできる部屋のあてはありませんでした。赤ん坊たちには多くの時間を割きました。赤ん坊たちは手がかかるのです。最も幼い赤ん坊は、発達の遅い子供たちのためのプログラムに入りました。子供の先生が火曜と木曜に今でもきます。家に来て彼女をみてくれます。毎週、診療所にも連れて行きます。特別な赤ん坊のための診療所で、神経科医の診療所です。病院のスタッフは、まず最初にコカインに対処しなければなりませんでした。赤ん坊がコカインの影響をうけていたからです。つらくてなりませんでした。私は子供たちのことをコカイン・ベイビーなどとレッテルを貼ることを嫌いますが、それが真実なのです。

私はそれほど怒りを感じません。私は彼女が自分自身で考えを正して、子供たちを育てていくことを諦めさせるのも難しいことだと感じていました。というのも私は、子供たちから無視され、何か子供たちから遠ざけられているように感じていたからです。母親は子供たちから遠ざかりました。子供たちは母親のことを知りません。もし、これらの子供たちを連れて、母親のもとに子供たちを返したら、子供たちが苦労することになるのです。どのように話してあげればいいのでしょう。いいですか。子供たちは何が起きているのか理解していません。子供たちが理解するのは、いまここにいる祖母が母なのだということなのです。子供たちにとって酷なことだと思います。子供たちは実の母親と接する機会をもっていませんし、母親に会っていません。子供たちにとってつらいことになりますし、私はそうすることができません。私は子供たちがある程度の年齢になるまで育てていきたいのです。わかっていただけますか。いまは子供たちに言うことはそれほどありません。私は「この人があなたたちのお母さんだよ」と言うことはできません。なぜなら、私も彼女に会っていないからです。彼女は子供たちに会いにくるべきなのですが、一度も姿をみせません。私はこの子供たちの母親のことを心配する以上にこの子供たちのことを気にかけています。ほんとうにそうなのです。

動揺しても仕方ありません。こうするしかないのですから。孫たちの面倒をみることになんら意味を感じないのなら、そうすることはないでしょう。私は娘の子供たちを育てていくことに意味を見出したのでこうしているのです。子供たちは特別な存在です。クラックに晒されてきたので彼らは特別な子供たちです。手がかりましたし、我慢することも大いにありました、ですが同時に、たくさんの愛情を注いできたのです。子供たちに時間や愛を注いできました。私はこうすることを楽しんできました。ほんとうに楽しんできたのです。そうしてきたのです。疲労困憊になることもありました。また時には、欲求不満を起こしたこともありましたが、そのことを長々と考えたりはしませんでした。わかりますよね。くよくよ考えたりしなかったのです。今最も重要なことは、子供たちのことなんです。それ以上に重要なことなんてありません。そういえば、神様がわれわれに試練を与えているのであって、良い行いをしていればこのような状況から抜け出すことができるだろうという人もいますね。

金銭的には厳しい状況です。ともかく場所が必要なんです。自分が住む場所を必要としています。このアパートに住むことは子供たちにとってよくありません。近隣住民たちとのいろいろな問題や、大家との諸々の問題等、問題が尽きません。彼らは私がいないときにここにやってきて、電話を使うのです。私は自分の寝室に鍵をしなければなりません。そうすると私は音が聞こえないのです。この場所を購入したときは、私だけでしたし、働いていました。かつてはいくらかお金を稼いでいたと思います。ここを出るつもりでした。一度、孫たちの面倒をみるようになり、すべてのことが上手くいかなくなりました。わかりますよね。生きることはつらいことです。とても大変なことなのです。いつも何かが起こり、いつも、苦労が降りかかるのです……。

一九九〇年代の黒人祖母の暮らしぶり

赤ん坊の母親に会っていないときですら、彼女が電話をかけてくるのです。そのことでとても困惑しますし、ひどく悩ましいことです。彼女と話すととても動揺してしまうのです。彼女はただどこかにいって、そのまま遠ざかって完全に離れていてほしいのです。私がここにいないとなるとそれも問題になります。なぜなら、彼女がここにやってきて、揉めたがるのです、いいですか。実際に取っ組み合いになるのです。何度も疲れ果てました。それで今、朝起きると私は、毎日ここに来るのです。わかりますか。彼らのためになることなのです。彼らはそれを聞きたがりません。大事なことは、子供たちの親権を私が持っているということです。子供たちの面倒をみています。子供たちにとって最良のことをしてきたのです。あなた方（赤ん坊の両親）がしてきたわけではないのです。この赤ん坊の母親であるか、母親でないのかにかかわらず、このようなことを耳にしたくありません。彼女は赤ん坊のために何もしていませんし、私は、彼女の暮らしぶりを知っていてわざわざ子供たちを連れて行くことを認めることなどできません。これがいまここで起きていることの主な事柄です。彼らに子供たちを渡すことはできません。彼らは、子供をどこでも、放り投げることができるからです。そこで私が要求しなければならないことは次のことです。裁判官が私に言ったように、「子供たちの責任を負います。母親や父親が子供に会いにきても、彼らは子供たちの親権を持っていません」。これが第一の決まり事です。この条項に従って生きていかなければなりません。私のルールも幾つかあります。まず、私自身のことを優先します。外に出たければ、外出します。赤ん坊の親が懇願するなら、彼らが会いに来ることを今後も許可していきます。ただ、そうすることはできません。長い間、彼女を待っていても、一度すら姿をみせたことはないのです。長いこと、ここに座ってただ彼女のことを待って、待って、待ち続けるのは何の意味もないことでした。彼女は一度もやってきませんでした。

それはまるで赤ん坊の父親と同じです。わかりますよね。毎週日曜日に座って彼が来るのを待ちましたが、彼は一度もやってきません。一度もこないので、これ以上待つようなことはしたくないのです。彼らが何か言いたいのなら裁判所に行くことが認められています。これも意味のないことです。いいですか、子供たちを裁判所に連れて行く準備をしていっても、父親が何かをいうことすらないのです。父親に会いに行く準備をして子供たちを連れて行くのに、父親は、一度だってこないのです。それで私は辞めたんです。私はただ、裁判所に子供たちを連れて行くのを辞めたのです。もうあんまりでした。この男の子は三歳になります。カーラは最も年下の子供です。T・Jは、私の次女の男の子ですが、彼の親権はもっていません。

カーラの親権も実際にはもっていません。彼女は、ちょうど更正福祉施設から私のもとに連れてこられたばかりです。私は彼らが呼ぶところの親権の確認を手にいれなければなりません。それには、二百ドル、三百五十ドルかかります。私が子供の父親と母親の住所を知らないのであれば、この手続きは進行しませんし、請願書を正式に提出することもありません。このような状況で何ができるのかわからないのです。途方にくれています。赤ん坊の母親がどこにいるのか知らないのです。彼女は、どこかの廃屋に住んでいますが、それがどこなのか知らないのです。彼女の住所を知りませんし、いいですか、一切わからないのです。月曜日に病院に行きました。私は、ソーシャル・ワーカーと面談の約束があったからです。彼女と話をして、彼女は私に「あなたは何をしているの？　彼女があなたの助けを必要としているわよ」と言ってきました。彼女に答えることができる唯一のことは、電車賃がないので私は毎日これないということです。私は、赤ん坊の母親が住んでいると考えられる家のリストを持っています。毎日、母親を探し出そうとしているのです。

母親たち、クラック、法、そして、神の誓い

彼女たちは法の裁きを受ける必要があります。――事実、彼女たちは次のようなことを犯したと私は考えていました――クラックの影響を受けた赤ん坊を授かった母親は誰であれ、刑務所に入るべきなのです。彼女たちはそうなりませんでした。彼女らの身体をチューブで縛り付ける更正治療を終えて病院から出てきた後の三〇日間の猶予期間のかわりに、彼らは病院で赤ん坊に会いに行き、そこでずっと身体を縛り付けるようにして赤ん坊のそばにいるべきだと考えます。赤ん坊が何かをするまで、女性たちは、赤ん坊のそばに居続ける。彼女たちが適切に赤ん坊たちに接しているならそのまま様子をみる。祖母にはきつくあたります。というのも、祖母が赤ん坊の面倒をみることになる人であることを知っているからです。彼女たちの多くは、祖母に厳しくあたろうとします。他の者は、そうすることもしません。しかし、赤ん坊の母親たちの多くが、そうするようにします。なぜなら、児童保護施設に子供を預けることは気の毒なことだからです。児童保護施設についてあまりに多くの悪い噂を耳にします。ここで起きることはすべて悪いことか、それに匹敵するような事柄ばかりなのです。そうするのは、あまりに乱暴なことなので、あなたが赤ん坊を授かることにするのです。赤ん坊を授かり、彼らを育てていくのです。

教会にはあまり行きません。ある人が私を教会に連れていくなら、行くかもしれません。多くの時間は、これまで話してきたように、友達と話をしています。今もカウンセリングに通い、悩んでいることを打ち明けていました。友人たちや母親からとても支えてもらっています。私は、よくお祈りをします。何度も祈りをささげるのです……。ただただ、最も良くなるようにと願い、正しいことをしていくように希望するのです。つらいことです。毎日、何かが起こるんです。そんななかで、すべてのことがうまくいくようにと考えると、気分はいささか良くなり、それでも何か起こるものです。そこで、一度には一つのことを祈るようにするのです。私はいま、手に負えないことがあまりにも起こるので、試練を与えられているのだと感じています。だから、ほんとうにつらいのです。

大人になった娘たちを「避難所」に戻すことはできるのか。

次女は、この家で暮らすことを望みました。彼女は、日頃からT・J・をこの家に預けていましたが、T・J・が母親から遠ざかることで動揺するのでそれを止めさせました。私は、次女が働いている

間、T・Jのことを見ていましたが、彼女は働くのを辞めると以前にもましてマリファナを吸うようになりました。彼女は、年配の男性と付き合っていました。その彼は信じがたいほどドラッグに手を出していました。彼は、屋上検査事業をして、事業は上手くいっており、お金を家に持ち帰り、彼女はそれを貯金していました。しかし、彼らはアパートから強制退去させられました。母親の会社の事でしたが、彼は母親のためにその会社を経営することになりました。それによって、彼はすべてのことを滅茶苦茶にしてしまいました。それが次女だけのことであったら、私は娘がこの家に帰ってくることを喜んで迎え入れたことでしょう。けれども、それは彼ら二人のことで、彼らを養うほど私が賃貸しているアパートに余裕はありませんでした。上手くいきませんでした。彼女はそのときだらしなく過ごしていて、今もやや怠けています。私はその姿を見ることができませんでした。彼女は、二十年間父親に会ったことがないのです。彼はどこともわからぬところに突然蒸発したのです。今は、彼女は彼と一緒に住んで、彼の厄介になることを望んでいるのです。私には、彼女がしようとすることが理解できません。彼女は私の心を乱しますし、私が赤ん坊の面倒をみていくつもりでいるので、彼女をこの家に受け入れることはできないのです。

彼女はマリファナを吸っています。彼女が私のところにやってきて何か問題を起こすのは別にかまわないのです。私が彼女に伝えていることはそういうことではなくて、「赤ん坊の周りでマリファナを吸うようなことは許さない」ということなのです。けれども、私のところにやってきて、深刻な問題を抱えていると言うとします。それは、彼女が多くの問題を抱えているからなのです。そのような問題を抱えた彼女に、いかに間違ったことをしているかについて伝えることなどできないのです。何が重要なのかということになりますね。私のところにやってきてアドバイスを求めるなら、私がどのように感じているかを彼女に伝える。それで、彼女が動揺したとしても、だからといってそのときに、私は何か気のきいたことがいえるでしょうか？　アドバイスを受ける必要がないなら、そのようにするなと言うことはしません。なぜなら、どこかほかのどころでそれをするでしょうから。しかし、そうすることで彼女に起きることというのは、それによってさらに状況が悪くなるということなのです。ですが、彼女は愚かな子供ではありませんでした。彼女は、カレッジに進学することもできたはずですし、ドラッグで疲れ果てた状態から抜け出すためにこの男性を諦めることもできたはずなのです。彼は、彼女に何もをしていないというわけではありませんでした。このことについて話をしたとき、彼女はそのことを聞き入れようとはしませんでした。今、そのことについて何も言わなくなって、彼女は動揺しました。私は「なぜなの、できることはすべてしてきたじゃない」と言いました。私にできることは、彼女のために祈りをささげることです。彼女は私によくしてくれましたし、とてもいい関係でした。けれども、最近の三ヵ月で、彼女はただ……、たちの悪い麻薬に手をだしたのです。人々は、このたちの悪い麻薬に手を出すと目茶目茶になり、ほんとうにどうしようもなくなることを理解しています。彼女は、彼女ではなくなったのです。そこで私にできることというのは、祈りをささげることしかないのです。心を開いてください。話をしたいなら、私のところに話しにきなさい。そしたら、どのように感じているかあなたに伝えましょう。けれども、強制しているのではありません。そうすることをもうやめたのです。彼女が私との関係で動揺していると思っていました。というのも、彼女がここに再び戻ってきて、一緒に過ごそうと誘わなかったからです。ほんとうに、部屋があまっていないのです。家賃を高くする余裕もありません。私がここを出て行こうとしました。彼女のボーイフレンドと上手くやっていくことはできないからです。わかりますよね。あなたと赤ん坊と来るのは構わない。けれども、ボーイフレンドは、連れて来てはいけない。とくに、彼のようにドラッグに手を出している人物はだめです。だめだと言ったのです。姉(長女:アンジェラ)のことも我慢できませんでした。ボーイフレンドにも我慢できないでしょう。言っていることわかりますよね?

彼女がハイになっているときをいつでも言いあてることができます。いつもです。お話したように、子供たちは一切隠し事はできないのです。子供たちは——これについていくらでも話すことができます——話すのです。アンジェラに会っていないときでさえ、彼女の生活にいったい何がおきているのか、彼女がすべて話すことで知ることができるのです。聞きたくないこともありましたが、いまどのように暮らしているのかについて私に話すのです。——今まで刑務所で過ごしていたとか、何回、殴られたとか、何がおきたとか、誰にやられたとか、あらゆることについてです。もちろん、私が言うことは決まっています。

最終的に迎えた現実——ベティが英雄的な役割を受け入れる

アンジェラは「まともになったら、子供たちを返してくれるわよね」と聞いてきます。アンジェラが更正していたら、状況はまったく違ったものになっていたでしょうが、ただ、私のところにやって来て「私は立ち直るわよ」と口先で言うだけなのです。何度もそれを聞いてきました。「ママ、ちゃんとするわ。しっかりするわよ」。それでも一度もまともになることはありませんでした。一度だってありません。いつも希望なんです。たしかに、私はそう願ってもいました。アンジェラが立ち直ることを待ち侘びていたのです。けれども、一度もそうなりませんでした。一度すらまともになることはありませんでした。アンジェラの言葉はただ、耳から入ってきて、すぐに抜けていくほどのものでした。アンジェラは伯母のエスターに電話をかけました。アンジェラの誕生日のことでした。私は、子供たちが元気にやっていることを知っていました。私は病院に電話をしました。病院のスタッフは、約三日間アンジェラから連絡をもらっていませんでした。アンジェラが赤ん坊に会いに毎日病院に来ることはないのです。アンジェラが病院に来ていないことも知っていました。でも、その日は、アンジェラの誕生日ですよ。彼女は九時三〇分に電話をかけてきました。私は電話の相手が誰であるかすぐに悟りました。アンジェラが泣きながら電話をかけてきたのです。ボーイフレンドとひどく喧嘩をしたのです。そのようなことは聞きたくもありませんでした。アンジェラと話をしたくなかったのです。私は伯母に彼女と話すようにかわりました。その場を離れたかったからです。楽しい時間を過ごしていて、私自身も気分よくいました。悩みたくなかったのです。彼女と話をすると落ちこんでしまうからです。わかりますか、アンジェラは家に帰らなければならないのなら、殺されるかもしれないし、なにか危害を加えられるかもしれないと一晩中、悩みながら過ごさないといけないのです。それで、伯母にアンジェラと話すように頼んだのです。伯母は、あなた自身が動揺することはないわと言いました。するとすぐさま、私は彼女の名前を耳にしました――病院のスタッフが「アンジェラさんからの電話ですよ」と伝えてくれたのです――私はただ「どうしたの」と声をかけました。愉快でもありませんし。楽しくもないし、気分の良いことでもありません。

ベティは彼女をとりまく状況に痛烈な重圧を感じている――内面的には、家族からのものであり、外在的には、ストリートや制度的な官僚主義からくるもの――のですが、彼女は、彼らのかわりに耐えていくことを心にきめていました。なぜなら、彼女は、将来に続く世代に対して責任を負う義務があると感じているからです。彼女は責任感のある行動をとっていましたが、彼女の状況は娘たちがとった行動によって次第に困難なものになりました――守ることのできないほどでした――。ベティの娘は、自分自身が込み入った問題を抱えていて、子供たちの面倒をまったくみることができないのに、子供たちを取り戻そうと主張するのです。アンジェラは、インナーシティの黒人コミュニティを蝕んできたドラッグカルチャーの罠にはまっていきました。それはある部分では脱産業化の間接的な結果と労働者階級の仕事の欠如の必然的な結果によるものでした[19]。これまで述べてきたように、合法的な仕事に就く見込みのある若い男性たちも、地下経済、なかでもドラッグ取引にかかわるようになります。女性たちをクラックの虜にすることは、彼らにとって、消費者母体を拡大させる一つの手段なのです――それはまた、いとも簡単に女性たちを操るための「援助物資」でもあるのです。アンジェラがこの社会的な罠にはまったとき、彼女の社会的ネットワークのすべてが、この影響を被ることになります。

　ベティがもがき苦闘する詳細な様相は、彼女の問題がどれほど複雑なものであるのかを露呈している。ベティは、福祉サポートを受給するために働くことを楽しんでいたにもかかわらず、看護補助の仕事をやめなければなりませんでした。子供たち、とくに特別な配慮が要求されるクラック中毒の影響を受けた赤ん坊の世話をしていくということの問題もあります。福祉の受給資格ルールに関連して、適正な価格で利用できる良質なデイケアセンターが欠如していることで、ベティは、一連の行動の責任を彼女一人で抱え込むことになりました。ベティは、孫たちを育てるのに州によって雇用されるために、民間の職場を立ち去ることになりました。

結論と幾つかの影響

　貧しい黒人都市コミュニティに起きていることと過去に起きたこととの違いは、アメリカ都市を席捲してきた経済的・社会的変化によって説明される。黒人たちは、いつも支配的な社会から遠ざけられ、隔離に付随する問題によって常に差別待遇を受け、悩まされてきた。過去三十年間にアメリカ社会は、黒人たちにより大掛かりな包摂をもたらし、それによる恩恵を共有してきたのであるが、これらの発展は、最も多くの場合に、すでに利益を与えられてきた黒人たち――中産階級と教養を積んだ人々――を助けてきた。技能を持たず、低学歴でこれらの新しい機会の優遇を得る見通しのない貧者たちは、優遇されないばかりか、この諸々の変化の被害者となってきたのである。[20]
　これらすべてのことが、貧しい黒人家族の生き方に影響を及ぼしてきた。[21] 地下経済が発展してきた。地下経済は、最も絶望的な状況にいる人々に正規経済のオルタナティブとして転がり込み、それは根本的な人間的要望に応えないこともある。しかし同時に、地下経済がオルタナティブを提供しないことで、コミュニティは根源的な方法で傷つけられ、地下経済が及ばないコミュニティの残余にも社会的に有害な影響をもたらすこともある。地下経済に深く関わる者たちは、コミュニティで最も脆弱な成員を搾取し、あげくに黒人の下層階級に属する良識ある人々ですらこれらの陰謀の罠にかけるようにする。インナーシティの住民たち、なかでも若い男性たちは中流階級の白人たちが持っている多くの所持品――高級車やお洒落な服装――を欲しがるが、一般社会のシステムが彼らの頭のなかではあまりに破綻しているので、奇抜なファッションや身振りだとされるアイテムと結合させることが最も疎外された大半の人々にとってとりわけ重要となるのである。

敵対文化は、そのなかでインナーシティに住む多くの黒人の若者たちが軽蔑に値すると感じている支配的な社会に対して文化的な主張をつくっていくことを目的に出現する。実際に、若い人々は「俺は、白人の奴らが持っている金や特権のかわりの何かを手にしたいけれども、あいつらが着ているようなピンストライプの柄が入ったスーツなどは、欲しくない。あんなふうにはみられたくないんだ。俺は自分の独特なスタイルを持ちたいね。俺らしくありたいね」と言う。やけに目をひくジュエリーは、ピンストライプの柄が入ったスーツとは随分とかけ離れている。そうであるので、もっとも最近に都市のスタイルとして格好いいと特徴づけられているのは、靴紐をほどいたままで、両端にサスペンダーをぶら下げてカバーロールを着ることなのである。対照的に、黒人の若者たちのファッションを真似する白人の子供たちにとってこれらのスタイルは、人生をまじめに考えるよう認識したとき簡単に捨て去ることができる悪ふざけにすぎないのであろう。

通常の地下経済やドラッグカルチャーとは区別して私がクラックカルチャーと呼んでいるものが形成され姿をみせ、さらには繁殖することは最も厄介なことである。クラックは、並外れていて、そのせいであまりに膨大な人的損害がそのまま放置される。大方の人々には、間接的な影響をあたえるにすぎないと思われているのに、インナーシティの貧困コミュニティでのクラックの被害者たちは、ひどく苦しんでいる。

現況の主たる被害者は、深刻な危機を経験している貧しい黒人家族である。若者たちが地下経済に引き抜かれていくことで危機が拡大する。猛威を振るう炎や癌といったメタファーが思い浮かぶ。クラックは、病気、死、ホームレスの子供たち、クラック中毒の赤ん坊、十代の妊娠、暴力を繁殖させ、さらには、高い投獄率や他の社会問題を引き起こす。

これまで述べてきたように、インナーシティのコミュニティには、良識派とストリート派との間の社会的識別がある。——将来に積極的な意味を見出している人々は、良識派と結びつき、社会的には好ましくない場所に首を突っ込んでいる者たちがストリート派を連想させる。コミュニティのストリートは、不思議なほどまでに人々を引き寄せる特性をもっている。ストリートは、より慣例的な社会的様式にそれほどつなぎとめられていない人々を魅了する。これは、誘惑的な事柄であり、コミュニティに住む良識ある人々は、ストリートの魅惑に抵抗しなければならない。この魅惑に抵抗することに失敗した人々は、社会的に落ちこぼれていくか、「ストリートをうろつきまわる」ことになる。この誘惑に打ち勝つには、ストリートに抵抗しなければならないし、良識あると認識している多くの人々に感心だと考えられた作法をとっていかなければならない。この点に関して、良識さとストリートは、社会的アイデンティティが作用し、形作られるであろうところで対極する思想・志向を表象する。

祖母が必要とされるのはこのような社会的文脈においてである。アンカー、コーナーストーン、ゲットーに住む黒人家族の救命艇でさえあるとする祖母の伝統的な役割は、この社会状況で持ち上がり、具体化する。良識ある祖母は、困難な状況を受け入れている人々を守り、手を差し伸べることで、英雄的になる。このような役割と切り離して祖母を理解することはできない。この役割は、良識ある祖母が過去に果たしてきたことから根本的に異なるというものではない。良識ある祖母がいない場合に、コミュニティ生活は崩壊し、秩序が維持されずに、より劣悪な事態に直面することになるだろう。

敵対文化に断固として反対するという立場に立つ黒人の祖母は、礼儀と礼儀作法に積極的に関わっていくことを強調している一般社会のシステムを信じている。祖母は、コミュニティに絶えず付きまとう様々な社会病理に関する構造的な説明を受け入れない。あなたが正しく行動していれさえすれば、報いが与えられるということ、つまりは、あなたが礼儀正しく道徳的であれば、それを成し遂げることができるということを納得させることである。祖母は、個人的な責任が構造的な問題にかみ合い始めるある特定の地点に立つ。役割を果たすことに成功している祖母は、若者たちに彼女の考え方を伝えようと試みる。しかし、打ち勝つためには、祖母は、以前にも増して幅をきかせているストリート文化に立ち向かい奮闘しなければならない。芯がしっかりとしていて根気のある女性たちでさえ、なんとか守ろうとしていることがこの先も続いていくことについて時々悲観することもある。世代を超えた祖母の影響力は、驚くべきほどにすばらしいものであったのだが、今日、祖母は自分のコミュニティを切り裂く消極的な社会的要因によって疲れ果て、やる気を失いがちである。祖母が兼ね備えてきた注目に値する個人的資質は、限界を超えているということではないにしても、限界ぎりぎりまできているのである。祖母は若者たちが言いつけに従わないときであっても、一般的には愛され、尊敬されているのだけれども、孫息子にとっては見当違いなものとみなされるようになっている。

伝統的な祖母は影響力や活力を失いつつあり、祖母の役割を受け継いでいく者はわずかである。クラックや失業、さらには脱産業化の後を追って生起した諸々の社会問題が、祖母の人的資本を減退させていく。この役割を引き受けていく能力を備えている女性はごく少数である。アンジェラが母親の生き様を追いかけていくことはありそうもない。祖母の影響力が少なくなることで、その影響が相乗的に高まり、最も困窮化した黒人インナーシティコミュニティの特定地区は崩壊の一途を辿ることになる。

7 ジョン・ターナーの経験談

若い男性の生活には、役割モデルを示し、必要なときにそこにいてくれる、本当に良識のある父親、あるいは効果的に父親役を果たしてくれる人物が必要なのだが、そうした存在が身近にいない場合、彼らは、父親的男性が示してくれるはずの規範に従って人生を設計していくことがなかなかできずに苦労していることが多い。この規範は、インナーシティの家庭、学校、ストリート・コーナーなどのアメリカ都市部の実戦舞台で蓄積されてきた神話や現実を通じて、世代から世代へと受け継がれてきたものである。この章で紹介する若い男性の心の中には、しばしば憧れを抱き、そうなりたいとも願う、立派な人柄の男性や父親的人物のイメージがあった。しかしこの役を演じようとする彼の努力は、繰り返し妥協を強いられた。役に立つモデルがいなかったことも原因だが、彼はまた、容赦のないストリートの牽引力に抗い切れなかったのである。

私がジョン・ターナーに会ったのは、十年以上も前の感謝祭の一週間前のことだった。その日の午後の二時半頃、私がよく通っていたテイクアウトのレストランでの出来事である。私はそれまでにも、この若い黒人男性を目にしていた。彼は、カウンターの後ろやキッチンで働いていることもあったし、床掃除やテーブルの上の皿の片付けをしていることもあったが、このときまで私は、彼をそれほど心に留めることもなかった。この日、この若者が私を呼び止め、丁寧に断ったあと、少し話をしてもよいかと尋ねた。私は驚いたが、「もちろんだよ。どんな話だ?」と答えた。

「俺、困っているんだ、ものすごく困っているんだ」。彼はこう切り出した。「まあ落ち着きなさい」。私は彼を一旦遮った。「まずは君の状況を教えてくれよ。何で困っているんだ?」彼が心のうちを私に明かしていくのにしたがい、彼の経験には、私が関心を持っている一般的問題の多くが含まれていることがわかってきた。そこで私はこの会話を録音する許可を求め、彼の同意を得た。

ジョンは高校を卒業した元フットボールチームのハーフバックで、ボクシングの経験も多少ある。身長およそ五フィート九インチ、体重は約一六五パウンドで、高校時代、フットボールのランニングバックとして活躍していたというだけのことはある体格の持ち主である。彼のお気に入りの服装は、濃紺か深緑色のフィラの運動着の上下、ブランド物のジーンズ、Tシャツ、それに値の張る白いスニーカーである。このユニフォームに身を包んで歩く彼は、ストリートで目を引く存在だ。私が出会ったとき、彼は二十一歳で、すでに四人の子供たちの父親だった。息子三人の母親は皆違う女性で、さらにこのうちの一人が生んだ娘がいた。その後、あと二人子供が生まれている。最後の二人の子供の母親は、妊娠するためだけに彼を利用した。今は彼が子供に会うのを認めないだろう。ジョンはこの取り決めを受け入れ、他の四人の子供たちとの関係を継続していくために、できるだけエネルギーを取っておくようにしている。このことを話す彼に、子供を作ったこと、その母親たちと関係を持ったことについて良心の呵責を感じている様子は窺われない。感じている様子は見せない。実際彼にとって、これほど性的に活発だったことは自慢の種なのだ。子供たちに生を授けることのできた彼の男らしさは御墨付なのである。

ジョンは、母親、十六歳の癲癇もちの弟、コミュニティカレッジに通う十七歳の妹と暮らしていた。ジョンの父は、雇用の安定しない車の整備士で、時たま酔っ払って家に戻ってくると、ジョンの母親に乱暴に振る舞い、「誰も彼もと喧嘩する」のであった。口論は、お金のこと、他の女たちのこと、それに父親が気の向くままに戻ってきたりまた出て行ったりすることにも及んだ。喧嘩が始まると、ジョンは気が沈み、争いの全てから逃れたくて、家出したものだった。今でもジョンは父親と交流を続けているが、男としては父親のことをあまり尊敬していないという。「父さんは七年前に出て行ったきり、こっちの生活にはあまり関わってこないんだ。［だが］それは母さんと父さんの間の問題だ。二人の問題だぜ。父さんは俺たちにもうちょっとましなことをしてくれることだってできただろうけど。だけど本当に、それは二人の問題だろ。俺はもう大人だから、できるだけ母さんの力になりたいんだ。母さんには俺しかいないからな。俺は長男だしな。弟はほんの子供だし、癲癇もある。それに妹がいるが、あいつは女だから、そんなに力になれないだろ」。

私たちが初めて会話を交わしたとき、ジョン・ターナーは法的に非常に問題ある立場に陥っていた。彼は保護観察の規定に違反し、裁判所で審問を受ける日を待っている状態だった。ジョンは激しく動揺しており、親戚がたくさん住むアラバマ州のモービルへの逃亡を考えていた。彼は、もう一度裁判官と向き合う位ならこの町を出たほうがましだと思っていたのだ。裁判官に五年間の刑務所送りにされるだろうと確信していたからである。私は、法廷に出頭しなければどういうことが起こるのか、考えられる結果について助言を与えようとした。今後彼は司法からの逃亡者として、当局に追い掛けられる身となるだろう。それにいずれにしても、彼自身が自分は追われる身だと感じるだろうし、その状態が一生続くかもしれないということも指摘しておいた。

私が彼に話を先に進めるように促すと、ジョンはなぜこんな苦境に立たされることになったのか、これまでの出来事の説明から始めた。そのときからさらに二年ほど前のこと、彼はオードリーという若い女性と交際していた。オードリーは、ウェストフィラデルフィアの、ジョンの住んでいた地区とは違うところに母親と一緒に住んでいた。そこはジョンと敵対する若者たちの集団が支配するテリトリーだった。さて、ジョンはストリートのコードを熟知していた。彼は仲間たちの助けを得て自分の住む地区を取り仕切り、そのことでウェストフィラデルフィアでは名の知れた存在になっていたのだ。[1]ただし本人の主張によれば、私と会った時点では、彼にとってそういった暮らしはすでに過去のものになっていたそうだ。彼はギャングとして活動していた証しとして、足に残る酷い銃創、首の後ろの四インチの刀傷、手や指の関節部分に走る無数の傷跡を誇らしげに私に見せてくれた。これらは全て、ストリートで起こった暴力事件を示している。ジョンは、望んでいたにしろそうでなかったにしろ、そこに参戦していたのだ。彼が纏う傷跡はトロフィーであり、彼の勇気や、ストリートでの生き残りを懸けて磨かれたスキルを証明する印なのである。彼は、一度に三、四人の男たちを相手にし、勝利したときのことを話してくれた。

　ジョンは敵のテリトリー、つまりオードリーの住む地区に踏み込んでいく危険をよく理解していた。[2]彼女との関係が始まって六ヵ月ほど経っていた。このとき、オードリーは同じ地区に住む若い男女に嫌がらせを受けていた。数日間、彼らはオードリーに付き纏い、彼女の家の外に陣取って、彼女をからかい、罵り続けていた。こういうことは、すでに過去数ヵ月にわたって繰り返されていた。時にははっきりした理由もないのにいじめを受けた。うろたえた彼女がジョンに電話を掛けてきて、愚痴をこぼすこともあった。そういうとき、彼は男として応えてやらなければならないと感じた。時々は彼女のところに行ってやった。

　問題の夜、八時頃のことである。この夜もオードリーはジョンに電話をかけ、地元の若者たちに嫌がらせを受けていると訴えた。ジョンは、心配するな、今自分が行って様子をみてやると答えた。オードリーの住む地区の若い男たちは、それ以前にもジョンとやり合っていたので、彼はこの夜はトラブルが発生する可能性が高いと感じていた。しかしジョンのような男は、トラブルから逃げないものなのだ。危機に晒されているものが大きいからこそ、真っ向からぶつかっていくのである。ジョンは何か身を守るものが必要だと思った。「また怪我をするのも嫌だったし、あいつらに殺されたくなかった」のだ。そこで家を出る前に、彼は母親の所持するデリンジャー式ピストルをポケットに忍ばせた。「人に怪我をさせようっていうんじゃなかったんだ」と彼は言う。「だが、もし必要に迫られたら——脅しに使うつもりだった」。

九時頃、オードリーの家に向かう途中、ストリートで起こっている騒動がジョンの目に飛び込んできた。眩しくライトを光らせた警察の車、辺りに立っている警察官と住人たち。犯罪の場面に出くわしたようだ。現場から一区画あまりしか離れていないところを歩いていたジョンに、緊張が走った。彼は銃を持っている。警察に呼び止められ、調べを受けることを予測した彼は、銃を何とかしなければならないと感じた。彼は駐車中の車の下にピストルを投げ入れた。そして無関心な態度を装って歩き続けようとした。予感は的中した。警察は彼に身分証明書の提示を求め、どこに向かっているのかと尋ねた。彼は協力的態度で応じ、言われた通りに身分証明書を提示し、行き先はオードリーの家だと答えた。しかしここで突然、ジョンが何かを放り投げたのを見ていた女性が口を出してきた。「おまわりさん、この男はそこに止まってる車の下に何か投げ込んだよ」。

この一言で警官たちは動き出した。彼らは車の下を探り、ピストルを見つけ出した。「これはお前のか」。ピストルを掲げながら、ジョンに聞いた。

「ええ」。彼は白状した。「俺のです」。

ジョンは、なぜピストルを持っていたのか警察に説明しようとした。しかし警官たちの行動から察するに、彼らはすでに事の真相を知っているようだった。多くの若い男たちが、武器を携えてストリートを歩いている。ほとんどの場合は、人を傷つけるためではなく、自己防衛が目的である。ジョンは警察に、以前、彼を刺した地元ギャングの若い男たちにまた襲われるのではないかと恐れていたのだと話した。彼は警官たちに首の傷痕を見せた。人を傷つけようと思っていたのではない。もし必要があれば脅しに使おうと思っただけなのだ。そう説明した。頭の中では、彼が協力的な態度を示し、男らしく堂々と本当のことを話せば、ひょっとすると警察は逃がしてくれるかもしれないと期待していた。しかし、自分にはほとんど選択の余地がないとも感じていた。このピストルは彼の母親の持ち物なのだから、いずれにしても警察はこれが彼のものだと突き止めるだろうと考えた(しかしピストルは未登録であったと判明することになる)。「だから俺は本当のことを話したんだ」とジョンは言った。

逮捕と判決

警察は、なぜ君がピストルを所持していたかわかったし、君の話も信じると言ってくれはしたが、それでもジョンは小火器不法所持で逮捕された。ジョンの話によると、警官たちは彼の協力的態度と礼義正しさに感心し、ジョンは自分たちが捜していた人物ではないと判断したという。しかし彼が未登録のピストルを所持して法律を犯していたため、警察は「君を逮捕せねばならん」と言ったのである。実際、警官たちは法廷審問に姿を現し、ジョンの弁護をしてくれた。裁判官に「彼はいい青年だ。こちらの指示に従い、生意気な口はきかなかった」と話してくれたのだ。ジョンは自分の裁判の進行をこう見ていた。

　裁判所には一人で行ったんだ。まあ、公選弁護人はいたが。公選弁護人が必要だってことすら、俺は知らされていなかった。行ってみたら、公選弁護人がそこにいたっていうわけだ。その男は俺を探していたらしい。自分の番が来て俺が立ち上がったのを見ると、「ああ、君か、ターナー君」と声を掛けてきた。彼は俺を急かした。とにかくさっさと蹴りをつけようとした。俺はこういうことは、何も知らないっていうのにな。拘置所に入れられたのは初めてだった。俺は非行で捕まったこともなかったからな。そりゃないぜ。大学から捕まえてきた人間を刑務所に放り込んだ挙句、ここでどうすりゃいいかわかってるだろうな、って言うようなもんだ。俺は本当にどうしていいかわかんなかったぜ。公選弁護人が必要だってことも知らなかった。どういう手続きが待っているかも知らなかった。それまで保護観察処分になったことなんかなかった。誰だかにちゃんと報告しろ、と言われたこともない。俺にとっちゃ、初めてのことだったんだ。もし俺が毎日悪いことばっかりやっていて、年中捕まっているっていうなら話は別だが。しかしストリートからいきなり捕まえてきた人間にレッテルを貼って、そいつが右も左もわからないようなところに放り込むなんて、あんまりだぜ。

　な、わかるか？　それにだ。俺一人だったら、まだましだったんだ。あの男［公選弁護人］、全くいい加減なこと吹き込みやがって。ちっとも助けにならないばかりか、余計俺の立場が悪くなったじゃないか。あいつは俺に、裁判官に嘘をつかせようとした。俺が罪を認めようとしてたら、あいつはこう言った。「向こうは君に不利な証拠は何も掴んでいないんだぞ。あれ［銃］が君のものだとは言えないんだからな。君は裁判官に、自分のものじゃないと言えばいいんだ」。だが俺は言った。「いや、俺はここで嘘はつきません。嘘がばれて、今よりもっと痛い目を見ることになったらどうするんだよ」とな。こうして俺は本当のことを話したんだ。ばあちゃんにいつも「真実を話して悪魔に恥をかかせるんだよ」って言われてたからな。だが、何てことだ。俺は嘘をつくべきだったんだ！　嘘を言ってりゃ、保護観察を食らうこともなかっただろうよ。あっちは俺を罪に問うことなんてできなかったんだ。あっちには証拠がなかったんだから。この頃じゃ、本当のことを喋るのは、自分の首を吊るのと同じくらい間抜けなことなんだな。とにかく俺は本当のことを喋っちまった。

　後になって俺は、その銃は母さんがバージニアで買ったもので、登録されてなかったっていうことを知ったんだ。だから本当に、向こうはそいつが誰のものか突き止めようがなかったんだ。連中［警察］に、銃の預かり証を持って来いと言われた。だが母さんが「このままでいいよ。銃はずっと預かっていて貰おうよ」と言ったんだ。警察は俺に緑の預かり証をよこして、これと引き換えに銃を返すから取りに来いと言った。で、番号が書いてある預かり証だとか必要なものを揃えて、母さんが持っていってくれることになったんだが。結局母さんはその紙切れを家に置いたままにしている。母さんは「あっちに預けっ放しにしておくのが一番だよね。そうすれば、もうトラブルは起きないよ」という考えなんだ。

審問中、ジョンは、自分には養わなければならない子供が三人いるのだと訴えて、判決に異議を唱えた。ジョンの話では、裁判官の返事はこうだった。「私にどうしろと言うんだね？　子供がいる犯罪人なんてごろごろいるというのに」。この発言に腹を立てたジョンは、声を荒げて反論したそうだ。「裁判官、あんたは間違ってる。俺は犯罪人じゃない！　犯罪人なんかじゃないぞ！」

裁判官はジョンを五年間の保護観察、罰金一五〇〇ドルに付し、保護観察官が任命された。担当になったのは、二十七歳位の黒人女性だった。ジョンはそのとき無職だったので、罰金を期限通りに払えなかったという。しかし保護観察官も裁判所も同情的ではなく、あくまで彼に責任を負わせた。そこで罰金のことを心配したジョンの母親が助けようとした。彼女は当時、フィラデルフィア地域に拠点を置く製薬会社に勤めていたのだが、尿サンプルを扱う実験技術者として同じ会社にジョンを就職させたのだ。ジョンは「あれが俺の人生で一番いい仕事だったよ」と話す。「年に一万六千ドル貰っていた。黒人の若い男にとっては相当いい収入だよ」。

仕事を始め、安定した収入を持ち帰るようになるとジョンの暮らしは変わった。車が買えるようになり、若い女たちとデートをし、同輩集団の人気者になった。しかし、彼と保護観察官との関係は悪化し始めた。彼女は、ジョンが保護観察に関する義務を果していないとして、時々芳しくない報告を提出していた。彼女が主に問題視していたのは、決められた義務に対するジョンの態度があまりにいい加減だということだったらしい。ジョンが言うには、保護観察官との間には非公式な取り決めのようなものができていたということだ——つまり、ジョンが彼女のオフィスを訪ねられないときには、電話することになっていた。彼女のほうが電話を掛け、ジョンの自宅で面談する約束をすることもあった。しかしこうして彼女がやってきたとき、彼は家の前でふらふらしていることもあったし——完全に約束をすっぽかすこともあった。ジョンによれば、保護観察官は「この日ジョン・ターナーはストリートで発見された」というような表現を添えて、こういった出来事を報告書に記していたという。ジョンはまた、何度も保護観察官の容姿を褒め、どんなに彼女を自分の愛情を注ぐ対象にしたいと思ったかを繰り返し口にした。こういったことがあって、彼と保護観察官の関係は複雑なものになっていったようだ。

ジョンが初めて司法機関と出会ってから約一年が経ったある夜のことである。彼は交通違反を犯し、止められた。コンピューターでチェックを行った警察官は、ジョンに拘禁続行令状が出ているのを見つけた。原因は明らかに、ジョンが罰金の支払いを怠っていたこと、その詳細について保護観察官と話し合っていなかったことだった。警察に逮捕された彼は、拘置所に入れられ、調書を取られた。ジョンの話によると、彼が拘置所で過ごしたおよそ二週間、家族はこのことを一切知らされていなかったということである。ちょうどサンクスギビングの前後だったが、ジョンがいなかったため、彼の家族は「とても悲しい」サンクスギビングを過ごすことになったのだそうだ。

ついにジョンは、彼に最初の判決を下した裁判官の前に出て審問を受けることになった。裁判官の質問は、現在の彼の就労状況に及び、雇用者の名前、いつから雇用されているかが尋ねられた。ジョンは大人しく製薬会社の名前を告げた。これを受けて裁判官は告げた。「そういうことなら、君の給料が悪いわけがないね。罰金は千三百ドルだから、週末を十三回、刑務所で過ごして貰おうか」。裁判官の言葉だけでなく、このときの保護観察官の態度や振る舞いもジョンにはショックだった。裁判が進行する間ずっと、彼女が彼を庇って発言することはなかったのである。

ジョンの雇用者は、この法的問題が解決されるまで、「一時的に」仕事を辞めなければならないと彼に告げた。刑務所で過ごす週末が続きいよいよ刑期を終えたとき、ジョンを待っている仕事はなかった。そこで彼は何週間も新しい仕事を探したが、上手くいかなかった。問い合わせをすると、人手は足りていると断られるか、こちらから電話しますと言われるのだが——まず電話が掛かってくることはなかった。彼の懸命な努力が報われずに終わることが度重なると、彼は次第に意気消沈していった。

仕事場で発生した問題

ついにジョンは最低賃金の仕事を見つけた。イタリアンレストランでのウェイター補助である。彼に割り当てられた仕事は、食後のテーブルの片付け、床のモップ掛け、じゃがいもの皮むき、その他の準備業務全般などである。彼は、一週間百ドルで働いていたそうだ。彼の勤務時間は変動的だったが、週に七日出勤することが多く、通常午後三時から九時位まで働いた。賃金の支払いも規則的ではなかったということだ。雇用者は、賃金の一部を月曜日に渡し、それから金曜日に付け足してまた払うこともあった。そうでなければ金曜日に五十ドル、残り五十ドルを月曜日に渡されることもあった。ジョンは、賃金の支払いを求めて上司とやり合わなければならないこともあった。ジョンはまた、イタリア系の同僚たちから受ける侮辱に耐えなければならなかったことを話してくれた。ジョンは言う。「この国にやってきたばかりの連中は、黒人に対して何の敬意も払わない。奴らは、仕事場で俺をニガーと呼んでいた。いつも俺にちょっかいを出してきた。あぁ、でも上司はいい人だったぜ。俺のことを気に入ってくれていて、上手くいっていた。だが、他の連中は俺に何の配慮も見せなかったんだ」。

ジョンは、自分が怒りっぽい性格で、揉め事は体を張って解決するのに慣れているのだと、若干誇らしげに認める。彼は、不当なことをした人間には、その責任を取らせなければならないと考えていた。あるとき彼は、自分をからかっていた白人の若いレストラン従業員に、表に出て駐車場で片を付けようと言った。駐車場に出ると、ジョンは話を始めた。これが上手く運ばないと、彼はこの従業員に顔面パンチを食らわせた。翌日、ジョンが職場に着くと、上司が非常に気の進まない様子で、コートを脱ぐなと言ったという。彼は解雇されたのだ。数日後、上司はジョンを仕事

に呼び戻した。彼はそれだけ解雇するには惜しい働き手だったのである。

ジョンは、レストランの従業員たちは概して彼に偏見を持っていると感じていた。こう認識していたため、ここで働くことは彼に大きなストレスを与えていた。彼は自分の敵だと目した人々に殴り掛かりたかったが、この仕事を続けなければならないというプレッシャーも感じていたからである。ジョンはこのとき、母親、妹、癲癇の弟、ガールフレンド、それに彼の子供たちの生活を経済的に助けていた。これに加えて、分割払いにしていた罰金を支払うための金も必要だった。本人が言うには、罰金の支払いはいつも期限通りとはいかず、このため、保護観察官との間にさらなる問題が生まれていたらしい。今の仕事から抜け出せないと感じたジョンは、どうしてよいかわからなくなり、じっと耐えていた。

こうして罰金の支払いの問題で、ジョンは再びあの裁判官の前に出なければならなくなったそうだ。「若い黒人男性を厳罰に処す」と警官の間でも評判の裁判官の前に、である。ジョンは、この裁判官は彼を五年間の刑務所送りにするだろうと、ほぼ確信していた。これ以前に顔を合わせたとき、この裁判官と公選弁護人が自分を嘲笑したのを彼は目にしていたのだ。「あいつらは俺に良くしてくれる気なんてこれっぽっちもないのさ」とジョンは言う。

私と会った段階では、ジョン・ターナーはすでに司法制度にすっかり幻滅し、自分に公正な裁きが与えられることはまずないと思っていた。それでも彼は、一番身近なところにいる家族に対して強い責任感を持ち、一家のお父さんの役割を絶対果たさなければならないと感じていた。彼が刑務所に入れば、家族は彼しか与えることのできない経済的道徳的な庇護を失い、ストリートの力の前に無防備に放り出されることになる。これが彼の大きな心配の種だった。刑務所に入る可能性が高くなってくると、ジョンは繰り返し言った。「俺はできるだけ家族の助けになってやらなきゃならないんだ。母さんには付き合ってる男も、結婚相手もいない。母さんには俺しかいないんだぜ。長男の俺だけが頼りなんだ。母さんを支えているのは俺なんだ……。いや、俺は刑務所に行くのは構わんさ。ああ、俺自身はそれでもいい。俺は男だ。刑務所なんか別に怖くないぜ。問題は家族のことだ。家族には俺が必要だ。俺の稼ぎは月に四百ドルぽっきりだが、俺はこの金で、家族がどうにか暮らしていけるように援助してやってる。金は全部、一セント残らず家に持ち帰っているんだ。刑務所なんかに行ってる場合じゃねえ。だが一体どうしりゃいいんだよ」。

裁判所での一日

私はジョンの話に心を動かされ、また非常に興味をそそられて、何とか手を貸してやりたいと思い、弁護士に連絡を取ろうと言った。それと同時に、もし彼がここで逃げ出せば事態がより面倒になるだけだと忠告した。それから私は、知り合いの弁護士、レナード・シーガルに連絡を取り、ジョンのことを話して助けを求めた。シーガルは、フィラデルフィアのセンターシティに構えられた一流法律事務所の正弁護士である。私はシーガルにジョンの電話番号を渡し、ジョンに電話して貰った。ジョンの説明を聞いたあと、シーガルはジョンに「何も心配はいらないよ。君はどこかにやられたりなんかしない。この件は私が引き受けよう」と言った。

そこでジョンは尋ねた。「いくらかかるんでしょうか」。

「もちろんたださ」とシーガルは答えた。

ジョンはやや訝しんではいたが、公選弁護人ではなく、一流法律事務所に助けて貰えそうな状況になったことを喜んだ。ジョンの住む世界では、公選弁護人の世話になるのが普通なのだが、公選弁護人たちは、若い黒人男性を公正な裁きに導くことには非常に乏しい実績しか挙げておらず、ジョンは、自分のケースも公選弁護人に任せる気にはなれなかった。しかも彼は以前、裁判官と公選弁護人が自分をばかにするのを聞いてしまっているのだ。

シーガルはこの件を急に依頼されたため、スケジュールの調整がつかず、審問は彼が町にいない日にぶつかっていた。シーガルはジョンと電話で話し、自分の代わりに友人を行かせることになったと説明した。そして自分の知っている女性の公選弁護人を探すようにということ、その人がジョンの弁護をすることをジョンに伝えた。ジョンが懐疑的になっているのを感じ取ったシーガルは、この件はあくまで彼自身が責任を持って見届けるのだからと、ジョンを安心させようとしたが、ジョンは明らかに不安を募らせ、神経を尖らせていた。無理もない。これまでの人生でジョンが出会ったのは、彼に希望を与えておいて後でがっかりさせる人間ばかりだったらしかった。彼はまた失望させられるに決まっていると思わずにはいられなかったのである。

裁判当日の朝早くに、ジョンは電話で、この残念なニュースを私に伝えてきた。また、シーガルにいくらかは金を持っているのかと尋ねられたことも話した。ジョンは、結局のところ、シーガルは金を要求してくるのだろうと結論づけていた。私は彼を安心させようと、シーガルと私の間ではそういう話にはなっていないこと、おそらくシーガルが知りたかったのは、必要になれば彼に罰金を払う用意があるのかということだろうと話した。ジョンはこの説明を聞いて、緊張が解れたようだった。それでも彼は私の助けを必要としていた。彼は、私までもが約束を破り、審問の場に姿を現さないのではないかと明らかに不安な様子だった。私はこう言って彼を安心させた。「大丈夫だ。私は行くから。いいか、何が起こっても、私はこの件から目を離さないよ。例え君が遠くに行くことになってもね」(これはジョンが使う刑務所に行くことの婉曲的な表現である)。

この日の朝、私が市役所に到着し、法廷に向かって歩いていくと、ジョンとその母親、その他法廷の外で待っている人たちに出会った。ジョンの母親は四十五歳位なのだが、この朝はくたびれた様子で、年齢よりずっと年上に見えた。彼女は深緑色の服に身を包み、口紅の色は暗い赤で、それに合わせたマニキュアは塗られたばかりだった。彼女からは香水のきつい匂いが漂っていた。こちらに近づいてくるジョンの目が輝いたのがわかった。彼は笑いかけてきた。「やあ、イーライ」。こう言って彼は私の手を握った。私は挨拶を返した。彼は古いアーミー・ジャケット、ギャングスター・キャップにブーツという出立ちだった。私は、なぜ彼がもっとフォーマルな服装で裁判に来なかったのかと不思議に思い、数日後、このことを彼に尋ねてみた。彼の返事はこうだった。「裁判官に、金を持っているとでも思われたらまずいだろ。だから目立たないようにしたんだ」。

私が近寄ると、ジョンは私を母親に紹介した。「ほら母さん、この人がいつも話している教授だ」。

彼女は躊躇いがちに中途半端な微笑みを見せて、手を差し出してきた。「どうも、イーライさん」。彼女は言った。「ジョンのためにいろいろと手を尽くして頂いて、本当にありがとうございます。この子の父親が子供たちにろくなことをしてやらなかったものですから、私は一人で何とかやってるんですよ。私たちにご親切にして頂いて本当にありがとうございます」。彼女は私に打ち解けた様子で話し、以前からの知り合いのように振る舞った。母親のこの態度のおかげで、私は気持ちが楽になった。彼女は心から私の努力に感謝してくれているのだ。

しばらくして、私はジョンに公選弁護人のことを尋ねた。「彼ならあそこさ」。ジョンはこう言って、法廷の扉の方向を示した。レナード・シーガルに教えられた通り、女性がくるのだろうと思っていた私は、ジョンの弁護人が男性だとわかって驚いた。私が法廷に入っていくと、ジョンは私の後に従い、三十五歳の白人の男性を指差した。彼は濃いグレーのピンストライプのスーツに身を包み、法廷の前方の席に座っていた。まだ法廷は開かれておらず、これからたくさんの事件の審問が行われるようとしているようだった。

私は茶色のツイードの上着にネクタイを締めた姿で、自己紹介をした。「私はペンシルヴァニア大学の教授でイライジャ・アンダーソンという者です。今日はジョン・ターナー君に付き添って参りました」。

「どうも、私はジョージ・ブラムソンです。レナード・シーガルの法律事務所から来ました。今朝オフィスに行くと、『市役所に行ってくれ。ジョージ・ターナーのことを頼む。』と書いたメモが置いてありましてね。ここにやってきたわけです」。

ここで弁護士に会えたことを喜び、私は彼に言った。「ジョンのためにわれわれがしてやれることがあれば、何でもしてやりたいと思っています」。しかしブラムソンは、ジョン・ターナーの弁護よりもこの午前中に他にやりたいことがあるとでも言いたげな印象を与えた。彼のボディ・ランゲージも雄弁だった。彼は腕時計から目を離さず、十時半には別の案件で宣誓証言を取りに行かなければならないと口にした。このとき九時半になろうとしていた。私は、彼には午前中いっぱいジョンの裁判に付き合う時間がないのではないかと不安になった。

ブラムソンと私が話していると、他の人々が法廷前方の席に移動し始めた。人の出入りが多く、場はやや混沌としていた。われわれはこの法廷やここに来ている人々について話をした。この大きな一室に集まっていたのはおよそ四十名ほどだったはずだ。主には黒人かヒスパニック系の若い男性たちとその家族であった。これらの人々の対処に当たる側の人間のほとんどは、白人の男性たちである。黒人の役人や法廷職員も確かにいたが、少数派だった。私はまた、ブラムソンの様子から、ジョンが今の苦境に陥ったのも全て本人の責任だと決めてかかりそうだと感じていた。ブラムソンがはっきりそう口に出したわけではない。しかし言動の端々に、ジョンは無責任だし、そのことには私も当然同意するはずだという気持ちが垣間見えた。私は自分の感情を表に出さなかった。ジョンの裁判は、もう十分危うい状態にあった。私が一番恐れていたのは、弁護士の心を離反させてしまうことだったのである。

ブラムソンは、「ジョンは人の言うことに耳を傾けないようだ。彼は何度となく、保護観察の義務を怠っていますね」と言った。私の見方はジョンにもっと同情的だった。しかしブラムソンの言うことも理解できたし、彼に同意する部分もあった。私はジョンを、道を誤りトラブルに陥った若い黒人男性と見ていた。そして彼の置かれた状態は、本人の知識の欠如、限られた財力、彼は何者であるかということによって、それにこれら全てのことが影響した結果、一層複雑なものになっていた。誰の導きも受けずにきた若い彼は、ストリートの暮らしに順応し、ストリートのコードに従って生きようとしてきたのである。彼に責められるべきところがないとは言えないが、彼にはチャンスが必要だ。訪れるのが遅くても、一度もチャンスが訪れないよりましなのだ。人生のこの段階において、ジョンはハエ取り紙に捕らえられたハエのような状態にあった。そこから離れようともがけばもがくほど、一層

べったりと張り付いてしまう。しかしこの弁護士は、冷淡に状況を見ているように思われた。

ついに私は口を開いた。「裁判官は彼を刑務所に入れるでしょうか」。

「さあ、わかりませんね。大体のところは、保護観察官次第じゃないでしょうか」。彼はこう言うと、法廷前方にいる女性に向かって頷いた。

私は彼女に目を遣ってからブラムソンに「彼女とお話はなさいましたか」と聞いた。

「ええ。随分怒っているようですね」。

「私が話してみたら多少は効果がありますかね」。

「どうでしょうね。試してみてはどうですか」。

私は彼女に歩み寄り、自己紹介をした。彼女は驚くほど友好的な笑顔で応じ、手を差し出してきた。握手をしながら、私は言った。「ジョン・ターナーの付き添いで参りました。彼のためにしてやれることは何でもするつもりです。ちょっとお話しできますでしょうか」。

しかしジョンの名前を出すと、彼女の表情はがらりと変わった。冷たく首を振りながら、ぱっと書類に目を戻し、それ以上私に話をさせなかった。ほぼ下を向いたまま、「もう私の手を離れたことですから。裁判官次第でしょう」と言ったきり、彼女は二度と

顔を上げなかった。

私がブラムソンのところに戻ると、彼は言った。「まあそうですね、彼女の出方次第という部分が大きいですからね。私はとりあえず延期処分に持っていく方針ですよ。そこからは、レナード・シーガルが戻ってきて引き継げますからね」。私の不安は解消されなかった。今後の展開を案じ、最悪の事態を恐れていた。われわれはなおも待ち続けた。

九時四十五分になった。まだ裁判官は姿を現さない。この裁判官の到着が遅れるので、別の裁判官が代理を務めることが告げられた。ブラムソンはこの知らせを歓迎した。新しい裁判官は、元の裁判官ほど恣意的な裁定はしないかもしれないからだ。先に行われる裁判が片付けられていくのを待っている間、ブラムソンは、今回はこの件に片が付かなくとも、裁判延期に持ち込める可能性は高い、と口にした。

他にたいしてやることもなく、私は周りの状況を見回した。広い法廷内は人でごった返し、騒然としている。法廷の中心から外れたところに陣取っているわれわれの一団の中には新聞を読む者、コーヒーをすする者、小声でお喋りをする者がいる。われわれの結束が固まっていく。私たち皆がジョンにもう一度チャンスが与えられることを願って応援しているように感じられたのである。

十時半、ついに代理判事は、「ジョン・ターナー」と呼び、ジョンと弁護士に判事席の近くに来るように合図した。私も一緒に行ったほうがよいかとブラムソンに尋ねると、彼は「その必要はありませんが、もう一度あなたの肩書を教えてください。弁護中、ジョンの人物を証明するのに、あなたのお名前を使いますので」と答えた。こうしてブラムソン、ジョン、それにジョンの母親が判事席の近くに移動した。法廷の反対側からは、ジョンの保護観察官が立ち上がり、判事席に向かっていった。

ブラムソンは、裁判官にジョンのケースについて話すと、レナード・シーガルが引き継ぐまでの裁判延期を要求した。裁判官は保護観察官のほうを向き、「ジョンソンさん、あなたのご意見は？」と尋ねた。

「反対です！」と彼女は答える。「反対です、裁判官。彼が問題を起こしたのはこれで五度目ですよ」。実際には、ジョンが裁判官の前に連れて来られたのはこれが三度目だったが、彼女の態度は頑なだった。

裁判官は同意した。「ではホフマン判事を待たなければならないでしょうね。彼も午前中のうちには来るでしょうから」。

この言葉を受けて、裁判官の前に集まっていた人々は解散した。ブラムソンがこちらに来てこう言った。「何てことだ！　あなたもここで午前中いっぱい潰す覚悟をなさったほうがいい」。彼は苛立っていたが、上司の指示なので、ここからいなくなるわけにはいかないと思っていた。スケジュールの再調整が必要になった彼は、電話を掛けるために出て行き、私も電話をするところがあったので席を外した。その後もわれわれは、他の事件が次々片付いていくのを眺めながら、待機していた。やがてついにホフマン判事が到着した。すぐに、彼がなぜ慣習から大きく逸脱した裁きをすると評判の判事なのかよくわかった。ジョンの一つ前の案件では、判事は病気で家にいる男に電話をし、もうすぐサンクスギビングの休暇だから欠席したのだろうと、大騒ぎして彼を非難して見せた。法廷にいた見物人たちは笑った。ブラムソンもクスクス笑っていたものの、首を振って、裁判官がこのような振る舞いをすることには反対だという素振りを見せた。

裁判官は続いて、ジョン・ターナーの名前を告げた。再び、ブラムソン、ジョン、ジョンの母親が起立して、判事席のほうに歩いていく。保護観察官もここに加わった。このときホフマン判事が見せた裁きは全く予想に裏切るものだった。判事はジョンの母親には大いに敬意を払っている様子だった。頷きながらこう言った。「ターナー君、とても素敵なお母様をお持ちだ」。ブラムソンが弁護を始めたが、裁判官はその必要はないと遮った。「さて、君」とジョンに呼び掛け、「君には新しい保護観察官を任命しよう」と言った。保護観察官が、がくりとうな垂れたように見えた。「さてと、君にして貰いたいことは、だ。毎週、保護観察官に報告を行うこと。それから罰金は期限通りに払わなければならんぞ。毎月、百ドルずつだ。いいか、君がちゃんとこれを守らなければ、もう一度私と顔を合わせることになるんだ。だが私もそんなことは起こって欲しくない。言われた通りにしなさい。そうすれば何もかも大丈夫だ」。

裁判官が見せた姿勢は、これまでのジョンの報告に基づいてわれわれが予期していたものと、大きく異なっていた。とはいえ私は、ジョンが公選弁護人と一緒に来ていたら、裁判官もここまで同情的措置を取ることはなかっただろうとは思った。そこにいた皆がこの結果に心から安堵していた。[3] われわれ全員にとっても重大な勝利だったが、ジョンにもたらされたものは特に大きかった。廊下に退くと、弁護士はジョンに説教を始め、裁判官の言葉を繰り返した。彼はジョンに、罰金の支払い期限は必ず守るように念を押し、また保護観察官とよく理解し合えるように努力し、日々の生活でももっと責任ある行動を取るようにと諭した。ジョンは注意深く耳を傾けて納得した様子で頷き、心底反省している態度を見せた。ジョンは言われた通りのことを責任持って行うことを約束した。こういう結果になったことを、彼の母親は心から喜び、私に惜しみなく感謝の言葉を述べた。われわれは揃ってブラムソンに礼を言い、別れの挨拶をして、解散となった。

労働組合に加入する

ジョンはテイクアウトレストランの仕事に戻った。彼の雇用者は喜んで彼を迎えた。彼の働きぶりはいろいろな点で上司を感心させていたのだ。ジョンは、頼りになり、時間を守り、真面目に良く働いた。私は時折このテイクアウトの店にジョンの様子を確かめに行っていた。彼は、床のモップ掛け、テーブルの片付け、料理の下ごしらえなどして、忙しく働いていた。彼は私に近況を伝え、もっと生活を改善したいと熱心に語り、彼が一番困っているときに私が手を差し延べたことにどれほど感謝しているか話した。私が彼の人生に現れて救ってくれたことを、神に祈りを捧げて感謝したのだとジョンが話してくれたときには、私も感激した。「俺にそんなことをしてくれる人はもういないと思っていたからね」と彼は言った。

ジョンの生活は段々と軌道に乗っていくように思われた。ただ、彼は働き詰めのようだった。罰金の支払い額が月に百ドルであるのに対し、彼の給料は四百ドル程度。この中から、彼の母親はいくらか援助を受け取ることを期待していた。ジョンは母親にこのお金を渡せることを非常に誇りに思っていると語った。またジョンは、子供たちの扶養にも寄与しようと、子供の母親たちに時たま少額のお金を渡していた。この母親たちのうち二人は生活保護を受け、また別の一人は親元で暮らしていたため、彼の財政的負担は軽減されていた。オードリーは未熟児の女の子を生んだばかりで、このとき、彼の母親の家で暮らしていた。

ジョンのレストランの仕事には諸手当が一切付いておらず、このことがジョンの大きな心配の種になっていた。もし子供が事故に巻き込まれでもしたらどうなるのか、あるいは重い病気に罹りでもしたらどうなるのか。こういった懸念が、彼にもっと頑張らなければという気を起こさせていたようだった。彼の人生には子供たちと女性たち、特にオードリーの存在があったため、自分の行動にはより慎重にならざるをえなかった。私との会話の中で、ジョンは、良い暮らしをする夢や、人生の目標について語ったものだった。子供たちの扶養に向けて努力するようになると、ジョンは、自分自身を責任感のある、良識的な父親だと評するようになった。彼は、自分にとって最大の障害は、「まともなことをする」――結婚する、車を買う、アパートを借りるなどする――のに必要なお金がないことだと考えた。そこで彼はもっと良い仕事に求めて、熱心に探し始めた。彼は再び仕事を探し、そこで再び壁にぶつかった。数ヵ月の間、真剣に職探しを続けたが、徒労に終わった。そのうち彼はこう結論づけた。「黒人の若い男には厳しい世の中だ。どうだよ、酷いもんさ」。何度、雇用者側の指示通り応募書類を出しても、電話が掛かってくることはなかったのだ。[4]

同じ頃、ジョンと仕事仲間たちの関係には緊張が高まっていた。彼らは時々ジョンに喧嘩を売ってきてばかにするのだと、彼はぼやいた。「あいつらは俺がやり返せないとわかっているんだ」。彼と彼は言った。「俺は仕事を辞めるわけにはいかない。あいつらはちゃんとわかっているんだぜ。俺は殴り返さないって、わかってぃやがる。口喧嘩はしょっちゅうだ」。一方で、上司との良好な関係は続いていた。レストランの経営者はこう話した。「ええ、ジョンは良く働いてくれています。彼はちゃんとやっている。ただ彼は若いですし、短気なところもありますが。でも良く働いていますよ。いつも時間通りにやってきますし。私の言うことも素直に聞く。私は彼を評価しています。いい子です」。[5]

ジョンがこれほど苦労しているのを見て、私は、彼がもう少し良い職場環境を見つけられるように、手伝いをしてみようという気になった。私が連絡を取ることにしたカーティス・ハーディは、地元の病院で労働組合の職場代表を務める六十歳の黒人である。私が彼と知り合いになってから、このときで五年ほど経っていた。カーティスは結婚していて、大きな子供が三人いる。このうち二人は大学を出た。彼は誇り高い男である。彼には、苦労して経験を積み、今の地位を手に入れるために必死に働いてきたという自負がある。彼は約二十五年前にノースカロライナからフィラデルフィアに移住してきた。現在の住まいはジャーマンタウンにある。彼は、組合の職場代表にまで登りつめたことに、大きな達成感を持っている。良識的なお父さんの要の部分を成す勤労倫理と伝統的価値体系は、彼にとって極めて大事なものだ。

私は、カーティスが斯くも良識的な男であることを知っていたし、おそらく、困っている他の人々にも救いの手を差し延べてくれるだろうと考え、ジョンの仕事のことで彼に接触してみた。私は、自分の知っている若い黒人男性が、何が何でも仕事を必要としていることを飾らずに話した。そしてジョンが仕事を探す中でどんな問題や困難にぶつかっているか説明した。カーティスは煮え切らない様子だったが、躊躇う理由は率直に述べた。「イーライ、私はこれまで何度も何度も痛い目に遭ってきたんだよ。この青年だって、私に迷惑を掛けるような真似をするだけじゃないかね」。しかし私は食い下がった。ジョンはチャンスを与えられるべき若者なのだと何とか納得して貰いたかった。ジョンは四人の子供を扶養しようと努力している。身体も丈夫で、信頼のおける働き者だ。新しい仕事が、彼の人生にまさしく転機をもたらすことになるかもしれない。今の時給三・五ドルの代わりに八・五ドルを稼ぎ、今まで得たことのない職業保証のようなものを与えられたうえ、もちろんしっかりした健康保険にも加入できるのだ。

やがてカーティスは、まだすっきりしない様子ながら、態度を和らげてこう言った。「わかったよ。その子に、火曜日に組合本部に行って、ジョン・ハリスを探すように言ってやってくれ。私に言われて来たと言えばいい」。私が大喜びでカーティスに礼を言うと、カーティスは念を押した。「頼んだよ、イーライ。面倒を起こして私を困らせるような真似はするなとその子にしっかり言っておいてくれよ」。

私はすっかり浮かれていたものの、カーティスが乗り気でなく、ジョンに迷惑を掛けられることを懸念していることにも気づいていた。カーティスのような男は、必死で働いた結果、権威と名声ある地位に辿り着いているのが普通だ。そのため、自分の地位を危うくする可能性のあるような人間たちと親しくなりすぎることには、どうしても非常に慎重になりがちだ。カーティスから見れば、ジョンは典型的なストリートの人間である。彼のあらゆる部分が——つまり彼の若さや未熟さも、暴力で揉め事を解決しようとすることも、彼独特の責任の果たし方も——カーティスには許容し難いことなのだ。これはカーティスにとっては、正しい生き方ではない。彼は自分の子供たちを、責任感があり、法を遵守する、良識的な人間に育てた。フィラデルフィアに越してきて以来、誰に用心し、誰を信頼すべきなのか正しく判断するように努め、自分の子供たちをジョンのような人間たちから遠ざけてきたのだ。ジョンのような若者は真面目な若い女たちをトラブルに巻き込み、真面目な若い男たちをギャング仲間に引き入れてしまう。

大学の教授であり、友人でもある私からジョンを助けてやってくれと頼まれたことで、カーティスの人生にいくらか不協和音が生ずることになる。私に対する義務感もあり、またジョンに仕事を見つけてやって自分の力を示したいと望んでもいるからだ。

「面倒を起こして私を困らせるような真似はするなと、その子にしっかり言っておいてくれよ！」というカーティスの一言にこめられたものは大きい。カーティスのような黒人たちが、ジョン・ターナーのような人物の保証人になるときには、いくつかのレベルで不安を感じるものなのかもしれない。彼らはこの社会における人種偏見の歴史を理解している。だからこそ、自分がようやく得た地位も幾分脆いものであるように感じていることがある。たいてい彼らには、雇用者や仕事仲間の信用を勝ち取るために、必死に闘ってきた経緯がある。そういう人々が誰かを就職させるために保証人を引き受けるとすれば、その男性、あるいはその女性に全幅の信頼を置いているときだけだ。さらに、職場で一人の黒人に対して能力不足という判断が下されれば、他の黒人にもたちまち厳しい目が向けられることがあると一般に理解されている。組合の職場代表を務めるカーティスは、深刻に職を失う心配をしているわけではなかった。しかし彼はジョンが厄介な問題を起こして自分の評判が落ちることを、とりわけ比較的権力を持つ白人たちの目に自分が悪く映ることになるのではないかと懸念していた。こういった不安な気持ちを拭えないため、カーティスのような黒人男性は、他の黒人を仕事に推薦する際に、極めて慎重になるものだ。カーティスにとって、このような決断はできればしたくないものであることは明らかだ。それでも彼はジョンを助けることに決めた。兎に角やってみることにしたのだ。

信用と不安

新しい仕事に就けるかもしれないとすっかり興奮したジョンは、組合本部に行く気十分であった。組合本部が町の反対側に位置していることも、そこまで行くのに車もないことも問題ではなかった。彼は公共交通機関を使って、遅刻もせずに到着した。カーティスの指示通りにハリスと話をし、その場で名前を登録された。今や採用されるまで二週間待機するばかりとなった。採用されることは間違いなかった。カーティスがそう言ったのだ。そしてジョンは私の言葉を信じていた。

しかし一週間ほどして、ジョンを訪ねて彼の働くレストランに立ち寄ると、彼の同僚たちがこう言うのだ。「奴なら刑務所だよ」。ショックだった。「一体何があったんだ?」信じられない思いで私は尋ねた。

「ああ、彼はガールフレンドを叩きのめしちまったのさ」。一人の男が答えてくれた。

ジョンは雇い主に電話を掛けて、保釈金を払ってくれるように頼み続けていたらしいが、無駄な努力だった。私は思考が停止してしまった。数日後、ジョンについて何か聞き出せればと願って、彼の自宅に電話をしてみた。驚いたことに、電話を取ったのはジョン本人だった。「ジョン! 君は刑務所にいるんじゃなかったのか。一体何があったんだ?」と私が問うと、ジョンは説明を始めた。

そうだな、ええと、問題の女は、息子のテディの母親だよ。ええと、俺はガールフレンドの車を運転して、その女の家の近くまで行ったんだ。[また別の女性が生んだ]別の息子と一緒にな。俺は車をその女の家から離れたところに止めた。[こうしてこの車が彼女の視界に入らないようにした。これを知れば、彼女が腹を立てることはわかっていたからである。]それから[息子の]ジョン・ジュニアを連れてその女の家に行って、兄弟に会わせたんだ。ちょっとの間みんなで話をした。だが俺が帰ろうとすると、その女と、そいつの女友達がくっついてきやがって。車まで来ちまったんだ。俺は車に乗って、息子も乗せた。そのときだ、この女が煉瓦を車の窓に投げつけてきた。ガラスがそこら中に飛び散ってよ。まったく、小さい息子がそれで怪我をしてたかもしれないんだぜ。だから俺は車から降りていって、その女を思いっきりひっぱたいてやった。あいつはこんな奴じゃないはずなんだ。まあ俺は本気で殴ったわけじゃないぜ。平手で叩いただけだ。で、あいつは家に帰っていったんだが、お袋さんに告げ口したんだよ。友達が見てる前で、俺にぶちのめされたってな。あいつの母親はかんかんになって、警察を呼びやがった。で、警察がやってきて、俺が捕まっちまったってわけだ。

それでだ、イーライ。俺は四日間、刑務所に四日間入ってたんだ。ありゃとんでもないところだったぜ。イーライ、あそこはあんたにも見て貰いたいな。まあ聞いてくれよ。一つの牢屋に男が十六人位詰め込まれてるんだぜ。黒人ばかりさ。なんて気の毒な話だ。俺は犯罪者なんかじゃねえ。あれは俺の居場所じゃないぜ。何てことだよ。あんな場所にいたから、こんな酷い風邪を貰ってきちまったんだ。［このとき彼は、インフルエンザに罹っていた。］だが、それから俺の母さんがあいつの母親に話に行ってくれたんだ。で、本当にあったのはこういうことだって話したら、向こうの母親もわかった、ってさ。それからあいつの母親があいつを説得して、告訴が取り下げられたんだ。だから俺は出て来られたってことだ。まあそういうわけで今は出て来てるんだ、イーライ。続きはまたな。そうだ、イーライ。病院から電話があったんだぜ。俺、月曜日から仕事に行くことになったんだ。

新しい仕事に就く運びとなったことについては、彼に祝福の言葉を送った。だがこのとき私は、ジョンが一体どんな人間なのか、今まで私が彼のためにしてきたことも果たして良かったのか考え直し始めていた。それから一週間以内に、彼は病院の雑役夫として雇用された。彼は熱心に働いた。カーティスは私に、ジョンを気に入り、自分が面倒を見るようになったと報告してくれた。彼に仕事のやり方を教え、職場の文化に馴染む手ほどきをするようになったのである。ジョンから聞いた話では、カーティスは初対面のとき、彼に説教をし、忠告を与えたという。「いいかい、何をするにせよだ、問題を起こして俺を困らせないでくれよ。いい仕事っていうのはなかなか手に入るものじゃない。これがいい仕事だっていうのは、君にもわかっているな。ごたごたは起こすなよ。言われたことは守って、仕事には遅れずに来なさい。いいな、そうしていれば、何もかも上手くいくんだ。最初の三十日は試用期間だ。何の問題もなければ、晴れて組合入りだ。これで君も合格というわけだよ。現場監督の言うことをよく聞くんだぞ。まあ、要はしっかり働くことだ。何でも困ったことがあったら、私に相談しなさい。いいかな、坊や。君の教授は君をとても信頼しているんだよ。君のことをとても気に掛けているんだ。面倒を起こして教授を困らせてはいかんぞ。わかったな。教授を困らせるなよ」。

新しい職に就いて二週間、ジョンはとても上手くやっていた。

カーティスに彼の様子を尋ねると、たくさんの褒め言葉が返ってきた。「いやいや、あの子はよくやっているよ。なかなかの仕事ぶりだ。残業も頑張っとるよ。絶対遅刻しないし、言うこともよく聞く。うんうん、なかなかしっかり働く奴だな」。五週間が経過したとき、ジョンは際立って良い勤務評価を得て、非常に誇らしげだった。試用期間も無事に終わり、組合に加入を許されたのだ。組合加入は彼の人生における画期的事件であり、彼にとってどこか神秘的な魅力を持つものだった。彼はそれまで一度も労働組合に入ったことはなかった。組合と聞いて彼が思い浮かべるものは、真の力、自立、諸手当、職業保証だったのである。

さらなる災難

それから三週間近く、私はジョンに会わなかった。彼は上手くやっているものだと思っていたのである。ところが、そんなある金曜日の晩のことである。夜の十時に私はジョンからの電話を受け取った。その場で不安が私の胸を過った。普段なら、ジョンは午後四時から深夜まで仕事中のはずなのだ「やあ、ジョン。どうした?」私は尋ねた。

「困ったことになったんだよ」。

「何があったんだ?」

「あいつらが俺を刑務所に入れようとしているんだ」。

「あいつらって誰だ? 何があったって?」私は彼の置かれた状況を把握しようとしていた。

「二、三日前のことなんだが。家に帰ったら、母さんに紙切れを渡されたんだ。その日の三時半に裁判所に出頭しろと書いてあった。だから俺は行ったんだ」。

「君が何をやったというのかな」。私は尋ねる。

「罰金を払わなかったのさ。[ホフマン]判事は俺の言い分を聞こうともしないんだぜ。それに保護観察官ときたら、お前なんか見たこともない人間だっていうように振る舞ったんだ」。ジョンが答えた。

「それで、保護観察官との面談にはちゃんと行っていたのか」と私は続けた。

「ああ、週に一回ずつ。さぼったことなんてない」。

私は、ブロードウェイ・レストランで落ち合って話をしようと提案した。このブロードウェイというのは、五十二番通り(ウェストフィラデルフィアのゲットーを貫いて走る、商業施設の立ち並ぶ幹線道路)にあるよく知られたレストランで、手頃な値段で家庭料理風のソウルフードが楽しめる。早朝から真夜中まで営業しており、家族連れ、独身男女、若者をはじめ、あらゆる種類の黒人たちがここに集まってきていた。店内には高性能のジュークボックスが備え付けられ、午後から夜の遅い時間には、たまり場、ステージングエリアとして賑わっていた。ここにはいつも人が溢れ、お祭り騒ぎしていた。ジョンと私は、以前にもこの店で食事をしたことがあった。

午後十時を少し回った頃、私たちは店の前で会った。ジョンは異母兄弟のライネルと共にやってきた。ジョンはこれより二年前、父親からライネルの存在を知らされたのだった。私たちは店に入り、ボックス席に座って、料理を注文した。ジョンは酷く気落ちしていた。彼には、自分が問われている罪の重さがわかっていないようだった。彼は同じ話——母親に裁判所命令を見せられたこと、例の判事に無情な扱いを受けたこと、新しく彼の担当となった保護観察官(ジョンは良好な関係を築けていると思っていた三十歳の黒人男性)が判事に対してジョンを庇おうとしなかったこと——を繰り返すばかりだった。

「俺、罰金を払わなかったから、あの判事に刑務所送りにされちまったんだ。十一ヵ月から二十三ヵ月、刑務所だってさ」。ジョンが言う。「俺は、そんなことしないでくれって必死で頼んだ。金はどうにかするように考えるからって。判事は、じゃあ六ヵ月にしてやるってさ。罰金を払わなかったってことは、裁判所をばかにしてたことになるって言うんだぜ。俺は判事に訴えたぜ。俺はただ、家族と子供たちの面倒を見ようとしていただけなんだ。金がなかっただけなんだ、って。だが判事の答えは、刑務所に六ヵ月だ、刑務所に入る前に二日やる、だった。今の俺にできることは、せいぜい金をちょっと用意してくること位だってさ。そうすりゃ、刑務所に行かなくてもすむかもしれないんだと。ああ、刑務所なんて嫌だぜ」。ライネルと私は彼を憐れんだ。

「罰金はいくらかでも支払っていたのか」と私は尋ねた。

ジョンは答えた。「ああ、五十ドル払った。だが、俺は保護観察官とちゃんと話し合ったぜ。払える分だけ払っとけって、あっちが言ったんだ。俺に払う金がないんだったら、刑務所送りになんかされないって言われてたんだよ」。

「しかしな、ジョン。君は一時間八ドル五十セント貰っているじゃないか。週に最低でも四十時間は働いて、その上残業もしているんだろ。それでも、それしか罰金を払えなかったというのかい?」私は訝しんでいた。

「まあな、だが俺は母さんを助けてやりたいんだ。子供たちにも金をやりたいしな。いざというときのための金も取っておいている。子供たちのために……あいつらを大学に行かせるために金を貯めているんだ」。

「いいかな、ジョン」。私は口を挟んだ。「罰金を払わなければ、君は刑務所に行くことになるかもしれないんだぞ。君が刑務所に入ってしまったら、子供たちの傍にいて助けてやることはできなくなるね。向こう［裁判所の人々］は、ふざけているわけじゃないんだぞ。あっちは本気だ」。

ジョンは黙って頭を抱え、疲れ切り、悲しげな様子だった。ライネルが私の援護射撃をした。「おい、なんで罰金を払わなかったんだよ？　お前が刑務所送りになるなんて、俺は嫌だぜ。だがな、お役所には正義なんてものは通じないんだ。黒人の男に与えられる正義なんてあるかよ。あいつらの言う通りにしなきゃならねんだよ。お前は、ちゃんと金を払っておかなきゃならなかったんだ」。

ジョンはしょげ返り、酷く侘しげな表情でついにこう言った。「俺はあいつのところ［判事］に二百ドルに持っていって、あとの千百ドルも何とかしてみると言ってきたんだ。この金は、子供たちを大学に行かせるための金なんだが、銀行から引き出してくるさ。判事は、俺が罰金を払えば、もしかすると刑務所に行かなくてもすむかもしれないと言っていたからな。だからあの金を使うことにするぜ。イーライ、俺は刑務所に入るなんてご免なんだよ。やっと手に入れた本物のチャンスだ。今までで一番いい仕事に就いたんだ。これをふいにするなんていうばかなことはしたくないんだ」。

食事を済ませた後も、私たちは二、三時間話し込んでいた。ここでの話し合いで、ジョンが貯金に回していた金を引き出して、罰金の支払いに充てることが決まった。レストランを出て、私はライネルとジョンをそれぞれ家に車で送り届けた。

ここで、ジョンのような境遇にいる者のお金の使い方に注目して欲しい。第一に、金はいつも不足しているようなのだ。つまり金ができても、あっという間になくなってしまうらしい。金を手にすると、ジョンは友人たちや家族にとって大事な人間になる。彼は、母親の家に届く様々な請求書の支払いを助けてやっていた。ガールフレンドたちを素敵なレストランに連れて行ってご馳走し、子供たちには靴や服を買い与え、友達に金を貸してやり、あるいは単に浪費を重ね、多少の貯金もしていた。ジョンの稼ぐ金が増えると、その分出費しなければならない場面も増えていった。同時にジョンは、その中から幾らか——自分にできると思う分だけ——は貯蓄に回そうとした。ジョンはこの金を罰金の支払いに使わずに地元の信用金庫に預け、少なくとも千三百ドルの貯金を作っていたのである。彼は自己弁護して、子供たちに何かあったときのために金を持っていたかったのだと語った。「もしジョン・ジュニアが怪我でもして病院に行かなきゃいけなくなったらどうなる？　俺はそのときに現金で払えるようにしておきたいんだ」。職場の医療手当について尋ねると、彼はこう言った。「俺が組合に入ってやっと貰えるようになったばかりだよ」。

前にも述べたように、ジョンは父親が家を出て以来ずっと、自分が一家を支える男だという自覚を持ち続けてきた。彼の父親は、私がジョンと出会う七年前に出て行っている。父親の役割を引き継いだジョンは、責任感の強い人物として振る舞っている。彼は、母親や弟妹を助け、稼ぎの一部を母親に手渡すのは自分に与えられた義務だと感じでいる。彼の収入が増えれば、母親に渡す分も増える。子供たちに関しても、同じ方針である。子供たちへの義務を果たすために、複数のガールフレンドたち——子供たちの母親——のもとに現金を運んでいく。子供たちに靴を買ってやるという行為には象徴的な意味がある。小さいことだが、彼は良識的な父親や扶養者の役割を果たしているのである。

その翌日、ジョンは市役所に出向き、千ドルを罰金として支払った。ジョンは、この金を持って行けば、刑務所に行かずに済むのだろうと解釈していた。しかし実際に裁判官が彼に伝えたのはそういうことではなかった。裁判官は、新しい情報も加味して検討しようと言っただけだったのである。何の保証もないながら、罰金を支払ったことは前進とみなされるはずだった。ところが支払いを済ませたジョンは、刑務所に入れられ、六ヵ月の拘置と決まったのである。その晩、彼は私に電話をしてきて、「今、刑務所だ。弁護士が必要になった」と訴えた。早期仮釈放の申し立てをするために自分で弁護士を雇う必要がある、そうすれば考慮してやろう、と裁判官に言われたそうなのだ。

保護観察官

ジョンの窮地を考えるにつけ、私は彼と保護観察官の関係はどうなっていたのかと思うようになった。保護観察官はもっと気を付けて状況を監視しているべきではなかったのか。彼らの関係は、いい加減なものだったとは言えないにしろ、やや砕けたものではあったようだ。少なくとも当初は、この保護観察官はジョンの力になってくれそうに思われた。ジョンが彼に電話を掛けて、相談することもできる間柄だった。それにジョンは、面談の約束は必ず守っていたと言っていた。しかし裁判官の前で、ジョンが罰金を支払っていないという問題が持ち出されたとき、この保護観察官の態度は、非常に頑なで改まったものに変わった。ジョンが言うには、審問中、保護観察官が彼を無視し、「お前なんか見たこともない人間だっていうように振る舞った」ということだった。

保護観察官は、クライアントとのそのような打ち解けた関係は自分の職業的立場が危うくするかもしれないと感じて、自己保身に走ってしまったのだろうか。保護観察官が形式張らない態度で接することは、一方では、建設的で思いやりある行動であり、保護観察のより人道的目的に資するといえる。打ち解けた関係ができていたために、保護観察官は罰金の件でもジョンに強く言うことができた。他方で、こうした接し方は規則に忠実でないとみなされる可能性があり、その結果保護観察官に懲戒処分が下される恐れもあった。ジョンのような人々——トラブルを抱える、低所得、都市在住の黒人男性たち——は、制度内で働く人々の心の中では、一般に非常に低いステイタスしか与えられていない。このような人々と階級一つの違いしかない黒人保護観察官たちは、彼らと距離を置く重要性を殊更強くに感じているかもしれない。同じく重要な点は、黒人保護観察官には、ジョンらが地元の司法制度文化の中でどこに位置付けられているのかわかっていたということだ。自分がこの制度と対峙しなければならなくなれば、保護観察官は、おそらくまずは自分自身を守るだろう。

保護観察官がジョンの力になりたいと思っていたのは事実である。だがそれは彼にとって簡単なことではなく、改まった態度と打ち解けた態度を交互に見せることになった。電話で話してみたところ、彼はジョンを助けたいのだという意志を示した。私が何者かわかると、彼は話に乗ってきて、協力的態度で接してくれた。ジョンと裁判官の間の取り決めについて私に情報を与え、私と手を組んで裁判官に立ち向かおうとする姿勢も見せた。私が何とかしてジョンに仕事を続けさせる助けになろうとしていることを知ると、こう助言した。「お知らせしておかなくては。ジョン・ターナーは一旦釈放されて、刑務所に入る期間どうするか雇い主と話し合いに行ったのですが、このとき彼は、刑務所に入ることになったとは言わなかったんですよ。手術を受けることになったから、二週間休みたいと話してきたんです。だからあなたも、ジョンが刑務所にいるなどと、彼の雇い先に言わないでください」。彼はこう締めくくった。「他にも私にお役に立てることがあったら、どうぞご遠慮なく」。

私はこの申し出を受け、ジョンが刑務所から釈放されてきた後、保護観察官に二度目のインタビューを申し込んだ。このときのインタビューは先に記した私の分析を裏づけ、発展させるものである。

ジョン・ターナーは初めて会ったときに、私に嘘をつきました。初対面のとき彼は言ったんです。一週間前にも自分が私に会いにきて、そのとき何かもう話し合ったじゃないか、って。私は彼の嘘を見抜きましたがね。もうその場で、彼にはうんざりしました。それからこっち、彼のために特に何か骨を折ってやろうという気はなくなってしまいました。私が何とかしてやりたいと思う人間は他にいますからね。私は百五十人も担当しているんです。彼はそのうちの一つのケースに過ぎません。ジョンにはちゃんと言いましたよ。罰金を払わなければ、刑務所に行くことになるとね。いや、彼の手を握って、司法制度の中で困らないよう一歩一歩手引きしてやるなんてことはしませんでした。別の人たちにならーーもっと年を取っていて、ちゃんとこちらに応えてくれる人たちにならーーそういうことをしてあげるでしょうがね。若い連中は傲慢ですよ。世間のほうが自分たちにもっと何かしてくれてもいいじゃないかと思っている。年長の人たちにはもっと分別がある。こういう人たちのほうが、助けがいがあるというものです。

それにだ、この子には自分が悪いことをしているという自覚があったのが問題です。彼は、あの判事の評判も知っていました。私にわざわざ判事の話をしたほどですからね。あの判事は頭がおかしいってことをね。だから彼にはちゃんとわかっていたってわけですよ。彼は物事を自分の決めた通りにやる人間ですーー傲慢だし、誤魔化すのが上手い。何でも自分中心に考えています。凶器を持っていたことだって、向こうの連中が以前襲ってきたんだから、自分は悪いことをしていないと言える、と思っていたわけでしょう? それに、罰金を払う必要はないはず、と踏んでいた。彼はね、何とか誤魔化していければそれでいいんですよ。金を払う機会なんて幾らでもあったんだ。つまり、何かちょっとでも払っておくことだってできたんです。十ドルでも払って気持ちを表しておけばよかったんだ。しかし彼は何も払わなかった。それで彼に会ってみると、ゴールドのチェーンをじゃらじゃらさせていい服を着ているのだから、彼は金がなかったとは言えないでしょう。彼は判事の前に何度も呼ばれながら、それでも罰金を払わなかったんだ。それで判事はもうすっかり嫌になってしまった。判事は、ジョン・ターナーに自分が軽んじられていると感じていました。特に、彼が一晩で千三百ドル使い込んだときにはね。彼を刑務所に放り込んだとき、判事は最後に笑うのは自分だ、と思ったわけですよ。

それでも、最後のほうには、私たちは親しくなっていました。話も前よりするようになったし。彼のガールフレンドを駅まで歩いて送っていったこともありますよ。帰り方がわからないって言うんで。彼と話をしていて、夕食に誘われたこともありました。私は断りましたが。そこまで一緒にいてはいけないと思いましたから。だが、彼にはちゃんと理解させていましたよ。彼は自分が刑務所に行くことはわかっていたんです。しかしね、ああいう人たちにとっては、刑務所なんてどうってことない。彼らは刑務所に入ると、ぶらぶらして、トランプでもしているんだ。そんなに困ったとも思わずにね。刑務所など別に恐れちゃいません。だからこそ私は心配になるんですよ。彼らは刑務所に入れられるということを、私やあなたと同じようには考えていやしません。私の甥もね、今ちょうど刑務所なんですよ。だから甥から刑務所の生活について聞いているんですが。アルコール中毒者たちが何もせずうろうろして、ハイになっているそうです。刑務所の中で薬を作っているんですよ。甥は、私にドラッグの差し入れを頼んできた。信じられますか。私は今でも黒人コミュニティに住んでいます。こんな人間のくずどもから離れたいものですが、そんな大層な住宅ローンを組む力はないのでね、ハハハ。

私には、甥姪、合わせて十七人います。兄弟姉妹が多いもので。この子たちのことは何とか面倒を見てやりたいんですが、正直なところ、この若い子たちの中には、こっちが怖くなるようなのがいるんです。私やあなたのような人間に何を仕掛けてくるか、わかったもんじゃない。あの子たちは自重しません。刑務所だって怖くないんですからね。あの子たちに消され［殺され］かねませんよ。

社会化教育の過程

私はジョンのために新しい弁護士を探してきた。その弁護士の助けにより、収監されてから三ヵ月後、ジョンは労働釈放プログラムで刑務所を出られることになった。彼は病院の仕事に復帰した。このプログラムでは、ジョンは夜出勤できるが、仕事が終わったら刑務所に戻ることになっていた。ジョンは従順にこの義務を果していた。ただし、いつも上機嫌というわけにはいかなかった。彼は、看守たちが彼や他の服役者らに酷い仕打ちをするとこぼした。服役者を自分の奴隷のように扱い、掃除を命じることもあったという。また、刑務所の環境の悪さも彼の不平の種だった。ベッドの上には剥がれたペンキやアスベストが降ってきたし、監房はじめじめして寒かった。それでも彼は刑期を終えた。

次の一年の間、私は定期的にカーティスと話をして、ジョンの仕事ぶりを確認していた。概ねカーティスの報告は非常に肯定的で、ジョンは良く頑張っていて、遅刻もせず、やるべきことをやっているということだった。しかしジョンの話によれば、ある点で、カーティスや職場の他の人々は、彼に辛い思いをさせていたということだった。これは興味を引く話だった。雑役夫として働いていた男性のほとんどは、堅実な、労働者階級の黒人男性であり、彼らは一般に労働倫理を会得し、教会に通い、良識的な家庭生活を営んでいることを誇りにしている人々だったからである。さらに深く事情を尋ねていくと、彼らの多くは、ジョンが自分たちの集団に割り込んでくるのに反発していたのだとわかった。当初カーティスが懸念していた点の多くと重なる理由で、ジョンは彼らに警戒心を抱かせる存在だったのである。彼らは家族を大事にする男たちで、今手にしている幾らかの特権を掴むために必死で働いてきた。ジョンはそういう彼らの価値観を、現実的な意味で、脅かしていた。ジョンは彼らから見れば、彼らの領域に侵入してきたよそ者なのである。

ジョンは、仕事場の他の男たちよりずっと若かった。彼らはジョンを、社会化される必要のある――「育てられる」、ことによると間違っているところを教えられる必要のある――人間だとみなしていた。彼らの疑いの目は、ジョンがたくさんの女性と交際していること、結婚せずに子供を作っていること、これらの女性や子供たちの面倒を見る姿勢がどこか思慮に欠けていること、それから彼が刑務所から出勤していることにも向けられていた。これに対して、彼らの中にはジョンをからかって「中途半端な男」と呼ぶ者たちもいた。彼らに言わせれば、ジョンはまだこれから苦労して経験を積んでいかなければならないのだ。

ストリートの世界にいるジョンのような男は、赤ん坊がいることや、手先の器用さ(喧嘩できること)を、それに刑務所で過ごした経歴さえも、ある程度誇りにしているものかもしれない。ストリートのコードに従えば、こういう特質を備えていることが、男らしさの確かな証になる。しかし良識的価値観によって見れば、こういった行動様式は無責任で、危険なものですらある。自分自身を良識的で責任感があるとみなしている男たちは、世のジョン・ターナーたちを避けるか、彼らの矯正を試みる。そこでジョンの仕事場の男たちは、彼を冷やかしの種にして、面と向かって彼を冷やかした。ジョンが交際相手の女性たちや子供たちに寄せている愛着をせせら笑い、そうすることでジョンの顔に泥を塗り、自分たちは彼の過去の行いを容認していないということ思い出させようとした。彼らは、ジョンがきちんとした尊敬に値する振る舞いを身に付けるように育てたいと望んでいたのだが、彼らのやり方は、しばしばジョンの気持ちを傷つけていた。

例えばカーティスは、長老としてジョンを助けてやろうとしていたにもかかわらず、他の者たちがジョンをからかうのに加わるようになった。あるとき、こんなことがあった。仕事が始まる前、男たちが突っ立っているところに、女たちの一団が通り掛った。男たちは、女たちを品定めして互いに囁き合った。このときカーティスは、他の男たちの耳にも届く距離で、ジョンの婚外子たちの存在に暗に触れながら、ジョンにこう言ったのだ。「君、そいつをちゃんとパンツの中に閉まっておくんだぞ！　今いる子たちの面倒だってまともに見られないんだからな」。ジョンをだしにして、男たちは大笑いした。ジョンはカーティスが「俺自身の問題をおおっぴらにしやがった」と感じた。こうしたからかいは、悪気のないものであっとしても、すぐに、ジョンをうんざりさせる、不快なものになっていった。

同時にストリートがジョンに手招きしていた。ジョンはもっと金を稼ぎたかった。以前、ギャングのメンバーだった彼は、ストリートで生きる術を心得ていた。それに彼は、職場の人間たちに、自分は彼らの侮辱に黙って耐える必要などないのだということを教えてやりたかった。そしてある日、突如として彼は仕事を辞めた。正式な通告は一切なかった。ただ、仕事に来なくなっただけである。私がこの事実を知ったのは、それから二ヵ月も経った後、カーティスとばったり会ったときのことだった。私はカーティスや職場関係者数名と話し、ジョンとどんなことがあったのか聞いた。ここで私は、上に記した話を知ることになったのだ。彼らは（ジョン本人が働くのが嫌になったのだと主張し）自分たちが何をしたかについては多くを語ろうとしなかった。しかし会話を進める中で、彼らがジョンをからかいの対象にしていたこと、ジョンに社会化教育を施し彼らの物事のやり方を学ばせようとしていたのだが、同時に彼らの価値観を守ろうとしてもいたことがわかってきた。

その上、ジョンの子供の母親たちが、彼にいろいろと要求してくるようになっていた。彼の収入が安定し、充実した諸手当も受け取るようになると、この母親たちの何人かが彼に法的要求をしようとした。彼女たちは「市役所に行き、彼に対して書面手続きを取った」のである。給料の一部を持っていかれる可能性が出てきたことは、彼が仕事に対する熱意を失った理由の一端ではあった。しかし彼はこれだけのことであれだけ条件の良い仕事を手離したのではなかった。もう一つの重大な要因は、彼が強い絆で結ばれている母親がフィラデルフィアを去り、南部に行ってしまったことだった。彼は母親と共にいる必要があったのである。

ドラッグ取引

およそ一年後、私は町でばったりジョンに会った。握手を交わした後、彼は、また会えてとても嬉しい、これまで何があったのか話したいことがたくさんあるので、どこかでゆっくり話せないか、と言った。そこで私たちはあるレストランで会い、互いの近況を話し始めた。ジョンはここを離れなければならなかった事情を語った。母親が手術を受けることになり、彼が一緒にいてやる必要があったのだという。しかし話を始めて十分も経たないうちに、ジョンが言い出したのだ。「イーライ、あんたはいつだって俺にとっちゃ年上の友達みたいなもんだった。あんたのことはとても尊敬している。だからあんたには嘘はつけないな。イーライ、俺はドラッグを売っていたんだ」。

これは衝撃的ではあったが、あながち信じられない話でもなかった。次に私の口から出た質問は「それで、いつ辞めたんだ？」というものだった。

「二週間前さ」と彼は答えた。

私は「なるほど」と返す。相当面喰った私は、一体彼はどうなってしまったのかと思いを巡らし始めた。私は心の動揺を隠し、気分を害した素振りを見せまいとした。私がそうした様子を見せれば、彼は過去について口をつぐんでしまっただろう。私は彼の過去を是非とも聞き出したかった。もっと聞かせてくれるように促すと、彼は話を続けた。

今一番人気なのは、キャップ「クラック」、一服五ドルだ。十七、十八の高校を出たばかりの若い連中が大勢、街角に立ってキャップを売っているんだ。お互いに喧嘩して場所を取り合う。五ドルのために人を殺しちまうんだぜ。ごたごた「暴力沙汰」が起こるときはたいてい、ドラッグ取引でいんちきしただとか、縄張り争いだとかが原因だ。キャップじゃなくて、瓶に偽物を入れて売っている連中がたくさんいるんだぜ。そうだよ、いんちきしてるのさ。五十五番通りで、たかがキャップ三つのために殺されちまった男がいる。まだ十八歳位だったはずで――ララっていう名前だった。年がら年中こんなことばかりだ。まるで伝染病だよ。

それに、エマニュエル・デイビスっていう男がいるんだが、こいつも殺されちまった。キャップを売って、いんちきをやっていたんだ。こいつは「大物」だったんだぜ。心臓をズドンとやられちまった。俺はこの男がのし上がってきた頃のことを知ってる。つまりだ、俺がまだギャングにいた頃、こいつは別のギャングにいたんだよ。聞いた話では――内部で流れた話だと、連中「ライバルのドラッグ・ディーラーたち」が、奴の売り物を奪おうとしたらしい。女たちに関しちゃ、何だか妙な具合なんだよな。昔、学校で一緒だった美人たちと、俺は今、顔を合わせるようになっているんだが――なあ、ガキの頃はなかなか手も出せなかったような、そういう女だぜ。それが今じゃな、こっちが五ドル持っていれば、そいつらがペニスも吸う、ケツも舐める――たった五ドルのためにだ。屑みたいな金のためにだぜ。何でこうなっちまうのか、俺にはわからん。だがこのドラッグは強力だ。どうだよ、インテリにもこいつにすっかり溺れちまってるのがたくさんいるんだぜ。まさかこの人が、って驚くような連中さ。そうだな、俺が今住んでいるところ「ノースフィラデルフィア」じゃ、八番通りとジラード通りの交差点の近くに、白人がたくさん集まってくる。ここに通ってくるんだ――いい仕事に就いて、立派な車に乗っている連中がたくさん。そいつらにとっちゃ、家族よりこのヤクが大事っていうわけだ。

俺の考えを言わせて貰えば、人の人生めちゃめちゃにしちまうのが、このコカイン、パイプだよ。こいつは危険だぜ。こいつは別名、カーク船長だからな――テレポーテーションだ、スコッティ、というわけさ。ガラスのペニス――とも呼ばれてるんだ。どえらい代物だ。俺のダチにもこいつを作って、売って、どうだ、儲けてるのがたくさんいる。俺がジョージアから戻ってきてみたら、ダチが大勢、こいつを売ってるじゃねえか。俺がギャングで頑張ってた頃の知り合いだよ。最初は売るだけの奴が多かったらしいが、そのうち自分も手をだしちまったんだ。俺のいとこにもそういうのがいるんだよ。毎日、彼女を見ているのは辛いぜ。以前は、ちゃんと起きて、いつも活動的で、やるべきことをちゃんとやる女だった。それが今は、誰かが一発分［クラック一服分］持ってくるまで、一日中ベッドから出ない。一日中ベッドに横になったままなんだぜ。それに今じゃ、みんな、福祉の世話になっているようなんだ。前はちゃんと働いていた人たちがだぜ。福祉の世話になっている人間の百人中九十人が、薬漬けの連中らしいぜ。とにかくそういうことだ。

それにドラッグを手に入れるためなら、奴らは何でも売っちまう。食糧切符だって売っちまうんだ。韓国人の店があるだろ。ああいう店が連中の食糧切符を買い叩くのさ。連中が食糧切符を売っちまうから、そいつらの子供たちは食べる物がなくて、腹を空かしてる。俺はな、そういうのを見ているんだよ。このヤクの一番の被害者は子供たちさ。なのに、どうなっているのかちゃんと調べてみよう、って奴はいないんだ。誰もちゃんと調べないんだよな、イーライ。例えばだぜ、コカインに嵌った女で、シーラっていうのがいるんだが——この女は七歳の息子を連れて俺達の地区にやってきたんだよ。黒人地区にやってきた人間が白人だったら、どうなるかわかるだろ。みんなが寄ってたかってそいつを騙す。でな、俺らのところに現れたこの女は、ドラッグに六百ドルつぎ込んだ。で、俺と自分の小さい息子の目の前で吸った。それでだ、その後、家に帰れなくなっちまったんだ。家に帰れなくなってよ。俺んちに来たんだ。そんな酷

い状態を見せられて、俺、ちょっと気の毒になったんだよなあ。シーラは食べる物も持ってきてねえ、息子はその辺をうろちょろ走り回っている。ハイになるために金は全部使っちまった。いいか、とにかく俺はこの女が気の毒になったんだ。俺はこいつに金をやって、食べ物でも買えと言ったよ。つまりな、こういう連中と一緒にいたら、金を持ってる奴がキングになれるんだよな。白いコカインでも持っててみろ、この世のキングだぜ。そうキングだよ。

イーライ、あんたには嘘は言わないぜ。実は俺もヤクを売ってたことがある。クリスマスの前に、二、三上手くいかないことがあってさ、簡単にすぐ稼げる金が必要になったんだ。あんたになら言える。だが誰にでも話す、ってわけにはいかなかったよ。だってな、確かに俺はあんたが博士だから尊敬してるよ。でもな、年上の友達としてもあんたを尊敬してるんだぜ。だからあんたに嘘をついたことはない。俺はな、あるときから辛くなり始めたんだよ。ある日、女が十二人、俺んちに来て、キャップをくれと言った。その女たちは金を持ってなかった。だがな、俺はちょうどついてなかっただけなんだ。いろいろ不運が重なって金に困ってただけなんだ。だってさ、本格的にドラッグ・ディーラーになるなんて、俺にはそんなつもりはなかったんだからな。いいか、ディーラーとして成功するには、心からそう望んでないとだめだ。それに本気じゃなきゃだめだ。俺の気持ちは違ったんだ。イーライ、俺はそういう人間じゃない。いいか、

ドラッグを売ってるとな、人が寄ってくる。車を洗わせてくれだとか、何か買い物に行く用事はないかだとか言ってくる奴が後を絶たない。俺はキングの扱いを受けたぜ。何だって俺の物になったさ。ジャケットだとか、いつも欲しいと思っていた物が手に入った。だが、俺はずっと真面目に働いてきた人間だ。こういうドラッグを売るような連中は別の種類の人間さ。ちょっとでも自分に誇りを持っていればだな［そういうことを上手くできるはずがない］。

ありとあらゆる人間が俺の家に来るようになった。夜通し誰かがジョンはいないか、ドラッグをくれって、言ってきた。夜の何時だろうとお構いなしさ。早い話が一日中誰かが来てた。朝の二時ならまだ早いぜ。朝の三時。朝の五時、六時、七時にだって来る。奴らはいろんなものを持ってくるんだ。テレビだろ、ビデオデッキだろ……。ハイになりたいばかりに、食糧切符を全部売っちまった女もいた。これを知ったときには、気の毒になったぜ。その売った相手っていうのが、俺が使ってた男の一人だったんだ。これがわかったとき、俺は本当に頭にきた。心が痛んだよ。で、次の日、その女が住んでいるところを探し当てたんだ。俺は食糧切符を返したよ。いや、少なくとも半分返したかな――その人の子供たちのためにさ。悲しくなるだろ。もう心の中で涙を流すしかないさ。どんなかわいい女の子も、きれいな女も、みんな同じだ。そういう女を実際見てみろ、「ヒェーッ」と驚くぞ。つまりだ、ドラッグのためなら、何でも見境なくやっちまうってことだよ。

商売を始めた頃、俺はドラッグ・スポットに通った。そこに腰を下ろして、どんなもんだかじっと観察してたよ。ああ、ドラッグ・ハウスさ。イーライ、あんたにもそこにいる連中の様子を見て欲しいぜ。ヤクを一服するとな、床をのたうち回り始めるんだ。酷いもんだ、そこら中ごみだらけだった。マッチが散乱してさ。足の踏み場もなかった。奴らは一切片付けないからな。本当に何にもしないんだぜ。一番のご馳走がウードゥルズ・オブ・ヌードゥルズのカップヌードルで、それしか食べない。クラック喫煙者は食べないんだ。こいつは強力だからな、すっかり支配されちまうんだよ。これに手を出さないようにするには、気持ちを強く持たないとだめだ。人の真似はだめだぜ。そうだろ、俺はいつでもリーダーとして生きてきたんだからな。今じゃ俺の家族全体が薬漬けだ。だから俺はここまで詳しいことを知ってるってわけだ。俺はすごく傷ついた。だから家族が俺のところに来たとき、俺は足を洗ったんだよ。ぼろぼろに傷ついたんだぜ。いとこが俺んちに頼みに来たんだ。「ジョン、俺にも仕事を手伝わせろよ。こっちにも一箱よこせ」だとよ。こういうのにもし分けてやったりしたら、まず俺のところに金は戻って来ねえ。自分で穴埋めすることになるんだよ。そうしなきゃ、自分がやばくなるだけだからな。とんでもないことだぜ。めちゃくちゃだ。

こうして俺はきっぱり手を引いた。中には腹を立てていた奴もいるぜ。でも俺はきっぱり辞めた。俺に文句を言ってくる奴らがたくさん出始めていた。「俺の縄張りで商売するんじゃねえ。てめえはこの人間じゃないだろ」って調子だ。これがどういうことかわかったから、俺は足を洗った。これはギャングの争いみたいなもんなんだ。ギャングの縄張り争いだ。俺には俺の所場〔縄張り〕があった。だがな、俺の商売は繁盛してたんだよな。俺はサウスフィラデルフィアに売りに行ってたんだが、そこの商売のやり方なんて俺は知らん。どうやったら儲かるかだとか、俺にはわからねえ。だからとにかく混ぜ物なしのヤクを売ったら、客はそれが気に入ったってことだ。いいか、例えばこういうことだぜ。俺とあんたは別々のところに住んでたとする。で、客はみんなこっちに集まってきてたとするだろ。だがそこに、あんたが来て混ぜ物なしのコカインを売り始めたらどうなるかってことだ――そりゃ大変なことになるだろ。実際、客はみんな俺のところに集まり始めたんだよ。これじゃ俺は殺されかねない。こんな生活からはもう抜け出さなきゃならんと悟ったんだ。

だが、俺はがっぽり稼いでいたんだぜ。一番儲かったのは、木曜日や金曜日の晩だったな――一晩に千五百ドル、千六百ドルが転がり込んできた。これが、ほら、仕入れの支払いの分を引いた俺の儲けだ。半オンスに四百ドル払って仕入れたとすると――普通の日でも八百ドル、九百ドルはまるまる持って帰れた。だがな、いろんなものがこっちに向かってくるのがわかったよ。俺から金を奪おうと狙っている奴らがいた。俺は金を持ち歩き過ぎていたんだ。周りの人間にもばれていた。俺の家を見張っている奴らもいた。それに本当に信用できる奴なんてどこにもいない。どこに行くにも俺は銃を持ち歩かなければならなかった――九ミリメートル口径のやつだよ。これじゃあ、どんどん悪い方向に行っちまう。俺は落ちた先がどんなものか知ってるじゃないか。昔はそういう状態だったんだからさ。それにしてもだ、あれは妙な体験だったよ。大勢が買いに来て、ハイになってさ。

いいか、俺はもうコカインを売っちゃいないんだ。俺はずっとコカインは好きじゃなかった。俺がまだひよっ子だった頃〔駆け出しの頃〕にはもう、弟はそいつを売ってた。あいつ、「まあいいから、ちょっと吸ってみな」だとかほざいてたな。俺の鼻にヤクを押し付けてきやがった。我慢ならなかった。俺はお断りだ。俺が人生で吸ったことがあるのは、マリファナだけだ。マリファナだってもう吸わねえ。あれをやっていた頃は、そうだ、ジムにも行けなかった。本当にいかれた生活だよ。すっかりいかれた奴の生活だ。俺はこういう連中がどう行動するのかじっくり見てたんだぜ。つまりな、女たちが下着も履かずにいる。あっという間に服を脱いじまう。こんな風に言い寄ってくるんだぜ。「そこの兄ちゃん。ちょっと耳を貸してよ。ねえ、一緒にあっちの部屋に行こうよ。何だってしてあげるよ」。それでこの女がこいつをものにして、この男の金が底を突いたら、次に金を持って現れた男に、この女はまた言い寄るかもしれないぜ。「そこの兄ちゃん、一服させてくれたら……」とな。どうだよ、最悪じゃねえか。この女は捨て身なんだ。知り合いの女たちがさ、あのくだらねえコカイン一発のために、人生投げ出しちまうんだぜ。

俺の知ってる女の話だが、いい子だぜ。シェールって名前の、きれいな女だ。きれいで、グラマーなんだ。この女、近所に引っ越してきたと思ったら——ほんとにあっという間だったな。二週間位してこいつのところに行ったら、パイプをやってたよ。もう手当り次第どんな男とでも寝てるんだ。すっげえ［とても魅力的な］女だったんだぜ。家に連れて帰って「母さん、どうだ？ いい子だろ？」って自慢できるような女だったんだ。だが今じゃ誰の相手でもするような女だ。たかが一服するためにな。初めてに会ったときには、俺なんか近寄れなかった。今じゃ誰だってこいつを自分のものにできる。俺はもうこの女に用はないけどな。ああ、もう願い下げだ。美人だったがな。クラックを吸う奴、クラック中毒の女は、すぐに見分けがつくぜ。髪はぐちゃぐちゃ。いつも髪をスカーフで覆っている。それでゾンビみたいに夜のストリートをうろうろする。地面に目を落として何かを探しているんだ。探し物はそりゃコカインさ。

あいつらは売春婦だよ。コカインにやられた売春婦だ。こういう女たちは口も上手い。男を嵌めてくるからな。あの薬を手に入れるためなら何だってやるんだ。一発のためにな。コカインが、女をインスタント娼婦にしちまう。誰かがこの女たちをハイにしてやったとする。きっかけは女友達ってことも、ボーイフレンドってこともあるだろうよ。そりゃすごくいい気分になるんだろうな。だから女たちは「これをもっと貰うにはどうすりゃいいの？ あの人たちがこの薬を売ってるの？」と聞く。驚くような速さで落ちていく奴もいるさ。でさ、女はちょっとこれに手を出すと、売春婦にされちまうんだよ。あっという間の出来事さ。ドカン！ と一発だ。そいつらが知りたがっているのは、どこに行けばもっと薬が手に入るのかっていうことだ。こんないい気持ちにさせてくれるもの、今までにあった？ まあ、こんな気分になるんだろうな。これでインスタント娼婦にされちまう。そう、インスタントだ。牛乳にクイックを入れたときみたいにさ。チョコレート味のクイックを牛乳に入れたら、インスタントチョコレートの出来上がり。こんなものに手を出してみろ、インスタント娼婦の出来上がりだ。一回やったら一巻の終わりだ。たった一回でだ、イーライ。

女たちの中には——いや、ウーン、そうだな……。一発やるためなら、何だってやるのがいる。俺のダチのトレイシーは——トレイシーのことは知ってるよな——女たちに芸をさせるのが趣味なんだぜ。月に向かって吠えさせるんだ。月に向かって吠えろ、つまりヤクが欲しけりゃ犬になってみろってことだ。で、そいつらは言うことを聞くんだよな。もうなり振り構わず何だってやるのさ。そんなもののために人殺しする人間だっている。ニュースになってたよ。自分のお袋も親父も殺しちまった若い男の話だ。そいつは一日中洗車場で働いて金を稼いでたんだが、奴の金目当ての女が飛び付いてきた。一回手を出したらもう終わりだ。どこで罠［麻薬中毒になるきっかけを作る人間］に引っ掛かるかなんてわかったもんじゃない。「よお、姉ちゃん、ハイにならねえか？　こいつを試してみねえか？　楽しいぜ」。ここで、「そんなもの、興味ないよ」と言えるほどまともだったらいいんだが、そこで、「まあ、どうってことないか。やってみようかな」と答えちまったら、ドーンと来てあの世行きだ。一度やれば終わりだ。

このヤクをやって抜け出せた奴なんて、お目にかかったことねえな。給料全部持って来た奴らなら知ってるけどな。俺は、麻薬を入れた袋を持って所場の辺りを見回った。ふざけた真似をする奴がいねえかじっと見張った。ぐるっと辺りを見回してな。まあ、俺はストリート育ちだからな。客たちは現れては消え、また現れるんだ。あの男が持ってきた金は給料全部だったのかもしれねえな。そいつはまず五ドル使った。次に戻って来たときに、「キャップを四つ、頼む」［と言った］。これで二十ドルだ。そしてその次は、「もう一回四つ」。「あともう四つだ」。「もう一回くれ」。——さらにもう一回。そしてこの男はまた戻ってきた。「キャップ四つ、十五ドルで売ってくれないか」。この男、その後も戻ってきてたかもな。とにかくこいつは

四百ドル、五百ドル、と有り金をはたいた。「キャップくれよ」。仕方ねえから二つばかりこいつにくれてやったこともあったかもしれん。するとこの男はまたやって来た。「この時計を売りたいんだ。こっちゴールドのチェーン、いくらで買い取って貰えるかな？」こんな調子だから、俺の家には宝飾品類がごろごろ転がるようになった。金に換算すりゃ、四千ドル近くになるぜ——そういう高価なものをだな——俺は五ドル、十ドルで手に入れたんだ。俺がほら、今着てるジャケットだって、店で買えば二百五十ドルもする代物だ。俺はこれを十ドルで買い取った——まあキャップ二つでな。ビデオデッキだってストリートに持って行けば、二十ドル、二十五ドルだ。さっさと手放しちまう。俺の知ってる野郎のいかれ方は半端じゃなかった。奴は自分ちの戸を開け放して、こう言った。「入れよ、何でも欲しいものを買っていってくれ」。奴は冷蔵庫も、洗濯機も売っちまったよ。俺はもうジャケットなんてうんざりするほど手に入れたぜ。レザージャケット？　もちろん、レザージャケットもたくさん持ってるさ。

俺が足を洗った本当の理由を言うとだ。俺は薬を取り置きしていたんだが、警察が来たんで、ちょっと始末したんだ。俺が取り引きしていた男は、俺に品物を前渡し［信用販売］していたんだ。俺、それまでのつけを払わなきゃならなくてさ。それで俺は見事に破産しちまった。確かに稼げるんだが、こういう金はあっという間になくなっちまう。働いて稼いだ金とは違うんだ。仕事で稼いだ金は、銀行

に振り込まれるだろ。で、自分は家に帰ってぐったりするんだ。ここで［麻薬売買で］稼ぐ金は違うんだよな。すぐに手に入る金っていうのはな——稼ぐのも簡単だが、消えるのもあっという間なんだよ。給料まるまる浪費しちまう奴らがごろごろいる。そうなったら、もう前の生活とは全然違うよな。俺はさ、母さんと父さんに育てられたんだ。父さんは最高の父親じゃなかったが、それでもまあ悪い人間じゃなかった。それに長老たちがいてくれた。長老たちが、若い連中の教育に手を貸してたんだ。だが時代は変わった。そういうのはもう、遥か海の彼方だ。そういう時代は終わったんだ。しかしだ、他の連中は新人たちを引きずり込んでいるぜ。まだほんの若いのを仲間に引き入れて、商売のやり方を教えているんだ。今は新しいタイプの奴らの時代だ。新しい奴らがどんどん育ってる。

イーライ、これにはな、終わりがないんだよ。これのせいでこの世の終わりが来るぜ。これに終わりはないんだからな、イーライ。一度嵌ったらもう元には戻れない。こいつに手を出して、人生すっかり変わっちまった奴らを知ってる。奴らは「まあいいか」と簡単に言うんだが、そこからもう後戻りはできないんだよ、イーライ。こいつのせいでこの世は終わるんだ。見てみろよ、医者や弁護士たちだってあちこちでやってるじゃないか——そうだろ？　それは自分の知り合いかもしれない。それが全然知らない生き物みたいなのさ。話し掛けてもロボットに向かって物を言ってるようなもんさ。こんな状態で自分にできることと言ったら、大切な人たち、家族の傍を離れないことだけだ。外の世界はまるで無法地帯だからな。

こいつは本当に手に負えねえもんだよ。もうすぐこの世は終わるぜ。［冗談抜きでな。こいつには敵わねえよ。警察も、牧師さんも役立たずさ。そうだな、例えば——エイズよりもたちが悪い奴だ。俺だったらエイズになったほうがまだましだぜ。だってエイズなら、やられるのは肉体だろ。心が死んじまうのはごめんだぜ。自分がばらばらになっていくのを見ていなきゃならないんだからな。立派な車を乗り回していた人間たちだって、次に見掛けたときには、もうそんな車になんか乗っちゃいないんだ。その次に見掛けると、無一文になってて、またその次は、ヤクを売り歩いている。仕事も失っちまってな。こういうことは、これからも変わんねえだろうな。

昔、イーライがまだ若かった時代はさ、それかイーライの時代よりちょっと後なんだろうけど、みんなニードルを打ったり、ぶらぶら時間潰ししたりしてたんだよな。今みたいに、中毒になるようなもんじゃなかった。今のドラッグ［クラック］は、中毒性がすごく強いんだ。すぐに頭がいかれちまう。こいつをやってるところを見たことのある奴は、一人残らずまだやってるよ。嘘じゃないぜ。

たくさん稼いでればな、ゴッドファーザーになれるんだ。俺はしばらくそっちの世界に引っ掛かっていた。そうだ。赤いブロンコを乗り回してたよ。ブロンコはリースしたんだ。特大の赤いブロンコだぜ。ゴールドのジュエリーを付けて、女も、娘も連れてさ。俺がこの車で出掛けてくと、みんながこっちに駆け寄って来たんだぜ。「よう、ジョン、調子はどうだ？　車、洗ってやろうか？」ってな。それにキャデラックも持ってた。七八年型のキャディー、クーペデヴィルさ。「ちょっと、すごく素敵な人よ」って、女たちにも騒がれたな。いいか、こいつらも、俺がドラッグで商売してなかったときには、俺になんか目もくれなかったんだぞ。それがどうだよ、この世で最高の男になっちまうんだもんな。俺はキング・ジョンになったんだ。

　俺は危ない橋を渡ってたんだ。だってそうだろ？　いずれはあいつら［警察］に目を付けられ、追っ掛けられて、捕まっちまうんだぞ。俺はそんなの嫌だね。だから俺は身を退いたんだ。俺はな、利口なんだよ。今、人に会うと言われるんだぜ。「ジョン、どうした？　何で派手な生活はもう終わりなんだ？　何に嵌ってるんだよ？」そんなんじゃねえ。俺はもう手を引いているのさ。俺には見えてきたんだ。コカインで捕まれば、刑務所送りになるじゃねえか。それが嫌だったら、おしまいにしなきゃならなかった。だってな、俺、九月に刑務所に入れられたんだ。出て来られたのが九月十九日。俺の誕生日は九月二十一日だ。俺は七百五十ドル払わされてよ。サツに捕まったとき、俺のトラックの中は調べられなかったんだ。まずな、女が俺のクラックを盗んでいった。二百五十ドル分だった。俺はそいつのアパートまで行って、玄関の戸を叩いたんだ——ドーン、ドーンと乱暴にだ。乗ってきたトラックは道の真ん中に止めてあった。ピックアップ・トラックで来てたんだ。赤いピックアップで、ビッグ・フットみたいなごついタイヤが付いててさ。座席の位置が高いんだぜ。こいつはアトランタにいるときに買ったんだよ。ドラッグで買った車じゃねえ。ちゃんと金を払って買った、正真正銘俺のもんだったんだ。七八年型さ。ほんとにでかいタイヤを付けてたからな、乗ると宙に浮いてるみたいなんだぜ。四輪駆動でさ。このトラックで乗り付けたんだよ。俺がそいつのアパートのドアをドンドンやったのは、早朝だった。おい！　さっさと俺のヤクを出しやがれ。俺は乱暴に振る舞った。わかってくれよな、これは本当のジョンじゃないぜ。キングなんだ。そしたらこの女、サツを呼びやがった。俺がうるさくて迷惑だってよ。サツが来たって、俺がこいつの家に来た理由なんて言いたくねえ。この女にブツ［ドラッグ］を盗られたなんて、言えるかよ。こいつは狂ったようになってた［麻薬が必要な状態だった］。ヤクに手を出したあと、もう手に入らなくなったらな、狂っちまうんだよ。

　俺はもうそんなものに手出ししてないぜ。だってよ、俺はリーダーだからな、正真正銘の。それに俺は利口過ぎてよ、そんなものにいつまでも関わってるほどばかじゃねえのさ。俺の大切な人間たちが、たくさん命を落としていったんだぜ。俺はこんなヤクのためになんか、死んでたまるかよ。まあそういうわけで俺は刑務所に入れられた。トラックの中は調べられなかった。もしトラックを調べられてたら、シートの下に隠してた千三百ドル相当のキャップが見つかっちまうところだったんだぜ。俺はちょっくらヤクを届けようとしてたんだよ。ポケットには八百ドル入っていた。サツはトラックの中は全然調べなかった。そん中には三十八口径ピストルも入っていたんだぜ。一つ間違えば俺はまだ刑務所の中だよ。なあ、イーライ。ドラッグの売人だったときのことをあんたに話してると、あんなことやらなきゃよかったと思うぜ。でもな、そのときはすごく楽しかったんだ。そう、いろんな所に出掛けて、いろんなものを買った。好きな女を高いレストランや、宝石屋に連れて行ってやれるっていうのは、気分のいいものだな。オードリーに――この女と結婚しようと思ってるんだが――飽きるほどゴールドのイヤリングを買ってやったし、それにな、小さな車も買ってやれたんだ。二ヵ月で、一生分の金を稼げたからな。

なあ、ドラッグ稼業から足を洗うのは簡単なことなんだよ。でもな、この商売に付いてくるトラブルから抜け出すってのは、なかなか厄介なことだぜ。だから俺は一抜けしたんだけどな。俺は一番簡単な方法で足を洗った。商売が上手くいかなくなったんだ。ここんとこ三ヵ月、文無しだったんだぜ。今は少し楽になってるけどな。最初からそんなものに関わっちゃいけなかったんだ。連中が来てさ、俺がどの程度の奴か見ていくんだよ。嫌なもんだぜ。でもな、ジョンっていう男は何事も恐れねえ。俺は誰かのことを恐れたことはないんだぜ。いいか、俺はストリートでのし上がって、ボスみたいな、ギャングのリーダーみたいな男になったんだ。自分の身を案じて怖くなってるじゃねえ。だが、俺のことを信じてくれてる人たちのことを考えると怖くなるんだ。あんたはここまで俺のために手を尽くしてくれた、だから壁にぶち当たるのが嫌なんだ。あんたはいろいろ俺を助けてくれた。母さんもだ。俺がしくじったときに支えてくれた人たちのことを考えちまうんだ。

俺が刑務所に行くことになって、弁護士を雇う金が必要になったとき、あれだけいた俺のダチはどこに消えた？　あいつらあのとき、どこに行っちまったんだ？　俺がドラッグでたくさん儲けていた頃はこうだったよ。「よう、ジョン、お前さんは最高だぜ。何もかもお前のもんじゃないか」。だが俺がしくじったとき助けてくれたのは、俺に愛情をかけ、俺のことを心配してくれる人たちだけ――あんたと俺の母さんだけだった。あの俺のファンクラブはどこに行っちまったんだ？「いいぞ、いいぞ、どんどんやれ」と俺をけしかけてた奴らはどこに消えた？　それでさ、俺がもう一度あの世界に戻ってまた失敗したら、俺の友達は俺のこと、どう見るんだろうな。あんたはどう思う？　こう聞かされたら――「なあ、イーライ、ジョンのこと最近見掛けた？　あいつ、ドラッグを売って捕まって、五年間刑務所だってさ」。あんた悲しくなるだろ。俺は誰かを悲しませるつもりなんかないんだ。

もし俺が「ジョン。イーライがヤク吸ってるぞ」って聞かされたら悲しくなるぜ。思わず泣いちまうよ。いいか、あんたはいい教育を受けた人だ。経歴も立派だよ。俺ときちゃ、ストリートで身に付けたこと以外、からっきし何もなしだ。あのさ、母さんが病気になって、いとこも癌だったんだ。俺がああやって金を作って、家にたくさん金を送ってやってた。なあ、人が内心どう思ってるか、本当は何考えてるかなんて、わからねえもんだよな。俺は母さんを助けてやった。今、母さんは借金なしだ。母さん、今はかなり調子がいいんだぜ。新しい車も買ったんだ。いとこは——いとこと言っても、うちではいとこはきょうだいみたいに育てられたんだが——そのいとこの女がさ、癌を患って、胸を取ったんだ。髪も全部抜けちまってよ。俺が家族を支えてやらなきゃならなかったんだよ。俺は助けを必要としている人間を大勢、助けてやったんだ。

もしあんたが俺のやってることに疑いを感じたら、俺はいつだってあんたのところに行って、真実を話すぜ。そのほうが、俺も気分良くなれるんだ。誰かに嘘をついちまったらさ、そのまんまじゃ辛すぎるだろ。今俺があんたに話したのは、本当の話だぜ。実際何が起こったのかを話したんだ。だけどあんたは俺を見捨てなかった。俺に必要なのは、チャンスだけだったんだ。目標を決めるとか、何かちゃんとやるとかさ。あいつらにけなされたとき、俺は本当に嫌な思いをしたよ。それに、俺たちが話をしたあの男、あれはまともに関心を示す様子もなかったよな。あいつには自分の心の中を覗いてみることができなかったんだ。目の前にいる若い男が人生で何かを掴もう、何とか人生変えようと頑張ってるのがわからない人間だったんだよ。俺だったらああいうときに助けてやるんだけどな。


以上の語りの中で、ジョン・ターナーは次のことについて話した。クラック・ハウスの様子。ドラッグに破壊された人生。ドラッグを買うために何もかも、子供たちに食べさせるための食糧切符まで売ってしまう人たち。ハイになるために身体を売る日々を送るクラック中毒の売春婦たち。どうしてもクラックが欲しくて、昼夜の見境なくジョンの家の呼び鈴を鳴らし続けた人々。ジョンが稼いだ大金。手にした何台もの車。五ドルのクラックのカプセルと引き換えに差し出された高価な品々。ジョンが地元のキングになったときの様子。以上のことを説明すると同時に、ジョンは、自分が人道的な売人だったとも示唆した。ジョンは、しばしばドラッグ中毒の被害者たちを助けてやっていたというのである。

ジョンはこの生活に矛盾した気持ちを抱き、自分の置かれた状態を改善したがっているように思われた。しかし彼は自分のいる環境に嵌り込み、身動きが取れなくなっていたため、そこから逃れる機会を与えられたときにさえ、如何にしてかそこに引きずり戻されていった。私が最初に彼と知り合った頃には、かすかな希望の光、矯正の望みが、ちらほら見えていた。私はこの兆候に駆り立てられて、彼を助けたいと思うようになったのである。私は、彼は好機に恵まれさえすれば立ち直ることができると感じていた。しかし時間の経過とともに、彼をより深く知るようになると、この気持ちのほとんどの部分は消えていった。彼が真剣に進歩を求めて頑張っているようにはとても見えなかったからである。機会は何度か与えられ、ジョンは状況を変えるためにもっと努力しなければならないと感じるようになっていった。それでも彼は与えられた機会に応えなかったのである。彼を助けることへの私の関心は薄れていった。私は彼の振る舞いにだんだん失望するようになっていった。それでも私は彼への望みを完全に失ったわけではなかった。この思いは、ジョンの世界に対する私の好奇心、彼の世界を理解したいという願いと相互に結び付いていた。これも一つの理由となって、私は彼の人生に関わり続けていたのである。

もう一度トライ

いずれにせよ、レストランを出るときになって、ジョンはおどおどしながら私に五ドル貸してくれないかと頼んできた。ドラッグを売ってどれだけ儲けたか、どれだけたくさんのレザーの服を貰ったか、どれだけ宝飾品を手に入れたかについて散々私に話して聞かせた後に、こう頼んできたのである。これは一体何を意味するのだろうか。彼が一文無しだというのが本当ならば、彼がドラッグ取引から手を引いたという話もあるいは本当なのかもしれない。そうであるならば、何かが彼を脅えさせ、畏縮させ、あるいは怒らせ、廃業を決意するところまで追い詰めたに違いなかった。私は彼に五ドルを渡した。だが彼が欲しがったのはそれだけではなかった。彼は、昔の仕事を取り戻したいとも言った。私がカーティスに会いに行き、ジョンにもう一度チャンスをくれるように説得してくることを望んでいたのだ。私は出来ることはしてみようと答えたものの、もう一度カーティスに頼んでみるつもりはなかった。彼が五ドルを受け取って帰った以上、今後長い間彼には会うことはないだろうと思っていたのである。

その後、私が町を不在にしていたある週末のことである。土曜日の晩に帰宅した私は、妻から、ジョン・ターナーがガールフレンドを連れて私の自宅までやって来たとの報告を受けた。ジョンが私を探していたということは、おそらく就職できそうかどうか聞きたいのだろう。妻は訪ねてきたジョンに、私はオフィスにいると告げたのだが、実際にはそのとき私はまだフィラデルフィアに戻っていなかった。ジョンは何度も私のオフィスに電話を掛けてきていた。「どこに行っちまったんだよ？　仕事が必要なんだよ」。私の帰宅後、ちょうどこのことを妻から聞かされていたとき――夜の九時頃――ジョンが電話を掛けてきて、私がこの電話を受けた。ジョンの用件は、今サウスフィラデルフィアにいるので、妹の家があるサウスウェストフィラデルフィアまで車で送って欲しいということだった。このとき彼は、妹の家に住んでいたのだ。妻は反対したが、私は彼を拾いに行き、目的地まで送り届けることを承諾した。なぜなら、このときまでに私は、彼との接触は絶たなければならないと悟っており、そのためには彼と話をしなければならなかったからである。

私の車が待ち合わせ場所の曲がり角に着くと、ジョンは一番新しいガールフレンドと一緒に私を待っていた。二人は車に乗り込み、私は途中でガソリンスタンドに寄りながら、二人を家まで送り届けた。今度は、ジョンは十ドル貸して欲しいと言い出した。私は彼に金を渡したが、これで私は、彼との付き合いは終わらせなければならないという確信をさらに深めた。そこで私は彼に、軍隊に入ることを考えてみたことはあるかと尋ねた。「あんたならできる?」彼は返してきた。彼の頭の中では、私はマジシャンのようなものなのだ。私なら不可能なことも可能にできると思っている。私は月曜日の朝十時に待ち合わせをして、一緒に陸軍新兵募集官を訪ねることを提案した。彼は同意した。そして妹の家に着く前に、余っているスーツはないかと尋ねてきた。これには本当に驚かされ、何のためにスーツが必要なのか尋ねると、「ああ、日曜日に教会に行こうと思ってな」と答える。ジョンはここで再び、尊敬に値する良識的な人間のイメージに訴えていた。これで、私が彼を助けることに関心を持ち続けるはずだと考えていたのである。

「いや、スーツは持っていないな」。私が答えると、彼はそれ以上言わなかった。彼の妹の家は、非常に貧しく危険な地区にあった。ここに彼を降ろすと、私たちは別れの挨拶を交わした。次の日は日曜日。新聞の求人広告に目を通してみると、キッチンスタッフを募集しているレストランがたくさん目に留まった。これなら軍隊のほうが上手くいかなくても、ジョンが仕事を見つける見込みはある。こう思うと私は励まされた。

月曜日。われわれは十時きっかりに会った。この日の朝は雨模様で、われわれはタクシーに乗り込んでダウンタウンに向かい、センターシティ・フィラデルフィアにある陸軍新兵募集局を訪れた。私は机の後ろに腰を下ろしている黒人軍曹に自己紹介し、続けてジョンを紹介した。ツイードのジャケットを着た私は、ここにいる若者が入隊を考えていることを説明した。この担当官からジョンに向けられた最初の質問は「君は、保護観察中か」というものだった。この質問が何を意味するのか、私は思いを巡らせる。若い黒人男性が法執行機関の厄介になっている可能性は非常に高い。この事実が関係しているのだろうか。また、こうした問題を抱えた男性たちは、ジョンや私と同じように考えて、第二のチャンスのようなものを求めて陸軍新兵募集局に引き寄せられてくるものなのだろうか。最初の質問にジョンはもちろん、はいと答えなければならず、それに対して募集官はこう言った。「まずその問題を片付けるんだな。話はそれから聞こう。その点を何とかしてこなければ、話は進められん。裁判官か、君の担当の保護観察官に掛け合ってみてはどうだ？ 裁判官がよしと言ったら、こちらも動けるかもしれないぞ。そうしようじゃないか。軍としては、軍隊に入って再出発したいという人たちには来て貰う方針なんでね」。

ジョンには、わかりましたという以外に返事のしようがなかった。失敗した、という気持ちと共に私たちはそこを後にした。しかしわれわれの心は決まっていた。担当官の提案通りにしてみるのだ。われわれが歩いて向かった保護観察局は、そこからわずか二、三軒しか離れていなかった。六階まで上り、そのときジョンを担当していた保護観察官を探したが、彼女の姿はどこにもなかった。同じ部局で働く同僚が、彼女は私用で銀行に出掛けていると教えてくれた。かなり長い間、彼女の帰りを待っていたが、ジョンは次第に苛々し始め、私のほうはこの問題全体に決着をつけたいという思いをますます募らせていった。ついにわれわれはそこから立ち去り、私の考えていた二つ目のプランに変更することにした。第二プランは、私が前日に見つけておいた求人広告に当たってみるというものである。ジョンが進んで同意したのは確かである。

最初のレストランに歩いていく途中、ジョンは私の地位に疑いを唱え始めた。かなり当て付けがましい調子で、「教授であることに何らかの価値がある」と私は思っているのか、と尋ねてきた。

「それで君の考えは？」と私は答えた。

ジョンはさっぱり釈然としないという様子だった。「もしあんたが白人の教授だったら、上手くいってたと思う？」彼はそれを知りたがっていた。ジョンは、教授というものは新兵募集官に影響力を及ぼせるものだと考えていた。もし私が「本物の」教授だとしたら、おそらく軍曹を説得して彼を入隊させることができたのではないかというわけだ。ついに彼はこう言った。「まあ、だめだろうさ。あんたは世間知らずだからな」。これはわれわれの関係に大きな進展が起こったことを示す出来事だった。これ以前に、われわれが口論しそうになったことは一度もなかったからだ。

この話は、ダウンタウンのレストラン街に着くまで続いた。ジョンはこの間ずっと、私が彼を入隊させるのに失敗し、彼の大きな期待を打ち砕いたことについて、私と言い争っていた。「あんたはやってくれなかった。あんたはできなかった」と言い続ける彼に、しまいには私はほとほとうんざりしていた。そしてわれわれが目指して歩いてきた最初のレストランに彼を連れて入った。

中に入り、支配人を呼んで貰った。ここで私が説明した。ジョンは仕事を探している。彼はレストランで働いた経験があり、働き手だ。支配人はわれわれを上から下まで眺めた後、奥のキッチンに行ってアルと話すように言った。アルはキッチンスタッフの責任者と見られる黒人の男性だった。彼は支配人と同じ質問を幾つか繰り返すと、支配人と相談するために一旦その場を離れた。戻ってきた彼は、ジョンの方を見て言った。「いつから来られる?」

私もとても嬉しかったが、ジョンは有頂天になっていた。彼の表情は驚きと喜びに溢れていた。「今すぐにでも!」ジョンは答えた。私たちは賃金について話し合うことすらしなかった。そこには、ストリートのドラッグ・ディーラーとしての非情な生き方以外の何かを心から欲し、どんな仕事にでも喜んで就こうとする元ドラッグ・ディーラーの姿があった。ここで私は場を辞し、自分のオフィスに向かったが、ジョンに後で電話するように言い残した。

感謝の言葉

ジョンは電話をする代わりに、午後四時に私のところに立ち寄った。私のオフィスに入ってきた彼は、力を込めて私をがっしりと抱き締め、口を開くなり、「採用だ、採用されたぞ! 一体どうやったんだ?」と言った。またしても、私が何か魔法を使って彼の就職を実現させたかのような口振りだ。私は実際には、言葉をよく選んで支配人と話をする以外のことはしていない。しかし私がそこにいたこと自体、それと私の話し方こそが、支配人が求めていたものだったという可能性はある。彼がジョンの書いた就職志望書を信用する気になったのは、私がいたからかもしれない。

それからジョンと私はレストランでその日の出来事を話し合うことにした。彼は次のように語った。

イーライ、あんたは俺に見切りをつけるようなことはしなかったよな。そのことに、俺は本当に感謝しているんだぜ。あんたはいつも「これをやってみよう。今度はこれだ。あれを試そう」と言ってくれた。あんたに言われて俺はやってみたんだ。俺は――心の奥で、俺は思ったんだ。「ああ、この男は俺に見切りをつけるような真似はしないんだ。だったら俺も自分に見切りをつけないぞ」ってな。なぜかっていうと、俺、正直に言うとな、内心、自分を見限っていたんだ。もう逃げ出す寸前だった。だが心の底からそう思っていたわけじゃねえ。ツキに見放されて最悪な状態にいるとき、あんな風に自分を見捨てないでいてくれるような友達が、どれだけいるっていうんだ?

なあ、あんたは友達としちゃ最高だぜ。間違いなく最高だ。それにな、俺にとって一番励みになることは――。俺はこれまで随分人に親切にしてやってきた。それなのに、それを相手に悪用されてきたんだ。だがな、今度は俺にすごく親切にしてくれる人間がいるってことを知ったんだ。俺は人に親切にして貰ったら、そのまま、有り難く受け取るんだ。人の好意を利用しようなんて思わないな。なあ、この瞬間、俺は世界一幸せな立場にいるんだぜ――働けることになったんだからな! 上司のおっさんに、好きなだけ働いてくれって言われたんだぜ。七時から六時まで働いて欲しいってさ。朝の七時から、六時までだぜ。月曜から金曜までは仕事。週末は休み。時給は五ドル。これで十分だ。これからは、俺は誰にも迷惑を掛けないし、誰にも俺の邪魔はさせん。

そりゃこれは俺がやりたいことってわけじゃねえ。だが、もっといいのが出てくるまでは……いや、それでも、大切なことはだ、一歩踏み出して、自分のために前向きに何かするってことだよな。しかしさ、今日の〔陸軍〕新兵募集官、あの態度は一体なんだ? 俺みたいな奴が来たのは初めてじゃないんだろ。もし俺があの募集官なら、一呼吸ついて状況を分析してみるんだがな。ちょっと考えればわかるじゃねえかよ。「さて、ここにやってきたこの男は、彼のために口を利いてやるっていう教授と一緒に来たんだな。この男は何とか人生をやり直そうとしているに違いないぞ」。そういう奴が来たらな、俺だったら自分で何とかしてやるよ。俺だったら、名前も聞かずに帰らせるなんて真似はしねえ。いいか? 俺の名前を聞いたかなんて、あいつにとっちゃどっちでもいいことなんだ。ちゃんと俺を助けようとしたかなんて、どっちでもいいことなんだ。俺さ、こう言っただろ?「あの、保護観察官ならすぐ隣の建物なんです。ちょっと一緒に来て口添えして貰うってわけにはいかないでしょうか……」。

ドラッグを売る仕事ならいつだってできるさ。だが俺は、こっちの仕事ができることになって嬉しいぜ。仕事を見つけるってのは大変なことだからな。今日の俺たちみたいにしてりゃ、仕事も見つかるってもんだぜ。俺たちはちゃんとしたまともな人間に見えたんだ。それに、行ったタイミングがちょうど良かった。彼が階段を下りてくるのを見ながら、「仕事が手に入るぞ」と自分に呟いたんだ。彼は俺を信頼してくれた。それから、俺を雇うことを決めて、俺の働きぶりを見た後に、こう言ってくれたんだぜ。「お前みたいな奴が必要だったんだよ」。それにこうも言った。「お前がここに寄ってくれて良かった。お前はフルタイムで決まりだ。月曜日から金曜日までだぞ」。フルタイムだぜ? 毎週金曜日に給料を貰うんだ。それにな。「土曜日だが――もしお前が土曜日も働いてもうちょっと稼ぎたいんだったら、その分の金も払うよ」って言われてるんだ。これで俺も勤め人だぜ。これから毎日働くんだ、イーライ。毎朝起きて、仕事に行く。口笛吹いて通勤だ。

いいか、あの新兵募集官はこう考えるべきなんだよ。「ここに若い黒人の男がいる――いや何も若い黒人の男ばかりじゃなく、若い白人の男でも黄色人種の若い男でも、何だって同じだが――こいつらは自分のために前向きに何かしようとしているんだ。今のところ、この青年の過去の行いは、まあ、そんなに感心できるものではない。だがわれわれが手を差し延べてやれば、状況を良くしてやることはできるかもしれない」。だがあの男は気に掛ける様子すらなかった。だからああいう奴らはこっちとそれ以上話をするつもりなんかないのさ。俺はそういうことはあっという間に見抜けるからな。あいつ自身が体制側の人間になっちまってるんだ。「君がこれを持ってない、あれを持ってないんじゃ、こちらも君の力にはなれんな」。これがあの男の言い草だ。どうだよ。これだから俺たち黒人全体がいつまでも沈滞してるんだぜ。例えばだ、黒人の若者たちが揃って、ストリートの別の黒人の男のところに近寄っていって「あのさ、ちょっと金が必要なんだ」と言ったらどうなる？　その男の手の中には例の包みがある。「そうかい、なら俺のとこで働きな。決められた時間までに指定した場所に金を持って来いよ。それで万事上手くいく」。

　俺にとっちゃ、仕事を見つけるのは大変だが、ドラッグで商売するのは本当に訳も無いことなんだ。昔の知り合いの連中が俺を見掛けると口々に言いに来る。「ジョン、いい所場があるんだ。お前をそこに入れてやれないこともないぜ。そこなら稼ぎは千五百ドルってとこだ」。そこに入れれば、一日に三百、四百、五百ドルという金を手にして帰ることになるんだ。だけどこう答える。「いや、お断りだな。俺に必要なのは仕事だぜ。この先長く続けられて、娘が俺のこと誇りに思えるような仕事でなきゃだめなんだ」。俺が言ってること、わかるか？

　だが、もし行っても――普通の仕事の面接に行くとだ、相手は黒人の若者が人生何とか立て直そうとして来たんだなとわかるんだが、まず上手くなんかいかないよな。俺はあの新兵募集官の言い草を聞いて本当に腹が立ったぜ――俺は教授と一緒だったのに、だぞ？　たまげちまうよな。意味があるんだぜ、これには。大学教授と来た奴にあの扱いだぜ。イーライ、ちょっと聞いてもいいか。質問してもいいか。仮にこれが――もし俺が一緒に行ったのが白人の教授だったとしても、難しいことだったんだろうか。こういう考え、あんたの心にも現れたか［あんたは思いついたか］？　つまりさ、あんたは自分が教授だと言っているが――そうだよな？――相手は信じちゃいないんだ。あんたは教授というには、見た目が若過ぎるんだよ。俺が一緒に行った男が、立派な鬚を生やしていて、邪悪な顔つきで、嫌な奴だったら――スミス・バーニーのコマーシャルに出てたあの男みたいに、いかにも教授らしく見える男だったら――どうなっていただろう？［新兵募集官は］もうちょっとちゃんとやってくれただろうか。だってな、やっぱり考えちまうよ。もし俺が新兵募集官だったら、一呼吸ついてこう分析するぜ——この若者は体格も立派だし、性格も良さそうじゃないか。一緒にやってきた教授は、彼のことを褒めているな。この教授、下手すりゃ顔をつぶされるだけじゃ済まないぞ——別の人間のために口を利いてやろうっていうんだからな——。誰かのために口を利いてやる場合、あんたと同じ位立派な人間がやらないと意味がない。それに、庇ってやる相手に対してすごく敬意を持ってなきゃできないことだぜ。わかるか？　あんたを俺のダチに紹介するときが来たら、「この人は俺の友人だ。俺の自慢の友人だ」って言うぜ。俺には教授やってる友達なんてそんなにいないしな。それにしても、ああいう人間に会うと本当に傷つくよな。俺だったら、人生立て直そうとしてる奴を切り捨てることなんてできねえ。俺があいつだったらこう考えるぜ。この男は俺に本当のことを喋った。前科があることも含めて洗いざらい［喋った］。だが、彼は人生やり直そうとしているんだ。もし俺がこの教授と一緒にチームに加わり、この男が何かを掴む手伝いをしてやれば、あるいは……。

じゃあ保護観察のほうはどうなるんだってことだが。だが、いいか。あれには適用免除ってのがあるんだよ。あいつは、俺がそれを使えるように手を貸せる人間を知ってたかもしれないじゃねえか。チームを組むんだぜ。気づいてるだろ——俺はチームって言ってるんだ。あれだよ、一塁手は誰某、二塁手は何某。俺たちはチームだ。まあ、俺だったらこう考えただろうな。「うむ、この男は彼の家族じゃない。ということは、この男がこのチームの一人目のメンバーだということか。俺がもしこのチームに入ってやって、この黒人の若者の入隊に手を貸してやれば……」こういうほうがいいだろ？

仕事を辞めた経緯——ジョン側の説明

それから私はジョンに、病院の仕事を辞めることになった経緯を話してくれるように頼んだ。私はまだ、ジョン側からの話を聞いてなかったからだ。ジョンは次のように話した。

そうだな、カーティスっていうのは古臭い爺さんだ。古臭いってのは、動きがとろいってことだ。あんたは俺に仕事を見つけてくれたが、カーティスは俺を引き受けたんだ。あの爺さんは子供に向かって話すみたいに俺に話していたよ。良く働いているな、だとか何だとかといつも褒めてくれてたさ。でもな、カーティスは俺に、他の誰もやりたがらないような汚い作業をやらせてたんだ。「そいつはジョンをやらせろ」。——俺はそうやって使われる人間だったんだ。まず、皿洗いだろ。汚れた皿は全部俺が洗ってた。床に塗ったニスを剥がすのも全部俺の仕事だったんだぜ。一緒に働いてたおっさんたちはそういうことはやんねえんだよ。あいつらは組合を笠に着てたんだ——俺には組合がついてるんだぞってな。こういうのに対して、俺は一人前の男だ。仕事をしててやんなきゃいけねえことがあったら、ちゃんとやるまでだ。組合の庇護なんてあろうとなかろうとだ——それが仕事ってもんだろうが。「俺はそんなことはやらないぞ」とほざいて、逃げちまう奴もいた。俺は違った。「俺は一人前の男だ」。腕まくりして仕事にかかった。そういう俺を尻目に長年ここで働いてて、怠けているのがたくさんいた。こっちは作業中だっていうのに、おっさんたちが呼びに来る。「おいちょっと、この連中と一緒とあっちをやってくれ」。だがな、良く働く馬をなぜわざわざ追い回すんだ？　おっさんらはいつも俺の後を追い回してきた。俺も仕事を始めたときには、おっさんたちに合わせた態度を取ったさ。「どうも。俺はちゃんと働いてますよ」ってさ。そこは、おっさんが多い職場だったんだ。二十五歳、三十歳、三十五歳だろそれに四十歳、四十三歳だぜ。おっさんたちは、体制に反抗してたんだよな。

まだあるぜ。カーティスは俺自身の問題をおおっぴらにしやがった。そうだ、俺に何人子供がいるかみんなの前で言ったこともあった。そういう話をするんだよ、あの人は。それに俺が刑務所から通ってたときには、カーティスはみんなにそれを言い触らした。そいつはフェアじゃないだろ。俺はただつっ立っているとこう来るんだ——「とっとと仕事片付けるんだな。刑務所のあの連中［看守］は本気だぞ、あいつらは怖いぞ」。ずっと言われ続けてたんだ。「刑務所のあの連中は本気だぞ」。カーティスはこうやっていつもしつこく看守の話をしてた。それに俺のことを「中途半端な奴」と呼んでたんだぜ。俺が昼間は働き、夜は刑務所って生活をしてたからだよ。これも言われた。「いろんな女を追っ掛けて、お忙しいことだな」。毎日、違う女が俺を迎えに来ていたんだ。「何時に戻らないといけないんだ？」いつもこんな調子だった。あの人はいろいろ力になってくれたが、何にでも口出ししてきた。俺はそれが嫌だったんだ。それにある日、大勢でたむろして女たちの品定めをしていたときのことだが、カーティスはわざわざ俺に向かって言った。「そいつをパンツの中にしまっておくんだな」。俺が職場で女と話していれば——ランチ休憩中や、勤務時間外だったとしてもだ——また爺さんのご登場だ。「ほらまたか。ほらまたか。ほらまたか。そいつをパンツの中にしまっておくんだな」。俺が気に入っていた女の前でこう言ったこともあるんだぜ。「もう子供が七人だろう？　一体何人作れば気が済むんだ？」その子はこう言った。「あれは誰なの？　あなたのお父さん？」傷ついたみたいだったぜ。あの親父め、殴ってやりたかったよ。それに一度みんなに知れ渡ると、噂になる。カーティスは俺自身の問題を知ってたんだ。病院の別の部署に行くと、こんな声が聞こえてくる——「ほらあの男よ。子供がたくさんいるんだって。彼に触らないようにしないとね。妊娠させられちゃったら大変だもん」。［笑い声］男たちは俺を羨んでいた。俺の賢さはいつも抜群だったからな。俺は体格もいいが、俺のせいじゃないぜ。自惚れてなんかいないさ。俺は今まで一度もバーベルを持ち上げたことなんかないんだがな。それでも胸板は厚いし、太ももは引き締まってるだろ。身体はがっしり、髪の毛の質までいいときてる。女たちはな、こういうのが好きなんだよ。俺のせいじゃないぜ。自然とそうなっちまったんだから。俺はいつだって女にもててきたんだ。いろんな女たちが俺の周りに群がってくる。男どもには妬まれるぜ。俺のせいじゃないんだけどな。確かにな、俺は寄ってくる女たちのことは好きだぜ。ナタリアって女は、車で俺を仕事に送り届けてキスするだろ、で、遅くに職場に迎えにきてくれてたんだ。あいつはグラマーだったな。俺、バーガンディ色のリーガルを買ったんだ。スポークのあるタイヤなんかを取り付けたリーガルを乗り回してたな。それからワンダっていう女は、ランチタイムに、時々俺の職場まで会いに来ていた。俺が「一緒にランチでもどうだ?」って誘ってたんだ。でもだからって、そいつらと付き合ってたとか、寝てたとかってわけでもないぜ。男どもには散々妬まれちまったよ。あれにはほとほとうんざりだった。

　なあイーライ、俺の心の中はまだ若いままだった。それに母さんが会えなくて寂しかった。俺さ、家から離れてただろ。刑務所を出て、仕事に行く生活をしてたんだ。俺はからかわれるのにうんざりしちまった。いいか、俺はすごく短気な性分だったんだぜ。あんたにはあんな俺は見せたくないね。あいつらの挑発は続いてた。俺のことを知っている奴に、あんたの知り合いがいるかもしれないな。ああ、トレイシー・ビッグズは知ってるよな。そいつらに聞けばわかるぜ。俺がすごく短気だったってこと。だがな、俺は最高に抜群にいい奴なんだ。それなにあいつらが俺にやったことときたら――あんたのことが頭にあったから、俺は連中に突っかかっていかなかったんだ〔喧嘩しなかったんだ〕。あんたは俺にあそこ〔の仕事〕を世話してくれて、俺を高く買ってくれていた。俺は他の人間の前で誰かに恥をかかせるような奴じゃないからな。だから俺は冷静でいなくちゃならなかった。俺の働きぶりはすごかったんだぜ。俺、〔床の〕剥ぎ取りの名人でさ、俺の仕事はおっさんたちにも大好評だった。俺はハンマー隊で頑張ってた。いろんな建物に呼ばれて作業したんだぜ。座り込んでる暇はなかったし、行動の自由もなかったな。

　そのうち俺は母さんや残してきた家族のことを思うようになった。俺たち兄弟は家で一緒に遊んだりもしてたんだ。それが、俺の生活は寂しくなっちまった。ああそれから、母さんが病気になってよ。なかなか良くならなくてな。母さんが病気になって、俺に電話してきてさ、俺がいなくて寂しいって言うんだぜ。俺も母さんに会えなくなって寂しかった。俺の育った家庭は崩壊していたが、でも母さんと俺たちはいつも肩を寄せ合って生きてきたんだ。寒ければみんな同じ部屋に集まって寄り添って寝た。あの頃がなつかしい。今でも母さんがなつかしいけど、今の俺は少し大人になったんだよ。だが当時の俺はさ、うろうろとしては他の人たちの様子を眺めてたんだ——例えば祝祭日が来たときなんかだ。七月四日には、誰でも家族と一緒に祝うよな。それにクリスマス——今年、俺は一人きりで自分の部屋で過ごしたんだ。そうだったよ。それにサンクスギビングだ——俺がサンクスギビングを一緒に過ごす家族はどこにいたっていうんだ？　俺には家族なんていない。ここじゃ俺は一人ぼっちだ。俺はもう行かなくちゃならなかったんだよ。俺の心は空っぽだった。俺は仕事をしてたし、金はたくさん貰ってたぜ。でも俺はふさいだ気持ちでふらふらと歩き回ってた。涙もたくさん流した。時にはただ座り込んで、泣いて時間を過ごしたこともある。俺は孤独だった。だって家族がいないっていうのは、寂しいことだろ。それに、ここじゃ俺は一人ぼっちだ。あんなに仲の良い家族だったんだぜ——確かに豊かじゃなかった。俺たちはほんとに貧しかったが——だが愛情に溢れていたんだ。それからしばらくして、俺は友人たちが家族のところに戻って行くのを見ていた。あいつらが幸せなクリスマスを過ごすのを見ていたんだ。あいつらが文無しになったときには、家族が金を貸してやってた。祝祭日には家族みんな集合してた——それから俺、友達のところに行って、そこの家のお祝いにお邪魔させて貰ったりもしてたんだ。ニューイヤーのときなんかにな。隅っこのほうに座ってそこんちの家族が再会を喜んでるのを眺めるんだぜ……カーティスに辞職願はちゃんと渡してきた。あの人の俺に対する話し方が嫌いだったんだ。まるで小さい子供か何かにでも話すようにしてたからな。俺は大人だっていうのによ。

子供の扶養

ああ、子供たちのことか。俺は自分の子供を捨てるような人間じゃないぜ。あいつらは俺の子だ——毎日でも近くにいて、面倒を見てやるんだ。俺は自分の役割はちゃんと果たす。俺の子に福祉の世話になっているのはいないんだぜ。俺は金持ちじゃないかもしれないが、持っている分は全部、子供たちにやってる。今また働くことになったから、今までより余計に子供たちにやれる。俺が子供のときして貰えなかったことを、俺はしてやれる。そうしてやれることがとにかく嬉しいんだ。要するにだ、俺は子供にたくさんやりたい、俺はそういう奴さ。前は毎週金曜日に〔サウスフィラデルフィアから〕金を運んできてたんだ。ジョン・ジュニアに二十五ドル、こいつの母親に二十五ドル、サローナには五十五ドルだ。だが実際俺の子供は四人だけなんだぜ。フィリスは俺を裁判所に訴えることを選んだんだよ。こいつと話はちゃんとつけたさ。この女は、子供を作ることだけが目的で俺と付き合ったなんてほざきやがる。こいつはな、俺の体つきが気に入ってたんだ。俺のことをこれはステイタスの高い若者だと思ったわけさ。狙いは俺と子供を作ることだったんだ。俺のことなんか全然愛してなかったけどな。そう、こういうこと企んでる女が時々いるんだよな。男どもはわかっちゃいないんだが、女の中には、子供を作ることだけが狙いっていうのがいるんだよ。あの女はな、子供を二人も作ったんだぞ。子供の名前は自分側から取って、スコットにしやがった。こう言ってきたよ。「いい、あんたは子供たちの面倒を見なくていいわ。それから子供たちに近づかないでね」。こう言われて、俺のほうもこれっきりってことにした。冷血だが、俺は自分の道を行くし、あいつも自分のやりたいようにやるさ。あいつ、金は稼いでいるんだ。たくさん稼いでるんだぜ。俺はあいつの子育てに口出しする気はない。

あいつは俺よりずっと年上の女でさ。あいつと初めて出会ったとき、俺にはもうリトル・ジョンとジミーがいた。あいつは俺に子供がいることは知ってたんだ。それなのに何だって俺と二人も作ったかって？　いいか、あいつんちは金持ちだからな、何でも一番いいものを持っているんだ。だがもしあいつが、子供たちを俺のことを嫌いになるように育てたいんだったら、まあ勝手にして貰うさ。俺はな、息子のバディーにはこの二年会っちゃない。最後に会ったときあの子は確か——あれ？——二つだった。顔もろくに思い出せねえな。シャベールってちびの赤ん坊もいたんだが——この子は俺の母さんとよく遊んでたよ。子供たちには会いに行きたいけど、でも、あそこには行きたくねえ。行って、喧嘩するのはご免だ。きっとこう来るんだぜ。「何しに来たのよ」。「この子たちに会いに来たんじゃねえか」。「子供たちとは二度と会わないっていう約束じゃなかったっけ？」この子供たちは俺からは何も引き継いでない。名前も俺のじゃないだろ。俺の子供は四人だけってことだよ。

ジョンの説明によると、病院で一緒に働いていた男たちは、常に彼に口やかましく干渉していたということだ。ガールフレンドたちのことや子供たちのことで彼を冷やかし、また中途半端な男だと彼の立場をからかった。病院で働いていた期間の一部、ジョンはまだ、夜は刑務所で過ごし昼間は外に出て働くことを許されるという生活を送っていたからである。ジョンは、訪ねてきたガールフレンドの前で、ここの男たちに恥をかかされたことについても話した。また、それまで彼の素性を知らなかった同僚たちの話も出た。ジョンの話では、彼らの口を通じて彼が女好きだとの評判が病院中に広がったそうだ。また彼らは主として女性関係でのジョンの成功を妬んで、こういった噂話をしたということだ。

ジョンはまた、付き合いのあった女性たちや子供たちに関する最新の情報を私に与えてくれた。ガールフレンドの一人は妊娠するために二度彼を利用したということである。その後その女性はジョンに、彼女本人や子供たちと会うことを禁じたのだという。また私は、母親が引っ越していった後、ジョンがどれほど寂しい思いをしていたか、母親のいないサンクスギビングがどれほど辛いものだったか、彼が母親と共に南部で過ごした日々がいかに楽しいものであったかについて聞かされた。しかし彼は保護観察処分の規則によって、そして子供たちのためにも、こちらに戻ってこなければならなかった。彼には子供たちを見捨てる気はなかった。彼はまた、ドラッグが黒人コミュニティ全体、及び彼の知り合いの人々に与えている影響に対する嫌悪を繰り返し口にした。

全てを語り終わったジョンは、再び私に金の無心をした——今度は百五十ドルだった。少し考え、多少抵抗を感じつつも、私は彼に金を渡した。このとき私は、この金を再び目にすることはないと確信していただけでなく、彼と会うことも二度とないだろうと思った。彼の行動の流儀に則れば、金を返さないまま私に再び連絡を取ることは許されない。そして私のこれまで彼と関わってきた経験上、彼が返す金を手にする日が来るとは考えにくい。こうしてついに私は、ジョンとの関係を完全に断ち切ることができた。私はジョンに利用されていることが明らかになった後も、彼に助力を与え続けてきた。彼が様々な状況にどう反応するのか見たかったのである。しかしこの時点では、彼の全体像をほぼ掴んだと感じていた。加えて私は、彼と関わりを持っていることに不安を感じ始めていた。

実際私は、それ以来ジョンと会っていないが、彼のことは耳に

入ってきた。ジョンはストリートの暮らしから離れられず、やがてボルティモアのある街角に連れて行かれたらしい。その地で彼は、誰かと何らかのことで激しく争うことになった。ドラッグ取引の上での誤解が原因だったのかもしれない。このとき彼は腹を撃たれる破目になったのだ。ストリートで言われているところによれば、撃たれた結果、彼の「排泄機能は損なわれ」、一生そのままということだ。彼は今二十七歳位になっている。

ストリートの生活と良識派の文化の対立構造

ジョンの話はどんな教訓を与えているのだろうか。ここで明らかにされたのは、ストリートの世界と、良識的世界——合法的な仕事や安定した家族生活を中心とするより慣習的な世界——の基本的対立である。ジョンの場合には、この二つの世界が衝突したとき、ストリートの力が勝った。その理由の一端は、与えられた職業構造の中で上手く生き抜いていく力がジョン自身に備わっていなかったことにある。給料の良い仕事に就かせるという形で、一般社会が彼を受け入れたときには、もう遅すぎたのだ。ストリートからの誘いはあまりにも強く、彼はその力に負けてしまった。

私が出会った頃のジョンは——同様の状況に嵌った非常に多くの他の若い黒人男性たちと同じく——ストリート社会と、よ

り慣習的な一般社会の間を漂っていているように思われた。しかし、早いうちからストリートのコードに従って生き残ることを学んで育ったという彼の生い立ちに鑑みれば、ジョンと心と頭の支配を巡る競争においてはストリートが完全な優位にあった。しかも、彼が年月を掛けて蓄積してきた人的資本の様々な断片がより容易に通用するのは、ストリートにおいてであった。結局のところ、ストリートは、法に基づいて機能する一般社会に比べ、遥かに大きな包容力でジョンを迎え入れたのである。こうしてジョンは、持てる力を敵対文化のほうに投じていくようになった。

　ジョンは、一般社会に認められた方法によってステイタス達成を目指すことを拒んだ。同時に、物資的成功——金、ゴールド、洋服、スニーカー、車の獲得——というこの社会の目標は受け入れていた。[6] ジョン・ターナーのような若い男性たちは、一般社会の合法的雇用システムからは——偏見、準備不足、本物の仕事の機会と呼べるものの欠如が原因となって——ほぼ恒常的に締め出されている。[7] しかし彼らは、他の者たち——通常は白人たち——がこのシステムの働きの所産を享受しているのをじっと眺めており、この経験を通じて、たいてい彼らの疎外感は深まっていく。そして、自分たちを蔑んでいるように思われる社会に対する蔑みの念を募らせていく。人種差別の現実が、彼らの心に大きくのしかかる。慣習的手段で上昇していく機会は閉ざされていると感じたジョンたちのような若者は、他の人々が手にしていると見られるものを自らも手に入れるために、オルタナティブな方法に引き寄せられていく。[8] こうして彼らは、簡単にストリート文化に引き入れられる。この文化で高く評価されるのは、ストリートの知恵と混ぜ合わされた狡猾に働く知能と、優れた身体能力だ。これらの能力を駆使して、彼らは、希少なコイン——敬意と富——を求めて交渉を繰り広げ、激しく競い合っているのである。

　このストリート志向の下位文化では、しばしば暴力が大事な役割を果たす。最も重要なのは、肉体第一主義を貫き、争い事が起こったら進んで暴力で解決しようとする姿勢を見せることである。権威を主張するときは闘争を通じてなされなければならない。そういった場面では怒声が飛び交い、人々は互いに噛みつき、殴りかかり、刃物や銃で傷つけ合う。悪党として、非情に振る舞うことが非常に重要である。なぜなら非情さはかっこよさも意味し、高く評価されるからである。絶対的に必要とされているのは、かっこわるくないこと、一般社会の人々と同じように振る舞い、あるいはそちらに共感して、一般社会を真似ようなどとしないこと、である。

　ストリート文化の略奪的性質の及ぼす影響は、インナーシティに住むその他の人々にとって非常に大きな問題になっている。コミュニティ全体がストリートの餌食になることを恐れて用心の構えを取り、特に警戒していなければ正常と見られるような状況でも防御態勢を取ることが多い。とりわけ、慣習的世界にしっかりつなぎ留められていない若者たちは、ストリート哲学の食い物にされるか、その犠牲になる危険性が高い。ドラッグ、貧困、失業、機会の欠如など、コミュニティを悩ませている社会問題を考え合わせると、子供を守ろうとしている親たちも、子供たちに慣習的価値観を教え込むのは難しいと気づかされるのである。

実際、アンダークラス・コミュニティでは、慣習尊重派とストリート文化が、そこに暮らす若者たちの心と頭を支配しようと常にせめぎ合い、コミュニティはこの二分法の原理に基づいて組織されるようになった。第一章で指摘したように、一般にコミュニティの住人たちは、近所の人々を良識的人間とストリートと結び付いていると考えられる人間とに区分している。良識派の文化の特徴として挙げられるものには、親密な複合家族、低収入ながらも安定した財政状況、強い信仰心、労働倫理と出世欲、人を正しく扱うことを重んじる価値観、それにドラッグの使用や暴力、十代での妊娠に対する強い反感がある。ストリートが象徴するのは、かっこよさ、人の外見を基準に定められたステイタス、慣習的な——白人を連想させるため信用下落を招きがちな——価値観や行動様式に向けられた軽蔑。慣習的行動に数えられうるものには、学校で良い成績を収めること、他者に礼儀正しく接すること、標準英語を話すことなどがある。

この敵対文化は疎外感の産物である。インナーシティの多くの黒人たちは、慣習的文化は自分たちを全く受け入れないと考えている。彼らの目に敵対文化が魅力的に映るのは、主にそのためである。若者たちは、正当な役割モデルを示そうとしている身近な人々を観察した結果、モデルとしては足りないところが非常に多く、真似るに値しないことに気づかされる。合法的に一生懸命働いてきた年長者たちが、それに見合うほど報われているようには思えないし、貧困地区では比較的少数の真面目に一生懸命に働いている人々も、生きるためにもがき続けているようにしか見えない。中には良い生活をしているように見える人たちもいるが、そこで取られている手段は、若者たちにとっては、よく言っても把握し難いもの、あるいは手の届かないところにあるものである。さらに若者たちは、年長者たちや同輩たちから人種差別的扱いを受けたという話を繰り返し聞かされ、青年期を迎える頃までにはほとんどの者が偏見や差別を直に経験している。それと同時に、ストリート志向の役割モデルたちを通じて、繁栄する地下経済が彼らに手招きし、莫大な金と、彼らに敬意を払わない体制を欺くというある種のスリルとを約束している。こういった活動は、彼らにある種の力と名声を与えもする。ストリート・ワイズで貧しい若い男性たちは、ちょっとしたきっかけで、この地下経済の中に居場所を見出そうという気になるのだ。

かつて、ジョンのような若い男性たちに機会を与えたのは製造業であった。同時に製造業の仕事は、若者に報酬を与えることによって、良識的価値観と慣習主義を支えていた。これらの仕事が無くなったため、インナーシティの経済は健全な状態を維持できなくなり、コミュニティにある役割モデルの質も低下してきた。長老と少年の関係にも重大な被害が及んだ。かつて長老と言えば、経済的に安定している人々で、少年や十代の終わりから二十代初めの若い男性を導き、彼らの支えになる(女性の長老は、若い女性の支えになる)——要するに、仕事、家庭生活、法律、一般的な良識に関する責任を果たせるように若者たちを社会化する——というコミュニティに認められた役割を担っていた。しかし、有意義な雇用がますます不足していく一方で、拡大を続けるドラック文化が簡単に金を掴む機会を提供する現状にあって、長老の名声と権威は失われてきているのである。

長老に代わって、新しい役割モデルが現れてきている。ストリートの体現者である彼は、若く、ストリートギャング出身であることが多い。法律や伝統的価値観に対する彼の態度は、よくみても無関心という程度のものである。ストリート派の若者は、手に入った低賃金の仕事に嫌々ながら従事していることもある。しかし、ストリートの若者により多く見られるのは、パートタイムまたはフルタイムでの、ドラッグ取引や地下経済の別の分野への関与である。さらに、このような男性はたいてい慣習的家庭生活をばかにし、いろいろな女性とひっきりなしに関係を持ちながら、女性たちにも自分を父親として生まれてきた子供たちにも、ほとんど何の義務も感じていない傾向にある。彼は流行の服を着て、目立つ車に乗って、自分を大きく立派に見せようとし、ジョンのような若い男性たちに影響を与えている。後者は、彼を真似ようとするかもしれない。

敵対文化は、その餌食となる者たちにこのような外見に表される男らしさの基準に従うことを強要し、それによって彼らの人格を破壊し、しばしば個々が持つ責任感も蝕んでいく。ジョンのケースでは、彼のアイデンティティそのものが、敵対文化から引き出されていた。この文化の強い影響を受けた彼は、最終的には、慣習的な機会を与えられたときにも、動けなくなっていたのだ。

ジョン・ターナーの経験談は、インナーシティに暮らす若い黒人男性の置かれている社会的状況の解明に役立つものである。ストリートの影響は先に進むほど強く現れる。そのため、敵対文化が子供の中で芽吹くチャンスすら与えないように非常に早い段階での——ヘッドスタート(Head Start)などのプログラムを通じた——介入、及び、思春期直前期から青年期にかけての継続的介入が必要となる。とりわけ、大人になっていく時期にある若い男性

(及び若い女性)に、職業訓練や仕事の世界で生きていくために役立つ実践的教育を施すことが、極めて重要である。訓練を与えた後は、本物の就職の機会を持って報いなければならない。支配体制側は、世の中の数多くのジョン・ターナーたちに対して、もっと大きく腕を広げて受け入れる姿勢を示さなければならない——それも彼らの年齢が低いうちにそうするべきである。このような受容力が示されなければ、彼らの疎外感は深まるばかりで、敵対文化に余計に勢いを与えてしまう。しかし、機会が与えられることが確実に約束されていれば、若者たちの心の中により前向きな姿勢と希望に満ちた将来観が育まれ、同時に、礼儀正しさ、遵法精神、社会平和、前向きな姿勢を重んじる社会的枠組みが作られていく。

どんな姿勢で生きるかという問題が、ここで鍵となっている。ジョンは良い生活を送ることを心に描いていた。しかしそこに到達するためには、行動様式を変えなければならず、彼はそれを受け入れることができなかった。実際、ストリートの生活は、彼の描く良い生活像の手強い競争相手であった。私がジョンと関わった経験は、単に機会を提供するだけでは不十分であることを示唆している。それに加えて、若者たちに前向きに生きる姿勢を取らせるように——開かれた機会に彼らの持てる力を十分に投資させるように——働き掛けていかなければならない。そのような建

設的環境の中でこそ、若者たちが、彼らの主流社会への進出を阻む要因となっている態度、価値観、行動様式を捨て去ることも期待できるのだ。現段階では明らかに、彼ら若い男性たちの多くは、そして同じ境遇にある若い女性たちは、主流社会から抹消された存在である。この事実は本人たちにもよくわかっている。そしてこれらの人々を失ったために世界は一層貧しくなっているのである。

結論　役割モデルの転換

ジョンソン氏を捜し求めて

　十年前、十七歳だったロバートは、その当時に抗争関係にあったドラッグディーラーに加えた暴行の罪で逮捕され、有罪判決を受ける。その後、少年犯罪として有罪判決が下され、ロバートは現在に至るまで刑期を費やしてきた。ロバートが、刑務所から以前住んでいた地区に戻ってきたとき、有罪判決を受ける前から彼のことを知っていた者たちは、ロバートが過去の恨みを晴らし、かつてのドラッグ・ギャング集団を再結成させるであろうことを信じて疑わなかった。ロバートがドラッグ・ギャング団を再結成することで、荒れ果てたこの地区が再び活気を取り戻すであろうと思っていたのだ。旧友たちは、彼がこの群れに戻ってきたことを祝い、贈り物をもって彼のもとへと近寄ってきた。贈り物の中には、一丁の拳銃があった。それは紛れもなくロバートの身を守るためのものであるのだが、彼はその拳銃を決して受け取らなかった。というのも、刑務所にいるときに、もう二度とこのような道には戻りたくないと心に決めていたからだ。ロバートは「どこにでもあるような幸せ」を掴み、彼女のトマシーナと一緒に過すための、わずかばかりの空間を手に入れたかっただけなのである。彼は、合法的なやり方でお金を稼ぐ方法を見つけだすことを望んでいた。けれども、ロバートが昔名を馳せた縄張りへと足を再び踏み入れたとき、この地区にいる者たちは、彼が何らかの行動を起こすことを期待していた。

　ロバートが逮捕され、告訴され、有罪判決を受けたとき、彼はすでにストリートで強烈なまでに名を馳せていた。多くの者たちは、彼のことを大物のドラッグディーラーだとみなし、ロバートはこのコミュニティのストリートに生きる人々の中で最も恐れられる者の一人となった。彼は目の前を横切る者なら誰でもカモにするであろうと当然のように考えられていた。この名声のおかげで、誰にも遠慮することなく、この地区で幅をきかせることができた。ある者たちがロバートを挑発することもあるのだが、こうした挑発はかえってロバートの強靭さを確実に助長していった。ロバートは自分のことを試す者に会う機会を待ち望んでいたほどだ。男の中の男だった。この環境下で男らしさ以上に重要なものはなかった。だが、ひとたび刑務所に収監されたとき、彼のステイタスとアイデンティティは、それまでのものとはまったく別のものへと変えられることになった。彼のステイタスは、ストリートでは高いままであったが、ペンシルバニア州の農村の刑務所では、彼の事をとても悪く扱う白人の刑務所護衛官たちに出くわすことになったのである。護衛官たちは、ほぼ毎日、ロバートのことを「ニガー」と呼び、彼の前でクー・クラックス・クラン(Ku Klux Klan)の集会を開き、彼に「侮蔑的な」仕事を割り振った。そればかりか、彼の上に馬乗りになり、間断なく攻撃を加えて彼を苦しめ続けた。護衛官たちは、危害を加えることでロバートが自分たちに殴りかかってくることを望んでいた。というのも、ロバートが護衛官に危害を加えることで、護衛官たちは彼の刑期を延長できるからである。ロバートは「俺は、冷静に状況を把握していたので奴らの罠にはかからなかったが、収監されている黒人の多くは、この罠にはまっていた」と振り返る。

刑務所で過ごした時間の大半は、「いいきっかけになった。考える機会が与えられ、自分の人生を見つめ直すことができた」とロバートは述べる。刑務所に収監されているときに、彼は読解力不足と語彙不足に気づき、これらの問題を改善するための機会にすると決意を固めた。そこで彼は、友人や親戚に本を送ってもらった。彼は、辞書、コーラン、聖書やその他の書籍を全編残らず読み、学習した。刑務所から釈放されたときには、彼は新たな態度を身につけていた。そのため彼は、コミュニティで「諸々の駆け引きが行われていた」と気づくことができた。刑務所では、囚人の大方が黒人かヒスパニック系で、護衛官の大部分は、周辺の

農村地区からきた白人たちであった。ロバートは、護衛官や刑務所のスタッフは補助金の援助を受けていないのであれば、「われわれのような者たち(囚人)」によって支えられているのだと感じた。彼の住む地区のストリートから若い男たちを送り込むことで、刑務所は活気づく。ストリートの若者たちは多いなる陰謀の中で自分たちに割り振られた役割を演じているのだ。ロバートは自分自身とコミュニティが変わらなければならないことに気づき、この目的のために自ら本腰を入れて取り組んでいった。

刑務所から釈放されて以来、ロバートは、それまでの物質主義を遠ざけ、苦行者のような――より穏やかで、より思慮深い――禁欲的な人物になった。旧友の多くは、彼をみて違和感を覚えた。というのも、彼らが知っているRuck(ロバートのストリートでの呼び名)に再会することはなかったからだ。彼はいつも機転をきかせ、動機を誘発させ――このことが、彼をドラッグ取引で有望な率先者へとのしあげた――ていたが、今では、ストリートのコードでもって実際に生きているだけでなく、良識ある生活へと移行していくことに彼の資質を適応させている。このことは、旧友たちを困惑させた。なぜなら、刑務所に収監され釈放されることは通常、強靭さ、度胸、受けた攻撃に対して報復する意思といったコード化された価値という点から見てストリートにおけるその人物の威厳をさらに高めるからである。

だが、ロバートは、以前のストリートの作法をもう過去のものとして出所してきた。この数ヵ月間、ロバートは、三人の若い男——デイヴィッド、ティローン、マーヴィン、彼らは皆変わることを望んでいる——たちと、生活を良い方向に転換させるためにできることをお互いにサポートし合っていた。この若者たちは、同じ地区で一緒に育ってきた。そこは、ギャングとの抗争や法との争いごとや法との衝突に関する議論を共有した場所だった。一人ひとり、それぞれ歩んできた歴史があるが、この場所には、共通する経験的なつながりがある。彼らはみな、深刻な都市貧困の中で生き抜いてきた。あたりに蔓延る問題——福祉、単身世帯、感情的肉体的に虐待を加える父親——に耐えてきたのである。ロバートのように彼らもまた、ストリートにすぐさま引き寄せられた。ストリートは、一種の家族のようなものを彼らに与えていたのである。ストリートやギャング集団の中で、彼らは結束と虚勢を学び、少年期から青年期を経験してきた。これらのすべての事柄からストリートの様々な知識を得て、彼らは、ストリートのコードをよく理解していた。にもかかわらず、彼らの生活には何かが欠けていた。新たな世界によせる彼らの意識によって、将来について探求する質問が浮かんできた。——五年、十年、十五年後に俺たちはどうなっているのだろうか。——いまも数を増やしているストリート集団の生贄になってしまうのか。俺たちは「平穏な生活」を送ることがいったい何が障害となるのだろうか。このような目的を達成するのにいったい何が障害となるだろうか。彼らが一緒に集まるときにはいつでも、このような問題について議論を交わしてきた。ロバートはたいてい、この種の話の口火を切る中心的な人物であった。玄関先の階段にみな腰掛け、システムとシステムの中での役割について議論し、数ヵ月の間、検討を重ねてきた。そこで彼らは、物事を変えるために具体的な手順を踏んでいくことを決意した。この点に関して、彼らは、自分たち自身の中で良識を持とうと決めた。彼らは、詐欺行為とドラッグ取引を含めて、ささいな犯罪行為の生活から距離を置くために働いた。彼らは、いつの日か、彼ら自身がコミュニティの信頼される中心的な人物としてみられることを望んだ。だが、この目的をどのようにしたら達成することができるだろうか。そこで、彼らはコミュニティの活動家として名の知れたハーマン・ライスに申し入れることを決めた。

ハーマンは、長年の間、貧窮化したインナーシティのコミュニティでとても精力的に長老の役割を果たしてきた人物である。ハーマンは、クラックハウスを閉鎖させ、ドラッグディーラーの活動を阻止することに一生懸命取り組んできた。このコミュニティに長年住みながら、彼は、ドラッグを一掃するのに献身的に関わってきたのである。彼は、ドラッグ取引と職なしが、コミュニティの存在を破滅させると強く感じていた。ハーマンは、コミュニティでとても目立っていて、ドラッグ取引と格闘する以上のことをしてきた。そうすることで、彼の命は危険に晒されることもあった。しかし、彼は、ストリートで高く評価されるほどとても勇敢で、揺らぐことのない熱意を持っていた。ハーマンは、強力な改革運動の中でコミュニティでのドラッグ反対の夜通しのパレードに参加するために、コミュニティにいる良識ある人々、長老、祖母、祖父、低所得の若者、若者たちの両親をまとめた。

彼らは、ドラッグ取引の行われる特定の街角やドラッグハウスを選んでは、ストリートで反対運動を行い注意を促した。反対運動には、警察官も姿をみせた。彼らは協力して、ドラッグ取引が行われる街角やクラックハウスの多くを閉鎖した。クラックハウスの閉鎖は、フィラデルフィアのゲットー地区だけではなく、国内中のいたるところで同じように行われた。メディアがこうした活動を放映し、ハーマンはメディア上の象徴的な人物となった。実際に、ハーマンはハスラーとドラッグディーラーの大敵であった。彼は、地区の若者たちと古くからの知り合いであったし、若者たちの母親や父親、他の家族のメンバーにとっても同じように知り合いであった。そのため、ロバートと他の若者たちは、近づきやすい存在としてハーマンをみていた。正確に言うと、彼らは、ハーマンは自分たちのことに共感して耳を傾けてくれるであろうことを考えていた。

一九九七年七月、ある火曜日の午後、彼ら四人は、自分たちの暮らしぶりを変えるための計画を持ってハーマンのもとを尋ねた。彼らはハーマンに時間をとってもらうように御願いした。ハーマンは彼らの言葉に耳を傾けた。若者たちは、「私たちは、この状況をなんとかしたいのです。力をかしていただけませんか?」とハーマンに率直に申し出た。ハーマンは、彼らのアプローチが通常のやり方とはあまりに異なるので、はじめは疑っていて、胡散臭くさえ感じていた。というのも、長年にわたりのコミュニティで若者たちと活動し、ドラッグディーラーに圧力をかけ、クラックハウスを閉鎖させてきた後で、いったいいかなる努力によって現実的な成功を手にすることができるのかと考えていたからである。ハーマンは、ドラッグ取引は以前よりも危険性を帯び、競争が激しさをましていることと、自分のもとを訪ねてきたこの若者たちは、そのような状況から抜け出したがっていることを察した。けれども、彼はいまだに確信が持てず当惑したままであった。若い男達の訴えは「私の心を突き動かすほどのものか」。この若者たちは、「はたしてそのような志を持っているのだろうか」。

そこでハーマンは、「君たちが真剣にこの地区をよくしたいというなら、まず、この場所を清掃することから始めたらいいだろう」と、雑草が生い茂り、ゴミで埋め尽くされた空き地を指差して言った。彼は、若者たちに試練を与え試したのである。若い男たちは、それが試練だと気づいていたのかもしれないが、この空き地を清掃することに同意した。この作業は数日を要したが、彼らはこの清掃作業をやり遂げた。ハーマンはとても驚いた。だが、彼らが真剣であるかを完全に確信したわけではなかった。それゆえに、ハーマンは、より大きな空き地の清掃を彼らに課した。彼らはこの骨を折れる仕事をより長い時間かけてやりきった。

彼らは、再び、ハーマンのもとを訪ねた。ハーマンは、さらに驚いていたが、それでも完全に確信しているわけではなかった。ハーマンは、彼らがドラッグディーラーだったことを知っていたし、彼らのことをビジネスマンとしてみていた。だが、彼らは「とんでもない商品」を扱う者たちであり、起業家になれるかどうかに疑問を抱いていたのである。彼らがドラッグのかわりに地元の街角で果物を売ることができるだろうか。より大きな市場に進出していき、コミュニティを再生していくために次第に貢献できるのだろうか。もしそれができるなら、ロバートと他の者たちは、より若い者たちへの一つの手本として、一生懸命仕事をする役割モデルとして認識されるようになるかもしれない。

このように考えて、ハーマンは、「よし、いいだろう。明日の朝五時に、［食料を仕分けする］船着場で落ち合おう」と彼らに言った。彼は、試練を与え、確かな証拠を得ようとした。というのも、ハーマンは、騙されたくなかったからだ。ハーマンがこれまで経験的に学び理解しているところでは、ドラッグ取引に従事している者たちは、朝の五時には起きられないし、骨の折れる仕事のために姿を現すことはない。けれども、若者たちはハーマンを驚かした。彼らは早朝五時きっかりにやって来たのである。そこでハーマンは、若者たちが果物売りになるため計画を提示した。この努力がしばらくの間は、取るに足らないものであること、だが、その先に、より大きなビジネスへと展開していく方法を示したものであった。若者たちは、熱心に聞いていた。ハーマンは、人を説得させることに非常にたけた人物である。彼らはハーマンの言葉に聞き入った。彼らは、真っ当な方法で自分たちのコミュニティを変えていく機会を待ち望んでいたので、姿を現したのだ。

ハーマンは、ひとたび、この若者たちの手伝いをしていくことを決心すると、まず、フルーツスタンドを作るために八〇〇ドル相当の機材と材木を彼らに与えた。フルーツスタンドは、フィラデルフィア州が定める飲食業免許制度（L&I）に準じて組み立てなければならない。若者たちは、経験がなかったので、最初にスタンドを組み立てたときには、きっちりと組み立てられたわけではなかった。実際、フルーツスタンドは、風で吹き倒された。しかし、ハーマンは、彼らを木製スタンドが立ち並ぶ戸外のイタリア系マーケットに連れて行き、スタンドの組み立て方を知っている人々からアドバイスをもらうよう促した。ロバートと若者たちは、その後で戻ってきて、新たにスタンドを組み立て、L&Iによって義務付けられている白で色を塗った。L&Iは、検査のためにスタンド一式をダウンタウンまで持ってくることを彼らに課していた。ハーマンは、再び仲介し、検査員が彼らのもとに来るようにこの地区の警察の署長を通じて調整した。

船着場からはじめて果物を購入した若者たちは、それをコミュニティへと持ち帰り、人通りの多い通りに店を構えた。住民たちが若者たちから果物や野菜を買うようになった。彼らは、真っ当な方法で仕事を始めることも容易に思え心を弾ませていた。だが、ハーマンは、小規模事業の起業家になるために要求される免許、検査、簿記、税金に関する重要な事項についても彼らに話をした。若者たちは、臆することなく、この状況に奮起した。ハーマンはこの時点でペンシルバニア大学に勤務する様々な分野の教授たちに接触を試みた。私もその一人であった。ワートン校に勤務する教授は、若者たちをセミナーに招待した。彼らは小規模事業の起業をテーマとするクラスに参加した。

このクラスは、小規模事業を始める上でのいろはを扱っていた。クラスルームでロバートたちは、ワートン校に在籍する白人や黒人の学生と出会った。彼らには、教授がロバートたちやロバートたちの将来に興味を持ったということは話していない。ロバートらは、聞き耳をたて、注意深く講義を聞き、おびただしい量のノートをとった。学生たちや教授は、ロバートたちに必要事項をアドバイスするとともに、会計学や税金に関する本をロバートたちに与えた。ロバートたちは、クラスの内容のすべてを理解し、ビジネスに関するアイデアとやる気を内に秘めてクラスをあとにした。それに加えて、彼らは、私が教える都市社会学のクラスにも出席することもあった。彼らは知識を学び取るだけでなく、議論にも貢献した。それがまだ小さな実現でしかなかったとしても、彼らの夢が叶ったかのようであった。彼らは、自分たちの生活を着実に変えていくために一生懸命に力を付け、費やした時間に相当する何かを学んでいたのでいる。

ロバートは、起業し、仕事をすすめてきたなかでも最も堅実な労働者であった。彼は、真面目でひたすらに打ち込んでいた。毎日、果物を仕入れ、貯蔵し、棚上げし、いかなる天候であっても果物を売った。ロバートは、アルミニウム製のホットドッグスタンドを手に入れ、ストリートの両側で仕事を進めるようになった。彼は二つのスタンドを行き来していたのである。それに加えて、ロバートは、コミュニティの人々が呼んでいるように「気前のいい奴」だった。彼は、ある者が食べ物を欲しがるときには、食料を無償で分け与え、お金ができたときに支払うようにと彼らに伝えていた。気前の良さは儲けを減らしたが、それでも彼は、一日に百ドルから二百ドルの利益を上げた。いまこのとき、以前の大盤振る舞いの生活、物質主義的な自己は影を潜め、ロバートは、地に足のついたことをしていくことに身を任せている。スタンドでは通りがかりの人を呼び寄せ、彼らに何かを買うように促すか、彼らが何かを買うお金を持ち合わせていないのなら、「大義のために」何らかの貢献をするように促していた。人々は、ロバートの言われたとおりにしていた。

コミュニティでのロバートの知名度と評判の高さは、この集団の成功としても語られた。近隣住民、友人、親戚たちはみな、成功した彼に会いたがった。だが、集団のなかには悪口を言う者もいる。そのほとんどが、ロバートの旧友で、ドラッグ取引にいまだに関わっている者たちであった。これらの者たちは、果物を売って街角に立っているロバートを見かけたとき、ロバートやロバートと一緒にいる者たちを馬鹿にする。相当な金額の札束や「チーズ(ストリート・ドラッグの一種、ヘロイン系)」(彼らがそう呼んでいる)の塊をちらつかせ、ロバートや彼のパートナーたちを「リトル・ハーマンズ」としてみなし嘲り笑うのだ。「リトル・ハーマンズ」はストリートのごろつきや不良たちには、嘲笑を想起する言葉として使われ、良識ある男たちには、好意的な言葉として用いられた。好意的にこの言葉を使用する男たちとは、ハーマンによって「育てられた」今日の長老であり、リトル・ハーマンズであったときのことを誇りに思っている者たちである。これらの男たちの多くは、ハーマンの教えに倣って、コミュニティの再生、ドラッグや暴力、その他諸々の社会的な悩みを取り払うことを目的にしながら、今日も活動している。ストリートの同輩たちからリトル・ハーマンズとレッテルを貼られても、ロバートたちは、動じないふりをした。だが、彼らはリトル・ハーマンズの新しいアイデンティティを確立するのに果敢に取り組み、そうするように鼓舞されるのである。それらは、コミュニティで「しっかりと生きている若者たち」の役割を試していくことであり、この役割にあわせて取り組んでいくことで、「リトル・ハーマンズ」という言葉が持つ積極的な含意を大きくしていくことを学んでいくことである。けれども、彼らがより真剣に生活を好転させようとしたり、積極的な役割モデルとしてコミュニティや子供たちに尽くそうとすればするほど、少年たちは、このことは決して容易なことではなく、単純なプロセスでもないという事実に直面し始めるのである。

たとえば、ロバートや少年たちが成功を経験するのに、彼らは地下経済の詐欺行為から合法的な起業へと、ロバートが言うところの「地下ゲットーでの経済策略から地上の経済学」へとどのようにして移行させるかとどのように組織化を達成するかという問題に直面する。ロバートがとても真剣に役割を担い、求められていることを的確に行っている間でも、他の者が担当部門を真面目に取り組むように動機づけれるかは定かではないそれでもなお、彼は、不満を口にすることは滅多にない。この集団では、担当している役回りを非難したり、取引をやり直すようなことはほとんどない。この集団を成長させていった主要な運営原理は「それぞれが得意なこと」をするということである。ロバートは、物を売ることと広報活動に長けていることを知っていた。他の者たちも得意な分野を持っている。二人はまだ、高校生であった。傍から見れば、他の者たちはロバートに使われている――彼のことを信じてついている――だけであるとみえるかもしれないが、ロバートはこのようには思っていない。ロバートは、自分たちの生活や自分たちのコミュニティを改善していくことを共通の目的にして皆で一緒になって働いているのであると強く主張する。

戦略に関する些細な衝突や議論が起きることもあるが、彼らはそんなに深刻には受け止めないようにしている。若い男たちは、突如、身体的に暴発する沸点を持っており、それを越えてしまわないようにするためである。彼らは交互に声を荒げるかもしれないが、それでやめる。彼らが一度も暴力を振るったことがない理由について「俺たちは一緒に育ってきたし、兄弟みたいなものさ」と彼らは口にした。もちろん、主流社会からの疎外という古いイデオロギーは、彼らの移行において複雑な要因の一つである。良識ある人々の多くは、目的に応じて二つか三つの仕事で働いているか、親戚たちと協力して、ある種の合法的な商売をしているか、近所の住民たちや友人たちと一緒に商品交換や小規模の取引事業をしている。犯罪に従事する小集団と密接な結びつきを持つ人々は、人種差別を引き合いに出して犯罪行為を正当化する傾向にある。このようなことは、彼らや友人たち、近隣住民たちが日常的に直面することである。彼らの多くは、白人と黒人の「システムオペレーター」による人種差別に耐えてきたことを思い出す。「システムオペレーター」は白人権力構造にかかわり、代役人として行動するものとして見られる者たちである。

その結果、地下経済に取り残されている彼らは、にがにがしい気持ちを味わうことになる。一般社会のシステムから深く疎外されていないとしても、このシステムは黒人に対して絶対的に不公平なものであると信じている。一般社会とつながりたいという感情や、一般社会のことを熱心にまねたいというよりはむしろ、彼らは、主流社会の制度に関わる者たちを疑い、信頼を寄せないのである。彼らは他の黒人たちに自分たちと連帯することを示すように要求する。この志向は――ロバートにとってもあてはまる――L&Iやワートン校や正統な評価を受ける、人々の目に触れる企業家の世界に参加するための完全な転換を妨げることができるのだ。

一九九八年一月初旬のある日の午後、ロバートの矛盾する感情が明らかになった。それは、私が彼の経営するホットドックスタンドに彼と一緒に座り、ホットドッグを売るのを見ていたときのことであった。一〇分から一五分ごとにお客がやってくる。客と次の客が来る間に、ロバートは、通りの向かいにあるフルーツスタンドに出向き、そこでもまた同様に、そのスタンド近くにいる友人たちと一緒に何やら熱心に会話をしている。ロバートはストリートで象徴的な存在なので、若者から年老いた仲間まで助言を求めにやってくるのだ。

市のL&Iのトラックが一台、突然停車した。五十歳ぐらいの黒人男性が四十五歳ぐらいの黒人女性と一緒に車から降りてきた。彼らは、ロバートにホットドッグスタンドの免許を提示するよう要求した。ロバートは、一九九八年に免許を取得していたが、この免許を携帯することを気にとめていなかった。さらに彼は、一九九八年の免許取得のための書類作成を行いそびれていた。スタンドに貼ってあるステッカーは、一九九七年のものでロバートがホットドックスタンドの所有者であることを証明したものであった。ロバートは男性にステッカーを指差したが、検査員は「現在の免許が必要だ」と言った。

ロバートが免許を提示できないでいると、検査員は、彼を大目に見るのではなくて、あからさまに怒鳴り声を上げた。ロバートは、その場で「免許を取得しているが、免許を紛失してしまった」と説明しようとした。検査員は、断固として態度を変えようとはしない。彼は「今回のことが免許を取得するためのいい教訓になるだろうね」とだけ言った。私は、状況を説明しようと介入を試みて、「ロバートに警告を与えるだけにとどめられないものか」と尋ねた。検査員はぶっきらぼうに「いま、まさに警告しているところじゃないか」と言い返してきた。私は「それじゃあ、わかった」と言葉を返した。二人の間で、いくらか緊張した会話が交わされたあとで、ロバートは私のほうを振り向いて、「やっぱりそうだろ、このシステムに適合することがいかに困難なことなのか」と言った。ロバートはそのとき、この黒人男性のことを「システムオペレーター」と小声でぼやいた。この検査員が、この言葉を小耳にはさみ、空気が張りつめた。

ロバートは、この地区の警察の署長の名前を検査員に伝えた。この署長は、彼の有力な支持者であり、コミュニティ取締りの強力な擁護者であった。しかし、それでもその検査員を承認させるには至らなかった。検査員は、必要とされる多くの書類に関するレクチャーをロバートに始めた。検査員は、ついには審査報告書をまとめた。彼は、ロバートがすぐさまにサインするよう望んでいた。「ここに、サインをするように」と検査員は言った。ロバートは「まずこれを読んでからだ」と返答した。時間がしばし経過した後で、検査員は、いらつくようになり、「わかった、わかった」と言って、クリップボードと書類を取り出し、ロバートがサインする欄の下に「サイン拒否」と記入した。ロバートは、その行為に激怒し「書類を読む時間がないだろ」と不満を述べた。通りすがりの人々は、騒ぎの始まりから事態の行方を見守っていた。人々がさらに群がり始めた。検査員は、それ以上議論をしようとはしなかった。「この問題に対応するために今からダウンタウンにいかなければならない」とロバートに告げた。しばらくして、検査員は「君は、今直ちに、この営業をやめなければならない、もし、君が営業を続けているところを次にみかけたら、これ[このスタンド]を没収し、このトラックに鍵をかけるからな」とトラックの後ろを指しながら付け加えた。

ロバートは、いきりたって立ち尽くし、挫折感に苛まれた。検査員が彼のあら探しをしているようにも思えた。――一人の若者が、社会の仕組みのなかでとどまろうと努力し、まともな方法でそれも、人々からの支援もなしにやっていこうとしていた。ロバートは、この検査員に最も支援されるべきであると思っていた。黒人の人々は、システムの人種差別に関するすべてのことを知っているべきであり、システムの人種差別に反対するためにロバートと手を組むべきなのである。ロバートはこの検査員がなぜ自分のことを大目にみてくれないのかを理解することができなかった。

「システム」からの疎外と黒人たちがシステムに対抗するのに動員されなければならないという信条が、ストリートのコード、つまりは、自分にとって都合のいいように、個人的にあるものに危害を加えることを――それに参与する者にとって――正当化する手助けとなる。検査員は、自分のすべきことをただしているだけと思っている。しかし、ロバートは彼に不信を抱いている。検査員は、政治と人種差別のために、イタリア系マーケットには一度も行ったことがなく、「彼らのあら探しをする」こともない。なぜなら、そうすることで検査員は二秒も立たないうちに仕事を失ってしまうからだとロバートは感じている。検査員はまた、韓国人系マーケットに出向くこともない。検査員は、黒人のあら捜しをするだけなのである。ロバートは、この検査員に、しばしば呼ばれている「同じ人種の仲間」になってもらいたいのだが、検査員は、自分のことを一人の「プロの仕事人」としてみてもらいたいのである。そうであるので、彼は規則どおりに職務を遂行し、ロバートが規則に従い、「人種はこの問題には関係していない」という見方を持つように要求するのである。けれども、ロバートはこれとはまったく違うように捉えている。ロバートは、検査員が彼自身の人種を裏切っていると考えているのだ。

ロバートのように、ストリート派から良識派へと移行しようとしている者や、一般社会と交渉しようと努力している者たちは、しだいにこの問題にぶつかる。ロバートは、システムが人種に応じて機能し、彼が抱えている問題を個人の問題として理解されることを望んでいる。さらに、ロバートは、このシステムに対する特別な役割と手を組み協力することを必要としているのであるが、システムがいつも協調的であるとは限らないのである。

ストリートでドラッグディーラーとして過ごしていたロバートのような人間は、他の者たちに「道を譲る」ように要求できるだろうし、そうしてきたのである。ストリートの世界で彼は、特別に評判が高く、名声があり、彼らがしていたことを確実にするために暴力に頼ってきたという経緯がある。彼は銃を所持していた。これらすべてのことと手を切ることで、彼は一切の象徴的な価値をもたない世界へと足を踏み入れた。この世界では、L&Iは彼を恐れないし、彼に気に入られようともしない。ロバートは、銃を所持していないので、ストリートの旧友たちも彼に道を譲る必要もない。そうしてロバートは、自分の象徴性とまわりに生起する諸問題に対処し、その副次的結果を統制する規則に関して不確実な状態に陥ることになる。

ストリートでのロバートの威厳が失われていることを示す出来事が生じた。ある日の午後のこと、ロバートは、彼の所有するホットドッグスタンドを片付け、フェンスで囲われた場所でスタンドを施錠していたときのことである。ロバートは片づけ作業をしている間、免許書やその他の書類を入れているリュックサックを地面においたままにしていた。彼が背を向けている間に、誰かがそのリュックサックを盗んだ。ロバートは、片付けと施錠を終えると、リュックサックが盗まれていることに気がつき、激怒した。ロバートは、報復として撃たれることを恐れて、ドラッグディーラーの所持品を盗もうとする者は誰一人としていないことを自覚していた。だが、「何者か」がロバートの所持品を盗んだのである。ロバートの見解では、このバックを盗んだ奴らは、ハーマンが自分たちを救ってくれると理解しているのだという。というのも、「ハーマンがロバートに馬鹿げた仕返しをしないように説得するだろうことを奴らは知っているからである」。

ロバートがこの一連の出来事について話をした際に、私は、「窃盗犯はそのような計算のできないクラック中毒者なのではないか」と指摘した。ロバートは、それは彼にもわからないということを認めたが、「たとえ、クラック中毒者にも、目利き[どの程度なら、彼らが他人の物を盗むことができるかということを知っている]はある、このことで考えこんでしまうよ。愛されるほうがいいのか、恐れられるほうがいいのかとね」と言った。このコメントに、ロバートがドラッグディーラーから小規模事業の起業家への方向性の転換に疑問を感じていることが伺えるだろう。

ロバートの見識を通して、彼が良識ある生活へと移行するのに、ストリートできわめて重要だとされるもの——信用性、妥当な扱い（敬意）、究極的には保護――を失っているという彼の認識が現れているということが明らかになった。ストリートでの心構えの全般的なポイントは、「お前が俺に余計なことをした場合には、ただでは済まさない。法をあてにするな。警察をあてにするな。これは、俺とお前のことだ」ということを相手に知らせることである。これがストリートコードの真髄である。ロバートの経験は、ストリートの世界から良識ある世界――ストリートのコードとはかけ離れたものと見られるコード、つまり礼接のコードを守っている、法を遵守する人々の世界――への移行にともなう困難を凝縮した事例として取り上げることができ、そこから学ぶことができるに違いない。

ロバートにとって問題なのは、古い生活から離れ、新しい生活に向かうとき、彼が、ヴィクター・ターナーが呼ぶところの「周縁的な身分」に入っていくこと、つまり双方の集団から周縁的な存在になることである。この点で、居住地区の参与者としても彼の存在感は薄くなる。さらには、ロバートが現在、執行猶予中であり、そのため彼は絶対的に法を遵守しなければならない。ロバートが暴力にかかわったとしたら、それがいかなる種類の暴力であっても、彼は刑務所に戻る危険に晒される。彼はこのことを承知しているし、他の者たちも同様にそれを知っているのだ。このコミュニティで生き残るには、暴力という確かな脅威を行使できなければならない。絶えず暴力的な行為に従事しなければならないということではないが、「愚かな者」に規則を守らせるために、ときには暴力で威嚇できなければならないのだ。ロバートは、彼自身の自由を危険に晒すことなしに暴力で確実に脅すことはできない。この事実を当然のことと決めこんで、若い男たちは、ロバートとのやりとりのなかで彼を言いくるめるのをよしとするためだけのために、ロバートを挑発しようとするのだ。

出所して数ヵ月が経過した頃、ロバートは、双方のサイドから幾度も試されてきた。保護監察官は、彼を放免し、謝罪させるためだけに彼に手錠をかけた。ロバートは挑発され、ひどく権利を侵害された。ロバートは、このような扱いを受ける理由がみあたらないし、その後、監察官もそのように扱った真正な理由を挙げることはできなかった。しかし、この出来事は、ロバートの置かれている立場がいかに脆弱なものであり、システムを維持することを託された個々人の気まぐれに左右されるものであることを理解するには十分なのである。

最近になってロバートは、ストリートと良識ある世界の間の緊張関係に、より直接的に向き合うことを余儀なくされてきた。彼は、同じ地区に住むニュービルさんという女性から事業の申し入れを受けた。ニュービル氏は、長年、ロバートのフルーツスタンドと通りを挟んだ街角でテイクアウト用の料理を売るレストランを経営してきた。しかし、最近になってドラッグディーラーたちがあたりをうろつくようになり、ニュービル氏の顧客を妨害するようになってきた。ドラッグディーラーにとって食事をテイクアウトできる上に魅力的なのは、人々がそのあたりをぶらぶらしていることである。ディーラーたちは、人の往来の激しい場所で、街角にただ立っている若者に混ざることができるし、若者たちにドラッグを売ることもできるのである。

ニュービル氏が一人で経営している間に、彼らはこのようなことをしていたのである。その場所を巡回する警察官は、ドラッグディーラーとただぶらついている子供たちとを判別することができない。事実、ストリートのコードに適応しようとするとき、普段は法を遵守している良識ある若者たちも筋金入りのストリート派の野郎どもと混同されるようになることに興味を抱く。というのも、そのように振る舞うことが、彼らの気持ちを大きくさせ、防衛しているという雰囲気をも与えるからだ。またそれによって、「悪の路線を狙う」こともできるし——、自分たちもまたタフであるように見せかけることもできるのだ。

ドラッグディーラーたちが姿を見せているせいで、ニュービル氏のビジネスは上手くいかなくなった。あるものはソーダとハンバーガーを買うためにこの障害を走りぬけるほどまでになった。ニュービル氏がこのことについてディーラーに不満を述べると、彼女の店で銃を突きつけて強盗を働いた。ディーラーたちは、彼女が店の外に車を停めている間に、彼女の乗用車を破壊する蛮行に及んだ。ニュービル氏は、これ以上のトラブルにしたくなかったのである事を直感的に思いついた。この事業の調理済みの食材部門をロバートに月八百ドルでリースすることを要請することである。ロバートの尊敬の念と敬意を得ている人としての存在がドラッグディーラーの悪行を思いとどまらせることができるであろうことを望んだものであった。ロバートは、この申し出を受け入れた。ロバートは、彼が真っ当な方法で仕事をするビジネスマンになるために探し求めて来たチャンスであり、ストリートで露天商として働いているよりも、いい話だと感じていた。初日にロバートは、九十一ドル稼いだ。この金額の利益を維持できるのなら、いい事業が展開できると思った。

ニュービル氏の申し出を受け入れたことで、ロバートは、フルーツスタンドから通りを横切り、店が立っているコーナーまでの区画でそれまで以上に重要な責任を担うことになった。ロバート、ニュービル氏、さらにはドラッグディーラーたちすべての者がこのことを知っている。ロバートが、以前の生活のなかで、まさにこの街角でドラッグディーラーとして彼自身の名声を不動のものとしていたのに、今日ロバートはこの街角で「所有」権を要求できると感じていることも幾つかある皮肉の一つである。実際に、彼が、ドラッグ取引を手ほどきしたディーラーというのは、いま、この街角で競争している相手なのである。「権利」を引き合いに出して、ロバートは、彼らに「君たちディーラーは、私の仕事場でのドラッグ取引から手を引かなければならない。なぜなら、君たちは、私の正当なビジネスに損害を与えているからだ。ドラッグを売り続けることで、君たちが私に無礼をはたらいているか、馬鹿にしているからだ」と言った。だが、ディーラーたちは、それでもなお、この街角でドラッグを売りたかった。彼らは「ここは俺たちの育ってきた場所」であるので、ここでドラッグ取引をする権利があると言葉を発した。ロバートは、「君たちは責任感のある若者にならなければならない、自分たちの住んでいる地区を汚してはいけない」と答えた。彼はまた、そのような「汚れ」が私のビジネスに害を与えるので、ドラッグ取引をやめてもらわなければならないと彼らに指摘した。

ロバートが投獄されるまえ、彼のドラッグ取引ぶりはこの地区で大きな名声を馳せていた。ロバートはドラッグ取引を実際に指揮するギャング団にとっての中心的な執行者であった。この役割のおかげで、彼はストリートで大きな敬意を集めていたため、他人に手出しをされることはなかった。しかし今、先に指摘したように、ロバートの以前の自己は影をひそめている。なぜなら、暴力的な振る舞いをみせれば、彼は逮捕され、再び、刑務所へと送りこまれるからである。リトル・ハーマンの一人として、正当的なビジネスパーソンの一人として姿をみせ知れわたることで、ロバートは自分自身の中のジレンマに気がついた。彼は良識的な目的を探求するのにストリート派の自己へと立ち返るのであろうか。

ロバートが自分自身の過去に向き合わなければならないというのは苦境である。ロバートは、そのことに気がついているし、彼の敵対者もそのことを承知している。彼らは皆、警察がここの中心的なプレイヤーではなく、「友好的関係を築く」相手でもないことをわかっている。むしろ、ロバートとドラッグディーラーたちの間の「揉め事」が鍵であることを知っている。ロバートは新たな考え方を身につけていなければならないという人々もいる。彼らはロバートが昔のラック(Ruck)と同じであるかどうかを確認し弱点を証明するために、ロバートの勇気を試す。多くのことが、ロバートは昔と同じではないということを彼らにほのめかす。ロバートは現在、執行猶予中であり、その昔に毎日一緒に売買をしてきた者たちと今、取引をしていくことには慎重に行動しなければならない。さらに、ハーマンと親しくしていることは、ストリートでは不利となるものである。

ロバートは、しだいに変わっていった。彼は「過去の栄光」とラックというアイデンティティを捨て去り、新しいアイデンティティであるロバートやロブを獲得してきた。旧友たちは、ラックというストリートでのニックネームで彼にしきりに話しかける。ところがその一方で、コミュニティの良識ある人々、とくにロバートが近年親しくなってきた人々は、より頻繁にロバートとしての彼に話しかけるのだ。

　ロバートが現在の緊張関係を解決し、ストリート派の若者たちからの試練を乗り越えることができたら、以前の彼以上により強力な存在になり、影響力を持ち、ストリートで会う他の者たちからも尊敬され信用される。心に留めているように、ロバートはすでに沢山の良識ある人々から信用され、尊敬されてきた。彼らはすでにロバートのことと、ロバートが何に対して向きあってきたのかを知っている人々である。多くの人々は地区の有名人である彼を元気づけてきた。ロバートが今、理解してもらわなければならないのは、ストリート集団であり、特に、地元のドラッグ・ギャングなのである。ハーマンとしてはロブのためにこの抗争に加わるわけではないし、ロブが自分自身のためにこの抗争を戦わなければならないと考えている。ハーマンはいつもロブと一緒にいるわけではない。チョコはニュービル氏の店の前の角を競い取り合うロブの主要な相手である。チョコは、長い間、この地区で育ち、生きてきた。先に述べたように、ロブはチョコが身を起こす手助けをし、ドラッグ取引を彼に紹介した。チョコの母親は、ロブの店からわずか数件離れたこの地区にいまだに住んでいる。

　ロブは、店を取りまとめるようになってまもなく、ドラッグ取引活動についてチョコと対峙した。ロバートは「聞いてくれ、チョコ、取引をやめてくれ。お前がドラッグを売りたいなら、どこかほかのところにしてくれ。ここでは取引をしないでくれ。お前のカーチャン宅の階段のところに行き、そこに座って、ドラッグを売れよ。俺の仕事場の前でドラッグを売らないでくれ」と言った。チョコは「なぜ、あんたはそんなこと［ドラッグを売っているこの場所から俺たちを遠ざけること］をさせたいんだ？　それがどういうことか、わかるだろ。俺は食べていかきゃならない。生きていかなければならないんだよ。なんで、そんなにまで厳しいんだ」と言い返した。ロブは「俺だって生計を立てていかなければならない。なのに、ドラッグディーラーが俺のビジネスに損害を与えているんだ。お前たちはどこか他のところで、ドラッグを売ることができるだろう。ともかく、俺がビジネスしているこの街角でドラッグを売らないでくれ」と言った。チョコは、ここが彼の母親が住んできた場所であることについて「俺はここで育ってきたんだ。だから、やりたいことは何でもできる。ここ［この街角］で死ぬんだよ。俺は食べていかなきゃいけないからな。誰も俺をとめたりしないさ」と返答した。ロブは「お前は本当にそんなふうに思っているのか」と尋ねた。チョコは、「そうさ」と声を荒げた。「それならわかった。俺がお前のカーチャンにこのことを話してやるよ。そしたら、彼女がどのように思っているのか知ることができるだろう」とロブは続けて言った。

この地区の住民たちは、ニュービル氏が経営する店の街角のあたりをめぐる現在の緊張関係に気がついている。この揉め事が社会的関心を生み、人々の関心を集めている。人々は次に何が起きるのかを知りたがっている。ロブが引き下がるのか？ それとも、この野郎どもが手を引くのか？ どちらの結果になっても、コミュニティと地元の象徴的な秩序に関する言外の意味を持つ。ストリートのコードの中心的な要素が、大いに働いている。警察の力をかりることなしに自分の身を守ることができるのか。自分がしたいことをするために十分な影響力や個人的な権力を所持しているのか。チェスゲームのメタファーはここでも失われてはいない。ロブとチョコは、それぞれに次の動きを考えている。それを誰もが心配そうに見ているのである。表面的には、ロブとチョコとの間の問題であるが、誰にでも当てはまることなのである。事実、この先長いことコミュニティを統制していくであろう者――良識ある集団か、ストリートの集団――が競り勝つのである。この街角をめぐる苦闘は、長い抗争の一つの争いとして捉えられるだろう。

ロバートは、この抗争の勝利をもぎ取るための戦略として、チョコに関して彼にとって良かれと思うシナリオを持ち出した。ロバートは「チョコの母親に話しに行き、そうすることで、もし、彼の心を打つことができたら、彼はドラッグをここで売らなくなるだろう」と言った。今、ここには、チョコがドラッグを売ることができない三つの街角がある。それは、ロバートがフルーツスタンドを運営している場所、ニュービル氏の店がある場所、それに図書館やジムの前である。チョコは、以前、ガソリンスタンドとして使われていた空き地を利用できる。ロバートがチョコに言うのは次のことだ。「お前は、あそこならドラッグを売ってもいいさ。俺の客は、その方向からやってこないからな」。だが、その場所は、開かれた場所であり、キャプテン・ペレス(地元地区のリーダー)が、彼がドラッグ取引をしたら彼を捕まえるであろうことをチョコは知っている。他のどこの街角でもドラッグを売ることはできない。だが、それでもなお、ロバートは「お前がドラッグをどうにかして売りたいのなら、ガソリンスタンド跡地の空き地に行って、ドラッグを売るように」と言った。ロブは、その場所で取引を展開することは、チョコを戸外へと追いやることであり、それによって、警察署長が彼の面倒をみることになるであろうことを知っている。この署長が、いい加減な扱いをしないことは周知の事実なのだ。

チョコは、ロブにメッセージをあらためて伝え、この状況に関する意見を聞き、理解させ、警告するために地元のコミュニティにいる五人の仲間を送り込んだ。「ロブは、とんでもない目に遭うことになるぞ」というのが共通した伝え文句であった。五人の男達は、一人ひとり、ロブがニュービル氏の仕事を手伝い始めた初日からやってきて、「てめえはとんでもない目に遭うことになるぞとチョコが言っている」とロブに伝えに来るのである。野郎たちはロブに「何やってんだ、てめえは」、「お前は、この街角でのドラッグ取引を止めさせようとしているのか?」「チョコは、てめえがしていることすべてにひどく腹を立てている(彼は、怒り狂っている)」と捲し立てる。

ハーマンと私は、新事業の経営者としてロバートが初日を迎える日にニュービル氏の店にいた。ロブは、われわれにチーズステーキを作り、こちらにやって来て私たちと同席した。ロブはあきらかにいつもとは違う様子だった。何かに動揺し、彼のストリートのアンテナは、高い警戒状態にあり、何度も振り返っては入り口のドアをちらりとみて、誰が店に入ってくるのかを確認していた。突然、ロブが「みたか。いま、見ただろ?」と言った。ハーマンは「何をだよ」。と聞いた。「あの女が頭を縦に振りやがった。あれは、誰かに合図を送るためだ」とロブが答えた。われわれは、そちらをみると食事を済ませ支払いをするために年配の女性が列に並び順番を待っていた。その女性はストリートのほうを向いていた。われわれはなんら変わったことはないことに気がついた。だが、ロブはとても注意を払っていた。ロブはその女性がわれわれがここにいることを外にいる誰かに知らせているのだと考えているようだった。もし、彼らが私たちを狙っているなら、われわれはここにいると。しかし結局、何も起こらなかった。

店には客が出入りしていた。何人もの人々が、次から次へとハーマンのもとに挨拶しに来ていた。親愛の情と感謝の気持ちをこめてハーマンの頬にキスをする男性もいた。ハーマンはその日に予定されていることについて「今日、六時にリトルリーグの練習があるよね。ボールやバットとか、道具を持っているかな?」と低調に尋ねた。その男性は頷きながら答えた。「ありますよ。では持ってきますね。いつまでここにいますか?」「君が戻ってくるまでさ」とハーマンは答えた。その男性は店を出て、野球用のバットとボールを手にして一〇分ほどで戻ってきた。われわれは非常に喜んだ。われわれが今夜一緒に練習することになっている子供たちが試合をするのにこれらの用具は欠かせないものだからである。

その後すぐに、われわれのもとには注文していた食事とソフトドリンクが運ばれてきた。人の出入りは続いていた。われわれがここにいることがロブの必要とするサポートであることは明らかなことであった。ロブはリラックスし、それから一時間半、われわれが店を出るときまで、気さくに話をしていた。われわれがそこにいる間ずっと、この街角でドラッグ取引を許してはいけないと話をしていた。ハーマンはここにやって来た若者たちが、われわれがこの事業に関わっているということを他の若者たちに知らせるであろうことを強く感じ取っていた。それはニュービル氏の店で初日を迎えるロブに課せられた使命でもあった。

ある男性が店を出た際に、ハーマンは確信をこめて「いいか、今の男はロバートがあの少年(チョコ)に危害を加えるだろうと思っているんだ。この馬鹿者を殺しちまってロブは刑務所へと再び逆戻りさ。ロブの将来は滅茶苦茶さ。ロブの言葉を引き合いに出して、ロブはただここにいたいだけなのにな」と言った。この男はクラック常習者でジョニー・ブラウンという名の男で整備士をしている。――ロバートがそのような事態を回避できるの最も望ましい。ブラウンは、この近所の最近の事情を知っているこの地区の情報筋である。ブラウンは「昨夜に起きた発砲事件を含めて、何でも知っている」。彼は一日が経ち、ロブがまだ追い出されていなかいというローカルな情報も仕入れている。誰もがこのドラマを、期待を込めて眺めている。この雰囲気はどことなく映画の『真昼の決闘』に似ている。過去にこの賑やかで利益を生み出す街角で銃撃戦があった、というのもこの映画を思い出させる理由の一つである。財政的にも社会的にも関心が高いのである。

すぐその後に、モーリスの兄弟のティップ(クラック常習者)が店に入ってきて、ロブに近づき「あいつをヤッてほしいのかい。長老さん。俺にはわかるぜ。長老さんよ」と訪ねてきた。このようなやりとりのなかで用いられる「長老」という言葉は、多くの場合、尊敬の念を込めた心遣いであるが、社会的文脈によっては、やや馬鹿にした言葉として用いられることもある。こう呼ばれる者は、年齢によってきめられているとは限らないけれども、四十歳を超えている者で、過去に名声を馳せ、かつ、一般的には、若い男たちほど強靭でない者だと考えられている。敬意をしめす若い男たちが、このような場所にいるそのような人物のことを「長老」と紳士的に呼ぶのである。ロバートはティップに「お前の助けは要らないよ。てめえだってこれまで街角で過ごしてきただろ。いってみりゃ、一人の輩を殺すのを他の悪党に頼むことなどできやしねえ。そんなことして手にいれるのは、また別の悪党だからな」と話した。

ストリートのコードは、状況に応じて個々人が隣にいる人の評価を下すように命ずる。それは、相手の力量を見定め検証するためであり、その人に対してどのように振る舞うかを判断するためである。生き残る人々は、彼らの逞しさの様態をみせるように振る舞う。彼らがこのようにすることができるなら、その場を立ち去ることが認められる。ハーマンは「ロブは、言ってみれば、試験管ベイビーだよ。あいつは、進行中の実験対象なんだよ。俺たちはこの実験対象を守っていかなければならない」とコメントした。ハーマンの役割は、長い間、そうしてきたように、礼儀正しさや良識があることに向けられる一連の困難の只中で、ロブを手助けしていくことである。ハーマンは、一歩離れた見地から「いいか、口をだすなよ、それに、手を出すなよ。何もしないことがどんな状況であれ［暴力よりは］優れた方法なんだ」と言い聞かせている。――ハーマンはいつもこのメッセージを口にする。

ハーマンとロバートとの関係――とくに、ハーマンと警察との関係――により、警官がロバートをストリートでみかけてロバートだと分かった場合には会話を交わすこともある。ある日の午後、ロブは一人の警官に偶然出会い、その警官は「調子はどうだい。ロブ」と声をかけた。地元のディーラーたちは、このやりとりをみていて「なんだよ。ロバートが警察になにかごますってやがるな」と反応する。警察との関係はロブに尊敬の念と嘲笑をもたらす。ロバートの目的は、良識ある人々の支持者とそれに加えて、ストリート生活での支持者と一緒になってコミュニティで良識ある人間として自分自身の立場を思い描くままに完璧に確立していくことである。そのような人物とは、いわば、逞しさと礼儀正しさを兼ね備えた人物であり、この二つをどうにか手に入れ、併用することは容易なことではない。しかし、ロブは、彼が望む境遇でコミュニティに存在したいのなら、逞しさと礼儀正しさを兼ね備えなければならない。ストリートのコードに関する知識がなければ、より危険な状況に直面することになるだろう。思い描くままに手に入れていくということは、どのような状況で、どこまでのことをするのか、そうしないのかを知っていることなのである。

ロブはドラッグディーラーに対する次の行動を考え抜いてきた。だが、それが上手くいくかどうかは、ロブにはわからなかった。彼は、ペレス署長をこの問題に引き入れるのは気が進まなかった。そうすることによって、ストリートでのロバートの長い間時間をかけて獲得されたステイタスと名声は大きく傷つくことになるであろう。ペレスはとてつもなく強力な警察権力と組織を動員するであろう。他の者たちはストリートで「おお、ロブの野郎は警察にちくりやがったぞ。あいつは、ただの弱虫だな、自分を助けてもらうために警察に協力を求めたんだ」と言うようになるだろう。だが、警察を関与させないとしたら、ロブは街角やストリートのより「心臓部」へと差し出されることになり、そこは「男と男、一対一」で問題を解決しなければならない僻地なのである。

ストリートのコードによると、男は自分自身でいちかばちかやるのであり、己が唯一の味方であり、揉め事に向き合うのに誰の力も借りない。そして、この個人対個人の状況に対処するのに成功しようが失敗しようが、その結果は地区に知れ渡るようになり、ストリートでのステイタスは、何らかの影響を受けることになる。警察や他の誰かに助けを求めることは、意気消沈した愚かな者だと判断されることなのだ。彼はストリートのコードを用いて脅威に対処できなかったことで「ストリートでの生きた証」と尊敬の念を失う。率直に言って、警察はいつでも姿をみせるわけではない。従って、現実的で持続的な防衛というのは、名声、評判、信用性を持っているかに依存する。これらの確かな名声を持っていることが、身体的な暴力に向き合う場合ですら、彼を守ることができるのである。要するに、人は挑戦者に立ち向かい、直面している問題を受け入れ、自分で対処しなければならないのである。

ロブはチョコの母親に会いに行き、彼女を通じてチョコに警告を発した。ある日の午後、リトルリーグの野球場に立ちながら、ロブは、彼がチョコの母親に話したことについて次のように私に説明した。「あなたの息子が店の前でドラッグ取引をしていることで、自分のビジネスが被害を被っている。もし、ドラッグ取引をやめないなら、私は、何か手を打って『ビジネスを維持していく』ことを余儀なくされる。ですので、まず、私はそのことをあなたに知らせたいのです」と伝えた。「そのことなら、心配しないで、ラック、私がチョコに話すから」とチョコの母親のハルモンさんが返答した。「私はただあなたにこれを伝えたかっただけなので」とロブは繰り返した。古い付き合いです。あなたにまず知らせないで、このようなことで行動を起こすようなことだけは、したくなかったのです。チョコは「街角で死んでもかまわない」と口にしました。他の母親とは異なり、ハルモンさんは、息子がドラッグ取引に関与していることを否定しなかった。彼女は、店先で息子がドラッグ取引をしていることを認め、彼女自身も激しい苛立ちを覚えていることを打ち明けた。彼女はなんとかするからと述べた。

チョコの母親に直接話をしたことは、ロブにとって手際のよい行動であり上手くいった。なぜなら、そのことが、この状況を緩和するために行動できる人々の数を増やすことにもなったからである。チョコの母親は、息子を説得させるだけの思いを持っていたし、それをチョコに抵抗をやめることを認めさせることでもあった。チョコはロブを打ち負かすことが十分にできると感じていたけれども、母親に迷惑をかけていることにも気がついていた。それにより、チョコはこの争いから身を引くことができる。チョコは「俺はドラッグ取引を母親のためにやっていたんだ」と仲間に言うことで自分の面目を保った。当面は、ロブの戦略は上手くいくように思えた。少年たちは、ニュービル氏とロブが店を出している街角でドラッグを売ることを止めた。事態は沈静化した。

繰り返すと、ロブはストリートの少年たちに弱い立場にいるものとみられた。というのも、ロブは執行猶予中の身であり、自分の行動に注意を払わなければならないし、またハーマンと密接な関係を持ってきたからである。少年たちは、ハーマンのことを頑固者で、ちくり屋で、警察官の一味としてみなしていた。――彼らはこれについて何もすることができない――とハーマンは言った。ロブは、若者から試され、試行錯誤しながら苦しい試練を経験してきたが、長老たちからなる支援集団が彼を励ました。長老たちは、ドラッグを売ることを非難しないが、彼らはストリートのコードを観察している。尊敬の念に値する者になること、説得力のある者になること、ストリートで信用される者になることが、温かさと勇気と、男らしさを一度に示すことであるからである。ロバートは、行動と言葉でもってしっかりと主体性のある人物になるために必要なことをしていくこと、逆境には彼の身体的な自己を投じること、自分の主張を守ることによって刑務所に行き戻る覚悟さえあることをディーラーたちに明確に伝えた。これらの問題について、地元の長老たちとロブは結束する。彼らは皆、このような環境においてそのように志向することが「男のなかの男」の証であることを理解しているからだ。そしてここで、礼儀正しさと男らしさを身を持って示したジョンソン氏という良識ある父親を思い起こすことができよう。

ロブは、いまだに大きな難問に直面している。ロブが乗り越えてきた試練というのは、将来に直面するであろう幾つかの問題の中のわずか一つにすぎない。彼は、住民たちの多くが良識ある人々になり、そうなろうと努力していくためにコミュニティに属し、はたらきかけていく。しかし、もちろん、ストリート集団も存在する。彼らは、礼儀正しさに至らず、満足のいく教育も受けず、疎外され、相当の怒りを抱えている。さらに最後の砦に、犯罪集団が存在する。この集団はストリート派志向だけではなく、ストリートの詐欺行為やドラッグに関連した犯罪にコミットしている。

ロブはドラッグディーラーとしてではなく、一般市民として、合法的な方法で事業を展開していくビジネスマンとしてこの環境で舵をとっていかなければならない。このことは、彼が詐欺行為に関わる者、万引きしようとする者、彼に盗んだ商品を売ろうとする者たちといったいろいろな属性の人々と接しなければならないことを意味している。日々新たな試練に直面する。彼がいるこの街角は、とても価値のある場所であり、それは資本を象徴する場所であるので、ドラッグディーラーたちに悩まされることになるだろう。都市の縄張りに関する問題として、誰かが街角を取り仕切らなければならない。警察か、あるいはドラッグディーラーである。本事例では、長い間、ロブがこの街角を取り仕切ってきている。しかし、新たなドラッグ・ギャングが町に入ってきて、この街角での優先権を獲得するために、ロブに挑戦してくるであろう。このとき、ロブはこの男たちの母親を知らないかもしれないのである。

そんな中で、ロブはこれまで生き残っているし、着実に利益も残している。事業は拡大している。このあたりで言われていることは、ロブは手頃な値段で食料を供給し、この街角でのドラッグ活動には容赦しないということを宣言している、ということだ。この地区は安堵の雰囲気を漂わせている。今、たくさんの人がこの店に訪れる。ある男はこの状況を「雨あがりに日の光が差し込んできた。陽が差し込むにつれ、人々がストリートに戻ってきた」と表現する。ロブは、この場所で「町の新たな保安官」になるとたとえられる。ロブの存在は「一度立ち止まり、新たに出発する」ためのこれからの一日に合図を送る。ロブとドラッグディーラーたちの関係が膠着する前に、コミュニティの住民たち、特に良識ある人々は、この問題から遠ざかっていた。しかし、ロブが問題を沈静化すると――少なくとも、この当分の間――、住民たちが再び姿をみせるようになってきた。住民たちは好きなようにすることができる。ロブはこの街角を事実上奪回した。彼が成し遂げたことは、この街角だけでなく、コミュニティ全般においても同様に影響を及ぼした。数ブロックにわたってこの影響が及ぶ範囲には、ロブがその地区を統制し、ドラッグディーラーたちが締め出される。コミュニティがさらに多くこのような街角を奪回することができるのであれば、ストリート志向の人々から良識ある人々へと権力のバランスがシフトしていくことになるだろう。

ロブは、あまりに多くの疎外された人々、希望を持たない者、ロブをこきおろすための準備をしている者、からなる環境をコントロールしていくことになるので、この任務は容易なことではない。――というのも、ロブが成功を収めたので、彼らは自分たちの自尊心を激しく失ったと感じているかもしれないからだ。だが、ロブがより正統的な勢力を獲得することで、ロブの影響はその地区中に広まる。ロブは方向性を失った人々やストリート生活へと奈落していった人々にとっての役割モデルとなった。ロブは目に見える形で、彼自身を躍進させ、そのなかで、深みのある異なる方法でストリートから抜け出すように彼らに要求する。彼の事例は、こうした方法が実際にありうることを示している。

ロブがゲットーのストリート生活を特徴付ける幾つもの身体的な膠着状態を生き延びることができたのは、ストリートのコードを見事なまでに理解していたからである。ロブはコードの規則を手際よく的確に解読し、忠実に守ることによって、ドラッグディーラーや詐欺師などを寄せ付けずに、大人しくさせておくだけの敬意を保ち、昼夜何とか切り抜けることができたのである。それと同時に、ロブは、良識ある世界、合法的なビジネスを実践する世界でも職分――免許申請・更新、課税台帳、そのほか手続き的な事柄——を果たさなければならない。インナーシティでの成功を収めるには、それゆえに、ストリート集団とのストリートのコードと、他の者たちとの良識的であることのコードとの切り替え能力が要求される。ロブは、コードを切り替えることができ、その過程において、彼は他の若い人々にとっての模範を示すようにはたらきかけてきた。加えて、リトルリーグのチームを組織する手伝いをして、カブ・スカウトの分隊を計画した。この種の集団の立ち上げは、コミュニティの組織を立ち上げることでもある。ロブは、そうして今日における長老になった。今日における若きジョンソン氏である。——機会を作り、機会をみせることで人々に影響をあたえるとともに、若い人たちを手助けしていくことの責任を負うこと人物となることだ。

ロブは、持続的で都市貧困の集中した環境に身をおいている。市内にあるこれと同じような地域には、チェルトン、ジャーマンタウン通り、ナイスタウン、八番通りとバトラー、十三番通りとフィッツウォーター、サウスウエストの各地区が含まれる。これらのコミュニティは、三十年前は貧しかったが安全で、よく整備されていて、行動の規範は、富裕な地区で浸透しているのと似通ったものであった。当時のことを覚えている人々、とくに長老たちは、今日、悲劇的に変化した状況に気がついている。とりわけ、安全性が失われた感覚として特徴づけられる。長老たちは、街角のまわりで立ち話をしたり、仲間の家に集まったりして、コミュニティの生活が昔はどのようなものであったかについて思いを語る。若い人々がどれほど年配者のことを尊敬していたか。家や庭はいかほどに良好状態に保たれていたか。ストリートを歩くことがどれほど安全であったか。男性が働いて、家族は一緒に暮らしていて、多くの子供たちは両親と共に家族で生活していたこと。多くの子供たちはカレッジに進学することを待ち望んでいたこと、ドラッグは手の届くことのないものだったこと、などについてである。

長老たちが考えているように、この問題の解決は、昔のジョンソン氏をモデルに、より多くのジョンソンたちを生み出すことである。彼らは、一般社会の良識ある父親を最も容易に真似る人たちで、家族やコミュニティの面倒をみることが男たちの責任であると信じている者である。今日の長老といわれる、ジョンソン氏は、現況で何をしたらいいのかわかっている。彼は、母親、娘、祖母をどのようにして守っていくかを知っている。もちろん、このような志向には、世代を超えてジェンダー関係として何度も言われてきたある種の性差別主義がみられる。

一般的に、長老たちは、敵対文化が生まれてきたことによる深刻な疎外を理解するのに特に苦労している。コミュニティにとって良いこととは、慣習社会に敵対する文化である。長老たちは立派な人間になることと良識ある人間になるために必要なことを知っているにもかかわらず、このような基準に閉じ込めて判断してしまう。長老たちは、コミュニティの問題の構造的な側面に帰することに失敗している。彼らは、話し合いでもって問題を起こしている人物に接し、道理から逸れ無責任なことを続けている問題ある若者に合理的に行動することを要求するか、ただ、許すことで、彼らを勇気づけていくことができるということを熱烈に信じている。さらには、彼らは多くのインナーシティの住民たちが負っている十分な権利の与えられていないゲットー化した現実にあまり重きをおかないのである。

良識ある人々が、都市貧困地区で、一定の人口を占めるようなことはほとんどない。より多くの場合にそのような場所は、母親と子供が暮らす一人親世帯や典型的には生活保護世帯で埋め尽くされている。このような環境でそのような人々は群れをなし、構造的な要因がコミュニティを打ちのめす。銃を持って強盗する少年たちやその他の暴力的な人々を追うようにしてドラッグディーラーたちが生み出される。ここでは、良識ある人々が、彼らの礼儀正しさを完全に損なうことなしに生き残るのは、難しいことである。ロブや本書で紹介してきた他の者たちのように、彼らは自分自身の尊厳を維持するために暴力という信用できる脅しを行使する。彼らの生活が些細な事柄のためにすぐさま委ねられることで、いとも簡単に抗争的な社会問題になる。他のコミュニティにおいて人々が、当然のこととして思っている生活の質もここでは問われない。従って、生き残ることという名目で、彼らは演技をしている自分自身を見出すこともある。子供たちにさえ演じることを促し、その演技とはむしろ、無作法な振る舞いであり、一般化したコミュニティでの「ストリート派へと落ちぶれていくこと」をもたらすものである。このようなシナリオは、われわれがロブのケースにみたように、都市のもっとも貧窮化した地区、深刻に社会的に孤立した地区に起きる傾向がある。そのような地区から離れると、礼儀正しさがより大きな割合を占めるようになる。そこでは、ストリート派の人々に対する良識派の人々の割合が高くなっている。

ここで再び主張すべきことは、一般社会の態度と行動がストリートのコードに深く絡み合わさっているということである。インナーシティのコミュニティに住んでいる人々は、このコードを完全に身に付けているわけではない。それは、現存する社会的秩序に絶対不可欠な名声を獲得するために、そのコードを維持する筋金入りのストリートの若者というきわめて少数の者が備えているものである。コミュニティのひどい困窮のせいで、ストリートに生きる若者達は自分自身を表現していくために僅かな選択肢しか持っていないと感じている。彼らにとってストリートのコードの基準と規則は、町でのゲームにすぎないのだ。

すでに述べてきたように、良識ある人々は、誤った時間帯に不適切な場所にいるだけで、解決しがたい状況に自分たちを含めて誰かが巻き込まれている現場に遭遇するかもしれない。それゆえに、住民たちにとって最も重要な生存戦略は「知らないふりをすること」なのである。子供たちのほとんど——とくに、幼少期の教育の中で、最も疎外されるようになった子供たちや強力で慣習的な社会的な支援を受けることのできなかった子供たち——は、主流社会からの人種主義的拒否と侮辱を経験し、感じ、内面化してきた。今度はその子供たちが主流社会への軽蔑を表現することにエネルギーを注ぐようになる。まだ若かりし者たちは、この侮辱と拒否に対処するのに、意識的に自分自身と彼らの思慮深い精神的な資源を敵対文化にたいそう注ぎ込む。敵対文化の一部分がストリートのコードである。彼らは、ストリートのコードによって自分たち自身と自尊心を失わないようにする。ひとたび、彼らがそうすると、彼らは、ローカルなシステムで得られる尊敬の念と比べて、一般社会システムの領域では、弱々しい尊敬の念しか獲得できないかもしれない。そうして若者たちは、主流社会と交渉していくことに興味すら持たなくなる。

それと同時に、本書を通して強調してきたように、それほど疎外されていない若者たちは、自分たちの黒人性を表現する方法としてストリート志向の振る舞いをする。彼らはより穏健な生活を過ごすことを心から願ってもいる。彼らは、生きていくため、いつの日にか家族と暮らしていくために、非暴力的な環境を望んでいる。良識ある人たちは、主流社会文化の一員になるのに苦労している。彼らが直面し実際に肌身で感じられる人種差別が、敵対文化やストリートのコードを正統化するのを助長する。場合によって、彼らはストリートの振る舞いに合わせる。実際、その状況で求められることに応じて、多くの人々は、良識派とストリート派の振る舞いの間を行き来しながら、コードを切り替えることを試みるのである。

ロブは、腐敗した学校教育、人種差別主義、貧困、ドラッグと暴力の荒廃だらけの文化に起因する疎外と社会的孤立の機能であるサブカルチャーに巻き込まれてきた。犯罪が蔓延っているのに警察は自分自身の身を守るための適度な対処に対しては黙認している。ペレス署長は関与しているほうで、大方の警察官は、根本的に自分たち自身を傷つけないようにして秩序を維持しようとする。加えて、コミュニティは、転出する手段や資源を持った人々が出て行ってから労働者階級と極貧層の人々から構成されている。コミュニティには一人親世帯も増加してきた。一人親世帯では、生活保護で育てられる子供の数が増加している。これらのすべての結果として、インナーシティのコミュニティは、一般社会から遠ざけられ、言わば都市のなか村のようになってきた。そのコミュニティでは、資源や人的資本が限られてきた。ここで成長する若者たちは、テレビや同輩たちのものの見方を通して得られる主流社会のごく一部を受け取っているにすぎないのである。

このような世界で、ロブはストリートのコードによって生き残った。ロブはストリートのコードと一緒に育ってきたのであり、ストリートのコードは、ロブに哲学、ものの見方、正しいことと間違っていること、地域に根付いた人種差別、白人社会に関する見識をあたえてきたのである。ストリートのコードによると、白人男性は、奇妙な存在であり、強力で完全に統制された独裁権力のある部分を担っているとされる。白人の大衆は、黒人は取るに足らない人たちであるという見方を持っている。このシステムと地元の社会的な文脈の中で、黒人男性は、何らかの価値を守るのにわずかな影響力しか持たない。黒人男性はこのシステムの裏をかき騙し、究極的には「うまく避けて通ら」なければならない。

黒人男性は自分を防衛するのにこのシステムに頼ることができない。責任は男性自身にあり、自分の力で身を守るのである。ある者が殴りかかってきたとき、すぐさま自分の身体や時には命をかける。男らしさという身体性は、その中でもきわめて重要である。都市での瀬戸際での対処方法は、当然のこととして、観察され、学習される。このどこにでもある状況が、ロブや彼のような者たちに試練の場所を与える。この前提的な枠組みとなるのが、合法的なビジネスマンになるために向上心を有効に使うことである。ロブはストリートで暴力団やドラッグディーラーにあてはまることが、ある程度、ニュービル氏の店で経営していくゲットーのビジネスマンにも当てはまることであると判断した。ゲットーでの他の黒人経営者も同じように感じている。そういうわけで、ロブは街角にいるドラッグディーラーに対処するのに警察に通報できない。警察は駆け付けるが、その場をすぐに去るのに対して、彼は長いこと稼いでいくのにそこで生きていかなければならないからだ。ロブはそうして、機能不全に陥ったより広いシステムへの応答として、地元の人々の法と法に対応したストリートの正義に一身をかけるようになった。

これらの都市地区は、脱産業化——製造業からサービス・ハイテク産業への移行——とグローバル経済の成長が新たな経済状況を作り出してきたことによって深刻な構造的な経済変化を経験した。職業機会は、シンガポール、台湾、インド、メキシコなどの海外や、アメリカの大都市ではない地域、ペンシルバニアのキングオブプルシア(King of Prussia)のような衛星都市に徐々に移行した。ここ十五年間で、たとえば、フィラデルフィアでは、一〇二、五〇〇の仕事が失われ、製造業の雇用は五三%減少した。インナーシティに住む人々の多くは、新たな経済的現実に効果的に適応していない。低賃金職——とくに、非熟練・低熟練の工場職——は、これまで貧困と将来に対する希望を併せ持って存在してきたのに対して、今日は現在の経済的繁栄期にもかかわらず、この職場それ自体が存在しないのである。これらの混乱によって、インナーシティの人々は、良識ある生活を手に入れられなくなった。インナーシティに住む人々が職に辿りつくのには政府と企業の双方がこれまで以上に取り組まれなければならない。

こうしたコミュニティの状態は、道徳の堕落によってではなく、都市に住む黒人の労働者階級を傷つけてきた経済的な要因と公共的な部門にもたらす影響を無視することによって生み出された。常日頃から変わることのない福祉への依存、十代の妊娠、麻薬常用、ドラッグ取引、暴力、犯罪が、経済的周縁層に増大していることは事実であるけれども、これらの振る舞いに関する問題は、経済的混乱状態の下で、繁殖する不満と無能さに端を発する。このことが次第に、社会構造と家族構造を弱めていき、主流社会の価値や行動に社会化しない子供たちを増やしていく。こうした社会的な状況において、人々は深刻な疎外を深化させ、主流社会の価値や行動が象徴的に求められているときにすらその機会について何をしたらいいのかわからないかもしれないのである。別の言葉でいうなら、今日、企業がこの地区から出て行くときの集団移転を正統化するのに引き合いに出される社会的な病理が、法人前任企業が、撤退し新たなチャンスを作る手助けをするに引き合いに出すものと同じ類であるのだ。

都市ゲットーに住む個々人たちのみに責任を負わせていることは、深刻な過ちである。大方のコミュニティで職が減少し、職なしが増加したのは構造的な変化によるものであるので、力点は社会経済的構造にあてられるべきである。重点は多くの市民の満足のいく状態を急激に脅かしてきた公共政策にも帰因する。さらには、コミュニティの住民たちには、優れた教育、職業トレーニング、職業ネットワークや仕事を斡旋することができる者たちとのコネクションが、欠如している。彼らは、職業トレーニングを必要としている。彼らの窮地を理解できる雇用者の疑いを解くことが必要とされる。変化した経済に適応させるために人々を援助していかなければならない政府は、そのかわりに、与えることで僅かな助けとなることも削いでしまっているのである。

人々が福祉から労働へと移行することは、短い期間で十分な立場でないにしても、保証を確保することの重要な目的となる一方で、そのように展開することでより多くの混乱と疎外を作り出している。十三番街とフィッツウォーターに位置するマーティン・ルーサー・キングプラザとパッシーヤンクホームズで行ったフィラデルフィアの公営住宅に関するフィールド調査では、多くの住民たちが身震いするような恐怖と動揺とともに「福祉の崩壊」のすぐ手前まで来ていることが明らかになった。住民たちはどのくらい職が不足しているか、彼らが利用しうる職業資格を取ることがどれぐらい困難なことであるかをよく理解している。このような境遇にいる住民たちは、福祉の終焉とともにやってくる「差し迫った運命」を口にする。住民たちは、怒り狂い疎外された人々が「何かを持っている」人々から強奪したり、窃盗するようになり、生活できなくなるだろうと言う。このことがある程度、現実化するようになる間に、本当に必要なことは、誰一人としてクラックへと陥らないようにする総合的な支援策である。

住民たちは職業訓練を真剣にもとめている。彼らが、職場とは異なる場所で職業トレーニングを受けることができないとき、彼らには作業を通じた技能教育訓練が提供されなければならない。あまりに多くの生活保護受給者が居住するコミュニティでは、人的資本と社会資本が奪われている。福祉から労働への移行が成功するのであれば、コミュニティは発展していくにちがいない。ここで社会的なインフラストラクチュアが再建される必要があるだろう。このことを達成するために、コミュニティの長老たちには、公的な権限が与えられ、活動的でなければならないだろう。ロブのコミュニティでは、長老たちが働きかけた。彼らは、地区清掃班、リトルリーグ、ボーイスカウト、カブ・スカウト、キャンプファイヤーガールズをはじめとして、コミュニティを再建する望みある事業を組織した。このように動機付けられた人々が不足している場合は、地元の自治組織や行政組織から援助の手を借りる。彼らは、活動のために取るに足らない援助であっても喜んで獲得していくであろう。あまりにもひどい人間の浪費にさせないためにも、そのような草の根の労働者たちを支えるために調整された行動がとられなければならない。

職なし状態の高い割合と都市のゲットーで孤立されたアンダークラスの出現は、人種偏見、差別、そして、グローバル経済の影響との相互作用によって明らかにできるに違いない。これらの要因がインナーシティの黒人人口の大部分に深刻な社会的孤立と困窮化をもたらしてきた。一般社会と経済が約十年にわたって経済発展に伴う好景気を経験してきたにもかかわらず、都市貧困地区に居住する本当に不利な立場にあり孤立した人々は見落とされてきたのである。

これらの社会的孤立の中で敵対文化(この部分集合がストリートのコードである)が出現し発展し続けてきた。この文化は本質的に一般社会に適応したものの一つであるが、過去の奮闘と異なるのはこのシステムに順応することである。より大部分の人々は、今日、一般社会やその社会の諸制度からただ孤立しているではなくて、より深遠に疎外されている。本書のために取り組んできたフィールドワークで、私は貧困集住地区にある初等学校、中等学校、高校をふくめて、インナーシティに多数ある学校を訪問した。これらのどの学校においても、敵対文化と呼ばれるものが確立していた。幼稚園生、一年生、二年生、三年生、四年生の先生へのインタビューから、一年生の間に、約五分の一の生徒がストリートのコードを身につけているということを私は学んだ。残りの生徒たちは、この主題に関心を持っていて教師から教えてもらうことを強く望んでいる。——実際に、よく訓練されている。四年生では、まだ四年生だというのに約四分の三の生徒がストリートのコードや敵対文化を受け入れていた。

本書を通じて述べてきたように、ストリートのコードは圧倒的な数の単身世帯を含む学校のある貧窮化した地区で生み出される。そうした地区では、父親、叔父、年上の兄弟が頻繁に、収監されている。——若い子供たちの話し言葉のなかに頻繁に「収監された」という言葉が用いられる。このようなコミュニティでは、犯罪率が高いだけでなく、一般的に法への信頼が減少している。公共生活での緊急事態に関する集会に行くように、人々による法が住民を促す。これはロブのケースでなまなましく叙述してきたことである。概して、地元のストリートはわれわれがみたように情け容赦のない危険な場所である。人々が自力でなんとかしようと感じる場所であり、彼ら自身が、身を守るのに個人的に責任を負わなければならない場所である。安全であるために悩むことなく公共空間を歩き回る場所である。彼らはストリートのコードを熟知しているということを他者に知らせることができなければならない。さもなければ、身体的な逸脱行為にはちあわせることになる。

こうした環境で支配的で合法的なコードは、何よりも重要なことだは考えられていない。それよりも、自分の身や家族や愛する者たちの身の安全が重要なのである。大人たちは自分たち自身をストリート派と良識派のカテゴリーに分けていて、これらの状況に適応するのに子供たちを促す。だが、子供たちにとってそれはどれほど価値のあることなのか？　礼儀と良識のより一般的な価値はどれほどのものなのか？　インナーシティの富が減少し続けていることで、この状況は、かつてより惨憺とし手におえないものになっている。フィラデルフィアのインナーシティで持続的で集中した貧困と社会的孤立によってもたらされる結果は主にどういうことなのか？

インナーシティ・ゲットーの経済は、(a)低賃金労働、(b)福祉受給、(c)ドラッグ取引、売春、路上犯罪といった地下経済、との間で繊細に釣り合いを保っている。正規経済が失敗したり負債を抱えたときには、他の要素がこの不振を回復させようとする。これらが失敗したときには、住民たちは地元での非正規経済の台頭によってかつてより絶望的な状況になる。非正規経済は、親切な行為を交換することによって機能する一つの交換システムとして特徴付けられる。たとえば、ある個人が週末に近隣住民の車の修理をしたり、ある者の家の階段の塗装を手伝ったり、水道管修理、ある者の散髪を手伝ったりすることである。だが、これによってお金を得ることはない。住民は、いつか他の親切な行為で返してもらうようにするのである。

貧困の集中によって膨大な数の疎外した人々、とくに若者たちを増加させる。疎外された若者たちは、――テレビや他の地区で――目にしている機会やモノを望んでいるが、手に入れることができない。このような窮乏によって欲求不満を起こし、自分たちの要求を満たすであろう仕事を始めることになるであろう。地下経済が彼らの欲求を満たすのが確実になるにつれ、貧困と疎外と地下経済の間に親密な結びつきがうまれた。

疎外が凝り固まったものになると、敵対文化が発展し隆盛をきわめる。敵対文化は、若者たちが支配的な社会と支配的な社会の代理人たちに敵対することで力強さと正統性を獲得する。しかし、そのような敵対性は、かつて以上のさらなる疎外を生み出し、境界を強化し、対立を深化させる。若い黒人男性が、悪者扱いされるようになる。社会からの軽蔑を経験する者たちは、逆に、侮蔑を加えずに自己を尊重することで楽しむことはできない。こうした態度は、確かにすべての者によって支持されるわけではないけれども、インナーシティ・コミュニティで疎外され、ストリートの集団に怒りを覚えたことを自覚することのできる住民たちには受け入れられる。その反面で、住民たちは、腕一本の距離を保ち、他人に近づきすぎないようにしている。

しかし、そのように距離を保っておく振る舞いは、コミュニティ全体が犠牲を被るときにそれだけ、いっそう複雑なものになる。こうした文脈でコミュニティには悪名がつけられることがあるし、住民たち自身、とくに黒人男性が悪者扱いされることになる。その結果としてもたらされるステレオタイプがそのコミュニティに居住する者なら誰でも、あのような服を着てこのように見える者たちであると広められ、慣習的な社会からは奇異な場所をあてがわれるのである。そのことは、異なる都市部の間、同様に、そのような地区と一般社会との間、でのコミュニケーションの大きな隔たりを強調する。固定的な観念を押し付けられた人は、恐ろしい拘束状態に締め付けられる。というのも、完全に良識があっても、彼や彼女は、特定の服装、特定の風貌、特定の振る舞い方を取るかもしれないからだ。それは、ただ単に、自尊心の物差しを守るためではなくて、ストリートで生き残るためにそうするのである。しかし、そのような適応によって、人はさらに社会から疎外されるようになる。思うに、規範、価値、規則、慣例を犯すために外にいる人々から自分自身を守るために確かな距離を求めることである。そのような評価は、これらの若い人々の雇用されえない状態を悪化させる。それゆえに、雇用者はときどき、全国国民調査や郵便番号でもって差別をする。雇用者たちはこれらの地区からの良識ある人々を区別できないし、区別しようとしないからである。ゲットーの外に住む多くの者たちにおいても、雇用者にしてみれば、彼らのうちの一人であり、良識ある人々であっても、外見でもって良識ない者とみなされる。良識派とストリート派は容易に混同され、距離を置くことをとくに気にかけなくてすむのである。よそに住む者たちの大半は、ゲットーとゲットーに居住する住民たちと一緒になることを避けることをただ望んでいる。

持続する貧困と職なし状態は、インナーシティの家族というまとまりを深刻なまでに弱める。福祉の存在は、依存を奨励してきた。だが、職なし収入なしでそのほかに何が存在するのか。これらの環境の中で、依存の文化が生まれ発展してきた。若者たちは、福祉や「財政的援助」(コミュニティ住民たちが負担するものとしての)を期待して生まれ育てられてきた。財政的援助を得るために子供が生まれてくる。この期待はインナーシティの少年・少女に軽率な性行動へと駆り立てる。十代の妊娠の根源的な原因は、将来に対する感覚の欠如である。赤ちゃんは、若い母親、彼女の家族を拡大させることになる。若い女性は、彼女の姉妹、母親、ときに祖母ですら、また同様に、近隣の住民、親友——彼女の見解として「正しいことをしている」女性たち——が役割モデルとなる。赤ん坊が生まれてきたとき、すでに与えられた福祉援助の小切手が、若い男性に責任を放棄させることを許し、「赤ん坊を作った」ことを美徳とする。職なし状態が若い男性を待ち受けているとき、すべてのことのなかでより容易な決断なのである。ここで、昔の良識ある父親、コミュニティで聞き伝えられているジョンソン氏は、次のように厳しく演じることになる。しっかりとした家族の主となるには、男は世間並みの仕事に就いていなければならない。世間並みの仕事とすでに与えられた福祉援助をあてにしないことで、与えるものとしての役割の中で男性は、関係のないことでも尽くしていくことができる。世間並みの職に就く見込みがあることで、男性と女性はより容易に現実味のある家族を構成することができる。このような若い人々は、よりたやすく将来への価値を学んでいく。——深刻な疎外があまりに広く行き渡っている都市のゲットーで、それがあたりまえのことではなくなるようになる。

職なしの人々が膨大な数に及んでインナーシティのコミュニティに集中するとき、様々な要因がほとんど手におえない結果を生み出すのに結びつき、共謀する。これらの環境で疎外が蔓延し、伝統的なものが正統性を保持するのはわずかなことである。絶望的な状態にある人々、とくに若くて目的のない者は、ある種のアウトロー文化に巻き込まれる。それでもなお、この文化を支持する者を正統化するようになる。というのも、向こう見ずな人々や彼らのコミュニティへの侮蔑を見せびらかすように思われるより広いシステムが、わずかな正統性を担保するからである。この従属性が完全に循環するようになる。福祉——一般社会によって要求される価値のあることならなんでも——が、単純になにかしら搾取される。ある者がそうすることによって象徴的な境遇を獲得できる。この観点は、犯罪においてすら、一般社会を象徴する人々に対して犯されること——「何かを持っている」ものが価値のある標的となること——は、単に、挑戦的であり実効可能であるだけでなく、正統的な行為としてみなされうる。その結果として制裁は深部にいたり一見気づかないほどでも確実に傷つけられる。多くの住民たちは包囲下にあると感ずるのである。

街頭犯罪はとても深刻な貧困の只中でいつでもおこる。コミュニティで想定されていることの一つは、犯罪者や「銃を持って強盗をはたらく少年たち」が標的を選び取るということである。そこで犯罪の被害者として標的になることを避けることが重要になってくる。それは、ある種の公共の警戒であり、すべての人々を監視し、誰もが、犯罪をしでかす者を「いつでも見張っている」。しかし、同様に重要なこと——これが本書の中心的なテーマである——は、貧窮化したインナーシティ地区のストリート生活は、住民たちにとって危険で、あまりに緊張の多いものであり、気づかれないほどだということだ。ある人が引越したり、そのような場所から立ち去ってしまうというのではなくて、彼や彼女は、インナーシティの地区で失われたリラックスした状態の程度を敏感に察知する。この鍵となるのが、注意を払い、常に存在する暴力に他の方法で対処するために継続的に行われている社会的経験である。

警察はよくコミュニティのストリートを巡回しているが、コミュニティに最良な利益をもたらすことを常に真剣に考えているわけではない。住民たちの大半は警察に信頼を寄せていない。警察は評判の低い黒人コミュニティを統括し、コミュニティの成員に対して不当な扱いをすることもあると多くの者は考えている。その結果、住民たちは警官と警察組織から疎外される。こうした考えを持つ人々は、ドラッグ取引や他の犯罪を警察に通報するのを躊躇う。というのも、警察が通報した者の名前や犯罪者たちの住所を漏らすかもしれないことを恐れているからである。そうしたなかで、多くの人々が言うように「知らないふりをする」ほうがましなのである。この問題をただ避けることができるのであればそのほうが賢明なのである。人々は極めて深刻な緊急時にのみ警察に関わるべきなのだ。それでも住民たちは、警察に通報するのを躊躇することもある。なぜなら、住民たちは、警官は来そうにもないこと、たとえ警官が駆けつけたとしても、彼らが警察に通報した当人を悩ませることさえあるということを信じているからである。中産階級の大方の人々にとっては馴染みのない経験である。

　インナーシティのコミュニティでは、警察が黒人のことを気にかけることはなく、黒人コミュニティの犯罪に関わりあうことになったときでも、少しばかり関心が寄せられるだけであると一般的に信じられている。黒人男性が他の黒人男性に発砲したとしても、その事件について綿密には調べられることはない。正義に関する二枚仕立ての基準が存在していると考えられる。一つは、黒人のため、もう一つは、白人のためのものである。この疑念は地元のストリートで目撃される、目に付く戸外でのドラッグ取引やクラックハウスの浸透などのように法律が守られない状況で煽られる。住民たちはそのような人々や場所が白人コミュニティでは成り立たないものであるのに、黒人コミュニティでは繁栄していることに気づいている。このように日常的に目撃していることが、黒人である自分たちは特有の世界に生きているのだと考えるように促す。そして私が本書で議論してきたように、このような態度がストリートのコードにとって重要な見解をあたえている。貧窮化したインナーシティのコミュニティに住んでいる三十五歳の黒人男性の次の語りに的確に表現されている。

　次のような状況さ。ある者が俺に銃を突きつけるのさ。〔銃を突きつけられた後で〕俺は〔地元〕の警察署にすぐに出向き、正しいことをしようとする。警察署には相手の住所を伝えにいく。これがルールさ。彼らが近所に住んでいること、彼らのニックネームも知っていると警官に伝えにいく。けれども、警官は、私と話すらしない〔したくない〕。フィラデルフィアの法律で次のことを見つけることだってできるさ――警官たちはお前と話しすらしません。いいか。これは一例にすぎない。それで、何をしたらいいのさ。俺がその場で危害を加えられれば、相手の名前や住所を手に入れることなんてできやしない……。相手の顔をみた――ということも重視されない。そのため自分の身は、自分で守る。俺はこのようなことを心配しているのさ。ひどく恐いさ。俺はここで生活しているのさ。このような出来事から逃げることはできない。子供もいるし、そういうことさ。いったい、これから、どうしていったらいいんだい。教えてくれよ……。

　警官が駆けつけても、その半分は事件記録すら取ろうとはしない。警官が何もしないなんてことはないと思うかもしれないな。でも、実際、彼らは何もしようとしないのさ。傷を負っても、それを見ようとすらしないだろう。警察に通報する者も通報される側の者も（低所得者層の人々と犯罪者）もそのことをわかっている。だから誰も何もしなくなるのさ。そんなわけで誰もが銃を所持する。

最終的に重要なことは何だっていうのさ？　われわれを守るための社会の仕組みは誰が作るのさ。教えてくれよ。そのシステムはこのような街角で生きている者たちを守ってくれるのか……。俺は今ちょうど、浮浪者たちのたまり場を思い浮かべている。あなたが住んでいる地区にこのような場所はありますか。このあたりにはこの背後にも、三箇所はあるさ……。去年ぐらいに、警官はこれらのたまり場で幾つもの死体を発見している。警察はここにやってきたし、新聞記者もやって来た。何台もの警察車両をを駆けつけるのをみかけたさ。翌年になって、この場所には昨年と変わらず雑草が茂っている。誰も住んでいないボロボロの家が建っている。今にも死にそうな赤ん坊にシミラック（訳注：乳児用ミルク）をあたえている。生活保護はカットされている。母親があたりをうろついている。何がおきているっていうんだい？

事態はますます悪くなっている。いったいどこまで悪化するというのさ？

サイレンがあたりに鳴り響き、警察車両が疾走する。男が続けて、

だから何だっていうんだ。毎日こんな日々を過ごしているのさ。警察が駆けつける。――だから、何だっていうんだ？　奴らが何かするのか。警察の奴らは、ここに走りよって来る、それで二言三言発する。で、それで何だ？　わかるか。警官は現場で決まったことしかしやしないのさ。この街角で誰かにぶちのめされたとしても、警官がそれをみていなかったら奴は何もできないのさ。警察の奴らがいうことはきまってこれさ。俺は街角でぶちのめされて、警察に駆け込み、警官に「あいつがやったんだ」と言うとするだろ。それでも、警官は「何もできない」と言うんだ。わかるか。俺らが生きているのは、こんなところなのさ。

ちょうどそのとき近寄ってきたゲットーの住民が「俺たちは見捨てられているのさ」と繰り返している。先ほどの男が続けて、

奴［警官］は、昼食を食べながらこの街角に座っていられるだろうな。俺がここで頭部を打ちのめされて、彼のもとに駆け込み、それを伝えるだろ。すると警官は「君が正式に書類を提出しない限り、何もできない」と言うのさ。いま、ここで起きたことについて、いったい何ができるって言うのさ。俺を打ちのめしているその野郎［襲撃者］に向かって、危害を加えるのをちょっと待ってくれないかとでもいうのか。

結びに

熾烈な貧困があたりを包み込み、廃品集めをして生き延びている子供たちが増えている。極端な場合には、路上で寝る者、車中で寝る者、家を追い出された者もいる。家族のいる子供たちもいるが、大人の保護監督は十分なものではない。子供たちはストリートで成長していくことになる。彼らの家庭での暮らしは、職なしとドラッグによって痛ましいほどに傷つけられている。子供たち――十歳になったばかりの子供である――が、夜の一〇時や一一時にストリートに出て行き、お金のために強盗をはたらくこともある。

永続的な都市の貧困と職なしに由来するこうした全ての社会的影響が合わさり、主流社会とその社会の諸制度からの深刻な疎外をもたらす。主流社会や制度からの疎外は、とりわけ若者たちの間で深刻である。その結果として形成されてきたのが、制度化したある種の敵対文化であり、学校や他の制度のなかで今日、見つけ出せる偏見と差別の歴史に対する反応である。敵対文化は、一般社会の問題――もし、それが不可能でない場合、その多くの問題――に近づいて同調していくことに支配された諸制度の中で意味のある参加をもたらす。この疎外の最も公の宣言が、ストリートのコードであり、それは地元のインナーシティのコミュニティの安全性が失われたという感覚に対処するものであり、警察と司法刑罰制度への信頼が深刻なまでに欠如してきたことによって広がってきた。

これらの問題に対応するために、社会はいくつかの主導権を握ることが必要とされる。――とくに、生活賃金を支払う仕事を増やすことである。と同時に、われわれには問題を明らかにして、インナーシティの完全な参政権を確実にするよう働きかけていくために自分たち自身を投機できうる連合をつくり強力に働きかけていく政治主導を握っていくことが求められる。

コミュニティの長老と良識ある人々が、自己責任という考え方に重きをおかねばならないことは理解しうることである。これらの人々は、自分たちが、生活のために成し遂げてきた成功はどんなものであれ、個人的な決断の結果であると信じているからだ。このような考えのなかで、十分な努力をしていないのだからという理由で成功していない人々を非難することもある。被害者を非難しないことは、インナーシティ問題の被害者たちをいとも簡単に納得させることである。良識ある人々には、ストリートの人々から自分たちを区別する方法はない。それゆえに、長老たちが差別や職なしの存在に気がついているとしても、彼らの考える解決策は、良識ある父親への再起と祖母への支援をとおしてコミュニティの精神的な紐帯を立ち上げていくことなのである。

彼らがそのような世界観を持っているとしても、長老たちはコミュニティには欠かすことのできない存在である。というのも、金銭的に恵まれた製造業の仕事が、再起することはありそうになく、何かを持っている者が取り組んでいくことを示していくという志向が、責任の重要な位置を占めているからである。人々に責任感のある人になるようにと話すことで、彼らは、何かできること、未来への希望があることを肯定している。この点において、長老たちは高く評価される。実際に、彼らは、本書に登場したほかの「良識ある」人々と同様に、この物語の主人公であると考えられるに違いない。しかしながら、一般社会では彼らはあまりに少数である。長老達は、コミュニティに姿をみせているが、彼らがかつてそうしていた十分な影響を及ぼすことはもはやない。今日のインナーシティの環境で生き残るために、彼らは、ときに、理不尽な方法で行動し、彼ら自身や彼らが愛する者たちに危害を及ぼす者に力ずくで対応していくことも余儀なくされる。これは、ゲットーの心臓部——言わば、爆心地——で最もはっきりとみられる。ある者がこの深刻な社会的孤立から抜け出すことで、ストリート派の人々に対する良識ある人々の割合が上昇する。

インナーシティの住民たちは、抽象的な正義のコードとコミュニティの公共空間での生き残りに向けて適応させた実践的なコードの間を選ぶように促される。インナーシティの住民たちが、自分たち自身や彼らの自尊心を守るための意思決定か、突如迎えた危険な状況への勇気を持った対応のいずれかとしてストリートのコードを選んでいる。このような環境で成長している子供たちは、これがストリートでなんとかやっていく方法なのであり、そのかわりに、彼らが教わっている者たちからの教訓が、ますます関係のないものになっていることを早い段階で学んでいる。暴力に囲まれ、ドラッグディーラーやドラッグユーザーなどの悪意のない被害者が、ありふれた路上犯罪と同じようにして、地域の関心にも上がらないことで、良識ある人々は、コミュニティの感覚を維持することがますます困難になっていることに気がついている。

このようにして悪循環に陥ってきた。インナーシティに住む時若年の黒人男女は、根強く蔓延っている職なしと疎外の結果、希望を失いどうにもならないと感じている。こうした状態が、彼らを取り巻く暴力をさらに激化させる。暴力が白人たちや中産階級の黒人たちがゲットーの貧しい人々に対して抱く否定的な感情をますます強固なものにしていく。疎外された若い黒人たちは敵対的な文化とストリートに生きる人々のコードをより正当化していく。仕事がなくなり、人々が貧困状態におかれ、その貧困が集中し、絶望を抱くとき、暴力と略奪的行為のコードのまわりで構成される許しがたい生き方が生活様式となるように地下経済があたりを覆い尽くすようになる。インナーシティで成長しうる主要経済を再生していくこと、とくにインナーシティに住む若い男女に職業機会を提供していくこと、のみにおいて、来るべき日々に積極的な意義を紡ぎだしていくことができるはずだ。真剣な取り組みを通じてこの問題に向き合い、この悪循環を断ち切っていかないのだとしたら、良識ある人々もストリート派の人々にとってもますますの困難が降りかかる。疎外と暴力が、黒人であれ白人であれ、貧しき者であれ豊かな者であれ、さらなる犠牲者を生み、事態をより一層悪化させていくことになるだろう。

注

まえがき

1. 本書のエスノグラフィックアプローチは、同じく有効な方法として、最も知られる社会心理学的なアプローチとは区別されるものである。Jack Katz の *Seduction of Crime:Moral and Sensual Attractions in Doing Evil* (New York: Basic Books, 1988) は、「人殺し」という現象に対して感覚的で説得的な社会心理学的分析を加えている。Katz の目的は、理解しがたい行動の意味を把握することである。Katz は、実際の現場や費用便益分析を通じては正当化されない暴力的な犯罪行為がどのようにして、犯罪者にそれらを強いるようになるのかを分析した。そこで必要とされる分析は、犯罪者の動機を解明することではない。私はインナーシティ近隣地区に生起する暴力的な犯罪行為をかたどる特有な集合的な現実に着目する。「ストリートのコード」とは、個々人の行為の目的や生産物ではなくて、すべての住民が向き合わなければならない、個々人の日々のルーティン、所得獲得戦略、学校通い、異性との交遊、子育て、近所付き合いなど、生き生きとしているが差し迫った環境、からなる日常生活の織物なのである。

2. Howard S. Becker, "Problems of Inference and Proof in Participant Observation," *American Sociological Review* 23 (1958): 652-50. と彼の *Sociological Work* を参照のこと。また、Clifford Geertz, *Local Knowledge: Further Essays in Interpretive Anthropology* (New York: Basic Books, 1983) でも同じく確認できる。

序説

1. この点は、より明確に暴力のサブカルチャーを特定化し、具体的にその輪郭を描いた、Marvin E. Wolfgang and F. Ferracuti, *The Subculture of Violence* (London: Tavistock, 1967) の立場と異なる。Wolfgang と Ferracuti は、ストリートのコードは優先的にパブリックでの〈ふるまい〉を規定させるものであり、コミュニティのある集団において標準的な規範となることで、コミュニティ全体の文化を強化し、その文化を定義する諸規範としてストリートのコードを位置付けた。ストリート集団のコードに関するエスノグラフィックな分析には、次のものが重要である。Martin Sanchez Jankowski, *Islands in the Street: Gangs and American Urban Society* (Berkeley: University of California Press, 1991); J. Hagedorn, Gangs, Ruth Horowitz, *Honor and the American Dream: Culture and Identity in a Chicano Community* (New Brunswick, N. J.: Rutgers University Press, 1983); Frederic Thrasher, *The Gang: A Study of 1313 Gangs in Chicago* (Chigago: University of Chicago Press, 1928); W. F. Whyte, *Street Corner Society* (Chicago: University of Chicago Press, 1943); Mercer Sullivan, *Getting Paid: Youth Crime and Work in the Inner City* (Ithaca: Cornell University Press, 1989).

2. このパターンは暴力的な犯罪が増加するリスクとして赤色で段階的に色分けした、警察の電子地図にしばし記録される。舗道での活動が活発かつ集中的に行われる舞台となる地区もまた同様に、コンピューター上の地図の犯罪「ホットスポット」として記録される。Lawrence W. Sherman, Patrick R. Gantin, and Michael E. Buergers, "Hot Spots of Predatory Crime: Routine Activities and the Criminology of Place," *Criminology* 27 (February 1989): 27-55.

3. Douglas S. Massey and N. Denton, *American Apartheid: Segregation and the Making of the Underclass* (Cambridge: Harvard University Press, 1993).

4. アメリカ都市のストリートでの暴力を密接に関連する、このコードの伝統と発展を描いた妥当な記述として、Fox Butterfield, *All God's Children* (New York: Knopf, 1995). を参照。

第1章

1. エスノグラフィックな研究蓄積としてその他には、St. Clair Drake and Horace R. Cayton, *Black Metropolis: A Study of Negro Life in a Northern City* (New York: Harper & Row, 1962). がある。「常連」「酒飲み」「ごろつき」に関する議論は、Elijah Anderson, *A Place on the Corner* (Chicago: Univerisy of Chicago Press, 1978). を参照。Elijah Anderson, "Neighborhood Effects on Teenage Pregnancy," in *The Urban Underclass,* ed. Chistopher Jenks and Paul E. Peterson (Washington, D. C.: Brookings Institution, 1991), 375-98.
2. Elijah Anderson, 1990 *Streetwise: Race, Class, and Change in an Urban Community.* (Chicago: University of Chicago Press.)(=2003 奥田道大・奥田啓子訳『ストリート・ワイズ―人種／階層／変動にゆらぐ都市コミュニティに生きる人々のコード』、ハーベスト社）を参照。

第2章

1. Barney Glaser and Anselm Strauss, *Status Passage* (Chicago: Aldine Publishing Co., 1971).
2. Lee Rainwater, *Behind Ghetto Walls: Black Families in a Federal Slum* (Chicago: Aldine, 1970).
3. 「悪党」になる方法として「獰猛さ」と「冷酷さ」の違いについては、Jack katz, *Seductions of Crime* (New York: Basic Books, 1998), 97-99. を参照。
4. インナーシティに住む若者達の実利主義に関する洞察的な歴史分析は、Carl H. Nightingale, *On The Edge* (New York: Basic Books, 1993). を参照。
5. Lawrence W. Sherman, Patrick R. Gantin, and Michael E. Buergers, "Hot Spots of Predatory Crime: Routine Activities and the Criminology of Place," *Criminology* 27 (Februrary 1989): 27-55.
6. 私が「コード」と呼んでいるものの社会・歴史的起源に関する興味深い分析は、Fox Butterfiled, *All God's Children* (New York: Knopf, 1995), および Nicholas Lemann, *The Promised Land: The Great Black Migration and How it Changed America* (New York;Knopf, 1991) を参照。
7. Butterfield, *All God's Children.*
8. Elliot Liebow, *Tally's Corner: A Study of Negro Streetcorner Men* (Boston: Little Brown, 1967); Elijah Anderson, *A Place on the Corner* (Chicago: University of Chicago Press, 1978); and Martin Sanchez Jankowski, *Islands in the Street: Gangs and American Urban Society* (Berkeley: University of California Press, 1991).
9. 比較として、Sara Lawrence Lightfoot, *The Good High School: Portraits of Character and Culture* (New York: Basic Books, 1983) を参照。
10. Anderson, *A Place on the Corner.* を参照。

第3章

1. Loic J. D. Wacquant and William Julius Wilson, "The Cost of Racial and Class Exclusion in the Inner City," *The Ghetto Underclass,* ed. William Julius Wilson (Newbury Park, Calif.: Sage, 1989), 8-25; and William Julius Wilson, *The Truly Disadvantaged: The Inner City, the Underclass, and Public Policy* (Chicago: Univeristy of Chicago Press, 1987).
2. Michael B. Katz, *The Undeserving Poor, From the War on Poverty to the War to Welfare* (New York: Pantheon, 1989); and Fred Block et al., The Mean Season: The Attack on the Welfare State (New York: Pantheon, 1987).
3. Elijah Anderson, 1990 *Streetwise: Race, Class, and Change in an*

Urban Community. (Chicago: University of Chicago Press.)(= 前掲訳書)

4. Charles Valentine, *Culture and Poverty: Critiwue and Counter-proposals* (Chicago: University of Chicago Press, 1968); Barry Bluestone and Bennett Harrison, *The Deindustrialization of America: Plant Closings, Community Abandonment, and the Dismantling of Basic Industry* (New York: Basic Books, 1982); and Wilson, *Truly Disadvantaged.*

5. Judith Goode and Jo Anne Schneider, *Reshaping Ethnic and Social Relations in Philadelphia* (Philadelphia: Temple University Press, 1994).

6. Joleen Kirschenman and Kathryn Neckerman, "We'd Like to Hire Them, But. . .," in *Urban Underclass,* ed. Jencks and Peterson (Washington, D. C.: Brookings Institution, 1991), 203-32.

7. Elijah Anderson, "Some Observations on Black Youth Employment," in *Youth Employment and Public Policy,* ed. B. Anderson and Isabel Sawhill (Englewood Cliffs, N. J.: Prentice-Hall, 1980), 64-87.

8. 労働現場の人種間競争と強く結びつくこの問題は、フィラデルフィアの歴史と深くかかわっている。Roger Lane, *Roots of Violence in Black Philadelphia, 1860-1900* (Cambridge: Harvard University Press, 1986).

9. 個別インタビュー。

10. Anderson, *Streetwise.* を参照。

11. Terry Williams, *The Cocaine Kids: The Inside Story of a Teenage Drug Ring* (Reading, Mass.: Addison-Wesley, 1989).

12. クラックカルチャーに関する確かなエスノグラフィーは、次を参照のこと。Terry Williams, *Crackhouse* (New York: Addison-Wesley Publishing Company, 1992). Jeffrey Fagan and Ko-Lin Chin, "Social Processes on initiation into crack cocaine," *Journal of Drug Issues*, 21: 313-31. も参照。

13. 「拳銃強盗をする」ときの相互状況的な偶発性と戦術に関する分析は、Jack Katz, *Seductions of Crime* (New York: Basic Books, 1989), の第5章を参照。

14 これらの現象に関する価値ある分析は、Darnell Hawkins, *Homicide among Black Americans* (Lanham, Md.: Univerisity Press of America, 1966). を参照。

第5章

1. Fox Butterfield, *All God's Children* (New York: Knopf, 1995).

2. St. Clair Drake and Horace R. Cayton, *Black Metropolis: A Study of Negro Life in a Northern City* (New York: Harper & Row, 1962).

3. インナーシティにおける父親の重要性を立証した社会学研究として次のものがある。

Frank Furstenberg, Jr., "Fathering in the Inner City: Paternal Participation and Public Policy," in William Marsiglio, ed., *Fatherhood: Contemporary Theory and Social Policy* (Thousand Oaks, Calif.: Sage Publications, 1995); ならびに、Terry Williams and William Kornblum, *Growing Up Poor* (Lexington, Mass.: Lexington Books, 1985).

4. Marian Wright Edelman, *Families in Peril: An Agenda for Social Change* (Cambridge: Harvard University Press, 1987), and Christopher Jencks and Paul E. Peterson, eds., *The Urban Underclass* (Washington, D. C.: Brookings Institution, 1991).

第6章

1. Faustine C. Jones, "The Lofty Role of the Black Grandmother," *The Crisis 80*, no. 1 (1973): 41-56; Herbert Gutman, *The Black Family in Slavery and Freedom* (New York: Vintage Books, 1976).

2. E. Franklin Frazier, *The Negro Family in the United States* (Chicago: University of Chicago Press, 1939), 150.

3. Gutman, *Black Family;Kenneth M. Stampp, The Peculiar Institution: Slavery in the Ante-bellum South* (1956; reprint, New York: Vintage Books, 1989); John Blassingame, *The Slave Community* (New York: Oxford University Press, 1971); Frank F. Furstenberg Jr., Theodore Hershberg, and John Modell, "The Origins of the Femaled-Headed Black Family: The Impact of the Urban Experience, "in Philadelphia: Work, Space, Family and Group Expericence in the 19th Century, ed Theodore Hershberg(New York: Oxford Univeristy Press, 1981), 435-54;Nicholas Lemann, The Promised Land: The Great Migration and How It Changed America(New York: Knopf, 1991).

4. Frazier, *Negro Family*; William Julius Wilson, *The Truly Disadvantaged: The Inner City, the Underclass, and Public Policy* (Chicago: Univeristy of Chicago Press, 1987); Gerald David Jaynes, Branches withougt Roots: Genesis of the Black Working Class in the American South(New York: Oxford Univeristy Press, 1986).

5. Jones, "Lofty Role"; Jaquelyn J. Jackson, "Aged Blacks: A Potpourri in the Direction of the Reduction of Inequalities, *Phylon* 32 (1971): 260-80.

6. Wilson, *Truly Disadvantaged*; William Julius Wilson, *When Work Disapperars: The World of the New Urban Poor* (New York: Knopf, 1996); Theodore Hershberg, "Free Blacks in Antebellum Philadelphia," in The Peoples of Philadelphia: A History of Ethnic Groups and Lower-Class Life, 1970-1940, ed. Allen F. Davis and Mark H. Haller(Philadelphia: Temple University Press, 1973), 111-33; Elijah Anderson, 1990 Streetwise: Race, Class, and Change in an Urban Community. (Chicago: University of Chicago Press.)(= 翻訳前掲)˙

7. Jaquelyne J. Jackson, "The Blacklands of Gerontology," *Aging and Human Development* 2(1971): 156-71; Jasper C. Register and Jim Mitchell, "Black-White Differences in Attitudes toward the Elderly," *Journal of Minority Aging* 7, nos. 3-4(1982): 34-36.

8. Linda M. Burton and Vern L. Bengtson, "Black Grandmothers: Issues of Timing and Continuity of Roles," in Grandparenthood, ed Vern L. Bengston and Joan F. Robertson (Beverly Hills: Sage Publications, 1985), 61-77; Vern L. Bengtson, "Diversity and Symbolism in Grandparental Roles," *ibid*., 11-85; Jackson, "Aged Blacks."

9. Bengtson, "Diversity";Andrew J. Cherlin and Frank F. Furstenberg, Jr., *The New American Grandparent* (New York: Basic Books, 1986); Lillian E. Troll, "The Family of Later Life: A Decade Review," Journal of Marriage and the Familiy 33(1971): 263-90.

10. Arthur Kornhaber and Kenneth L. Woodward, Grandparents, Grandchildren: The Vital Connection (Garden City, N. Y.: Doubleday/Anchor Books, 1981).

11. St. Clair Drake and Horace R. Cayton, *Black Metropolis: A Study of Negro Life in a Northern City* (New York: Harper & Row, 1962). William C. Hays and Charles H. Mindel, "Extended Kinship Relations in Black and White Families," *Journal of Marriage and the Family* 35 (1973): 51-57; Carol Stack, All Our Kin (New York: Harper & Row, 1974); Jerold Heiss, *The Case of the Black Family* (New York: Columbia University Press, 1975).

12. Doris Y. Wilkinson, "Play Objects as Tools of Propaganda: Characterizations of the African Americans Male," *The Journal of Black Psychology* 7, no. 28 (August 1980): 1-16.

13. Patricia J. Dunston et al. "Black Adolescent Mothers and Their Families: Extending Services," in *The Black Adolescent Parent,* ed, Stanley F. Battle (New York: Haworth Press, 1987); Harriet B. Presser, "Sally's Corner: Coping with Unmarried Motherhood," *Journal of Social Issues* 36 (1980): 107-29.

14. Constance W. Williams, *Black Teenage Mothers: Pregnancy and Child*

Rearing from Their Perspective (Lexington, Mass.: Books/D. C. Heath, 1991).

15. Annette U. Rickel, *Teen Pregnancy and Parenting* (New York: Hemisphere Publishing, 1989).

16. Doris Y. Wilkinson, "Traditional Medicine in American Families: Reliance on the Wisdom of Elders," *Marriage and Family Review* 11, nos. 3-4 (1987).

17. Doris Y. Wilkinson, "Afro-American Women and Their Families," in *Women and the Family: Two Decades of Change,* Beth B. Hess and Marvin B. Sussman, eds (New York: Haworth Press, 1984).

18. クラックのイニシエーション過程の洞察的な分析は Fagin and Chin, "Social Processes of Initiation into Crack Cocaine," *Journal of Drug Issues* 21: 313-31. を参照。

19. Carolyn C. Perrucci et al., *Plant Closings: International Context and Social Costs* (New York: Aldine de Gruyter, 1988); Barry Bluestone and Bennett Harrison, *The Deindustrialization of America: Plant Closings, Community Abandonment, and the Dismantling of Basic Industry* (New York: Basic Books, 1982).

20. Wilson, *Declining Significance and Truly Disadvantaged.*

21. Edelman, *Families;* Jencks and Peterson, *Urban Underclass;* Doris Y. Wilkinson, "Afro-American Women and Their Families," in *Women and the Family: Two Decades of Change,* Beth B. Hess and Marvin B. Sussman, eds. (New York: Haworth Press, 1984).

第7章

1. ギャングに関する議論については、James F. Short Jr. and Fred L. Strodtbeck, *Group Process and Gang Delinquency* (Chicago: University of Chicago Press, 1965; James F. Short Jr., "Why Gangs Fight," in *Gang Delinquency and Delinquent Subcultures,* ed. Jame F. Short Jr. (New York: Harper & Row, 1968), 246-56; and Gerald D. Sutteles, *The Social Construction of Communities* (Chicago: University of Chicago Press, 1972).

2. 領域性に関する議論については、Elijah Anderson, 1990 *Streetwise: Race, Class, and Change in an Urban Community* (Chicago: University of Chicago Press.)(= 前掲翻訳）および "Neighborhood Effects on Teenage Pregnancy," in *The Urban Underclass,* ed. Christopher Jencks and Paul E. Peterson (Washington, D. C.: Brookings Institution, 1991), 375-98. を参照

3. 公選弁護人に付与される社会的なスティグマが、合法的な不利益をもたらすこともありうる。Erving Goffman, *Stigma: Notes on the Management of Spoiled Identity* (New York: Simon & Schuster/ Touchstone Books, 1963).

4. Joleen Kirschenman and Kathy Neckrman, "We'd Like to Hire Them, But. . .," in *Urban Underclass,* ed. Jencks and Peterson, 203-32.

5. Elijah Anderson, "Some Observations on Black Youth Employment," in *Youth Employment and Public Policy,* ed. B. Anderson and Isabel Sawhill (Englewood Cliffs, N. J.: Prentice-Hall, 1980), 64-87.

6. Signthia Fordham and John Ogbu, "Black Students'School Success: Coping with the Burden of 'Acting White,'" *Urban Review* 18, no. 2 (1986): 187ff.; and also Robert Merton, Deviance.

7. William Julius Wilson, *The Truly Disadvantaged: The Inner City, the Underclass, and Public Policy* (Chicago: University of Chicago Preass, 1987); Kirschman and Neckerman, "We'd like to Hire Them"; Anderson, "Some Observations." を参照。

8. Richard A. Cloward and Lloyd Ohlin, *Delinquency and Opportunity: A Theory of Delinquent Gangs* (Glencoe, Ill.: Free Press, 1960); Robert Merton, "Social Structure and Anomie," in *Social Theory and Social Structure* (New York: Macmillan, 1968).

結論

1. Terry Williams, *Crackhouse* (New York: Addison-Wesley Publishing Company, Inc., 1992).

解題

本書は、Elijah Anderson, *Code of the Street: Decency, Violence, and the Moral Life of the Inner City* (W. W. Norton & Company, Inc, 1999, pp.352) の全訳である。著者のアンダーソンは、現在、名門イェール大学で社会学の教鞭をとっている。アンダーソン教授は、米国の都市民族誌を代表する研究者の一人で、これまでに *Streetwise: Race, Class, and Change in an Urban Community* (1990)（奥田道大・啓子訳2003『ストリート・ワイズ―人種/階層/変動にゆらぐ都市コミュニティに生きる人びとのコード』ハーベスト社）や *A Place on the Corner* (1978; 2nd ed., 2003)を刊行し、近著には、*The Cosmopolitan Canopy: Race and Civility in Everyday Life* (2012)が出版予定である。

本書は、前著『ストリート・ワイズ』でとりくんだ都市民族誌的研究を発展させたものであり、『ストリート・ワイズ』の続編として捉えることもできる。アンダーソンは、一九七五年から一九八九年までの一四年間フィールドワークを行ってきた。『ストリート・ワイズ』では特に、住民たちの路上での生活ぶりと公共空間で交わされる文化的なマナーややりとりに関心を寄せてきた。シカゴ学派都市社会学の都市民族誌の研究蓄積を継承する都市民族誌家のフィールドワークがこれまで特定集団への一～二年といった限定的な期間に行われてきたのに対して、アンダーソンのフィールドワークは、コミュニティに帰属する多様な集団やアクターへの丹念なインタビューとコミュニティそのものの時間経過を経験的に捉えていくという調査方法で、調査期間と調査範域という点で突出している。インタビューの対象者は、ドラッグ・ディーラーから警察や行政関係者、子どもから年配の方にまで及び、アンダーソンがこの地区で暮らしていく中で接する機会のある様々なアクターの生の声を拾い上げてきたのである。また、インタビューを行った場所は、路地裏のコーナー、酒屋、コインランドリー、レストラン、空手道場、学校など様々な場所に及んでいる。博士論文をまとめた『*A place on the Corner*』から『ストリート・ワイズ』に至るまでのアンダーソンの研究関心を一言でまとめるならば、「コミュニティのなかで、個々人がいかなる社会関係を構築していくのか、とくに、公共の場をいかに理解し、どのように交渉していくのか」(アンダーソン、1990＝2003、ix)を解き明かすことであった。

本書ではインナーシティの若者たちの対人暴力行為に主に焦点があてられている。なぜ、インナーシティの若者たちがこれほどまでに暴力行為に加担するのか、この問いを探求していく過程で、公共生活の在り様や社会組織の在り方が明らかにされていく。

アンダーソンがこれらの問題に向き合うのに、中心的に据えたのが、本書のタイトルにもなっている「ストリートのコード」である。

「ストリートのコード」とは、暴力が横行するストリートでの自己防衛の身体所作であり、集団内外の成員から尊敬の念を得る一連のインフォーマルな規則である。警察の支配が弱まる言わば放任された貧困地区で、自分の身を守る生存をかけたテクニックと言い換えることもできるだろう。具体的には、暴力的な場面に直面した時に、その状況においてもっとも妥当な振る舞い方を導きだすとともに、暴力の使い方をコントロールするものである。

そして本書は、このストリートのコードにいかに向き合うのか、あるいは、ストリートのコードをどのように習得していくのかで、良識ある家族とストリートに生きる家族とが対照的に描かれていく。子供たちに良識ある価値基準を教え込むのに日々苦労しているのが、インナーシティに住むシングルマザーたちである。シングルマザーたちは、自分の子供たちがストリートのカルチャーに引き込まれすぎないように絶えず注意をしている。しかし、これが困難を極めるのである。というのも、一歩家の外へと足を踏み出すと、公共のスペースでは暴力行為が横行したり、ドラッグ取引が行われたりしている。また、ドラッグ取引の行われるクラック・ハウスが隣接していることが稀ではない。つまり、ストリートに生きる人びとと空間を共有していかなければならないのである。それが、こうした困窮地区で生活していくことを意味している。ゆえに、礼儀正しく、道徳的にも優れた良識ある家族の人びとも、状況に応じてストリートのコードに順応していかねばならない。そうでなければ、生きていくことも阻まれるかもしれないのだ。

本書を読み進めていくと、ドラッグが黒人貧困地区を細部にまでわたり蝕んでいる様子が手に取るようにわかる。暴力行為の全てがドラッグを起因したものであるというわけではないが、その比率が極めて高いのが現状である。ストリートのコードは、インフォーマルな身体所作であるが、顔の表情、歩き方、会話方法、服装、アクセサリー等の外見的な自己呈示も重要な一要素である。ストリートで尊敬される対象になる事、つまり、ストリートで一目置かれるような存在になることが自分自身の身を守る事につながっていくのである。本著の中でも、派手な装飾品を身につけて外を歩いているときに、強奪にあうような経験談が幾度も登場する。

ストリートのコードは、学校文化にも持ち込まれる。学校がストリートでの暴力行為からの避難所になるどころか、暴力を助長する場と化してしまっている。学校において子供たちは常に自己を表現し、自分がどこから来たのかを示し、同輩たちとの支配関係の交渉を行う。さらに学校では、良識ある子供たちが、ストリートに生きる子供たちの所作を模倣し、ストリートの流儀で行動するようになる。その結果、良識ある子供たちとストリートに生きる子供たちとの区別がつかなくなるという教師も苦悩も指摘されている。また、子供たちは、ストリートの流儀と家庭で教えられる道徳とのギャップに戸惑いを覚えるのである。

ストリートで形成される自己のアイデンティティは、学校、教会、職場、家族などにも持ち込まれる。しかし、ストリートで評価されるアイデンティティが、人に好かれることで認められるようなものではなくて、人に恐れられることで高い尊敬を受けるものであることで、暴力性が助長されていく。

なぜ、困窮地区の若者たちがドラッグ取引に手を出していくのか。この理由は、まず第一に、産業構造の変化と経済不況による「職なし」がある。そうした中で第二に、ドラッグ取引の手っ取り早さと収入の高さがある。これらがドラッグ取引が抱えるリスクを差し引いてまでも、ドラッグ取引に加担していく理由なのである。だが誰しもがドラッグ取引の虜となるかと言えば、そうでもない。しばらくは道楽半分でドラッグ取引に関わる。その過程で高収入を得るようになると徐々に嵌っていく。困窮地区で生活する若者たちにとってドラッグは、きわめて身近なものである。近隣地区で遊んでいる仲間集団の1人がドラッグ取引に手を出して、それを模倣するようにしてドラッグ取引に関わっていく。こ

の関わり方が深まっていくと同時に、ドラッグ依存や縄張り争いに巻き込まれていく。この段階でドラッグ取引の被害を受けるのは、ドラッグ取引に直接的に関わる若い男たちだけではない。男たちの親、彼女、兄弟、ときに、親族にわたって問題が伝播していく。ドラッグ取引で問題が生じると、即座に暴力的になり、銃撃によって命を落とす事にもつながる。ドラッグ取引とは、この触発的な暴力性の上に形成されている「ビジネス」なのである。

貧困と家族生活についても本著では分厚い記述がなされている。男らしさを証明することの性的な征服行為とその結果の妊娠。だが、この困窮地区での性的関係の特徴は、それが個人的な経済利益を引き出すこととも結びついている点にある。赤ん坊を産むことで、福祉から生活支援を受けることができ、それをも利用していくことが目論まれているのである。しかし、この経済的な結びつきが途切れたときに、若い男たちは離れていく。あるいは、婚外子で子供を授かり、その後シングルマザーとして働きながら子供の世話をしていく。

シングルマザーを支える大きな役割を担っているのが、祖母たちである。祖母たちは孫を実の子供のように育てていく。歴史的に見ても、祖母たちが子供を育ててきた。そうした祖母の働きかけを蝕んでいく要因もある。それがクラックの浸食である。娘の母がドラッグ中毒に陥ると事態は急激に悪化していく。娘の母

が、公的扶助の生活支援金にまで手を出したり、育児を完全に放棄して路頭に迷う。こうなると祖母は、この母親との関係を修復し、家庭を守っていくためにあらゆる努力を試みる。だがそれがいかに困難な事であるのかを想像するには難くない。

けれども、本著はコミュニティを蝕む暴力やドラッグの問題で幕を閉じない。過去の過ちを償い、育ってきたコミュニティに貢献していく若者たちの姿も描かれる。困窮地区に生活する若者たちは、疲弊するコミュニティでの展望のなさと日常的な暴力行為への対処という問題を抱えている。この点について、アンダーソンは、「若者たちに機会が与えられることが確実に約束されていれば、若者たちの心の中により前向きな姿勢と希望に満ちた将来観が育まれ、同時に、礼儀正しさ、遵法精神、社会平和、前向きな姿勢を重んじる社会的な枠組みが創られていく。」（本著、p. 288）と述べている。

このように困窮を極めるインナーシティーの現状は、ドラッグや暴力の惨状だけでなく、一部希望も垣間みえる。だが、その希望に過剰な期待を寄せるわけにはいかない。組織や制度からなる「システム」を変えていく試みを怠らないこと、アンダーソンが伝えたいのはこのことなのだ。

本書の成果は、都市民族誌の研究蓄積に次の三点の課題を新たに提起しているといえよう。

第一に、民族誌的継続調査の方法論的意義について検討することである。先に述べたが本書は、『ストリート・ワイズ』から『ストリートのコード』へと一〇数年に及ぶ長期的なフィールドワークの成果である。一〇数年に及ぶ時間経過は、①対象とするコミュニティ自体の変化、②調査対象者と調査者自身の加齢、③社会歴史的な変化による（産業等）構造変化が生じる。こうした変化を本書の中で分析できているかどうか。また、そもそも都市民族誌的調査の調査期間の長期化とその意義について科学的根拠や妥当性を含めて検討しなければならない。

第二に、都市民族誌家の調査方法論と調査地での役割についてである。一度限りの訪問インタビュー調査とは異なり、対象者との信頼関係であるラポールを形成し、中長期的に調査を継続していく。本著でアンダーソンが取り組んだように都市貧困地区を対象にしたフィールドワークに携わる者が直面するのは、現場の力強さと自身の力なさであろう。外側から対象や地域を眺めているときには、生活困窮に苦しみ疲弊する人びとの姿を思い浮かべる。現場での調査を進めていく過程で、熾烈な生活環境の中でも楽しみや悦びを創りだしていく日常的な営みに生きていくことの迫力を感じ取る。けれども、同時に構造的な要因がもたらしている生活の諸問題に調査者自身が何か働きかけることはできないのかという役割や責任が現場から問われる場面に遭遇する。このときに、あえて禁欲的に調査者の立場を固持するのか、一歩踏み込んで問題解決へと働きかけていくのかで、苦渋の選択を強いられることになる。調査者の立場については今後も重ねて議論されねばならないが、「君は実態を変えることができると思う。君が書くことで、実態を変える方法が、あるということだ」(Whyte, F. W., 1943=1993, *Street Corner Society,Fourth Edition,* Chicago Press. [=2000, 奥田道大・有里典三訳『ストリート・コーナー・ソサエティ』有斐閣] 297)というある一人の調査対象者の言葉に本著者のアンダーソンも異論はないであろう。

第三に、民族誌の認識論的視座についてである。本書では良識ある人びととストリートに生きる人びとが対立的に描かれている。この二項対立的な集団区分が、現実の認識枠組みではなくて、アンダーソンによって想像された認識枠組みにすぎないのではないか。こうした厳しい批判を展開したのが、ロイック・ヴァカンである(Wacquant, L., 2002, "Scrutinizing the Street: Poverty, Morality, and the Pitfalls of Urban Ethnography." *American Journal of Sociology* 107-6 (May): 1468-1532.)。この批判に対して、ヴァカンが本著を深刻に誤読しているとアンダーソンも反論している(Anderson, Elijah, 2002, "The Ideologically Driven Critique," *American Journal of Sociology,* 107-6 (May):1533-50)。ヴァカンは、理論的認識枠組みなしのアンダーソンの分析が現場理解において似非認知カテゴリーを構築してしまっているとし、それに対して、アンダーソンはヴァカンの理論的志向に基づいた分析では路上で生活する人びとの日常世界には迫れないとする。この両者の民族誌の認識論に関する、経験主義的な民族誌的記述と理論的対話に開かれた民族誌的対立という深刻な対立は、今後の都市民族誌の方向性を検討していく上でわれわれも著作や調査経験に基づきながら、幾度も議論もを交わしていかねばならないだろう。

(参考論文：田中研之輔　2011「バークリー校現代都市民族誌の研究動向——複数事例比較分析と再帰的民族誌」『日本都市社会学会年報』29)

＊＊＊＊＊＊＊

本書は、訳語を揃えるために「まえがき」と「序説」を共同で訳出し、それに続く章は、木村が1章、2章、4章、7章を、田中が3章、5章、6章、結論を担当した。本書の訳出作業は、主にカリフォルニア大学バークレー校社会学部に客員研究員として在外研究している期間に進めてきた。

バークレー滞在中には、社会学部の院生に不明な箇所や用語を聞き出したり、一般的な不明箇所についてはLadi Dell'aira氏に何度も教えていただいた。より専門的には、カリフォルニア大学バークレー校教育学部の大学院生でオークランド地区の貧困とドロップアウト学生に関する教育社会学的研究をしているJennifer Fazio氏にアドバイスを頂いた。記して感謝したい。訳出の過程で、モントリオールで開かれたアメリカ社会学会の会場で、アンダーソン教授に直接挨拶する機会を得たことも幸運であった。発する言葉一つ一つが温かく、人柄の良さが身体全体から滲み出ていたことが記憶に新しい。

訳稿に取り組む過程で心がけたのは、アンダーソンの文体をいかしながら、彼のリズミカルな文体を表現することである。文体そのものが映し出すストリートの臨場感を殺すことのないように配慮した。本書を読んだときに、現地の臨場感が伝わってくるようであれば幸いである。

最後にこの訳出を御紹介頂いた奥田道大教授と当初の予定より随分と遅れてしまった訳出作業にも懲りずに待ち続けて頂いたハーベスト社の小林達也社長に心から謝意と御礼を申し上げたい。

二〇一二年三月

田中研之輔

Suttles, Gerald D. 1972. *The Social Construction of Communities*. Chicago: University of Chicago Press.

Sykes, Gresham M., and David Matza. 1990. "Techniques of Neutralization: A Theory of Delinquency." In *Criminal Behavior*, 2nd ed., ed. Delos H. Kelly, 207-12. New York: St. Martin's Press.

Thrasher, Frederic M. [1927] 1963. *The Gang*. Chicago: University of Chicago Press. 南川他訳『ギャング』ハーベスト社、近刊

Troll, Lillian E. 1971. "The Family of Later Life: A Decade Review." *Journal of Marriage and the Family* 33: 263-90.

Valentine, Charles. 1968. *Culture and Poverty: Critique and Counter-Proposals*. Chicago: University of Chicago Press.

Wacquant, Loic J. D., and William Julius Wilson. "The Cost of Racial and Class Exclusion in the Inner City." In *The Ghetto Underclass, ed. William Julius Wilson. Special edition of The Anna]s of the American Academy of Political and Social Science* 501: 8-25.

Walker, Alice. 1982. *The Color Purple*. New York: Pocket Books.

Wilkinson, Doris Y. 1984. "Afro-American Women and Their Families." In *Women and the Family: Two Decades of Change*, ed. Beth B. Hess and Marvin B. Sussman. New York: Haworth Press, 1984.

. 1980. "Play Objects as Tools of Propaganda: Characterizations of the African American Male," *The Journal of Black Psychology* 7, no. 1(August): 1-16.

. 1987. "Traditional Medicine in American Families: Reliance on the Wisdom of the Elders" *Marriage and Family Review* 11, nos. 3-4.

Williams, Constance W. 1991. *Black Teenage Mothers: Pregnancy and Child Rearing from Their Perspective*. Lexington, Mass.: Lexington Books/D.C. Heath.

Williams, Terry. 1989. *The Cocaine Kids: The Inside Story of a Teenage Drug Ring*. Reading, Mass.: Addison-Wesley.

. 1992. *Crackhouse: Notes from the End of the Line. Reading,* Mass.: Addison-Wesley.

Williams, Terry N. and William Kornblum. 1985. *Growing Up Poor*. Lexington, Mass.: Lexington Books.

Wilson, William Julius. 1980. *The Declining Signlfuance of Race*. 2nd ed. Chicago: University of Chicago Press.

. 1987. *The Truly Disadvantaged: The Inner City, the Underclass, and Public Policy*. Chicago: University of Chicago. 青木秀男他訳『アメリカのアンダークラス：本当に不利な立場に置かれた人びと』明石書店、1999

. 1989. "The Underclass: Issues, Perspectives, and Public Policy", In The Ghetto Underclass, ed. William Julius Wilson. Special edition of The *Annals of the American Academy of Political and Social Science* 501: 183-92.

. 1996. *When Work Disappears: The World of the New Urban Poor.* New York: Knopf. 川島正樹・竹本友子訳『アメリカ大都市の貧困と差別：仕事がなくなるとき』明石書店、1999

Wolfgang, Marvin E., and F. Ferracuti. 1967. *The Subculture of Violence*. London: Tavistock.

Wolfgang, Marvin E., Leonard Savitz, and Norman Johnston. 1970. *The Sociology of Crime and Delinquency,* 2nd ed. New York: John Wiley.

Policy, ed. Katherine McFate et al., 387-414. New York: Russell Sage Foundation.

Park, Robert. 1925. *The City*. Chicago: University of Chicago Press. 大道安次郎・倉田和四生訳『都市』鹿島出版会、1972

Perrucci, Carolyn C., et al. 1988. *Plant Closings: International Context and Social Costs*. New York: Aldine de Gruyter.

Portes, Alejandro, and Saskia Sassen-Koob. 1987. "Making It Underground: Comparative Material on the Informal Sector in Western Market Economics." *American Journal of Sociology* 93, no. 1 (July): 30-61.

Presser, Harriet B. 1980, "Sally's Comer: Coping with Unmarried Motherhood." *Journal of Social Issues* 36, no. 1: 107-29.

Rainwater, Lee. 1970. *Behind Ghetto Walls: Black Families in a Federal Slum*. Chicago: Aldine.

Register, Jasper C., and Jim Mitchell, 1982. "Black-White Differences in Attitudes toward the Elderly." *Journal of Minority Aging* 7, nos. 3-4; 34-46,

Regoli, Robert M., and John D. Hewitt. 1991. *Delinquency in Society: A Child-Centered Approach*. New York: McGraw-Hill.

Reinarman, Craig, and Harry G. Leaven, eds. 1997. *Crack in America: Demon Drugs and Social Justice*. Berkeley: University of California Press.

Rickel, Annette U. 1989. *Teen Pregnancy and Parenting*. New York: Hemisphere Publishing.

Sampson, Robert J. 1987. "Urban Black Violence: The Effect of Male Joblessness and Family Disruption." *The American Journal of Sociology*, 93, no. 2: (348-82).

Scheff, Thomas J. 1984. *Being Mentally Ill: A Sociological Theory*, 2nd ed. New York: Aldine.

Shaw, Clifford R. [1930] 1966. *The Jack-Roller: A Delinquent Boy's Own Story*. Chicago: University of Chicago Press. 玉井真理子・池田寛『ジャック・ローラー：ある非行少年自身の物語』東洋館出版社、1998

Sherman, Lawrence W., Patrick R. Gantin, and Michael E. Buergers. 1989. "Hot Spots of Predatory Crime: Routine Activities and the Criminology of Place." *Criminology* 27 (February): 27-55.

Short, James F. 1990. *Delinquency and Society*. Englewood-Cliffs, NJ.: Prentice-Hall.

Short, James F., Jr., and Fred L. Strodtbeck. 1965. *Group Process and Gang Delinquency*. Chicago: University of Chicago Press.

. 1968. "Why Gangs Fight." In *Gang Delinquency and Delinquent Subcultures*, ed. James F. Short, Jr., 246-56. New York: Harper & Row.

Simmel, Georg. 1971. *George Simmel on Individuality and Social Forms*, ed. Donald N. Levine. Chicago: University of Chicago Press.

Smith, E. W. 1975. "The Role of the Grandmother in Adolescent Pregnancy and Parenthood." *Journal of School Health* 45, no. 5: 278-83.

Spergel, Irving. 1964. *Racquetville, Slumtawn, and Haulburg*. Chicago: University of Chicago Press.

Stack, Carol. 1974. *All Our Kin*. New York: Harper & Row.

Stampp, Kenneth, M. [1956] 1989. *The Peculiar Institution: Slavery in the Ante-bellum South*. New York: Vintage Books.

Sugrue, Thomas J. 1996. *The Origins of the Urban Crisis: Race and Inequality in Postwar Detroit*. Princeton: Princeton University Press.

Sullivan, Mercer, 1989. *"Getting Paid": Youth Crime and Work in the Innaer City*. Ithaca: Cornell University Press.

Kasarda, John D. 1995. "Industrial Restructuring and the Changing Location of Jobs." In *State of the Union, America in the 1990s.* Vol. l, Economic Trends, ed. Reynolds Farley, 215-67. New York: Russell Sage Foundation.

Kasinitz, Philip, and Jan Rosenberg. 1989. "Missing the Connection: Social Isolation and Employment on the Brooklyn Waterfront." *Social Problems* 43, no. 2 (May): 180-96.

Katz, Jack. 1988. *Seductions of Crime: Moral and Sensual Attractions in Doing Evil.* New York: Basic Books.

Katz, Michael B. 1989. *The Undeserving Poor: From the War on Poverty to the War on Welfare.* New York: Pantheon.

Kelly, Delos H., ed. 1990, *Criminal Behavior: Text and Readings in Criminology*, 2nd ed. New York: St. Martin's Press.

Kirschenman, Joleen, and Kathy Neckerman. 1991. "We'd Like to Hire Them, But... " In *The Urban Underclass*, ed. Christopher Jencks and Paul Peterson, 203-32. Washington, D.C.: Brookings Institution.

Klerman, Jacob Alex, and Lynn A. Karoly. 1994. "Young Men and the Transition to Stable Employment." *Monthly Labor Review* (August): 31-48.

Kotlowitz, Alex. 1991. *There Are No Children Here: The Story of Two Boys Growing Up in the Other America.* New York: Doubleday.

Kozol, Jonathan. 1991. *Savage Inequalities.* New York Harper Perennial.

Ladner, Joyce A. [1971]. 1995. *Tomorrow's Tomorrow: The Black Woman.* Lincoln: University of Nebraska Press.

Lane, Roger. 1986. *Roots of Violence in Black Philadelphia, 1860-1900.* Cambridge: Harvard University Press.

Leidner, Robin. 1990. *Fast Food, Fast Talk: Service Work and the Routinization of Everyday Life.* Berkeley: University of California Press.

Lemann Nicholas. 1991. *The Promised Land: The Great Black Migration and How It Changed America.* New York: Knopf.

Lightfoot, Sara Lawrence. 1978. *Worlds Apart: Relationships Between Families and Schools.* New York: Harper-Colophon Books.

. 1983. *The Good High School: Portraits of Character and Culture.* New York: Basic Books.

Massey, Douglas, and Nancy Denton. 1993. *American Apartheid: Segregation and the Making of the Underclass.* Cambridge: Harvard University Press.

Matza, David. 1964. *Delinquency and Drift.* New York: John Wiley.

Merton, Robert. 1957. "Social Structure and Anomie." In *Social Theory and Social Structure.* Glencoe Ill.: Free Press. Also, "The Self-Fulfilling Prophecy," in the same volume.

Miller, Walter B. 1990. "Lower Class Culture as a Generating Milieu of Gang Delinquency." In *Criminal Behavior*, 2nd ed., ed. Delos H. Kelly, 2 13-2 6. New York: St. Martin's Press.

Nightingale, Carl Husemoller. 1993. *On The Edge: A History of Poor Black Children and Their American Dreams.* New York: Basic Books.

Orfield, Gary, and Susan E. Eaton. 1995. *Dismantling Desegregation: The Quiet Reversal of Brown v. Board of Education.* New York: New Press.

Osterman, Paul. 1980. *Getting Started The Youth Labor Market.* Cambridge: MIT Press.

. 1995. "The Youth Labor Market Problem." In *Poverty, Inequality, and the Future of Social*

Gibbs, Jewelle Taylor, ed. 1988. *Young, Black, and Male in America: An Endangered Species*. Dover, Mass.: Auburn House.

Glaser, Barney G., and Anselm L. Strauss. 1972. *Status Passage.* Chicago: Aldine.

Glasgow, Douglas G. 1980. *The Black Underclass: Poverty, Unemployment, and Entrapment of Ghetto Youth*. New York: Jossey-Bass Publishers.

Goffman, Erving. 1959. *The Presentation of Self in Everyday Life*. New York: Doubleday/Anchor Books. 石黒毅訳『行為と演技：日常生活における自己呈示』誠信書房、1974

. 1963. *Stigma: Notes on the Management of Spoiled Identity*. New York: Simon and Schuster/ Touchstone Books. 石黒毅訳『スティグマの社会学：烙印を押されたアイデンティティ』せりか書房、改訂版、2001

Goode, Judith and Jo Anne Schneider. 1994. *Reshaping Ethnic and Social Relations in Philadelphia*. Philadelphia: Temple University Press.

Gurr, Ted Robert, ed. 1989. *Violence in America*. Vol. 1 of The History of Crime. Newbury Park, Calif.: Sage Publications.

Gutman, Herbert. 1976. *The Black Family in Slavery and Freedom*. New York: Vintage Books.

Hagedorn, J. 1988. *Gangs, Crime, and the Underclass in a Rustbelt City.* Chicago: Lakeview Press.

Hawkins, Darnell. 1986. *Homocide among Black Americans.* Lanham, Md.: University Press of America.

Hays, William C., and Charles H. Mindel. 1973. "Extended Kinship Relations in Black and White Families." *Journal of Marriage and the Family* 35: 51-57.

Heiss, Jerold. 1975. *The Case of the Black Family.* New York: Columbia University Press.

Hershberg, Theodore. 1973. "Free Blacks in Antebellum Philadelphia." In *The Peoples of Philadelphia: A History of Ethnic Groups and Lower-Class Life, 1790-1940*, ed. Allen F. Davis and Mark H. Haller, 111-33. Philadelphia: Temple University Press. Reprint; Philadelphia: University of Pennsylvania Press, 1998.

Hirschi, Travis. 1969. *Causes of Delinquency*. Berkeley: University of California Press.

Holzer, Harry. 1987. "Informal Job Search and Black Youth Unemployment." *American Economic Review* 77, no. 3: 446-52.

Horowitz, Ruth. 1983. *Honor and the American Dream: Culture and Identity in a Chicano Community*. New Brunswick, NJ.: Rutgers University Press.

Hughs, Mark Alan. 1991. "Employment Decentralization and Accessibility: A Strategy for Stimulating Regional Mobility." *Journal of the American Planning Association* 57, no. 3: 288-98.

Hunter, Albert. 1975, *Symbolic Communities.* Chicago: University of Chicago Press.

Jackson, Jacquelyne J. 1971a. "The Blacklands of Gerontology," *Aging and Human Development* 2: 156-71.

. 1971b. "Aged Blacks: A Potpourri in the Direction of the Reduction of Inequities." *Phylon* 32: 260-80.

Jankowsky, Martin Sanchez. 1991. *Islands in the Street*. Berkeley: University of California Press.

Jaynes, Gerald David, 1986. *Branches without Roots: Genesis of the Black Working Class in the American South, 1862-1882*. New York: Oxford University Press.

Jencks, Christopher, and Paul E. Peterson, eds. 1991. *The Urban Underclass.* Washington, D.C.: Brookings Institution.

Jones, Faustine C. 1973. "The Lofty Role of the Black Grandmother." *The Crisis* 80, no. 1: 41-56.

Gangs. Glencoe, Ia.: Free Press.
Cohen, Albert K. 1955. *Delinquent Boys*. New York: Free Press.
Coleman, James. 1988. "Social Capital in the Creation of Human Capital." *American Journal of Sociology* 94: S95-S 120.
Davis, Allen F., and Mark H. Haller, eds. 1998. *The Peoples of Philadelphia: A History of Ethnic Groups and Lower-Class Life, 1790-1940*. Philadelphia: University of Pennsylvania Press.
Dembo, Richard. 1988. "Delinquency among Black Male Youth." In *Young, Black, and Male in America*, ed. Jewelle Taylor Gibbs, 129-65. Dover, Mass.: Auburn House.
Dollard, John. 1932. *Criteria for the Life History*. New Haven: Yale University Press.
Drake, St. Clair, and Horace R. Cayton. 1962. *Black Metropolis: A Study of Negro Life in a Northern City.* New York: Harper & Row.
Du Bois, W. E. B. 1899 [1996]. *The Philadelphia Negro*. Philadelphia: University of Pennsylvania Press.
Duneir, Mitchell. 1992. *Slim's Table: Race, Respectability, and Masculinity.* Chicago: University of Chicago Press.
Dunston, Patricia J., et al. 1987. "Black Adolescent Mothers and Their Families: Extending Services." In *The Black Adolescent Parent*, ed. Stanley F. Battle, 95-110. New York: Haworth Press.
Edelman, Marian Wright. 1987. *Families in Peril: An Agenda for Social Change*. Cambridge: Harvard University Press.
Edin, Kathy, and Laura Leine. 1997. *Making Ends Meet: How Single Mothers Survive Welfare and Low-Wage Work*. New York: Russell Sage Foundation.
Ellwood, David. 1998. *Poor Support*. New York: Basic Books.

Emerson, Robert M. 1969. *Judging Delinquents: Context and Process in Juvenile Court*. Chicago: Aldine.
Fagan, J. A. "Intoxication and Aggression." 1990. In *Crime and Justice: A Review of Research*, ed. N. Morris and M. Tonry, 241-320. Chicago: University of Chicago Press.
Fagan, J. A., and K. L. Chin. "Social Processes of Initiation into Crack Cocaine." *Journal of Drug Issues* 2 1: 313-31.
Fine, Michelle. 1991. *Framing Dropouts*. Albany: State University of New York Press.
Fordham, Signthia, and John Ogbu. 1986. "Black Students' School Success: Coping with the Burden of 'Acting White.'" *Urban Review* 18, no. 2: 177ff.
Frazier, E. Franklin. 1939. *The Negro Family in the United States*. Chicago: University of Chicago Press.
Furstenberg, Frank F., Jr. "Paternal Participation and Public Policy." 1995. In *Fatherhood: Contemporary Theory and Social Policy,* ed. William Marsiglio. Thousand Oaks, Calif: Sage Publications.
Furstenberg, Frank F., Jr., Theodore Hershberg, and John Modell. 1981. "The Origins of the Female-Headed Black Family: The Impact of the Urban Experience." In *Philadelphia: Work, Space, Family, and Group Experience la the 19th Century*, ed. Theodore Hershberg, 43 S-54. Oxford: Oxford University Press.
Gans, Herbert. 1995. *The War against the Poor*. New York: Basic Books.
Geertz, Clifford. 1983. *Local Knowledge: Further Essays in Interpretive Anthropology.* New York: Basic Books. 梶原景昭訳『ローカル・ナレッジ：解釈人類学論集』岩波書店、1999

文　献

Anderson, Elijah. 1978. *A Place on the Corner*. Chicago: University of Chicago Press.

1980. "Some Observations on Black Youth Employment." In *Youth Employment and Public Policy*, ed. B. Anderson and Isabel Sawhill, 61-87. Englewood Cliffs, NJ.: Prentice-Hall.

1989. "Sex Codes and Family Life among Poor Inner-City Youths." *Annals of the American Academy of Political and Social Science* 501:59-78.

1990. *Streetwise: Race, Class, and Change ia an Urban Community.* Chicago: University of Chicago Press. 奥田道大・奥田啓子訳『ストリート・ワイズ：人種 / 階層 / 変動にゆらぐ都市コミュニティに生きる人々のコード』ハーベスト社、2003

1991. "Neighborhood Effects on Teenage Pregnancy." In *The Urban Underclass*. ed. Christopher Jencks and Paul E. Peterson, 375-98. Washington, D.C.: Brookings Institution.

.1994. *The Code of the Streets*. Atlantic Monthly (May).

.1997. "Violence and the Inner City Street Code." In *Violence and Childhood in the Inner City*, ed. Joan McCord, 1-30. New York: Cambridge University Press.

Anyon, Jean. 1997. *Ghetto Schooling: A Political Economy of Urban Educational Reform*. New York: Teachers College Press.

Becker, Howard S. 1958. "Problems of Inference and Proof in Participant Observation." *American Sociological Review* 23: 652-60.

. 1966. *Introduction to The Jack-Roller: A Delinquent Boy's Own Story, by Clifford R. Shaw*. Chicago: University of Chicago Press.

. 1970. *Sociological Work*. Chicago: Aldine.

. 1973. *Outsiders: Studies la the Sociology of Deviance*. New York: Free Press. 村上直之訳『アウトサイダーズ：ラベリング理論とはなにか』新泉社 ,1978

Bengtson, Vern L. 1985. "Diversity and Symbolism in Grandparental Roles." In *Grandparenthood*, ed. Vern L. Bengtson and Joan F. Robertson, 11-25, Beverly Hills, Calif.: Sage Publications.

Blassingame, John. 1972. *The Slave Community.* New York: Oxford University Press.

Block, Fred, et al. 1987. *The Mean Season: The Attack on the Welfare State*. New York: Pantheon.

Bluestone, Barry, and Bennett Harrison. 1982. *The Deindustrlalization of America: Plant Closings, Community Abandonment, and the Dismantling of Basic Industry*. New York: Basic Books.

Blumstein, A., D. P. Farrington, and S. Moitra. 1985. "Delinquency Careers: Innocents, Desisters, and Persisters." In *Crime and Justice: An Annual Review of Research, ed. N. Morris and M. Tonry, 187-219*. Chicago: University of Chicago Press.

Bourgois, Philippe. 1995. *In Search of Respect: Selling Crack in El Barrio*. Cambridge: Cambridge University Press,

Burton, Linda M., and Vern L. Bengtson. 1985. "Black Grandmothers: Issues of Timing and Continuity of Roles." In *Grandparenthood*, ed. Vern L. Bengtson and Joan F. Robertson, 61-77. Beverly Hills, Calif.: Sage Publications.

Butterfield, Fox. 1995. *All God's Children.* New York: Knopf.

Campbell, Anne. 1991. The Girls in the Gang. Cambridge: Basil Blackwell.

Cherlin, Andrew J., and Frank F. Furstenberg Jr. 1986. *The New American Grandparent.* New York: Basic Books.

Cloward, Richard A., and Lloyd Ohlin. 1960. *Delinquency and Opportunity: A Theory of Delinquent*

ワ行

マ行

ヤ行

ラ行

ナ行

索　引

（原著を参照して作成した）

フィラデルフィア市街地北。1997年1月

イタリアンマーケット。1997年1月

フィラデルフィア中心市街地。1997年12月

サウスストリート。1997年12月

テンプル大学近くのエンパワーメントゾーン。
子どもの住むスラム。1997年1月

参考資料：1997年1月および12月に撮影したフィラデルフィアの写真。本書でアンダーソンが記述した調査地とは場所・時間ともに近接している。写真提供：麻布大学教員大倉健宏氏。

訳者紹介

田中研之輔（たなか　けんのすけ）
現在、法政大学キャリアデザイン学部准教授（都市社会学、社会調査法）
著書：『東京スタディーズ』（共編、紀伊國屋書店、2005）
　　　『社会学ベーシックス４　都市的世界』（共編、世界思想社、2008）
　　　『社会調査論』（共編、八千代出版、2009）

木村（横塚）裕子　（きむら　よこつか　ゆうこ）
津田塾大学学芸学部英文学科卒業。東京外国語大学博士前期課程修了。
現在、カリフォルニア大学バークレー校大学院博士号候補生（歴史学）。

イライジャ・アンダーソン著
ストリートのコード
インナーシティの作法／暴力／まっとうな生き方
（すとりーとのこーど：
いんなーしてぃのさほう／ぼうりょく／まっとうないきかた）

定価はカバーに表示

2012年４月10日　第１刷発行

訳　者　田中研之輔
　　　　木村裕子
発行者　小林達也
発行所　ハーベスト社
〒188-0013　東京都西東京市向台町2-11-5
電話　042-467-6441
Fax　042-467-8661
振替 00170-6-68127
http://www.harvest-sha.co.jp

印刷：㈱平河工業社
落丁・乱丁本はお取りかえいたします。　Printed in Japan
ISBN978-4-86339-033-1 C1036